Jahrbuch 83 des Kölnischen Geschichtsvereins e. V.

Jahrbuch 83

des Kölnischen Geschichtsvereins e. V.

Herausgegeben von Ulrich S. Soénius

BÖHLAU VERLAG WIEN KÖLN WEIMAR

Geschäftsstelle des Kölnischen Geschichtsvereins e. V.:
Dr. Ulrich S. Soénius
Stiftung Rheinisch-Westfälisches Wirtschaftsarchiv zu Köln,
Unter Sachsenhausen 10–26, 50667 Köln
Tel.: (0221) 1640-4800, Fax: (0221) 1640-4829, Mail: ulrich.soenius@koeln.ihk.de

Jahrbuch 83 des Kölnischen Geschichtsvereins e. V.

Herausgegeben von Ulrich S. Soénius

Redaktion: Philipp Schaefer, Stiftung Rheinisch-Westfälisches Wirtschaftsarchiv zu Köln, Unter Sachsenhausen 10-26, 50667 Köln

Die Veröffentlichungen des Kölnischen Geschichtsvereins können über den Buchhandel oder den Böhlau Verlag GmbH & Cie bezogen werden.

Bibliografische Information der Deutschen Nationalbibliothek:
Die Deutsche Nationalbibliothek verzeichnet diese Publikation in der Deutschen Nationalbibliografie; detaillierte bibliografische Daten sind im Internet über http://dnb.d-nb.de abrufbar.

Umschlagabbildung: Drehkran (Greiferkran) im Deutzer Hafen mit Pohlig-Emblem, ca. 1965 (Stiftung Rheinisch-Westfälisches Wirtschaftsarchiv zu Köln, RWWA 69-GN3819).

Korrektorat: Ulrike Weingärtner, Gründau
Einbandgestaltung: Guido Klütsch, Köln
Satz: Michael Rauscher, Wien
Druck und Bindung: Hubert & Co., Göttingen
Gedruckt auf chlor- und säurefreiem Papier
Printed in the EU

Vandenhoeck & Ruprecht Verlage | www.vandenhoeck-ruprecht-verlage.com

ISBN 978-3-412-51638-3
ISSN 0341-9320

Inhalt

Prozessionen um die Stadtmauern im ausgehenden Mittelalter 7
von Midori Satsutani

Zwischen Neutralität und Kaisertreue.
Die Stadt Köln zu Beginn des Spanischen Erbfolgekrieges (1702–1704) 33
von Max Plassmann

Krach um den Preußen-Adler.
Der Wappenstreit der Firma Klosterfrau mit der Konkurrenz und seine Folgen (1829–1831) 63
von Helmut Heckelmann

Die Kommunalisierung der öffentlichen Brunnen und Pumpen.
Ein Prozess und seine Auswirkungen auf die städtische Wasserversorgung bis zur Eröffnung eines zentralen Wasserwerks . . . 89
von Everhard Kleinertz

Der Grabstein der Eheleute Gossi auf dem Rodenkirchener Friedhof, der Schwiegersohn, eine grandiose Erfindung und die Folgen 157
von Winfried Seibert

Das Abraham von Oppenheim'sche Kinderhospital im Vringsveedel . . 191
von Sabine Eichler

Zur Industriegeschichte von Zollstock 217
von Ulrich S. Soénius

Prof. Dr. theol. Dr. iur. utr. Franz Gescher (1884–1945).
Ein Forschungspionier der kölnisch-kirchlichen Verfassungsgeschichte 243
von Reimund Haas

„...Der vom Rhein". Ein langer Weg von Köln nach Kaliningrad.
Der sowjetdeutsche Schriftsteller Rudolf Jacquemien (1908–1992) . . . 265
von Jürgen Brautmeier

Das Kölner Handwerk in der ersten Wiederaufbauphase nach dem Zweiten Weltkrieg 297
von Ulrich S. Soénius

Autorinnen und Autoren 311

Prozessionen um die Stadtmauern im ausgehenden Mittelalter

von Midori Satsutani

Die Stadt im Mittelalter verstand sich als eine sakrale Gemeinschaft, der das gemeinsame Streben nach dem ewigen Seelenheil zugrunde lag. Das Selbstverständnis als solches musste auch in Zeiten sozialer Instabilität aufrechterhalten werden. Dafür wurde eine Reihe an Grundwerten einer Stadt – Einigkeit, Frieden, Gemeinnutz, Gerechtigkeit, Ehre der Stadt – in verschiedenen Zusammenhängen genutzt, wie z. B. in dem obrigkeitlichen Charakter des religiös legitimierten Rates, der religiös begründeten Stadtchronik oder bei kollektiven rituellen Handlungen. Eine der sichtbarsten und auffälligsten Formen kollektiver ritueller Handlungen waren die Prozessionen.

Bekanntlich wuchs in Köln das ganze Mittelalter hindurch das Selbstverständnis als „heilige Stadt" bzw. „zweites Rom". Dieses Selbstverständnis erfasste zur Mitte des 12. Jahrhunderts zunächst die Kölner Führungsschicht und durchdrang langsam das Bewusstsein der übrigen Stadtbewohner.[1] Im 15. Jahrhundert war die Heiligkeit der Stadt Köln im Allgemeinen tief im Bewusstsein der Kölner verankert, auch wenn man heute schwer beurteilen kann, wie umfassend dies für alle Stadtbewohner galt. Nach dem Sieg in der Schlacht von Worringen im Jahr 1288 drängte der Rat die Kirche zwar allmählich aus ihren verschiedenen Funktionen und versuchte, die Rechte der Geistlichen zu beschränken, aber die Zuständigkeit der Kirche für das Seelenheil wurde nie in Frage gestellt. Die Stadt war auf die Kleriker wegen deren Heilsvermittlung angewiesen. Allerdings stiegen das Mitverantwortungsgefühl und die Ansprüche der Laien hinsichtlich der Sicherung des Seelenheils. Die Geistlichen waren aber wiederum auch von den Laien abhängig, denn ohne sie konnte die Kirche nicht fortbestehen. Dieses gespannte Verhältnis gegenseitiger Abhängigkeit der Laien und der Geistlichen als eine sakrale Gemeinschaft veranschaulicht die Rekonstruktion der Durchführung von mehreren damaligen Prozessionen, vor allem von zwei Prozessionen in Köln, die um die alte bzw. um die neue Stadtmauer liefen. Die Prozession um die alte römische Stadt wurde „Silvesterprozession", die andere um die neue, äußerste Stadtgrenze „Große Gottestracht" genannt.

---

1 Zum Selbstverständnis der Stadt Köln Klaus Militzer: Collen eyn Kroyn boven allen steden schoyn. Zum Selbstverständnis einer Stadt, in: Colonia Romanica. Jahrbuch des Fördervereins Romanische Kirchen Köln e. V. Bd. 1 (1986), 15–32, hier S. 17. Einen knappen Überblick über die kulturelle Entwicklung der Stadt unter den Erzbischöfen liefert Hugo Borger: Zur Geschichte und zur Kultur Kölns, in: Peter Fuchs (Hg.): Chronik zur Geschichte der Stadt Köln Bd. 1: Von den Anfängen bis 1400, Köln 1990, S. 11–19.

Jahrbuch des Kölnischen Geschichtsvereins 83, S. 7–32

Eine wichtige Eigenschaft einer Prozession war, dass sie durch ihre Bewegung eine Beziehung zwischen verschiedenen Räumen und Menschen schuf und mit der durch die Bewegung markierten Linie sichtbar machte, welche Räume und welche Bevölkerungsgruppen bei der Segnung integriert werden und welche ausgeschlossen bleiben sollten. Da die beiden genannten Prozessionen um die alte bzw. neue Stadtmauer liefen, umfassten sie zu ihrer jeweiligen Entstehungszeit die gesamte Stadt, d. h. sie verbanden alle Stadtteile und die dazugehörigen Menschen als sakrale Gemeinschaft durch die Segnung.

Ein anderes wichtiges Merkmal einer Prozession war, dass sie mit der Reihenfolge und der Position der Teilnehmer oder mit deren Wegen keineswegs eine Abbildung der sozialen Realität, sondern ein traditionell, ideell inszeniertes Bild verkörperte. Hinter Prozessionen steckten „Regisseure", die ihre politischen und religiösen Absichten mit „Drehbüchern" und „Darstellern" inszenierten.[2] Die Prozessionen um die Stadtmauern spiegelten also von ihren Wegen her gesehen auch das Bedürfnis nach Einheit der sakralen Gemeinschaft wider und demonstrierten es nach außen hin.

Silvesterprozession

Die Prozession um die alte römische Stadt, die Silvesterprozession, fand am dritten Freitag nach Ostern statt. Ihr Ursprung könnte im alten germanischen Markumgang (Amburbalie) zu suchen sein.[3] Der Prozessionsweg, der die

2 Dieter Scheler: Inszenierte Wirklichkeit: Spätmittelalterliche Prozessionen zwischen Obrigkeit und „Volk", in: Bea Lundt/Helma Reimöller: Von Aufbruch und Utopie: Perspektiven einer neuen Gesellschaftsgeschichte des Mittelalters; Festschrift für und mit Ferdinand Seibt aus Anlaß seines 65. Geburtstages, Köln/Weimar/Wien 1992, S. 119–129, hier: S. 128 f. Die Beispiele, dass eine Prozession mit politischen Intentionen aufgeladen werden konnte, zeigen beispielsweise die Arbeiten von: Miri Rubin: Symbolwert und Bedeutung von Fronleichnamsprozessionen, in: Klaus Schreiner (Hg.): Laienfrömmigkeit im späten Mittelalter: Formen, Funktionen, politisch-soziale Zusammenhänge, München 1992, S. 309–318; Andrea Löther: Prozessionen in spätmittelalterlichen Städten. Politische Partizipation, obrigkeitliche Inszenierung städtischer Einheit, Köln/Weimar/Wien 1999 (Norm und Struktur. Studien zum sozialen Wandel im Mittelalter und Früher Neuzeit Bd. 12); Gabriela Signori: Ritual und Ereignis. Die Straßburger Bittgänge zur Zeit der Burgunderkriege, Historische Zeitschrift 264 (1997), 281–328.

3 Hermann Keussen: Topographie der Stadt Köln im Mittelalter, 2 Bde., Bonn 1911, Nachdruck Düsseldorf 1986, hier Bd. I, S. 21*. Keussen weist auf zwei historische Berichte hin; Matenesius, der Lokalhistoriker im 17. Jahrhundert, berichte, dass die Prozession auf die Zeit des Frankenkönigs Chlodwigs (481–511) zurückzuführen sei, und Gelenius, der Kanoniker und Chronist um 1600, berichte, dass der Bischof Heribert († 1021) die Prozession als Bittgang gegen Pest und Dürre eingesetzt habe. Keussen meint, die beiden Berichte könnten gerechtfertigt sein, wenn der (ältere) Markumgang zu einem Bittgang umgestaltet worden wäre, vgl. Keussen, Topographie, S. 22*. Hier sei hinzugefügt, dass der Neubau der Stationskirche der Silvesterprozession, die Stiftskirche St. Aposteln, unter Erzbischof

Rheinvorstadt ausschloss, deutet darauf hin, dass sie jedenfalls vor der Einbeziehung des genannten Gebiets (vor 950) bereits als christlicher Brauch verankert gewesen war. Ihre Bezeichnung verdankt sie der mitgeführten Reliquie, dem Haupt des Heiligen Silvester, das eine der kostbarsten Reliquien gewesen war, bevor die Gebeine der Heiligen Drei Könige 1164 nach Köln kamen.[4]

Die Silvesterprozession beruhte auf der Tradition der Stationsliturgie,[5] die als einer der Ursprünge des christlichen Prozessionswesens zu betrachten ist. Der sogenannte Stationsgottesdienst war bereits in der christlichen Antike ein Brauch, bei dem der Bischof die Eucharistiefeier an einem bestimmten Jahrestag in einer bestimmten Kirche, der Stationskirche, hielt. Angestrebt wurde dadurch, die Einheit der Ortskirchen unter der Führung des Bischofs zu verdeutlichen und zu bewahren.[6] Der Brauch wurde wie in den anderen Bischofsstädten auch in Köln früh praktiziert.[7] Man nimmt an, dass die Praxis in Köln unter Erzbischof Bruno I. († 965) ihre Grundform erreicht hatte und auch zugleich ihre Blütezeit.[8] Die Pflege der Praxis ließ allmählich nach, und im

---

Heribert geplant und begonnen wurde. Die schwarze Chorkleidung der Stiftsherren in der Prozession (s. u.) entspricht auch einem Bittgang.

4 Keussen, Topographie (Anm. 3), S. 21*, Anm. 11. Die Reliquie ist heute nicht mehr vorhanden. Ihr Aussehen lässt sich lediglich durch das Pilgerblatt mit Schatzverzeichnis von 1691, dem sogenannten Schonemann-Blatt, ausmalen. Vgl. Leonie Becks/Rolf Lauer: Die Schatzkammer des Kölner Domes, Köln 2000 (Meisterwerke des Kölner Domes 6), S. 34 f.

5 Für Köln ist keine eigene Stationsliste überliefert. Diese Lücke ergänzt der Rekonstruktionsversuch, den zunächst Arnold Wolff anhand des Domzeremoniales unternommen hat und der weiter durch Untersuchungen der Ordinarienbücher von St. Aposteln von Andreas Odenthal und Gottfried Stracke präzisiert wurde. Vgl. Arnold Wolff: Kirchenfamilie Köln. Von der Wahrung der geistlichen Einheit einer mittelalterlichen Bischofsstadt durch das Stationskirchenwesen, in: Colonia Romanica. Jahrbuch des Fördervereins Romanische Kirchen Köln e. V. Bd. 1 (1986), S. 33–44; Andreas Odenthal/Gottfried Stracke: Die Stationsliturgie Kölns und ihre Topographischen Bezüge zu Rom. Die Libri Ordinarii des Kölner Apostelnstiftes – Grundlage eines Dialoges zwischen Kunstgeschichte und Liturgiewissenschaft, in: Franz Kohlschein/Peter Wünsche (Hg.): Heiliger Raum. Architektur, Kunst und Liturgie in mittelalterlichen Kathedralen und Stiftskirchen, Münster 1998 (Liturgiewissenschaftliche Quellen und Forschungen 82), S. 135–162.

6 Rupert Berger: Art.: „Stationsgottesdienst", in: Lexikon des Mittelalters Bd. 8, München 1997, S. 67. Die Einheit der Ortskirchen wurde zunächst in den bevölkerungsreichen Städten für notwendig gehalten, wo man begonnen hatte, die Gemeinde in Pfarreien aufzugliedern.

7 Als der älteste Hinweis auf die in Köln bereits ausgeübte Stationsliturgie nennt Wolff den Bericht des Gregor von Tours um das Jahr 590, „der Kölner Bischof Severin habe den Heimgang des heiligen Bischofs Martin von Tours am 11. November 397 miterlebt, *als er am Sonntag, wie es seine Gewohnheit war* (nach der Matutin), *mit seinen Geistlichen auf dem Wege zu den heiligen Stätten war*", Wolff, Kirchenfamilie (Anm. 5), S. 36; vgl. Die Regesten der Erzbischöfe von Köln im Mittelalter (im Folgenden: REK) I, 13, Nr. 10. Das verwendete lateinische Wort *„circuerit"* hebt den Charakter eines Wandergottesdienstes hervor.

8 Odenthal/Stracke, Stationsliturgie (Anm. 5), S. 139; Wolff, Kirchenfamilie (Anm. 5), S. 40.

Spätmittelalter, als die Stationsliturgie ihre ursprüngliche Bedeutung längst verloren hatte, schien unter den Kanonikern die Unlust gegenüber dem Stationsgottesdienst gewachsen zu sein.[9]

An der Silvesterprozession nahm die Geistlichkeit aller Stiftskonvente außer St. Aposteln teil. Die Teilnahme der vier Orden der Dominikaner, der Franziskaner, der Karmeliter und der Augustiner sowie der Kreuzbrüder soll vorausgesetzt gewesen sein.[10] Ob und wie viele Laien daran teilnahmen, kann man freilich aus den Zeremonialbüchern nicht erfahren, aber ihre Teilnahme lässt sich deshalb vermuten, weil von Erzbischof Konrad 1243 für die Teilnehmer der Prozessionen, in denen die Reliquien der Stadt umgetragen wurden – dazu gehörte sicher auch die Silvesterprozession – Ablass gewährt wurde.[11] Der Ablassbrief zeugt andererseits auch von einer begrenzten Teilnahme, die durch den Ablass gefördert werden musste. Wie die Teilnahme von Laien im 15. Jahrhundert tatsächlich aussah, bleibt im Dunkeln. Die Ehrenbegleitung durch die Ratsherren soll im Hinblick auf ihre Einflussnahme auf die Prozessionen bereits vor 1400 die Regel gewesen sein.

Die Reihenfolge der Teilnehmer ist dem Domzeremoniale nicht genau zu entnehmen. An der Spitze ging der älteste Scholar mit dem silbernen Kreuz, ihm folgten die Choralen der Stifter mit ihren Kreuzen.[12] Die Stiftsherren waren schwarz gekleidet. Als letzte Gruppe kamen zunächst vier Scholaren, von denen zwei Fahnen und die andern zwei Tortschen (gedrehte, lange Ker-

9 In einer Ordnung von 1374 forderte z. B. Erzbischof Friedrich III. die Kanoniker zu gesittetem Verhalten beim Gottesdienst auf und drohte allgemein mit der Strafe der Suspension. Bezüglich der Prozessionen wurde verlangt, dass „Kanoniker und Vikare und sonstige Titelträger bescheiden und geordnet hinter ihrem Prozessionskreuz einhergehen" und in der Stationskirche bis zum Ende der Feier bleiben sollten. Ferner wurde dies 1400 durch Herausgabe der neuen Statuten noch einmal bekräftigt, in denen unter anderem zu lesen war, dass Präsenzgelder nur an diejenigen ausgegeben würden, die mit der Prozession zur Stationskirche gingen, sich während der Feier dort befänden und nach dem Ende mit dem Kreuz zu ihrer eigenen Kirche zurückkehrten. Die Bestimmung wurde mit der Strafe der Exkommunikation für die Austeiler der Präsenzgelder versehen: REK, VIII, 277, Nr. 1053; X, 783, Nr. 2216, § XI.

10 Walter Stein: Akten zur Geschichte der Verfassung und Verwaltung der Stadt Köln im 14. und 15. Jahrhundert, 2 Bde., Bonn 1893/95, Nachdruck: Düsseldorf 1993, hier Bd. II, S. 215 f., Nr. 127.

11 Wilhelm Janssen: Geschichte des Erzbistums Köln Bd. II,2: Das Erzbistum Köln im späten Mittelalter 1191–1515, Köln 2003, S. 339; REK III, S. 161, Nr. 1086; Christiane Neuhausen: Das Ablasswesen in der Stadt Köln vom 13. bis zum 16. Jahrhundert, Köln 1994 (Kölner Schriften zu Geschichte und Kultur 21), S. 222, Nr. 23.

12 Scholaren waren diejenigen, die beim Gottesdienst in der Art der heutigen Messdiener mitwirkten, und Choralen waren die Jungen der Domschule. An allen Kölner Stiftskirchen gab es Choralen, vgl. Gottfried Amberg: Ceremoniale Coloniense. Die Feier des Gottesdienstes durch das Stiftskapitel an der Hohen Domkirche zu Köln bis zum Ende der reichsstädtischen Zeit, Siegburg 1982 (Studien zur Kölner Kirchengeschichte 17), S. 23.

zen für feierliche Gelegenheiten) trugen, dann folgte die Reliquie in einer Silberbüste des Heiligen Silvester, die vom Domvikar auf einem Gestell getragen wurde.[13]

Der ganze Ablauf begann am Tag der Silvesterprozession mit dem Läuten der größten Glocke am Morgen zu Terz zwischen sechs und sieben Uhr. Die Stationskirche war die Stiftskirche St. Aposteln und die Kollektakirche der Dom.[14] Nach dem Eintreffen der Teilnehmer verließ man gegen acht Uhr den Dom. Die Prozession zog durch die Hachtpforte, über den Altermarkt, durch Unter Hutmacher am Fleischhaus vorbei und ging weiter über den Heumarkt bis zur Bachstraße. Dann bog man nach Westen ab, wobei man auf der rechten Seite des Bachs blieb, vorbei an der Hohepforte, St. Maria Magdalena, St. Pantaleon und St. Mauritius bis zur Stiftskirche St. Aposteln.[15] Dort wurde das Hochamt gefeiert. Nach der Zeremonie des Hochamts in St. Aposteln wurde die eigentliche Prozession aufgelöst. Die Teilnehmer außer der Geistlichkeit von St. Aposteln nahmen ihren Rückweg um den Rest der Römermauer.[16] Dann verließ die Geistlichkeit von St. Gereon die Prozession an der Löwenpforte, der Rest ging weiter in Richtung auf St. Clara zu, am Kornhaus vorbei und dann über die Komödienstraße. Bei St. Paul bogen die Stiftsherren von St. Andreas zu ihrer Kirche ab. Die Domherren gingen durch die Lambertus-

13 Joseph Klersch gibt aus Quellen der späteren Zeit an, dass die Silvesterbüste zwischen dem Domklerus getragen worden und daran anschließend die anderen Domherren und Stiftsprälaten gefolgt seien. Am Ende der Prozession sei der Petrusstab getragen worden. Hier taucht die Frage auf, warum eine der kostbarsten Domreliquien, der Petrusstab, keine Erwähnung im Domzeremoniale fand, wenn auf einen bestimmten Platz in der Prozession für ihn hingewiesen wurde. Es könnte möglich sein, dass der Stab erst später zur Mitführung bestimmt wurde, um die Prozession noch aufzuwerten. Bei der Aufzeichnung von Weinsberg wurde der Stab nämlich ab 1593 bei der Prozession immer erwähnt, vorher jedoch nicht. Joseph Klersch, Volkstum und Volksleben in Köln. Ein Beitrag zur historischen Soziologie der Stadt, Bd. 1 & 3, Köln 1965/68, S. 175.

14 Zur Darstellung des Ablaufs Andreas Odenthal: Der älteste Liber Ordinarius der Stiftskirche St. Aposteln in Köln. Untersuchungen zur Liturgie eines mittelalterlichen kölnischen Stifts, Siegburg 1994 (Studien zur Kölner Kirchengeschichte 28), S. 78 und 144; Amberg, Ceremoniale (Anm. 12), S. 180–183. Unterlag der Stift einer Kirchenstrafe, so wurde laut Domzeremoniale St. Gereon zur Stationskirche. Dies war der Fall im Jahre 1501: Amberg, Ceremoniale (Anm. 12), S. 181.

15 Nach Angabe von Klersch nahm man zwischen der Hachtpforte und dem Altermarkt die Straße Unter Taschenmacher, vom Heumarkt über Malzbüchsel und Malzmühle zur Bachstraße. Klersch stützt seine Darstellung auf die Aufzeichnung von Wallraf 1818 nach der Abschaffung der Prozession. Die Angaben können wegen ihrer Eindeutigkeit so hingenommen werden: Klersch, Volkstum (Anm. 13) I, S. 175.

16 Ob die Stiftsherren von St. Georg und St. Severin, deren Kirche in der anderen Richtung als dem genannten Rückweg lagen, tatsächlich zusammen in derselben Richtung zurückgingen, ist ungewiss. Das Domzeremoniale berichtet nur bis dahin, dass die Domherren die Prozession verließen, d. h. damit der Prozessionsweg um die alte Römerstadt abgeschlossen wurde. Die Stiftsherren von St. Mariengraden und St. Kunibert begleiteten den Weg wahrscheinlich aus ihrer Kirchenlage gesehen bis zum Ende.

pforte (Pfaffenpforte) zum Dom zurück. Die Ratsherren gingen den Rückweg nicht zusammen mit den anderen Teilnehmern der Prozession, da sie im Anschluss im Kapitelhaus von St. Aposteln eine Ratssitzung abhielten.[17]

Um 1400 lag die Silvesterprozession insofern unter dem Einfluss der Stadtobrigkeit, als der Rat sie finanzierte und die Gebete für die vorangehenden drei Tage als Vorbereitung anordnete.[18] Auch die Ratsordnung von 1464, die das Abhalten des Gerichts an diesem Freitag verbot,[19] weist auf das Aufrechterhalten der Prozession unter Mithilfe des Rats hin. Trotzdem blieb die eigentliche „Regie" der Prozession bei den Klerikern, und der Rat erkannte das an.

Im Gegenzug hielt das Domkapitel den Rat als den „Regisseur" der Großen Gottestracht – der Prozession um die neue Stadtmauer. Die gegenseitige Zusage am Palmsonntag für die Teilnahme an der jeweiligen Prozession, über die Weinsberg berichtet, zeigt die gegenseitige Abhängigkeit. Am 11. April 1593 schrieb Weinsberg nämlich,[20] dass die Rentmeister mit ihren Dienern am Palmsonntag auf der Prozession vom Dom nach St. Gereon mitgingen, um die Domprälaten um die Teilnahme an der Großen Gottestracht zu bitten. Nach der Zusage wurde auch die Beteiligung an der Silvesterprozession durch den Rat zugestimmt. Von diesem Brauch ist auch im Domzeremoniale die Rede, und eine nicht genügende Bitte durch den Rat am Palmsonntag wurde dort als ein Hindernis *(impedimentum)* gegen die Silvesterprozession bezeichnet.[21] Hier sieht man ein sehr ambivalentes Verhältnis zwischen beiden Seiten. Der eine benötigte den anderen unbedingt, und zwar zum Seelenheil. In dem „Drehbuch" der Silvesterprozession wurde das gegenseitige Verhalten zwischen den Klerikern und der weltlichen Stadtobrigkeit inszeniert; um das Haupt der Silberbüste, in dem die Reliquie ruhte, wurden vier Kränze aus grünem und gelbrötlichem Wachs, das wahrscheinlich in Blumen und Blättern

17 Hermann von Weinsberg: Das Buch Weinsberg. Kölner Denkwürdigkeiten aus dem 16. Jahrhundert, 5 Bde., bearb. von Konstantin Höhlbaum (Bd. 1), Friedrich Lau (Bd. 2–4) und Josef Stein (Bd. 5), Leipzig 1886/87 und Bonn 1897/98, ²1926, hier beispielsweise: III, S. 7; IV, S. 196; V, S. 497.

18 Richard Knipping: Die Kölner Stadtrechnungen des Mittelalters mit einer Darstellung der Finanzverwaltung, 2 Bde., Bonn 1897/98, hier Bd. II, S. 43: Eintragung vom 7.5.1371 *„portatoribus candelarum in stacione capit(is) s. Silvestri"*; Stein, Akten (Anm. 10) II, S. 215 f., Nr. 127.

19 Stein, Akten (Anm. 10) I, S. 402 f., Nr. 205.

20 Weinsberg, Buch (Anm.17) IV, S. 165: *„palmtag, gain die hern rentmeister samt etlichen diener(n) mit der station aus dem dom zu s. Gereon, da begeren sie in namen eins raits an der cleresien, das sie uff colner gotz tragt* [...] *willen gain, wan sie das, wie gewonlich, inwilligen, so begert ein cleresei hinwidder, das ein rait* [die Silvesterprozession] *wil folgen, das auch ingewilligt"* [recto].

21 Amberg, Ceremoniale (Anm. 12), S. 174 f.

geformt wurde, gelegt.[22] Sobald man auf dem Mauritiussteinweg das Gebiet von St. Aposteln erreicht hatte, nahm ein Domküster die Kränze und überreichte sie den beiden Bürgermeistern und den beiden Rentmeistern, welche dann die Kränze aufs Haupt setzten.

In der zweiten Hälfte, spätestens im letzten Drittel des 16. Jahrhunderts war die Prozession von der Aufhebung bedroht.[23] So schrieb Weinsberg in seiner Aufzeichnung vom 2. Mai 1586: „*Etliche haben diss station umb die alte stat vor vil jaren abgestalt willn haben, aber eitz hat man raitzeichn umbgeteilt, das nit plach zu sin, derhalb wirt sie wol pliben.*"[24] Der Rat rettete die Prozession also durch die Verteilung von Ratszeichen, die man in Wein einlösen konnte, an die teilnehmenden Ratsherren.

Große Gottestracht

Die Große Gottestracht, die Prozession um die äußerste Stadtmauer, entstand als eine neue *statio* wohl als Einzige nach dem 12. Jahrhundert, während der Stationsgottesdienst in Köln sich spätestens seit dem 13. Jahrhundert langsam aufzulösen begann.[25] Ihr Termin lag am zweiten Freitag nach Ostern, welcher in den kirchlichen Ordinarien mit dem Fest der Heiligen Nägel und Lanze des Herrn *(De armis Christi / Clavorum et lanceae Domini)* vermerkt ist. Das Fest, durch das der Tag diesen Namen bekam, wurde 1353 von Papst Innozenz VI. für Deutschland und Böhmen bewilligt. Aber damit stand die neue Prozession in keinem inhaltlichen Zusammenhang.[26] In Köln war laut Odenthal der Frei-

22 Zur folgenden Darstellung: Keussen, Topographie (Anm. 3), S. 21*; Gottfried Amberg: Der Gottesdienst des Kölner Domstiftes im 16. Jahrhundert, in: Kölner Domblatt 48 (1983), 197–230, hier: S. 216. Keussen weist hierfür darauf hin, dass „die einzelne[n] merkwürdige[n] Vorgänge" besser zu verstehen sein könnten, wenn man die Prozession „als eine Umbildung des alten germanischen Markumgangs" betrachtet. Klersch deutet die bunten Kränze als Überbleibsel eines heidnischen Brauchs, in dem die Opfertiere buntbekränzt gewesen waren, und meint, dass der Domküster mit der Überreichung der Kränze den Bürger- und Rentmeistern bedeutete, dass „sie ihr ganzes Wollen und Wirken für das gemeine Wohl der Stadt einsetzen und aufopfern sollten": Klersch, Volkstum (Anm. 13) I, S. 176 f.; Keussen, Topographie (Anm. 3) I, S. 21*.

23 Bei Löther ist irrtümlich von der Einstellung der Prozession im Jahr 1596 die Rede: Löther, Prozessionen (Anm.2), S. 107.

24 Weinsberg, Buch (Anm. 17), III, S. 319; Wolfgang Herborn: Fast-, Fest- und Feiertage in Köln des 16. Jahrhunderts, in: Rheinisches Jahrbuch für Volkskunde 25 (1983/84), S. 27–61, hier: S. 46; Klersch: Volkstum (Anm. 13) I, S. 177.

25 Wolff, Kirchenfamilie (Anm. 5), S. 36 und 40. Wie Löther hinweist, berücksichtigt Wolff bei seiner Aussage, dass nach dem 12. Jahrhundert keine neuen *stationes* eingeführt worden zu sein scheinen, diese *statio* wohl nicht: Löther, Prozessionen (Anm. 2), S. 27.

26 In der Literatur wird meist angenommen, dass das Fest in der Diözese Köln erst 1423 durch Erzbischof Dietrich von Moers eingeführt worden ist, als es von Papst Martin V. erneut bestätigt wurde: Klersch, Volkstum (Anm. 13) I, S. 174; Jakob Torsy: Eucharis-

tag nach der Osteroktav seit dem 12. Jahrhundert ein liturgisch hervorgehobener Tag, dessen Ursprung durch die Überlagerung mit dem genannten Fest nicht mehr zu klären ist.[27] Die zeitliche Nähe der Termine der alten und neuen Amburbalien könnte auf die Absicht während der Entstehungszeit hindeuten, die alte durch die neue auf Dauer zu ersetzen.[28] Warum dann die alte Amburbalie nicht aufgehoben wurde, lässt sich nicht klären; die Silvesterprozession war in dem Fall wohl als ein Ereignis der Stadt bereits so tief verwurzelt gewesen, dass ein Ersatz doch nicht vorgenommen wurde.

Wann die neue Amburbalie entstand, ist ungewiss. Zwar findet man eine Angabe im Domzeremoniale, dass die Prozession im Jahre 1220 vom Domkapitel angeordnet worden sei,[29] aber da das Domzeremoniale eine Abschrift aus dem 18. Jahrhundert ist, bietet dies zumindest keine zweifelsfreie Antwort auf ihre Entstehungszeit.[30] Klar ist, dass die Einführung der neuen Prozession im direkten Zusammenhang mit der Stadterweiterung von 1180 stand. Es lässt sich leicht vermuten, dass der Aufwand für eine neue Amburbalie als Zeichen der Segnung der ganzen Stadt groß war. Die einigermaßen befestigte neue Stadtmauer, durch welche die alte Mauer ihre Bedeutung verlor, scheint als Grund adäquat zu sein, einen solchen Aufwand zu rechtfertigen. Der Bau der Stadtbefestigung wurde mit einem sehr tiefen Graben und mit einem Wall auf der Stadtseite begonnen. Der Mauerbau auf dem Wall begann erst im Jahr 1200. Im Frühling 1212 wurde den Kölnern von Kaiser Otto IV. die Erhebung einer Mahl- und Brausteuer für drei Jahre zur Fortsetzung der Mauer erlaubt,

---

tische Frömmigkeit im späten Mittelalter, in: Archiv für mittelrheinische Kirchengeschichte 23 (1971), S. 89–102, hier S. 97; Wolff, Kirchenfamilie (Anm. 5), S. 38. Hier stützt man sich auf die Angabe bei Gelenius von 1645, man kann jedoch auch mit Odenthal einer Meinung sein, dass es sich bei der Jahresangabe 1423 lediglich um die Einführung des Offiziums handelte und dass das Fest selbst bereits früher als solches eingeführt worden sein dürfte: Odenthal, Liber Ordinarius (Anm. 14), S. 77, Anm. 164 und 166.

27 Odenthal, Liber Ordinarius (Anm. 14), S. 77.

28 Keussen, Topographie (Anm. 3) I, S. 22*.

29 Amberg, Ceremoniale (Anm. 12), S. 174 f.

30 Laut Odenthal enthält der von ihm untersuchte älteste Liber Ordinarius (LO) von St. Aposteln, der dem letzten Viertel des 13. Jahrhunderts entstammt und dessen Angaben bezüglich der Prozessionen ansonsten sehr genau sind, die genannte Stationsfeier nicht. Erst aus dem zweitältesten, wahrscheinlich in der zweiten Hälfte des 14. Jahrhunderts verfassten Ordinarius (LO I) erfährt man davon. Aus dem Vergleich der Eigenschaften im LO I und seiner Abschrift (LO II) um 1400 schließt Odenthal, dass die Stationsfeier am Tag des Nägel- und Lanzenfestes erst bei der Entstehung des LO I allmählich etabliert wurde: Odenthal, Liber Ordinarius (Anm.14), S. 76 f. Er bestimmt die Entstehungszeit des LO I auf den Zeitraum zwischen 1370 und 1392 und damit die Entstehungszeit der neuen Amburbalie auf etwa die Mitte des Jahrhunderts. Es muss jedoch darauf hingewiesen werden, dass Odenthal sich zur Entstehung des Ausgangszeitpunkts 1370 wiederum auf den Hinweis von Klersch stützt, dass man „die erste schriftliche Erwähnung" der neuen Amburbalie in den Stadtrechnungen im Jahre 1370 findet: Odenthal, Liber Ordinarius (Anm. 14), S. 37; Klersch, Volkstum (Anm. 13) I, S. 177.

wodurch sich der Abschluss der ersten Arbeit vermutlich auf etwa 1215 datieren lässt.[31] Alle Tore sind nach ihrer Architektur zu urteilen wahrscheinlich in der ersten Hälfte des 13. Jahrhundert erbaut worden.[32] Die Errichtung der Tore ging mit den abschließenden Baumaßnahmen der Kirchen der anliegenden Stifte und Klöster einher. Zumindest in dieser Hinsicht scheint das genannte Jahr 1220 plausibel.[33] Auch der ausgesprochen theophorische Charakter der Prozession, der sich für das 15. und 16. Jahrhundert rekonstruieren lässt, spricht dafür, dass die Prozession bereits im 13. Jahrhundert entstanden sein dürfte. Denn – wie Klersch meint – hätte man als Termin sicherlich einen anderen, geeigneteren Tag gewählt, wenn die Prozession erst im 14. Jahrhundert entstanden wäre, in dem das Fest der leiblichen Gegenwart Christi in der Eucharistie den Gläubigen begeisterte.[34] Bezüglich des Fronleichnamsfests stellte Köln keine Ausnahme dar, und man feierte es bereits um 1320 flächendeckend. Das Fest wurde in allen Kirchspielen abgehalten.[35] Es kam jedoch nie zur Herausbildung eines die ganze Stadt umfassenden, einheitlichen Fronleichnamsfests, und zwar wohl zugunsten der Großen Gottestracht. Es ist plausibel anzunehmen, dass die neue Prozession, wie bereits erwähnt, in der Absicht, die Silvesterprozession auf Dauer zu ersetzen, auf dem zeitlich nahliegenden, wohl bereits liturgisch hervorgehobenen Freitag im 13. Jahrhundert eingeführt und im Zuge des Aufkommens der Fronleichnamsprozession theophorisch umgestaltet wurde.[36]

31 Paul Clemen (Hg.): Die Kunstdenkmäler der Stadt Köln Bd. II.4: Die profanen Denkmäler, bearb. v. Hans Vogts, Düsseldorf 1930 (Die Kunstdenkmäler der Rheinprovinz Bd. 7,4), S. 73.

32 Über die Stadttore: Udo Mainzer: Stadttore im Rheinland, Neuss 1976, S. 20.

33 Es sei hier angemerkt, dass diese Zeit in die Amtszeit des Erzbischofs Engelbert I. (1216–1225) fiel. Er war einer der fähigsten und stärksten Erzbischöfe, der nach dem staufisch-welfischen Thronstreit erstmalig sowohl dem König als auch dem Papst genehm war. Er unterdrückte den Rat, der sich damals als Spitze des bürgerlichen Regiments herausbildete und 1216 zum ersten Mal bezeugt ist. Er wurde Ende 1220 von Kaiser Friedrich II. zum Vormund seines gerade im Alter von neun Jahren König gewordenen Sohns Heinrich (VII.) und zum Reichsverweser nördlich der Alpen bestellt. Für das geistliche Leben nahm er die Minoriten und die Dominikaner in Schutz, als sie in Köln ihre Niederlassung gründeten. Er ermunterte außerdem das Domkapitel zum Neubau des Domes und versprach eine jährliche Spende von 500 Mark. Der endgültige Beschluss für den Neubau wurde erst 1247 vom Domkapitel getroffen: Chronik zur Geschichte der Stadt Köln Bd. 1: Von den Anfängen bis 1400, hg. v. Peter Fuchs, Köln 1990, S. 183–186.

34 Klersch, Volkstum (Anm. 13) I, S. 216.

35 Ibid.

36 Der Grund dafür, warum sich im ältesten LO von St. Aposteln keine Aufzeichnung über die neue Amburbalie fand, wenn sie bereits vorhanden gewesen wäre, ist möglicherweise darin zu suchen, dass die Prozession im 13. Jahrhundert vor ihrer Etablierung aufgrund der häufigen kirchlichen Strafen nicht regelmäßig stattfand. Die Stadt war nämlich für die Hälfte der Zeit zwischen 1260 und 1300 indiziert. In der Zeit der Auseinandersetzung mit dem Erzbischof Engelbert von Falkenburg (1270–1275) gab es z. B. keinen Gottesdienst

Die Organisation der Großen Gottestracht lag zu Beginn des 15. Jahrhunderts gänzlich beim städtischen Rat. In der Forschung wird jedoch allgemein angenommen, dass sie zu ihrer Entstehungszeit unter klerikaler Leitung stand.[37] Auf die Frage, wie und wann der Wechsel erfolgte, gibt uns keine Quelle eine sichere Antwort, aber er muss vor dem Jahr 1370, dessen Stadtrechnungen uns den ersten eindeutigen Beleg für die Prozession liefern, erfolgt sein. Es ist sehr unwahrscheinlich, dass die Prozession allein aus einer bürgerlichen Initiative entstand.[38] Bei der neuen Amburbalie handelte es sich um keine völlig neue Prozession. Sie hatte die alte Amburbalie als Vorbild, was bedeutet, dass von Beginn an die Geistlichen aller Stiftkonvente zur Teilnahme verpflichtet gewesen sein müssten. Die Ausführung der neuen Prozession setzte die entsprechende Autorität über sie voraus. Das Kölner Meliorat war im 13. Jahrhundert zwar finanziell in der Lage, eine dauerhafte Prozession zu unterstützen, besaß aber als Stadtobrigkeit noch keinen ausreichend unabhängigen Einfluss, dies allein, d. h. ohne Mitwirkung des Domkapitels zu ermöglichen. Köln stand vor 1288 unter einem geistlichen Stadtherrn, dessen Hauptsitz in der Stadt selbst war und dem die Leitung des Doms unterstand. Noch in der Mitte des 13. Jahrhundert wandte sich die Stadt wegen einiger Reibungspunkte zwischen dem Klerus und der übrigen Bevölkerung standesgemäß an die Erzbischöfe.[39] Nachdem die Stadt 1288 endgültig ihre Eigenständigkeit erreicht hatte, gelangte sie nach und nach in eine Position, gegenüber den Erzbischöfen und dem Domkapitel Druck auszuüben. Es lässt sich vermuten, dass der Wandel jedenfalls nach 1288 und wohl um den Jahrhundertwechsel bzw. am Anfang des 14. Jahrhundert erfolgte; es gab aber wohl keine bewusste Übergabe der Leitung, und es handelte sich dabei nicht um eine Machtfrage, sondern eher um eine steigende Mitverantwortung, die eine Sakralgemeinschaft voraussetzte. Die Frömmigkeit der Laien ist bekanntlich allgemein im ausgehenden Mittelalter angestiegen, wobei sie sich am stärksten im kirchlichen Bereich ausdrückte. Man darf auch nicht vergessen, dass am Ende des 13. Jahrhunderts nahezu alle Mitglieder der Mendikantenkonvente und in den nichtadligen Stiften mindestens zwei Drittel städtischer Herkunft waren.[40] So standen die Bürger und die Kleriker in einer engen Beziehung.

für die Gemeinde. Zum Interdikt: HELGA JOHAG: Die Beziehungen zwischen Klerus und Bürgerschaft in Köln zwischen 1250 und 1350, Bonn 1977 (Rheinisches Archiv 103), S. 131–141, hier S. 135 und 140.

37 LÖTHER, Prozessionen (Anm. 2), S. 96.

38 Ein Beispiel für die Einführung und dauerhafte Ausstattung einer großen, stadtweiten Prozession aus einer bürgerlichen Initiative heraus zeigt die Fronleichnamsprozession in Nürnberg: LÖTHER, Prozessionen (Anm. 2), S. 64–68.

39 JOHAG, Beziehungen (Anm. 36), S. 196 f.

40 Ibid., S. 199.

Im „Drehbuch“ der Großen Gottestracht wurde die Weltanschauung, auf die sich der „Regisseur“ stützte, gut eingebettet. Quellenmäßig belegt ist die Prozession erst ab Mitte des 15. Jahrhunderts.[41] Dies hängt in erster Linie mit der Bedeutungszunahme der schriftlichen Festlegung verschiedener Ordnungen, vor allem mit dem Aufkommen der allgemeinen Morgensprachen zusammen.[42] Sie betrafen anfangs hauptsächlich die Vorbereitung der Prozession und die Vorkehrungen zur Durchführung des Jahrmarktes, der ebenfalls zu dieser Zeit stattfand, übernahmen später auch die Sachverhalte, welche die allgemeine Morgensprache am Ratswechsel beinhaltete. Während andere Morgensprachen für einzelne Sachverhalte seit etwa 1520 zugunsten der schriftlichen Verkündung abnahmen, bestand die Morgensprache anlässlich der Großen Gottestracht fort. Deren Verkündung erfolgte anfänglich am ersten Freitag nach Ostern, später in der Regel am Montag in der Woche der Gottestracht in einer feierlichen Form.[43] Die zeremonielle Verkündung des Rates stellte einen Höhepunkt des Gemeindelebens dar. Ein Notariatsinstrument von 1528 schildert dies wie folgt:[44] Am Montag vor der Gottestracht zwischen elf und zwölf Uhr vormittags begannen die beiden Bürgermeister ihren Weg mit ihren Dienern vom Rathaus aus. Sie kleideten sich in die Bürgermeisterkleidung und trugen den Bürgermeisterstab. Sie ritten auf dem „gewöhnlichen Weg“ durch die Stadt und ließen ihre Diener die Einladung zur Verkündung der Morgensprache aus der Laube des Rathauses ausrufen. Nach dem Ritt erschienen die Bürgermeister, die Rentmeister und die anderen vornehmen Ratsherren sowie die amtierenden Ratsmitglieder auf der Laube. In ihrer Anwesenheit verlas der Ratssekretär vor den versammelten Bürgern die Morgensprache, wodurch ihre Zustimmung von den Bürgern und Einwohnern als bestätigt angenommen wurde.

41 Die älteste eindeutig datierte Morgensprache anlässlich der Großen Gottestracht stammt aus dem Jahre 1450: Historisches Archiv der Stadt Köln (HAStK), Verfassung und Verwaltung V+V V 125, fol. 79r. Die Morgensprache, die von Stein um Mitte des 15. Jahrhunderts datiert wurde, könnte noch älter sein, da die Handschrift ihrer Zusätze von Johannes Bruwers von Erpel (Stadtschreiber 1440–1460) stammen: Stein, Akten (Anm. 10) II, S. 360–362, Nr. 215.

42 Über die Formen, Bedeutung und Entwicklung der Morgensprache: Robert Giel: Politische Öffentlichkeit im spätmittelalterlich-frühneuzeitlichen Köln (1450–1550), Berlin 1998 (Berliner historische Studien 29), S. 50–85.

43 Im 15. Jahrhundert schwankten noch die Termine, so dass sie am Gründonnerstag, Karfreitag oder am ersten Freitag nach Ostern verkündet wurden. Die Verkündung am zweiten Montag nach Ostern ist erstmals für 1466 nachweisbar, wurde im 16. Jahrhundert die Regel. Vgl. Giel, Öffentlichkeit (Anm. 42), S. 80.

44 Erich Kuphal: Das Polizeiwesen der Reichsstadt Köln im Spiegel der Großen Morgensprache, JKGV 10 (1928), S. 81–100, hier: S. 83.

Die Verkündung der Morgensprache, die eine Möglichkeit darstellte, alle Stadtbewohner anzusprechen und die normativen Regelungen flächendeckend zu verbreiten, ließ der Gottestracht eine politische Bedeutung zukommen. Außer Verordnungen, die im direkten Zusammenhang mit der Prozession standen, ließ der Rat die Morgensprachen je nach den Umständen verschiedene Sachverhalte beinhalten. So nahmen seit dem Vorabend des missglückten Umsturzversuchs des Rates von 1482 die Sicherheitsvorkehrungen zu, in den 1540er Jahren taucht ein Artikel zur Zensur von Publikationen auf. In der zweiten Hälfte des 16. Jahrhunderts, als die Prozessionen einen immer stärkeren gegenreformatorischen Zug bekamen, vermehrten sich die Bestimmungen gegen die „Feinde" der Katholiken. Zu Beginn der Morgensprache wurde die Prozession als ein „jährlich gewöhnliches" Ereignis erklärt: „*as gewoenlich is, dat man jairs dat heilige sacrament umb die stat zu dragen pliet.*" Die Tradition der Prozession wurde immer wieder betont. Der Ausdruck „*van alders gewoenlich geweist und noch ist*", der seit 1530 zu sehen ist, zeigt die Tendenz zum Beharren auf der althergebrachten Ordnung. Durch Berufung auf die Tradition versuchte man, die Richtigkeit der Prozession und damit der dadurch veranschaulichten Welt zu bestätigen. Dass der Großen Gottestracht als eine stadtweite Ratsveranstaltung mit Jahrmarkt sowohl eine politische als auch eine wirtschaftliche Bedeutung zugeschrieben wurde, sieht man daran, dass der Prozessionstag auch zur Terminsetzung verschiedener öffentlicher Angelegenheiten diente, wie z. B. die Festlegung der Preistaxen verschiedener Waren und die Frist der Gefängnisstrafe.[45] Als repräsentativer Tag diente er auch dazu, Handelsgäste zu Kaufverhandlungen einzuladen.[46]

Der Kern der Morgensprache, die die Prozession betreffenden Bestimmungen, blieb in seinem Wortlaut – trotz der Veränderungen, die die Gesellschaft sicherlich spürbar und sichtbar erfuhr – im Wesentlichen 200 Jahre lang gleich. Die Bestimmungen führen uns durch Aufforderungen, Regelungen und Verbote vor Augen, welche Atmosphäre entlang des Prozessionswegs herrschte und wie die Teilnehmer und die Zuschauer die Prozession erlebten: Aufforderung zur Teilnahme, Aufforderung zu diszipliniertem und angemessenem Verhalten, das Verbot des Lebensmittelverkaufs auf dem Stadtgraben, das Verbot

45 Beschlüsse des Rates der Stadt Köln 1320–1550, 6 Bde., bearb. v. Manfred Huiskes und Manfred Groten, Düsseldorf 1988–90/2003, hier: Bd. I, S. 472, Nr. 21; Bd. III, S. 208, Nr. 245. Die Fleischtaxe wurde im Ratsprotokoll regelmäßig zwischen 1532 und 1538 aufgezeichnet, auch im Jahr 1550.

46 Beschlüsse (Anm. 45) V, S. 395, Nr. 283 (30.4.1546). Ähnliche Angabe zur Verhandlung von Kohlen und Holz außerdem: ibid., V, S. 288, Nr. 196 (1.4.1545); V, S. 679, Nr. 199 (8.5.1549). Ferner ibid. II, S. 12, Nr. 83 (11.2.1513).

des Verwüstens des Stadtgrabens, das Gebot der Reinigung und Reinhaltung der Straßen.

Die Besucher und die Zuschauer

Am Tag der Prozession empfing die Stadt neben den offiziellen und geschäftlichen Gästen eine Vielzahl an Besuchern. Zum einen zogen die zur Prozession gewährten „großzügigen" Ablässe die derzeitigen Gläubigen, die Frömmigkeit quantitativ zu bemessen pflegten, in die Stadt. Zwar verbreitete sich nach der Reformation eine gewisse Ernüchterung gegenüber dem Ablass, dies änderte jedoch prinzipiell nichts an seiner Akzeptanz.[47] Zum anderen kamen viele Menschen wegen des Jahrmarkts. Zu diesem wurden nämlich die auswärtigen Handwerker und Händler, deren Tätigkeit sonst zugunsten des einheimischen Gewerbes streng eingeschränkt wurde, großzügig zugelassen.[48] Überdies sollte nicht vergessen werden, dass an dem Tag neben der Prozession viele andere Unterhaltungsangebote zur Auswahl standen. Der Rat bot den auswärtigen Besuchern freies Geleit. Dies galt – so wurde es um 1500 etabliert – jeweils drei Tage vor und nach der Großen Gottestracht.

Den Zuschauern wurde – wie auch den Akteuren der Prozession – ein diszipliniertes Verhalten verordnet. In diesem Zusammenhang stand seit der Mitte des 15. Jahrhundert das Verbot des Verkaufs von Brot, Bier und Wein am Stadtgraben. War eine solche Aktivität entdeckt worden, wurden die Waren konfisziert und den Hospitälern zur Verteilung an die Armen weitergegeben. An den Straßen und Plätzen entlang des Stadtgrabens, wo der verbotene Verkauf stattfand, sammelten sich die Zuschauer wohl wegen der guten Sicht auf das jährliche Spektakel.[49] Es wurde auch unter Androhung einer hohen Bußzahlung verboten, die Einfriedung der Stadt zu beschädigen oder Steine in den Stadtgraben zu werfen. Nach einem Unfall von 1537, als ein Rittmeister zu Pferde einen Jungen tödlich verletzt hatte, wurde ein neuer Artikel in die Morgenspra-

47 Neuhausen, Ablasswesen (Anm. 11), S. 215 f. Zur Frömmigkeitsform: Arnold Angenendt u. a.: Gezählte Frömmigkeit, Frühmittelalterliche Studien 29 (1995), S. 1–71, passim.

48 Bruno Kuske: Die Märkte und Kaufhäuser im mittelalterlichen Köln, JKGV 2 (1913), S. 75–133, hier: S. 121 f.

49 Der Beschluss von 1527 weist darauf hin, dass auch die Kranken aus dem vor der Stadt gelegenen Leprosenhaus Melaten zu dem Spektakel kamen und sich am Stadtgraben hinsetzten, was ihnen jedoch nicht gestattet war. Ihnen wurde wohl ein bestimmter Platz zugewiesen: Beschlüsse (Anm.45) III, S. 406 (29.4.1527).

che hinzugefügt.[50] Jeder solle Straßen und Plätze für die Rittmeister frei lassen und keiner dürfe den Pferden zu nahekommen.

Die Akteure der Prozession und die Reihenfolge

Die Einwohner der Stadt wurden in der Morgensprache zur Teilnahme an der Prozession aufgefordert: Der Rat gebiete allen Ämtern und Gaffeln, ferner den Einzelnen, sich auf die Prozession vorzubereiten und sich an deren Tag mit Kerzen und sonstiger Gerätschaft bereitzuhalten. Die Ämter und Gaffeln sollten in derselben Reihenfolge gehen, wie sie im Verbundbrief (erlassen 1396) genannt wurden.[51] Die Reihenfolge führte immer wieder zu Streitigkeiten, so dass der Rat 1464 eine gesonderte Ordnung erließ, in der das Nichteinhalten der Reihenfolge mit einer Sanktion belegt wurde.[52] Die soziale Rangfolge im Verbundbrief sollte also im „Regiebuch" der Prozession unabhängig von einem möglichen Wechsel im realen Leben erhalten bleiben. Die zur Prozession vorbereiteten Gaffel- und Ratskerzen wurden im Laufe der Zeit immer größer und unangemessen prunkvoller, so dass diese zur Mitte des 16. Jahrhundert verboten wurden. Stattdessen sollte man danach vier kleinere Kerzen tragen, was sich jedoch nur zögernd durchgesetzt zu haben scheint.[53] Ferner wurde den Teilnehmern befohlen, andächtig mitzugehen und die Geistlichen nicht zu belästigen. Keiner, sei es Frau oder Mann, dürfe alleine, abgesondert, außer der Reihe gehen und sich unter die Kleriker mischen. Jeder solle für den Ablass dem Sakrament in tiefer Andacht folgen.

Die Feierlichkeit der Prozession wurde durch den Einsatz von vielen in Harnisch gekleideten Reitern inszeniert. Aus den Bestimmungen der Morgensprache geht hervor, dass die Teilnahme der Reiter in Harnisch aus dem Kreise der Bürger und Eingesessenen bereits um die Mitte des 15. Jahrhundert üblich war. Um den Zug prächtiger auszugestalten, wurde jedoch 1470 deren Anwerbung im großen Stil unternommen und geregelt. In diesem Jahr ordnete der Rat nämlich in einer Bestimmung über den Ratswein, dass die Stimmeister und die Rittmeister 200 bzw. 300 Teilnehmer zur Begleitung der Prozession in Har-

50 Beschlüsse (Anm. 45) IV, S. 461 (16.4.1537). Darin wurde beschlossen, dass das Verbot, den Pferden zu nahezukommen, in die nächste Morgensprache aufgenommen werden sollte, HAStK, Verfassung und Verwaltung V+V V 127, fol. 2r. Der Artikel ist aber auch nach dieser Zeit regelmäßig zu finden.

51 In der Morgensprache aus dem Jahre 1450 ist zum ersten Mal eine ausdrückliche Einbeziehung des Verbundbriefs bezüglich der Reihenfolge mit dem Ausdruck *as die Ampte ind gaffelen in dem verbuntbrieve geschreven steent ind ouch gewoenlich is*: HAStK, Verfassung und Verwaltung V+V V 125, fol. 79r.

52 Stein, Akten (Anm. 10) I, S. 380, Nr. 184.

53 Beschlüsse (Anm. 45) V, S. 390 (7.4.1546); S. 676 (22.4.1549).

nisch *zo der eren gotz* anwerben sollten.[54] Die Aktion sollte in der Mitte der Fastenzeit unternommen werden, wenn die Rittmeister für die Gottestracht gewählt wurden. Jeder der Teilnehmer zu Pferde, der an dem Tag zumindest *mit pantzer ind kreefftz* (Pantzer und Brustharnisch) kommt, wurde mit einem Ratszeichen belohnt, wobei es in der Morgensprache verboten wurde, dass ein anderer ritt als derjenige, der sich vorher dazu einschreiben ließ. Das Ratszeichen konnte man innerhalb einer Woche nach der Gottestracht in Wein einlösen. Auch von diesen bürgerlichen Teilnehmern wurde ein diszipliniertes Verhalten ausdrücklich verlangt; sie sollten den Hauptleuten, die eigens für die Prozession vom Rat ernannt wurden,[55] gehorsam sein und nicht vom Prozessionsweg ins Kornfeld abweichen. Nach der Ernennung der Hauptleute von 1480 wurden jeweils zwei Hauptleute aus vier Wachtbezirken, d. h. insgesamt acht Hauptleute benannt.[56] Sie sollten nach der Ordnung von 1470 wohl für die Vorbereitung für sich und ihre gewappneten Leute, die ca. 100 Mann zählen sollten, frühzeitig vor der Gottestracht eine von der Rentkammer festgelegte Geldsumme erhalten.[57] Nach dem Geldbetrag, der sich nach der Anzahl der Teilnehmer richtete, zu urteilen, darf man wohl von einer kontinuierlichen Zunahme der bürgerlichen Bewerber sprechen.[58] Die Anwerbung und Aufteilung der reitenden Teilnehmer in Harnisch erfolgte vermutlich nach Gaffeln, wie sonst auch das städtische Wachtwesen – sowohl bei einer Bekanntmachung als auch bei der Aufteilung der Posten – organisiert war.[59] Durch Einführung der neuen Wehrordnung von 1583 wurde die Stadt unabhängig von den Gaffeln und Kirchspielen in acht Wachtbezirke eingeteilt und weiter in 54 Fähn-

54 Stein, Akten (Anm. 10), II, 480, Nr. 307, § 81 und 82.

55 In der Regel bekleidete einer das Amt in seiner Karenzzeit. Von 144 Hauptleuten, die man zwischen 1515 und 1550 in den Ratsprotokollbüchern findet, waren drei Personen, namentlich Gierhart van Munster, Thys van Haren und Wilhem Lyttich, bereits vor ihrer ersten Ratszeit als Hauptmann tätig.

56 Beschlüsse (Anm. 45) I, S. 626 (6.3.1480). Soweit es den Ratsprotokollbüchern entnommen werden kann, blieb die Anzahl in der ersten Hälfte des 16. Jahrhunderts gleich. Für das 16. Jahrhundert sind acht Hauptleute, zwischen 1515 und 1525 jedoch nur lückenhaft, regelmäßig in den Protokollbüchern (Beschlüsse Bd. II–V) namentlich zu finden.

57 Stein, Akten (Anm. 10) II, S. 480, Nr. 307, § 84.

58 Der Geldbetrag wurde 1470 auf zwölf Mark festgelegt, dann 1476 auf 16 Mark und 1477 auf 20 Mark erhöht. Ferner wurde 1536 wegen der Verdoppelung der Teilnehmer eine Erhöhung um 10 Mark mehr vorgenommen: Beschlüsse (Anm. 45) I, S. 562 (vor 26.4.1476); S. 579 (vor 18.4.1477); Beschlüsse IV, S. 384 (3.5.1536).

59 Brigitte Wübbeke: Das Militärwesen der Stadt Köln im 15. Jahrhundert, Stuttgart 1991, S. 53–56. Auch aus der Aufzeichnung Weinsbergs geht hervor, dass nach der Einführung einer neuen Wehrordnung die gewappneten bürgerlichen Teilnehmer nicht mehr nach Gaffeln aufgeteilt gingen, wie es früher üblich gewesen war: Weinsberg, Buch (Anm. 17) III, S. 236 und 266.

lein unterteilt.[60] Für die Gottestracht wurde fortan ein Fähnlein aus dem jeweiligen Wachtbezirk gewählt.[61] Die Ernennung der Hauptleute und die Teilnahme der Bürger in Harnisch richteten sich also nach 54 Fähnlein. Nach Weinsbergs Bericht, dessen Fähnlein 1587 gewählt wurde, war dies ca. 200 Mann stark.[62] Wären alle Fähnlein gleich groß gewesen, zählten die Teilnehmer in Harnisch allein rein rechnerisch ca. 1600 Personen.

Besonders prächtig ausgestattet erschienen zwei Rittmeister mit ihrem berittenen Gefolge. Laut Klersch übernahmen die Patrizier ursprünglich das Amt, was deren Reichtum symbolisierte und als besonders ehrenvoll galt.[63] Zumindest im 16. Jahrhundert, aber wohl auch im 15. Jahrhundert wurden beide Rittmeister bis zur Abschaffung des Amtes 1569 aus dem sitzenden Rat gewählt.[64] Das Ansehen des Amtes blieb wohl auch nach der Beendigung der Patrizierherrschaft unverändert erhalten, aber das Amt war wegen seiner hohen Kosten nicht mehr begehrt, denn die gesamte Ausstattung musste der Rittmeister selbst bezahlen. Für die weniger finanzstarken Ratsherren konnte die Übernahme des Amtes deshalb ihre wirtschaftliche Existenz gefährden. Das Ansehen, das man durch eine gute Ausführung des Amtes bekam, weckte auch Neid und Hass gegenüber der entsprechend guten finanziellen Lage der Person. Deshalb konnte sich das Ansehen des Amtes bei der Wahl des Amtsinhabers negativ auswirken.[65] Die Bestimmungen zum Wahlmodus im Transfixbrief aus dem Jahr 1513 zielten vergeblich auf eine Unparteilichkeit.[66] So war der Wett-

60 Toni Heinzen: Zunftkämpfe, Zunftherrschaft und Wehrverfassung in Köln. Ein Beitrag zum Thema „Zünfte und Wehrverfassung", Köln 1939, S. 95.

61 Weinsberg, Buch (Anm. 17) III, S. 236.

62 Weinsberg (Anm. 17) V, S. 283 f.

63 Klersch, Volkstum (Anm. 13) I, S. 185. Worauf er seine Aussage stützt, ist jedoch nicht klar. Weinsberg berichtete zum Jahr 1569, dass zur Großen Gottestracht zum ersten Mal seit 200 Jahren kein Rittmeister gewählt worden sei. Wenn seine Aussage richtig ist, existierte das Amt seit der Mitte des 14. Jahrhunderts, also noch in der Patrizierherrschaft: Weinsberg, Buch (Anm. 17) II, S. 192.

64 Beschlüsse (Anm. 45) II, S. XVIII.

65 Weinsberg, der 1547 im 29. Lebensjahr das Amt bekleidete, kommentierte bezüglich seiner Wahl zum Rittmeister, er sei aus Neid auf das Wohl seiner Familie gewählt worden, da seine Eltern das Zapfrecht besaßen und er ihnen am Gericht gedient habe: Weinsberg, Buch (Anm. 17) I, S. 266. Zu seiner Wahl auch: ibid., S. 247–249. Es war wohl tatsächlich nicht üblich, dass ein junges, unverheiratetes, unerfahrenes Ratsmitglied zum Rittmeister gewählt wurde. Vom Juni 1546 bis zum Juni 1547 war für Weinsberg nämlich erst der zweite Ratsgang. Schon sein erster Ratsgang stellte einen Ausnahmefall dar, insofern dass „ein ungeheirateter junger Student ohne richtiges Einkommen" zum Rat gewählt wurde: Weinsberg I, 198 f.

66 Die Chroniken der niederrheinischen Städte: Cöln, Bd. 3, Leipzig 1879, Nachdruck: Göttingen 1968 (Die Chroniken der deutschen Städte vom 14. bis ins 16. Jahrhundert, Bd. 14), S. CCXXXIVf. Der Wahlmodus der Rittmeister in der Zeit vor dem Transfixbrief ist ungewiss. Der Transfixbrief ordnete an, dass der neue Rittmeister aus jeder Gaffel nach der Reihenfolge der Auflistung im Verbundbrief gewählt werden sollte. Dies wurde wohl auf-

streit zwischen zwei Rittmeistern wegen ihrer Eitelkeit nicht zu vermeiden, wenn sie erst einmal gewählt waren. So wollte jeder durch die Größe seines Gefolges und der Pracht der Ausstattung noch höheres Ansehen erlangen als der andere.[67] Die Größe des Gefolges musste durch den Rat offiziell eingeschränkt werden. In der Ordnung von 1473 hieß es, dass jeder Rittmeister im Gefolge nicht mehr als sechs Pferde haben dürfe, und im Transfixbrief 1513 waren es zwölf Pferde.[68]

Die Pracht der Gefolge, für die ein solcher Reichtum aufgebracht wurde, schilderte Hermann Weinsberg, der 1547 das Amt bekleidete, ausführlich.[69] Die Einschränkung der Größe der Gefolge wurde offensichtlich nicht besonders beachtet; er und sein Partner hatten je fünf Schützen, einen Rüstmeister, einen Fahnenträger, einen Jungen und mehrere Reitende mit Spießen. Die Letztgenannten waren bei Weinsberg mit 48 Mann vertreten, was viel mehr als beim anderen Rittmeister gewesen sei. Er fügte hinzu, dass er am Ende etwa 24 Pferde mehr als der andere Rittmeister gehabt habe. So war der Wetteifer nach Ansehen zwischen den beiden Rittmeistern offensichtlich. Die Kostspieligkeit der Amtsausführung und die Tatsache, dass die gewählten Rittmeister

---

grund der unterschiedlichen finanziellen Stärke der Ämter bald als problematisch erkannt, so dass man im Winter 1523/24 über deren Änderung zu beraten begann: Beschlüsse (Anm. 45) III, 174 (28.11.1524), 178 (9.12.1524), 201 (1.3.1525), 227 (6.12.1525). Zur Übereinstimmung des neuen Wahlmodus kam es erst im Februar 1526, der ab dem darauffolgenden Jahr praktiziert wurde. Demnach sollte nach dem Antritt des neuen Rats, aber vor den sonstigen Wahlen der Ratsämter ein Rittmeister aus dem Kreise der neu gewählten Ratsherren gewählt werden, ohne jegliche vorherige Absprache. Später (1534) wurde er insofern modifiziert, dass die Bürgermeisterwahl doch vor der Rittmeisterwahl stattfinden sollte: Beschlüsse (Anm. 45) I, 961 (14.2.1526); III, 297 (14.2.1526); IV, 250 (23.6.1534). Die Rittmeisterwahl Weinsbergs wurde auf Wunsch des Bürgermeisters erst nach der Ernennung aller anderen Ratsämter durchgeführt. Die Wahl war nicht geheim, daher mussten alle amtierenden Ratsmitglieder und die Bürgermeister nacheinander einen Ratsherrn namentlich wählen. Bei der Wahl Weinsbergs wählte zunächst der Stimmeister, darauf folgten Conrat van Lins, Aloff Stralen und der Bürgermeister, Goswin Lommershem. Alle anderen Ratsherren folgten danach, wobei die Ernennung der Kandidaten durch den Bürgermeister wohl eine bestimmende Wirkung besaß: WEINSBERG, Buch (Anm. 17) I, S. 248 f.

67 Die Rivalität der beiden Rittmeister bestimmte auch die Positionsauswahl am „Hof", womit wohl der Domhof gemeint war. Nach der Schilderung Weinsbergs begann der Auftritt der Rittmeister bereits an deren Wohnsitz, von dem aus sie zum „Hof" zogen. Der eine sollte oben aus dem Tor in den Hof hinein-, der andere hinausreiten. Dabei galt der erstere als stattlicher: WEINSBERG, Buch (Anm. 17) I, S. 266. Diesbezüglich beschloss der Rat um 1500, dass der erstgewählte Rittmeister ohne Widerrede des anderen zuerst die Position auswählen dürfe: Beschlüsse (Anm. 45) I, S. 811 (29.4.1500). Dies soll mit der Änderung des Wahlmodus immer wieder vernachlässigt worden sein, so dass die Regel 1517 vor den beiden Rittmeistern vorgetragen worden sei. Auch ein Beschluss vom Jahr 1528 lautete, dass die beiden Rittmeister sich über die Positionsauswahl gütlich einigen oder losen sollten: Beschlüsse (Anm. 45) II, S. 384 (17.4.1517); III, S. 504 (24.4.1528).

68 STEIN, Akten (Anm. 10) II, S. 498 f., Nr. 330.

69 WEINSBERG, Buch (Anm. 17) I, S. 262–266; Beschlüsse (Anm. 45) V, S. 498 (27.4.1547).

unfreiwillig dem Neid der Leute ausgesetzt waren, führten 1567 zu einem Vorfall. Der Rittmeister Adolf von Stralen ließ auf einem Fähnlein eine Abbildung malen, auf der eine Kerze vor Gott, aber zwei vor dem Teufel standen, um auszudrücken, dass der Ritt meistens aus Hochmut, gleichzeitig aber auch zum Verderben der auserkorenen Rittmeister geschehe. Der andere Rittmeister, Derich von Bon, behielt seinen Hut auf, als er an den Klerikern vorbeiritt.[70] Aufgrund dieser Ereignisse wurde das Amt 1569 abgeschafft.[71]

Außer den aus den Reihen der Bürger angeworbenen Reitern, den vom Rat ernannten Hauptleuten und den Rittmeistern mit ihrem Gefolge waren auch die städtischen Söldner und die berittenen Nachtwächter zuständig für die Sicherheit am Tag der Prozession. Auf dem Rhein wurden auch bewaffnete Patrouillen eingesetzt.

Ebenso gingen die Spielleute in der Prozession mit. Es waren auch die Spielleute, die von Erzbischöfen, Adligen oder anderen Städten entsandt und von ihnen bezahlt wurden. Versteckt hinter der Größe der Prozession liefen die Spielleute wohl doch nicht den ganzen Weg mit, sondern scheinen zwischendurch in seitlichen Gassen oder Wirtshäusern verschwunden zu sein. Der Rat traf einen Beschluss, welcher besagte, dass das Geld ihnen nur dann ausgezahlt werden solle, wenn sie bei der Prozession tatsächlich mitgingen. Die Versorgung und wohl auch die Aufsicht über die Spielleute oblag nach Weinsbergs Beschreibung 1583 den Hauptleuten.[72]

Gelegentlich erhöhte die Teilnahme besonderer Würdenträger das Ansehen der Prozession. Aus dem 15. Jahrhundert ist ein solches Ereignis nicht überliefert, aber im 16. Jahrhundert aus den Jahren 1525, 1555, 1579, 1595 und 1597 bekannt.[73] 1525 und 1555 war der Kölner Erzbischof anwesend. Er trug das Sakrament anstelle des Weihbischofs vom Dom aus bis zum Salzgassentor, den restlichen Weg bis zur ersten Station, d. h. bis zum Fischmarkt, übernahm der Weihbischof. Im Jahre 1579 waren neben dem Kölner Erzbischof auch zwei weitere Würdenträger anwesend: der Trierer Erzbischof und der Würzburger

70 Klersch, Volkstum (Anm. 13) I, S. 189. Klersch nennt Hermann von der Landskorn als einen der letzten Rittmeister. Er bekleidete jedoch das Amt im Jahre 1563. Als Adolf von Stralen 1582 starb, wurde er als Nicht-Katholik begraben: Weinsberg, Buch (Anm. 17) III, S. 129.

71 HAStK, Ratsprotokoll 24, fol. 208r-v (3.12.1567); Weinsberg, Buch (Anm. 17) II, S. 179 und 192.

72 Weinsberg, Buch (Anm. 17) V, S. 283 f.: „*Ich hat dismal kein beswernis mehe darvon, dan das ich die spillude moist verschaffen, den die zopp geben und das verlech toin. Die andere 7 heubtleute haben fillicht auch dergliehen toin moissen.*“

73 Über das Jahr 1525: Beschlüsse (Anm. 45) I, S. 959 (vor 28.4.1525). Das Jahr 1555: Weinsberg, Buch (Anm. 17) II, S. 74. Ebenso 1579: Weinsberg, Buch III, S. 35 f.; Erich Kuphal Die Kölner Domchronik des Goswin Gymnich 1550–1608, JKGV 14 (1932), S. 269 f. Das Jahr 1595: Weinsberg, Buch (Anm, 17) IV, S. 231 f. Das Jahr 1597: Kuphal, Domchronik, S. 279.

Bischof. Diesmal trug das Sakrament wie gewöhnlich der Weihbischof. Ihm folgten die drei Würdenträger, der Kölner Erzbischof im weißen Chorrock in der Mitte, der Trierer an seiner rechten und der Würzburger an seiner linken Seite in langen schwarzen Röcken.[74] Sie wurden von Adeligen begleitet. Danach folgten die Bürgermeister und die amtierenden Ratsherren. Die drei Würdenträger blieben wegen des regnerischen Wetters mit den Domprälaten in der Neugasse an dem Ort, der „zum Rad“ genannt wurde.[75] Als der Zug wieder zur Neugasse zurückkam, schlossen sie sich ihm wieder an und gingen zusammen zum Dom. 1595 war der päpstliche Legat anwesend und nahm den Platz zwischen den Bürgermeistern ein. 1597 gingen der Bischof von Osor *(Auserensis)* und der Herzog von Bayern hinter dem Weihbischof mit.

Über die Reihenfolge des gesamten Zugs erfährt man einiges von Weinsberg aus dem Jahre 1595 und aus dem Domzeremoniale.[76] Für das 15. Jahrhundert fehlen Informationen. Da Prozessionen grundsätzlich ein stilisiertes Ritual darstellten und daher wenig veränderlich gewesen sein sollten, darf man jedoch davon ausgehen, dass die Informationen aus dem ausgehenden 16. Jahrhundert im Wesentlichen, abgesehen von der Größe der einzelnen Gruppen, der Teilnahme der zeitlich später gegründeten Orden und der Art der Ausstattungen, auch auf die frühere Zeit zutrafen. Nach der Aufzeichnung Weinsbergs von 1595 stellte sich die Reihenfolge ohne den päpstlichen Legaten und die Gastteilnehmer wie folgt dar: 1. Die Kreuzbrüder und Brüder der vier Bettelorden, 2. Geistliche von sieben Stiften, 3. Domkapitel, Prälaten, Dechanten, Propst und Äbte, 4. Kerzen der Gaffeln sowie des Rats, 5. Sakrament und 6. Bürgermeister, die Ratsherren und diejenigen, die ein Ratsamt bekleideten. Die Frauenkonvente waren offensichtlich von der Teilnahme ausgeschlossen. Die Plätze um das Sanktissimum belegte also der Rat. Der bedeutendste Platz, nämlich unmittelbar nach dem Sakrament, war den Bürgermeistern vorbehalten.[77] Das

---

74 Die Reihenfolge nach dem Buch Weinsbergs (Anm. 17). Nach der Domchronik von Gymnich kamen zuerst die drei Würdenträger, und ihnen folgte der Weihbischof mit dem Sakrament. Betrachtet man die anderen Beispiele, so ist die Reihenfolge nach Weinsberg wahrscheinlicher, nämlich die Würdenträger gleich hinter dem Sakrament.

75 Keussen, Topographie (Anm. 3) I, Spalte 141b, Nr. 7.

76 Klersch, Volkstum (Anm. 13) I, S. 179 f.; Weinsberg, Buch (Anm. 17) IV, S. 231 f.; Amberg, Ceremoniale (Anm. 12), S. 174–179. Klersch informiert auch über die Reihenfolge, die in einer Abbildung der Gottestracht auf dem Stadtplan von Johann Schott und Loeffler Jr. vom Jahre 1658 zu sehen ist. Dies bleibt hier jedoch außer Betracht.

77 Die Menschen sahen im Folgen des Sakraments die Bedeutung, dass sie tatsächlich Christus folgten und dadurch das Versprechen erhalten könnten, nie in der Finsternis wandeln zu müssen, wie es im Johannesevangelium (Joh 8,12) stand: Alexander Seibold: Sammelindulgenzen: Ablassurkunden des Spätmittelalters und der Frühneuzeit, Köln/Weimar/Wien 2001 (Archiv für Diplomatik. Schriftgeschichte. Siegel- und Wappenkunde, Beiheft 8), S. 280.

Domzeremoniale berichtet uns lediglich über den Teil, der die Geistlichen betraf. Demnach folgten in der oben genannten ersten Gruppe den Kreuzbrüdern der Reihe nach die Orden der Karmeliter, der Augustiner-Eremiten, der Minoriten und der Dominikaner. In der zweiten Gruppe gingen zunächst die Kreuze aller Stifte, dann ihre Scholaren und danach ihre Vikare und Kanoniker in der Reihenfolge: St. Georg, St. Mariengraden, St. Aposteln, St. Kunibert, St. Severin, St. Gereon.[78] Nach der sechsten Gruppe sollten sich die Gläubigen angeschlossen haben. Ob auch die Rittmeister und ihr Gefolge nach der sechsten Gruppe gingen oder ob sie die Prozession begleiteten, ist ungewiss. Auch über die Platzierung der reitenden Bürger in Harnisch unter Aufsicht der Hauptleute lässt sich nur aufgrund der Abbildung der Gottestracht auf dem Stadtplan von Schott und Loeffler Jr. aus der Mitte des 17. Jahrhundert vermuten, dass sie entweder vor der oben genannten ersten Gruppe oder hinter der ganzen Prozession eingeordnet wurden.[79] Sie hatten außerhalb der Stadtmauer, also am Rheinufer und am Feldrand, die Prozession zu beschützen. Ende des 16. Jahrhunderts, zur Zeit des Kölnischen Krieges, wurde die Prozession nach Weinsbergs Beschreibung stets von acht Fahnen mit je ca. 150 Mann, und von 300 Bürgern mit Büchsen und Musketen begleitet, neben denen noch die Stadtsoldaten und Schützen gingen.[80] Diese große Prozession fand Weinsberg *zimlich schoner umbgank und procession,* und sie wurde auch in der Domchronik als *herrlich* bewertet.[81] Dabei hielten sich, so Weinsberg, viele Bürger, Eingesessene und Geistliche, auch die katholischen, vor allem aber die Auswärtigen von der Prozession fern und blieben zu Hause.[82]

Prozessionsweg und Stationsordnung

Als eine mit der Stadterweiterung neu eingeführte Amburbalie soll der Prozessionsweg von Beginn an um die neue Stadtmauer gelaufen sein. Die genauere Route liefern uns die Stationsordnungen, die ab dem letzten Viertel des 15. Jahrhunderts durchgängig erhalten sind. In der Mitte des 15. Jahrhundert hatte die Prozession sieben bzw. acht Stationen einschließlich des Doms.[83] Die

78 St. Andreas fehlt im Ceremoniale Coloniense. Nach der Ordnung von 1658 stand St. Andreas zwischen St. Aposteln und St. Kunibert: Klersch, Volkstum (Anm. 13) I, S. 180.

79 Klersch, Volkstum (Anm. 13) I, S. 179 f.

80 Weinsberg, Buch (Anm. 17) III, S. 317; IV, S. 19 und 231 f.

81 Weinsberg, Buch (Anm. 17) IV, S. 232; Kuphal, Domchronik (Anm. 73), S. 279.

82 Weinsberg, Buch (Anm. 17) IV, S. 232.

83 Den ältesten Bericht darüber enthält das Eidbuch der Ratsbeamten um 1450: Stein, Akten (Anm. 10) I, S. 359 f., Nr. 162 (ca. 1450). In der Ordnung werden die Strecken von einem Ort zu dem anderen genannt. Wenn z. B. von „10 Stationen“ die Rede ist, waren es zehn Strecken mit neun Haltestellen außer dem Dom als Ausgangs- und Zielort.

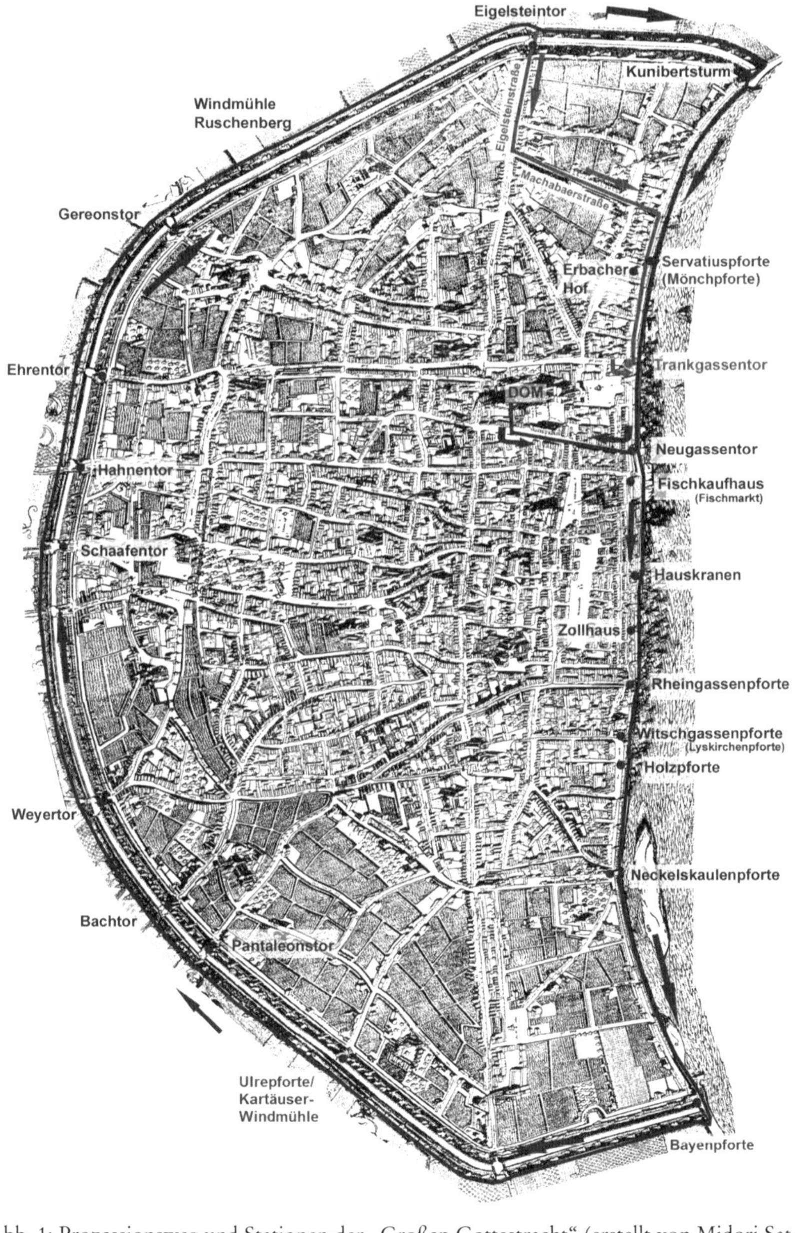

Abb. 1: Prozessionsweg und Stationen der „Großen Gottestracht" (erstellt von Midori Satsutani). Die angegebenen Haltestellen werden in den benutzten Quellen unterschiedlich aufgeführt. Bei einem Rheinhochwasser führte der Weg abweichend vom Eigelsteintor über die Eigelsteinstraße und Machabäerstraße zum Trankgassentor.

in der Ordnung festgeschriebenen Stationen waren auch für die Ablösung des Sakramentsträgers und seiner Begleiter vorgesehen. Die Begleiter des Sakraments waren die Ratsmitglieder, die meistens ein Amt bekleideten.[84] Sie wurden in der Ordnung namentlich ernannt. Ebenso wurde vom Rat bestimmt, welcher Prälat der acht Stifte das Sakrament welche Strecke tragen solle.[85] In der Folgezeit hatte sich die Anzahl der Stationen vermehrt, so dass sie zum ersten Mal im Jahr 1477 und danach immer wieder durch die Ratsbeschlüsse auf zehn beschränkt werden musste, um die Gesamtdauer zu begrenzen.[86] Der Grund für die Vermehrung der Stationsanzahl dürfte im Prestige zu suchen sein, das die Begleitung des Sakraments dem Beauftragten versprach. Die Stelle war vermutlich zu begehrt, als dass man alle Kandidaten innerhalb der zehn Strecken unterbringen konnte. Bis vor 1540 fand man einen Modus mit zwölf oder 13 Stationen, wobei 13 Stationen ab 1550 eher die Ausnahme waren. So ordnete die Prozessionsordnung des Jahres 1548 mit 13 Stationen den Umzug wie folgt:[87]

1. *Uß dem Doembiß an den Vischmart sall dragen der Wybishof vnnd sullen leiden beide herren Renthmeistere her Goßwyn van Lommerßhem vnd her Heinrich vam Broich.*
2. *Item van dem Vischmart bis uf den Holtzmart sall dragen der Abt sent Panthaleon vnnd sullen leiden her Arnoldt van Browiler [Fischmarktmeister] vnd her Peter Heimbach [Stimmeister].*
3. *Item vam Holtzmart bis an Beiensall dragen der Abt S. Mertin vnnd sullen leiden beide Rathsrichtere Thomas vam Merhem vnd Heinrich Roß.*
4. *Item van Beienbiß an die Carthuser sall dragen der Abt van Bruwiler vnd sullen leiden Franck van der Ketten Stymeister vnd Jorgen van Althena Wynmeister.*
5. *Item van den Carthuseren an die Wierportz sall dragen der Abt van Duitz vnd sullen leiden Jaspar Eicheister Wynmeister vnnd Diederich Horner Thurnmeister.*

---

84 Für die im weiteren Verlauf zitierte Stationsordnung von 1548 konnte kein Amt, lediglich für Heinrich Krudener (Ratsherr 1543–90) und Tilman Liblar (Ratsherr 1526/27), ausfindig gemacht werden.

85 Beschlüsse (Anm. 45) I, S. 644 (4.5.1481). Die Reihenfolge lautete: Dom, St. Gereon, St. Severin, St. Kunibert, St. Andreas, St. Aposteln, St. Mariengraden und St. Georg.

86 Beschlüsse (Anm. 45) I, S. 580 (23.4. und 2.5.1477); HAStK, Ratsmemorial 3, fol. 70 f. Trotz der mehrmaligen Beschlüsse schwankt die Anzahl der Stationen bis 1529 zwischen elf und 16, wobei meistens zwölf oder 13 zu zählen sind.

87 HAStK, Verfassung und Verwaltung V+V C 609, fol. 5r-v. In eckigen Klammern werden die bekleideten Ämter ergänzt. Bei zwölf Stationen wurde der Halt entweder am Gereonstor oder am Erbacher Hof weggelassen.

6. *Item van der Weierpotzen biß an die Ehrenportz sall dragen der Probst sent Andreae vnd sullen leiden Johan Pyll [Schöffenherr]vnnd Jheronimus vam Krebs [Turmmeister].*
7. *Item van der Ehrenportzen biß an sent Gereonsportz sall dragen der Dechen s. Apostolen vnnd sullen leiden Costin van Lyßkirchen vnd Johan van Aich. [beide Urteilsmeister]*
8. *Item vann s. Gereonsportz biß an Ruischenberg sall dragen der Scholaster sent Gereon vnnd sullen leiden Peter Byweg [Fleischmarktmeister] vnd Tilman Liblar.*
9. *Item van Ruischenberg bis an den Eigelstein salldragen der Rector Universitat(is) vnnd sullen leiden Reimar Goltberg [Amtleute] vnd [die Namen durchstrichen].*
10. *Item vam Eigelstein biß an sent Cunibertz Thurn sall dragen Doctor Peter Kannegiesser vnd sullen leiden Melchior van Mulhem [Zum Seidenamt] vnd Steffan Sontgen [Wachtmeister].*
11. *Item van sent Cuniberts Thurn biß an Erbach sall dragen Doctor Pastor Martini minoris vnd sullen leiden Wilhelm Kessell [Klageherr] vnd Heinrich Krudener.*
12. *Item van Erbach biß an die Neugaß sal dragen der pastoir sent Pauls vnd sullen leiden Thonis van Vischenich [Biermeister] vnd Herman van Langenberg [Klageherr].*
13. *Item van der Newergassen biß widder zu dem Doim sall dragen der Doimdechen vnd sullen leiden beide hern Burgermeistere her Arnoldt van Segen und her Herman Suderman.*

Die Äbte der Klöster trugen das Sakrament vor den Prälaten. In der Regel trug der Abt von St. Pantaleon das Sakrament auf der zweiten Strecke, der von St. Martin auf der dritten und der von Deutz auf der vierten. Dazu kamen oft die Äbte von Brauweiler und Altenberg.

Der Prozessionsweg wurde sehr ungern geändert. Bei schlechtem Wetter, wenn die Beibehaltung des Weges nicht möglich war, wurde eher der Termin geändert. Eine Wegänderung wurde 1579 und 1588 vorgenommen.[88] Die Prozession vermied wegen des Rheinhochwassers den Weg um den Kunibertsturm. Sie kam stattdessen vom Eigelsteintor in die Stadt hinein, ging über Eigelstein-, Machabäerstraße und Bloedgasse (Blümchengasse?) zum Weg entlang des Ufers (am alten Ufer).[89] Dann führte sie wieder durch das Trankgassentor zum

88 Kuphal, Domchronik (Anm. 73), S. 269; Weinsberg, Buch (Anm. 17) IV, S. 19. Die Wegbeschreibung nach dem Eigelsteintor ist aus der Domchronik.
89 Die Gasse namens Bloedgasse ist in Keussen, Topographie (Anm. 3) nicht zu finden.

Rhein und kam zu dem gewöhnlichen Weg zurück durch das Neugassentor. Im Jahr 1595 nahm der Zug trotz des guten, trockenen Wetters wegen der gefährlichen Kriegsstimmung genauso den Weg vom Eigelsteintor hinein bis zur Neugasse.[90]

Vorbereitung und Tagesablauf

Die Vorbereitung der Großen Gottestracht begann für den Rat hauptsächlich ab dem Monat Februar, in dem vor 1526 die Wahl der Rittmeister stattfand. Etwa 20 Tage vor Ostern erfolgte die Ernennung der Hauptleute. Am Palmsonntag nahmen die Delegierten des Rates an der Palmprozession der Geistlichen vom Dom nach St. Gereon teil. Dort holten sie vom Domkapitel ihr Einverständnis für ihre Teilnahme an der Großen Gottestracht ein. In der Zeit vom Palmsonntag bis zur Gottestracht berieten die Bürgermeister und die Rentmeister, gelegentlich auch mit den Stimmeistern und den Inhibitienmeistern, über die Organisation und die Erstellung der Stationsordnung. Die Präsenzgelder für die Ratsherren und die anderen wurden festgelegt, dem Rheinmeister und dem Wegemeister befohlen, die Reinigung des Ufers und der Straßen durchzuführen.[91] Die Rentmeister, gelegentlich auch die Stimmeister hatten den Söldnern und den reitenden Nachtwächtern zur Gottestracht Kleidung zu stellen.[92] Mit der Verkündung der Morgensprache erreichte die Vorbereitung ihren Höhepunkt. In der Morgensprache wurde allen Bewohnern die Reinigung und Reinhaltung der Stadt geboten: Jeder solle den Unrat vor seiner Tür entfernen. Dies werde vom Wegemeister kontrolliert und eine Buße einkassiert, wenn es nicht geschehe. Dabei solle jedoch kein Bauschutt bzw. keine Steine auf den Platz vor dem Rathaus oder an das Rheinufer getragen werden.

Am Tag der Durchführung begann der Tagesablauf für den Rat um sechs Uhr morgens.[93] Die Ratsherren sollten zwischen fünf und sechs Uhr im Rathaus eintreffen.[94] Alle geistlichen Teilnehmer versammelten sich im Dom.[95]

90 Weinsberg, Buch (Anm. 17) IV, S. 232.
91 Beispielsweise: Beschlüsse (Anm. 45) II, S. 299 (24.3.1516); II, S. 388 (8.5.1517); III, S. 99 (6.4.1524); III, S. 405 (26.4.1527); III, S. 608 (26.3.1529).
92 Beispielsweise: Beschlüsse (Anm. 45) III, S. 97 (23.3.1524); IV, S. 26 (14.4.1531); IV, S. 603 (31.3.1539); V, S. 676 (22.4.1549).
93 Beschlüsse (Anm. 45) II, S. 166 (28.4.1514).
94 Beschlüsse (Anm. 45) II, S. 20 (6.4.1513).
95 Nach dem Ceremoniale Coloniense sollten sie sich um sieben Uhr im Dom treffen. Ob die Bestimmung dieser Uhrzeit eine spätere Fassung ist oder ob die Ratsherren um sechs Uhr die Sitzung abhielten und danach zusammen um sieben Uhr zum Dom gingen, ist ungewiss. Amberg, Ceremoniale (Anm. 12), S. 175.

Für die amtierenden Ratsmitglieder war der Freitag wie sonst auch ein Sitzungstag und normalerweise wurden einige Beschlüsse auch an diesem Tag gefasst. Die Sitzungen wurden wegen der Gottestracht morgens früh vor der Prozession gehalten oder gelegentlich auf den Samstag verlegt. Gab es keinen dringenden Fall zu besprechen, so ließ man die Sitzung ausfallen.

An die Prozession anschließend fand das Festmahl des Rates statt. Den ersten Beleg dafür findet sich im Eidbuch des Jahres 1395, in dem die Kostengrenze für das gesamte Essen bestimmt wurde.[96] Der enge und der weite Rat nahmen gemeinsam daran teil. Nach 1396 ist dies wohl grundsätzlich auf die amtierenden Ratsherren, die schließlich zur Teilnahme an der Prozession verpflichtet waren, beschränkt worden. Dazu wurden – so heißt es in der Ordnung vom Jahr 1409 – jährlich die Stadtpfaffen, die Ratsrichter, die Gewaltmeister und die Rittmeister zur Teilnahme eingeladen. Wolle der Rat noch jemanden zusätzlich dazu bitten, so solle es geschehen.[97] Daraus bildete sich im Laufe der Zeit eine Regel, dass die früheren Bürgermeister und Rentmeister immer zur Teilnahme gebeten wurden, was 1445 in Form einer Ordnung festgelegt wurde.[98] Sie hatten freilich in der Regel einen Auftritt in der Prozession als Begleiter des Sakramentsträgers. Das Festmahl fand im Rathaus in einem Schickungszimmer statt, bevor es 1553 in den großen Saal des Kaufhauses Gürzenich verlegt wurde.[99]

Große Gottestracht: Abbildung der idealen Sozialordnung

Im ausgehenden Spätmittelalter war die Große Gottestracht eine etablierte stadtweite Veranstaltung, und ihre Regie lag komplett in der Hand des Rates. Die Veranstaltung samt dem großen Jahrmarkt markierte einen wichtigen Abschnitt im Jahreszyklus des Gemeindelebens. Viele Verhandlungen und Beschlüsse des Rates drehten sich um die Gottestracht, und die „Regieanweisungen" mit Ordnungen und der großen Morgensprache berührten damit unmittelbar das Alltagsleben der Stadtbewohner. Die Vorbereitung gipfelte in der feierlich inszenierten Verkündung der Morgensprache, bei der der Rat und die Gemeinde in der Tat zusammentrafen. Mit dem festgelegten Rhythmus der Vorbereitung stiftete die Große Gottestracht den Stadtbewohnern ein Gefühl der Zusammengehörigkeit. In dieser gehobenen Stimmung umschloss die Prozession auf ihrem Weg mit ihrem prächtigen Teilnehmerzug und der Segnung sichtbar die ganze Stadt. Dies präsentierte den Zusammenhalt der Ganzheit

96 Stein, Akten (Anm. 10) I, S. 155, Nr. 49 II-8 (8.3.1395).
97 Stein, Akten (Anm. 10) I, S. 259 f., Nr. 96 (21.6.1409).
98 Stein, Akten (Anm. 10) II, S. 311, Nr. 194 (5.4.1445).
99 Stein, Akten (Anm. 10) I, S. 259, Nr. 96; Weinsberg, Buch (Anm. 17) II, S. 26.

symbolisch nach außen hin. Durch die unveränderliche Reihenfolge der Teilnehmer im Zug, unabhängig von einer möglichen Veränderung der sozialen Verhältnisse in der realen Welt, verdeutlichte der Rat seine Position in der Gemeinschaft, die der Verbundbrief ihm verliehen hatte. Innerhalb des prunkvollen Zugs ordnete sich der Rat in unmittelbarer Nähe des Sanktissimums ein. Als Ehrenbegleiter des Sakraments inszenierte sich der Rat selbst als Schützer des Glaubens. Nicht nur der Prunk des Zugs, sondern auch zahlreiche begeisterte Zuschauer wurden bei der Inszenierung mit eingerechnet. Dafür sorgte der Rat durch Einladungen und Geleitsangebot. Schließlich gehörten auch die Geistlichen zur Abbildung der idealen Sozialordnung des Rates. Sie leiteten das Sanktissimum und den ganzen Zug. Durch sie und nur durch ihre Vermittlung sollte die Stadt als Sakralgemeinschaft zum Seelenheil geführt werden. Sie selbst hatten jedoch keinen Einfluss auf die Gestaltung der Prozession, weder auf ihre eigene Reihenfolge noch auf die Bestimmung der Sakramentsträger. Das führte jedoch zu keinem Konflikt zwischen ihnen. Zum einen lag das wohl an der Zusicherung der Teilnahme des Rates an der Silvesterprozession. Der Rat spendete ihnen außerdem für die Teilnahme an der Großen Gottestracht reichlich Ratswein und Präsenzgelder. Zum anderen war es den Klerikern sehr bewusst, dass der Rat im Grunde von ihnen abhängig war; ihre Teilnahme war für eine perfekte Inszenierung unentbehrlich, d. h. nur mit ihrer Mitwirkung als Vermittler zu Gott konnte eine Prozession als solche bedeutsam sein. Die Große Gottestracht erlangte zwar – so Klersch – seitens der Kleriker „niemals eine größere Bedeutung“,[100] dennoch erfuhr diese volkstümliche Prozession nicht nur eine Geringschätzung seitens der Kleriker. In der Domchronik schrieb Goswin Gymnich z. B., dass das Salutschießen der Bürger *erschrecklich* war, aber er besagt auch; *ist diese Prozession sehr herrlich zugegangen im Beisein vieler Tausend Menschen*.[101]

100 Klersch, Volkstum (Anm. 13) I, S. 174.
101 Zit. nach Kuphal, Domchronik (Anm. 73), S. 269 und 279.

Zwischen Neutralität und Kaisertreue

Die Stadt Köln zu Beginn des Spanischen Erbfolgekrieges (1702–1704)

von Max Plassmann

Am 15. Juni 1704, mitten im Spanischen Erbfolgekrieg, verfasste der französische Parteigänger La Croix im luxemburgischen Vianden ein Schreiben an die Stadt Köln, das eine deutliche Drohung enthielt: Er forderte die Überstellung einiger seiner Männer, die kurz zuvor in Köln gefangengesetzt worden waren.

> *Je vous declare, Messieurs, que si cette trouppe reçoit aucun mauvois traitement. Il est certain, que les repressailes en seront faites dans toute l'etendue de deux couronnes, et qu'en mon particuier je mettray tout en usage pour vanger sur les trouppes et le pays de Cologne.*[1]

Eine schlechte Behandlung der Gefangenen werde also Repressalien im gesamten Gebiet der beiden Kronen Frankreich und Spanien nach sich ziehen und insbesondere die Rache durch La Croix selbst gegen Kölner Truppen und das Kölner Land – hier zeigt sich der Franzose nicht ganz informiert über die Ausdehnung der Kölner Stadtgebiets. Er verstärkte im Folgenden die Androhung von Rache noch einmal. Die Kölner sollten davon überzeugt sein, „que je sacrifieray tout au monde pour les [die Gefangenen, M. P.] vanger, par le fer et par le feu, d'une maniere si violente, que vous vous repentirer long tems".[2] Die Rache werde also mit Feuer und Schwert so gewalttätig ausfallen, dass man sich noch lange ihrer erinnern werde. Die Zeitgenossen mussten nicht lange zurückdenken, um eine solche Drohung ernst zu nehmen. 1689 hatten die Franzosen im Zuge der sogenannten Zerstörung der Pfalz ganze Landstriche und auch mehrere größere Städte wie Worms, Speyer, Heidelberg und Mannheim verwüstet und niedergebrannt[3], während in etwa gleichzeitig alliierte Truppen ein ähnliches Verwüstungswerk in Bayern umsetzten.[4]

An sich wäre es für die Kölner ein leichtes gewesen, die gefangenen Franzosen als reguläre Soldaten und damit als Kriegsgefangene zu deklarieren, die im

1 Historisches Archiv der Stadt Köln (künftig: HAStK) Best. 20C, 6, fol. 151v-152r: La Croix an die Stadt Köln, Vianden 15.6.1704 (Abschrift).
2 La Croix an die Stadt Köln, Vianden 15.6.1704 (Anm. 1), fol. 151v-152r.
3 Vgl. Kurt von Raumer: Die Zerstörung der Pfalz von 1689 im Zusammenhang mit der französischen Rheinpolitik. München/Berlin 1930, ND Neustadt an der Saale 1982.
4 Vgl. Max Plassmann: Krieg und Defension am Oberrhein. Die Vorderen Reichskreise und Markgraf Ludwig Wilhelm von Baden (1693–1706), Berlin 2000 (Historische Forschungen 66), S. 445–448.

Jahrbuch des Kölnischen Geschichtsvereins 83, S. 33–61

Einklang mit dem damaligen Völkerrecht gegen eine Kompensationszahlung oder im Austausch mit eigenen Gefangenen wieder zurückgeschickt werden konnten.[5] La Croix baute in dieser Hinsicht in einem Postscriptum eine goldene Brücke, indem er seine Männer als „parti reglé"[6] – einen Trupp regulärer Soldaten – bezeichnete, die im Einklang mit dem Kriegsrecht gehandelt hätten. Der Rat der Stadt Köln beschloss jedoch etwas anderes: Er ließ die Franzosen allesamt hinrichten.[7] Dies ist auch als Akt der symbolischen Kommunikation gegenüber La Croix und der französischen Krone zu verstehen, der in etwa folgende Aussage beinhaltete: Pardon werde weder gegeben noch verlangt, und vor Repressalien habe man keine Angst. Vielmehr werde man den Konflikt gewaltsam durchfechten, auch auf die Gefahr einer vernichtenden Niederlage und hoher Verluste und Kosten hin.

Dies ist eine erstaunliche Haltung für eine Stadt, der im 17. und 18. Jahrhundert Machtlosigkeit und daher ein gewisser Hang zur Neutralität nachgesagt wird. Wie dies einzuordnen und zu erklären ist, soll im Folgenden untersucht werden.

Gegen Ende des 17. Jahrhunderts wartete ganz Europa auf das Erlöschen der spanischen Linie der Habsburger und die Verteilung ihres gewaltigen Erbes.[8] Dass diese ohne kriegerische Auseinandersetzungen vonstattengehen würde, erhoffte zwar mancher, konnte jedoch nicht unbedingt erwartet werden. Denn der seit dem 16. Jahrhundert ausgetragene Konflikt zwischen den beiden Linien der Habsburger und Frankreich konnte sich im Sinne einer europäischen Vormachtstellung in die eine oder andere Richtung entscheiden, wenn den österreichischen Habsburgern oder den Bourbonen das spanische Erbe ungeteilt zugefallen wäre. Karl II., letzter Habsburger auf dem spanischen Thron, verfasste zuletzt ein die Bourbonen begünstigendes Testament. Sein Tod am 1. November 1700 machte daher einen allgemeinen Waffengang,

5 Vgl. Bernhard R. Kroener: Der Soldat als Ware. Kriegsgefangenenschicksale im 16. und 17. Jahrhundert, in: Heinz Duchhardt/Patrice Veit (Hg.): Krieg und Frieden im Übergang vom Mittelalter zur Neuzeit. Theorie – Praxis – Bilder, Mainz 2000 (Veröffentlichungen des Instituts für Europäische Geschichte Mainz, Abteilung für Universalgeschichte, Beiheft 52), S. 271–295, hier vor allem S. 277 f.

6 La Croix an die Stadt Köln, Vianden 15.6.1704 (Anm. 1), fol. 151v-152r.

7 HAStK Best. 10B, 151, fol. 167v-170v: Ratsprotokoll 16.6.1704; ibid., fol. 321r-323v: Ratsprotokoll 5.11.1704. Vollzug nachweisbar in HAStK Best. 70, 162, fol. 201r.

8 Einen guten Überblick über Hintergründe und Verlauf des Spanischen Erbfolgekriegs bietet zuletzt Matthias Schnettger: Der Spanische Erbfolgekrieg 1701–1713/14, München 2014. Siehe auch John A. Lynn: The Wars of Louis XIV 1667–1714, Harlow 1999, S. 266–360. Für den Kriegsverlauf am Niederrhein vgl. die indes in ihren Wertungen überholten Werke von Leonard Ennen: Der spanische Erbfolgekrieg und der Churfürst Joseph Clemens von Cöln. Aus gedruckten und handschriftlichen Quellen bearbeitet, Jena 1851; Ders.: Frankreich und der Niederrhein, oder Geschichte von Stadt und Kurstaat Köln seit dem 30jährigen Kriege bis zur französischen Occupation, Köln/Neuss 1856.

den Spanischen Erbfolgekrieg (1701–1713/14) fast unvermeidbar. Denn auch die Seemächte England und die Niederlande sowie zahlreiche kleinere und größere Fürstentümer konnten entweder nicht abseits stehen, wenn das europäische Mächtegleichgewicht auf dem Spiel stand, oder sie wollten es nicht, weil sie sich im Windschatten der großen Ereignisse eigene Vorteile versprachen. Das Reich war zwar nicht unmittelbar dazu verpflichtet, dem Kaiser in einer dynastischen Privatangelegenheit zu Hilfe zu kommen. Aber abseits stehen konnte es schon allein deshalb nicht, weil die Frontlinien entlang des Rheins verliefen und der Krieg daher kaum von Reichsterritorien fernzuhalten gewesen wäre. Das galt umso mehr, als die wittelsbachischen Kurfürsten von Bayern und Köln 1701 auf die französische Karte setzten, weil sie sich von einem Bündnis mit den Bourbonen erhebliche Vorteile versprachen.[9] Viele mindermächtige Reichsstände waren auf kaiserlichen Schutz gegen die Begehrlichkeiten mächtiger Nachbarn angewiesen, weshalb sie letztlich im Zweifel im kaiserlichen Lager standen.[10]

Ein Krieg, aus dem sie sich keinen Gewinn versprechen konnte und der im Gegenteil den eigenen Handel massiv zu behindern drohte, rückte daher immer näher an die Stadt Köln heran. Aufgrund grundsätzlicher Kaisertreue gab es für sie immer gute Argumente, um die Habsburger zu unterstützen.[11] Noch mehr war es aber ein Kölner Kurfürst im antihabsburgischen Lager, der diese Parteinahme zwingend machte. Denn die Reichsfreiheit der Stadt war mit kaiserlicher Unterstützung den Kölner Erzbischöfen, den ursprünglichen Stadtherren, abgerungen worden. Diese hatten sich niemals wirklich mit dem Verlust der Stadtherrschaft abzufinden vermocht.[12] Die Gefahr, dass bei einem französischen Sieg im Spanischen Erbfolgekrieg die verbündeten Wittelsbacher

9 Vgl. Peter Claus Hartmann: Die französischen Subsidienzahlungen an den Kurfürsten von Köln, Fürstbischof von Lüttich, Hildesheim und Regensburg, Joseph Clemens, im Spanischen Erbfolgekrieg (1701–1714), Historisches Jahrbuch 92 (1972), S. 358–372; Jörg Engelbrecht: Krone und Exil. Das Haus Wittelsbach in der deutschen und europäischen Politik (1679–1761), in: Frank Günter Zehnder (Hg.): Im Wechselspiel der Kräfte. Politische Entwicklungen des 17. und 18. Jahrhunderts in Kurköln, Köln 1999 (Der Riss im Himmel. Clemens August und seine Epoche 2), S. 9–22, hier S. 11–13; Reginald de Schryver: Max II. Emanuel von Bayern und das spanische Erbe. Die europäischen Ambitionen des Hauses Wittelsbach 1665–1715, Mainz 1996 (Veröffentlichungen des Instituts für Europäische Geschichte Mainz. Abteilung Universalgeschichte 156), S. 115–122.

10 Vgl. Max Plassmann: Die Assoziationen der Vorderen Reichskreise vor Beginn des Spanischen Erbfolgekrieges, Zeitschrift für die Geschichte des Oberrheins 149 (2001), S. 131–162, hier vor allem S. 154 f.

11 Vgl. Hans-Wolfgang Bergerhausen: Köln in einem eisernen Zeitalter: 1610–1686, Köln 2010 (Geschichte der Stadt Köln 6), S. 372.

12 Vgl. anhand eines Beispiels Max Plassmann: Die Abgrenzung von geistlicher und weltlicher Gerichtsbarkeit und die Qualität der Reichsstandschaft der Stadt Köln, Annalen des Historischen Vereins für den Niederrhein 216 (2013), S. 41–56.

u. a. mit einer Mediatisierung der Stadt Köln belohnt würden, war daher groß. Auch wenn die Kölner das spanische Erbe direkt nichts anging, hatten sie daher auch unabhängig von reichsrechtlichen Erwägungen gute Gründe, um sich auf der Seite des Kaisers an dem bevorstehenden Kampf zu beteiligen. Am 17. April 1701 versicherten die Kölner daher Kaiser Leopold I., dass sie treu zu ihm stünden. Gleichzeitig wiesen sie jedoch auf ihre Gefährdung durch die Nähe des französischen Lagers hin und baten um Schutz und Unterstützung.[13] Köln war also von Anfang an in dem großen heraufziehenden Konflikt kaisertreu.

Die national- und machtstaatlich orientierte Historiographie des 19. und früheren 20. Jahrhunderts hat den europaweiten Krieg stets aus dem Blickwinkel der Großmächte betrachtet. Wenn ein kleinerer Reichsstand seine Truppen und sonstigen Mittel nicht so einsetzte, wie dies aus dieser Vogelperspektive geboten oder zweckmäßig gewesen wäre, dann wurde die dahinterstehende Haltung meist als kleinmütige, selbstsüchtige Kirchturmperspektive abqualifiziert, die die Sicherung etwa eines Dorfes vor einer französischen Streifpartei der Bildung einer starken Angriffsarmee vorziehe, die in das Herz des Feindeslands hätte vorstoßen und dort in einer oder mehreren Entscheidungsschlachten hätte siegen sollen. Bei solchen Wertungen, die im Übrigen auch militärisch nicht die Zeitumstände des 17. und 18. Jahrhunderts im Auge hatten, wurde stets die Perspektive eines Nationalstaats angelegt, den es in dieser Zeit noch gar nicht gab. Sinnvoll interpretieren lässt sich das Verhalten der Stadt Köln in diesem Fall daher nur, wenn zunächst ihre eigene Perspektive und ihr eigener strategischer Horizont betrachtet wird, die beide von den Analysen der Kabinette in Wien, Paris oder London deutlich abwichen.

Aus Sicht des 19. Jahrhunderts stellten kleine Armeen mindermächtiger Reichsstände eine militärische Anomalie ohne jeden Kampfwert dar. Eine reichsstädtische Armee, die sich hinter Mauern verschanzte und nicht die entscheidende Schlacht suchte, schien zu bestätigen, dass es sich um eine minderwertige Operettentruppe gehandelt habe und dass die dezentrale Aufbringung einer Reichsarmee ein Irrweg der Geschichte gewesen sei, der durch die Bildung eines deutschen Nationalstaats mit zentral gelenkter Armee aufgehoben werde. Die „strümpfestrickenden“[14] Kölner Stadtsoldaten wurden so in der

13 Haus-, Hof- und Staatsarchiv Wien, Kleinere Reichsstände 320: Stadt Köln an Kaiser Leopold I., Köln 7.4.1701.

14 Heinrich von Treitschke: Deutschland nach dem Westphälischen Frieden, in: Gabriele Haug-Moritz (Hg.): Verfassungsgeschichte des Alten Reiches, Stuttgart 2014 (Basistexte Frühe Neuzeit 1), S. 41–59, hier S. 56 [zuerst 1879]. Vgl. auch Max Plassmann: „Buntscheckigkeit“ als historiographische Kategorie: Kreistruppen in der Beurteilung der Nachwelt, in: Wolfgang Wüst/Michael Müller (Hg.): Reichskreise und Regionen im vormodernen Europa – Horizonte und Grenzen im spatial turn. Tagung bei der Akademie

borussischen Geschichtsschreibung als Negativfolie zu einer einsatzbereiten (nationalstaatlichen) Armee sprichwörtlich. Der dahinterstehende kleinmütige Bürger mit einem Horizont bis zum Stadtgraben galt als ziviles Pendant zu einer solchen Truppe. Da die Masse der Kölner Soldaten während des Spanischen Erbfolgekrieges tatsächlich mit der Bewachung ihrer Stadt beschäftigt war, konnten sie nicht den Ruhm großer Waffentaten erwerben, den das 19. Jahrhundert von erfolgreichen Armeen erwartete.

Die Kriegführung der mindermächtigen Reichsstände – zu denen die Stadt Köln zweifellos zu zählen ist – war von dem für das 19. Jahrhundert schwer nachvollziehbaren Wunsch geprägt, den Konflikt zu überstehen, ohne sich zum einen durch die wirtschaftlichen Belastungen und die Kosten der Kriegführung zu ruinieren und ohne sich zum anderen in eine so starke politische und militärische Abhängigkeit von mächtigen armierten Fürsten zu begeben, dass aus Schutz Herrschaft werden und ein Verlust der Unabhängigkeit als Reichsstand drohen konnte. Diese Ziele erforderten zum einen die Aufstellung eigener Truppen, die trotz der hohen durch sie verursachten Kosten wenigstens ein gewisses Maß an militärischer Selbständigkeit garantierten und zugleich stärkere Nachbarn – und zwar Freund und Feind – soweit möglich davon abhielten, ihre Truppen durch Einquartierung und Erhebung von Kontributionen auf Kosten des völlig Wehrlosen zu finanzieren.[15] Das Kriegsziel Überleben unterschied sich substantiell von den Zielen der mächtigen Alliierten, denen es um ihre Position im Konzert der europäischen Mächte ging. Es erforderte eine defensive Strategie, die großangelegte Angriffsoperationen ausschloss, die bei Erfolg nur den verbündeten Großmächten dienten – weil ein großer Sieg der Alliierten etwa in Flandern niemals dazu hätte führen können, dass sich die Ressourcen und die politische Stellung der Stadt Köln grundlegend positiv verändert, im Fall einer Niederlage aber hohe Kosten und auch eine gefährliche

des Bistums Mainz, Erbacher Hof, 3.–5. September 2010, Frankfurt a. M. u. a. 2011 (Mainzer Studien zur Neueren Geschichte 29), S. 369–382.

15 Vgl. Bergerhausen, Köln (Anm. 11), S. 347 zum Unterschied zwischen armierten und nicht armierten Ständen mit Bezug auf Köln; Adolf Hieronymi: Die Haltung der Reichsstadt Köln zu Beginn des sogenannten Pfälzisch-Orléans'schen Krieges 1688–1689, Jahrbuch des Kölnischen Geschichtsvereins 49 (1978), S. 115–172, hier vor allem S. 170 f. Aufschlussreich sind in diesem Zusammenhang die Bedingungen, unter denen Köln verbündete Kavallerie in die Stadt aufnahm, die sich Anfang Oktober 1702 vor den Franzosen aus dem Rechtsrheinischen zurückziehen musste: Diese Truppen sollten sich selbst versorgen und keine Ansprüche an Kölner geltend machen, die Pferde nicht aus Garten- oder Kulturland füttern und so schnell wie möglich wieder aus der Stadt verschwinden. Daraus ergeben sich im Umkehrschluss die befürchteten Gefahren: Einforderung von Quartieren und finanziellen Beiträgen, eigenmächtiges Konsumieren von Feldfrüchten und eine unnötige Ausdehnung dieses für die Herren der Truppen kostengünstigen Aufenthalts, HAStK Best. 10B, 149, fol. 281r: Ratsprotokoll vom 3.10.1702.

militärische Schwächung mit sich gebracht hätten. Diese für andere Mindermächtige geltende Grundüberlegung[16] dürfte auch auf die Stadt Köln zu übertragen sein. Die besondere Stellung der Stadt als bedeutende Festung, die unbedingt zu verteidigen auch im Sinne der übrigen Alliierten lag, ermöglichte es ihr jedoch besser als anderen Mindermächtigen, eine solche Strategie umzusetzen, ohne in allzu schwere Konflikte mit den Verbündeten zu geraten.

Köln teilte dabei das Problem anderer Festungen mindermächtiger Reichsstände: Es war zwar möglich, eine mehr oder weniger moderne Festung zu bauen und zu unterhalten, die einer Belagerung für eine gewisse Zeit standzuhalten vermochte. Aber die eigenen Truppen und insbesondere die eigenen regulären Truppen reichten zur Bemannung der Wälle gegen eine ernsthafte Belagerung nicht aus, und es fehlte auch an Truppen, um neben der Sicherung der Festung einen aktiven Krieg außerhalb führen zu können.[17] Wenn auch Köln durch die von den Bürgern selbst gestellte Bürgerwache eine gewisse Erhöhung der Abwehrkräfte aus sich selbst heraus erreichen konnte, so stand diese Verstärkung außerhalb der Stadt nicht zur Verfügung. Da Belagerungskrieg zwar wichtig war, aber letztlich keine Festung aus sich selbst heraus auf Dauer eine professionelle Belagerung überstehen konnte, wurde der Krieg durch die Operationen der Feldarmeen entschieden. Das bedeutete für Köln und vergleichbare Fälle: Zu einer selbständigen Kriegführung ohne Verbündete war man nicht in der Lage.[18]

Handlungsspielraum ergab sich für Köln allein dadurch, dass sich Freund wie Feind nicht sicher sein konnten, dass die Stadt den üblichen Bahnen folgen würde. Beiden Parteien konnten auf diese Weise vielleicht noch Zugeständnisse abgerungen werden, während beide vermuteten, dass Köln vielleicht ins jeweils andere Lager abzudriften drohte. Gerüchte darüber machten jedenfalls die Runde[19], und solange sie dosiert auftraten und Köln sich nicht als unsicherer Kantonist vollkommen desavouierte, schufen sie begrenzte Spielräume für Verhandlungen.

16 Vgl. Max Plassmann: Indirekt kaiserlich? Die Kriegführung und -finanzierung von Reichskreisen und Assoziationen (1648–1740), in: Peter Rauscher (Hg.): Kriegführung und Staatsfinanzen. Die Habsburgermonarchie und das Heilige Römische Reich vom Dreißigjährigen Krieg bis zum Ende des habsburgischen Kaisertums 1740, Münster 2010 (Geschichte in der Epoche Karls V. 10), S. 515–541; Ders., Krieg (Anm. 4), S. 578–610.

17 Stadt Köln an Kaiser Leopold I., Köln, 7.4.1701 (Anm. 13).

18 Ähnlich z. B. die Festung Mainz, für deren Verteidigung die Truppen des Erzstifts nicht ausreichten. Vgl. Sascha Weber: Die kurmainzische Heeresreform von 1773, Militär und Gesellschaft in der Frühen Neuzeit 17 (2013), Heft 2, S. 41–70, hier S. 45 f.

19 Auch im Neunjährigen Krieg: Generallandesarchiv Karlsruhe 46/3745, 65: Kurbayern an den Bischof von Münster, im Feldlager bei Eure, 10.6.1693 (Abschrift).

Auf den ersten Blick waren die Kölner also in einer Situation, die es ihnen ermöglichte, eine strümpfestrickende Scheinarmee ohne viel praktischen Wert zu unterhalten und die Vorurteile des 19. Jahrhunderts zu bestätigen. Allerdings ginge diese Wertung vom Ergebnis aus, nämlich, dass Köln während des Spanischen Erbfolgekrieges nicht Ziel eines ernsthaften Eroberungsversuchs wurde. Das konnten die Zeitgenossen nicht wissen, weshalb die Garnison bis zuletzt dazu in der Lage sein musste, sich zu behaupten.[20] Die Kölner befürchteten ohnehin, dass ihre Stadt wenn nicht erobert, so doch zumindest bombardiert werden könnte.[21] Auch dies erforderte stete Aufmerksamkeit und Abwehrbereitschaft.

Der Krieg rückte durch das französisch-kurkölnische Bündnis schon 1701 recht nahe an die Stadt heran, als französische Truppen die kurkölnischen Besatzungen von Kaiserswerth und Bonn verstärkten und das Erzstift mehr oder minder besetzten. Das hatte nicht unmittelbar die Aufnahme von Feindseligkeiten zur Folge, führte aber zu erheblichen Spannungen in Erwartung des baldigen Kriegsausbruchs. Einzelne Übergriffe zeigten an, dass dieser nicht lange auf sich warten lassen würde[22], und gleichzeitig hatte die Stadt Flüchtlinge aus dem Umland aufzunehmen.[23]

Die steigenden Spannungen und die kritische Lage veranlassten Kurpfalz und Preußen in ihrer Funktion als Direktoren und Stände des Niederrheinisch-Westfälischen Reichskreises, ihrem Mitstand Köln präventiv zur Hilfe zu eilen und als Kreistruppen deklarierte Verstärkungen in die Stadt zu entsenden.[24] Da es zu den Aufgaben von Reichskreisen zählte, durch gegenseitige Hilfe die gemeinsame Sicherheit zu garantieren, war dies im Rahmen der Reichsverfassung ohne Abschluss eines formellen Bündnisses und vor Erklä-

20 Im September 1702 hatte Bayern die Stadt Ulm im Handstreich eingenommen, nachdem als Bauern verkleidete Offiziere ein Tor passieren und sich mit bereits zuvor unter bürgerlicher Verkleidung in Ulm eingesickerten Offizieren vereinigen konnten. Der Angriff war auch durch die Unachtsamkeit der Torwache erfolgreich, und insgesamt war ein ähnliches Bedrohungsszenario auch für Köln denkbar. Vgl. HERMANN LEEB: Die Einnahme von Ulm 1702. Ein Beitrag zur Geschichte des bayrischen Anteils am spanischen Erbfolgekriege, Ulm 1882, S. 30–36.

21 Siehe HAStK X-Best. 6100, A 196: Attestatum für den Freiherrn von Bongardt, 10.12.1706 (Abschrift).

22 So wurden im Herbst 1702 mehrere Kölner in Bonn in Gefangenschaft gehalten, HAStK Best. 10B, 149, fol. 279v: Ratsprotokoll vom 2.10.1702.

23 Ratsprotokoll vom 2.10.1702 (Anm. 22), fol. 279v.

24 Vgl. ENNEN, Frankreich (Anm. 8), S. 63; KURT ARNOLD: Geschichte des Niederrheinisch-Westfälischen Kreises in der Zeit des Spanischen Erbfolgekrieges (1698–1714), Diss. Bonn 1937, S. 16; HANS-JOACHIM BEHR: Kleinstaatliches Militärwesen in Westfalen. Reichskontingent und Garnison der Grafschaft Rietberg, in: HANS-CHRISTOF KRAUS/FRANK-LOTHAR KROLL (Hg.): Historiker und Archivar im Dienste Preußens. Festschrift für Jürgen Kloosterhuis, Berlin 2015, S. 265–284, hier vor allem S. 269.

rung des Reichskriegs möglich. Diese Verstärkungen bestanden aus preußischen und niederländischen Truppen, wobei letztere als Hilfstruppen des Kreises firmierten.[25] Damit war zwar kein formeller Anschluss der Stadt Köln an die Große Allianz gegen Frankreich verbunden, de facto war aber mit Aufnahme der Niederländer und Preußen eine eindeutige Parteinahme erfolgt.

Da jedoch noch kein Reichskrieg erklärt war, nahmen keine stadtkölnischen Soldaten an den ersten Kämpfen am Niederrhein Teil. Im April und Mai 1702 griffen die Alliierten erfolgreich Kaiserswerth an und eroberten diese Festung[26] – wodurch zugleich eine mögliche Abschnürung des Kölner Handels rheinabwärts abgewendet war.

Von besonderer Bedeutung war für Köln wie für andere Rheinanlieger die Aufrechterhaltung des Handels auf dem Fluss auch in Kriegszeiten. Denn wenn dieser zum Erliegen kam, war nicht nur die Versorgung der Stadt gefährdet, sondern auch ihre Wirtschaftskraft und in deren Gefolge ihre militärische Stärke und ihr politischer Einfluss. Wenn die Kölner und andere Rheinanlieger also im größeren Maßstab über die Kriegsanstrengungen der Alliierten nachdachten, so ging es häufig um das Problem des freien Handels. Im September 1702 koordinierten daher unter der Federführung des Mainzer Kurfürsten Lothar Franz von Schönborn Köln, das Trierer Kurfürstentum und weitere Betroffene Maßnahmen zur Sicherung des Verkehrs auf dem Rhein.[27] Die Stadt Nürnberg schrieb wenig später an Köln, dass auf dem Reichstag demnächst wichtige Fragen zu verhandeln seien, zu denen sich die Reichsstädte abstimmen sollten. Namentlich ginge es um „declarationis belli undt zugleich [...] Sperrung deren commercium mit Frankreich und Spanien"[28]. Krieg bedeutete für eine vom Handel lebende Großstadt wie Köln eine existentielle Gefährdung, so dass der Gedanke nahelag, ihn möglichst mit geringer Intensität und ohne Unterbrechung von Handelsverbindungen zu führen.[29]

Wenn der Krieg jedoch in die Nähe der Stadt rückte, war diese nicht aus eigener Kraft dazu in der Lage, sowohl sich selbst als auch ihren Handelsverkehr zu schützen. Ein Zug eines französisch-kurkölnischen Korps auf das rechte Rheinufer bis Mülheim Anfang Oktober 1702 und die damit verbunde-

25 Vgl. Winfried Dotzauer: Die deutschen Reichskreise in der Verfassung des Alten Reiches und ihr Eigenleben (1500–1806), Darmstadt 1989, S. 293 f.

26 Vgl. Ennen, Frankreich (Anm. 8), S. 63–65.

27 Vgl. z. B. HAStK Best. 20C, A6, fol. 44r-v: Kurmainz an Stadt Köln, Mainz 13.9.1702 (Abschrift).

28 HAStK Best. 20C, A6, fol. 45v-46r: Stadt Nürnberg an Stadt Köln, 6.9.1702 (Abschrift). Ähnlich ibid. 46r-47r: Stadt Frankfurt a. M. an Stadt Köln, 4.10.1702 (Abschrift). Zum Handelskrieg gegen Frankreich vgl. Plassmann, Krieg (Anm. 4), S. 514–519.

29 Vgl. G. N. Clark: War trade and trade war, 1701–1713, Economic History Review 1 (1927/28), S. 261–280, hier S. 268 f. und 274.

nen Plünderungen im Bergischen Land zeigten, mit welchen Gefährdungen zu rechnen war.[30] Als die Franzosen unter Marschall Tallard in Deutz erschienen, wurden sie zunächst von Köln aus beschossen.[31] Da zu diesem Zeitpunkt die Reichskriegserklärung zwar unmittelbar bevorstand, jedoch noch nicht vollzogen war, stellten sich Tallard und Josef Clemens auf den Standpunkt, dass kein Krieg zwischen ihnen und der Stadt Köln herrsche und diese folglich die Möglichkeit habe, ihre Neutralität zu erklären, „widrigenfalls sollten sie nicht länger Meister über die Stadt sein“.[32] Gemeint war damit de facto eine Unterwerfung Kölns, was durchaus mit den zeitgenössischen Vorstellungen von Neutralität vereinbar war.[33] Weil eine Neutralität Kölns mit einem erheblichen Vorteil für die Franzosen und ihre Verbündeten und zugleich mit einem ebenso erheblichen Nachteil für Kaiser und Große Allianz verbunden gewesen wäre[34], hätte sich die Stadt mit einer Neutralitätserklärung in das antikaiserliche Lager begeben und so die traditionell kaisertreue Politik zugleich mit dem Schutz aus Wien aufgegeben. Die Kölner befanden sich daher Anfang Oktober 1702 in einer deutlichen Zwickmühle: Mit Bonn und nun auch dem rechten Rheinufer in kurfürstlich-französischer Hand war die Stadt in diese Richtungen isoliert. Hätte sich dieser Zustand erhalten, so wäre die wirtschaftliche und damit auch die politische Situation Kölns schnell prekär geworden. Zugleich machten die Franzosen Miene, Köln vom rechten Rheinufer aus zu bombardieren. Den Zeitgenossen war klar, dass ein solches Bombardement zwar keine förmliche Belagerung ersetzen konnte, aber erheblichen Schaden in der Stadt anrichten würde. Die Franzosen hatten dieses Mittel in den Jahrzehnten zuvor u. a. gegen Genua (1684) und Koblenz (1688) eingesetzt, um Macht zu demonstrieren, Schrecken zu verbreiten und wenn möglich eine Unterwerfung ohne größere Kämpfe zu erreichen.[35] Die Kölner konnten Anfang Oktober 1702 daher nicht

30 Vgl. Ennen, Erbfolgekrieg (Anm. 8), S. 94–96; Ders., Frankreich (Anm. 8), S. 71; Feldzüge des Prinzen Eugen von Savoyen. Hg. v. d. Abtheilung für Kriegsgeschichte des k. k. Kriegs-Archives, I. Serie, Bd. IV: Spanischer Successions-Krieg. Feldzug 1702, bearb. v. Leander Heinrich Wetzer, Wien 1877, S. 528–530; Vgl. Klaus Müller: Das Herzogtum Berg von 1609 bis 1806, in: Stefan Gorissen/Horst Sassin/Kurt Wesoly (Hg.): Geschichte des Bergischen Landes Bd. 1: Bis zum Ende des alten Herzogtums 1806, Gütersloh 2014 (Bergische Forschungen 31),, S. 505–611, hier S. 529.

31 Es ist unklar, wer genau den Befehl dazu gegeben hat.

32 Ennen, Erbfolgekrieg (Anm. 8), S. 96.

33 Vgl. Axel Gotthard: Der liebe und werthe Fried. Kriegskonzepte und Neutralitätsvorstellungen in der Frühen Neuzeit, Köln/Weimar/Wien 2014 (Forschungen zur kirchlichen Rechtsgeschichte und zum Kirchenrecht 32).

34 Das sahen auch Zeitgenossen so, vgl. z. B. Caesar Aquilinius: Außführliche Histoire des jetzigen Bayrischen Kriegs, worinnen der Sachen wahrer Verlauff, vom Absterben an des letzten Königs in Spanien Carls II. getreulich erzehlet wird, Köln 1703, S. 23–25.

35 Vgl. Jean-Philippe Cénat: Le roi stratège. Louis XIV et la direction de la guerre (1661–1715), Rennes 2010, S. 137 und 142.

damit rechnen, dass ihre Stadt von einem Bombardement verschont werden würde. Zugleich näherte sich eine Herde von 900 Ochsen, die Kölner Viehhändler in die Stadt einführen wollten und die Tallards Truppen passieren musste. Hätten diese die Tiere als Beute mitgenommen, wäre ein erheblicher wirtschaftlicher Schaden entstanden.[36]

Sehr genau musste daher bedacht werden, wie man sich angesichts dieser Bedrohungen verhalten wollte. Völlig Herr über ihre Entschlüsse waren Bürgermeister und Rat nicht. Zum einen befanden sich Truppen[37] und Gesandte der Direktoren des Niederrheinisch-Westfälischen Reichskreises in der Stadt, und zum anderen beherbergte sie mit dem Dompropst Christian August von Sachsen-Zeitz[38] einen gewichtigen Parteigänger der Habsburger, der 1702 auch die Administration des Erzstifts übernahm und als kaiserlicher Botschafter am Rhein fungierte. Gleichzeitig waren Truppen des Niederrheinisch-Westfälischen Reichskreises in der Stadt. Dessen weltliches Direktorium wurde von Kurpfalz und Preußen über ihre Besitzungen in der Region wahrgenommen, und damit zu dieser Zeit von zwei weiteren Parteigängern Habsburgs.[39] Es war daher kaum anzunehmen, dass der Reichskreis eine Neutralisierung Kölns ohne Weiteres hinnehmen würde. Wortführer der kaiserlichen Partei in der Stadt war jedoch Christian August von Sachsen-Zeitz, mit dem die Bürgermeister laufend Fühlung hielten, während gleichzeitig auch mit Tallard verhandelt wurde.[40]

Es war daher kaum denkbar, zu einer heimlichen Übereinkunft wenigstens mit Tallard oder gar dem Kurfürsten zu kommen. Letzterer hielt sich allerdings bei den folgenden Ereignissen entweder aus eigenem Antrieb oder auf Weisung Tallards im Hintergrund, um die Verhandlungen um eine etwaige Neutralisierung Kölns nicht durch Auseinandersetzungen um eine mögliche Wiederherstellung der erzbischöflichen Stadtherrschaft zu gefährden.[41] Dass diese Zurückhaltung für nötig gehalten wurde, bezeugt letztlich das realistische Bewusstsein der eigenen militärischen Schwäche, die eine rasche und vollständige militärische Unterwerfung Kölns unwahrscheinlich machte.[42] Tallard

36 HAStK Best. 10B, 149, fol. 284r: Ratsprotokoll vom 6.10.1702.

37 Zuletzt war noch alliierte Kavallerie vom rechten Rheinufer vor Tallard nach Köln ausgewichen. Siehe HAStK Best. 10B, 149, fol. 281r: Ratsprotokoll vom 3.10.1702.

38 Vgl. Jochen Vötsch: Christian August, Herzog von Sachsen-Zeitz, in: Sächsische Biografie, hg. vom Institut für Sächsische Geschichte und Volkskunde e. V., bearb. v. Martina Schattkowsky, Online-Ausgabe, URL: http://saebi.isgv.de/biografie/Christian_August_von_Sachsen-Zeitz_(1666-1725) (Stand: 2.1.2019).

39 Vgl. Arnold, Geschichte (Anm. 24), S. 8.

40 HAStK Best. 10B, 149, fol. 282v: Ratsprotokoll vom 4.10.1702.

41 Vgl. Ennen, Erbfolgekrieg (Anm. 8), S. 97.

42 Hinzu kommt, dass es Brauch und Praxis entsprochen hätte, mit sogenannten Kontributionen eine Art von Lösegeld für eine Verschonung zu fordern, wenn Tallard sich in einer

bluffte daher bis zu einem gewissen Grade (wenngleich einige über den Rhein geworfene Brandbomben großen Schaden hätten anrichten können) – aber das konnten die Verantwortlichen in Köln vielleicht ahnen, jedoch nicht wissen. So begannen Verhandlungen mit Tallard, indes nicht ohne sich mit Christian August von Sachsen-Zeitz und den anwesenden Gesandten der Stände des Niederrheinisch-Westfälischen Kreises abzustimmen.[43]

Verkompliziert wurde die Situation durch die unmittelbar bevorstehende Erklärung des Reichskriegs, von der der Rat am 4. Oktober 1702 durch die Verlesung eines diesbezüglichen Schreibens der Stadt Nürnberg erfuhr.[44] Bei formell erklärtem Reichskrieg hätte einer Einigung mit Tallard nicht mehr der Anschein eines Vertrages mit französischen Truppen gegeben werden können, die allein „vor ihr plaisir auf der Straße reiseten".[45] Vielmehr hätte sich Köln recht deutlich auf der Seite des aus dem Reichsverband ausscherenden Wittelsbacher Kurfürsten positioniert.

Dieser legte am 5. Oktober 1702 einen Entwurf einer Neutralitätserklärung Kölns vor. Die darin enthaltenen Bestimmungen machen deutlich, dass bei einer Umsetzung dieser Erklärung alle Vorteile bei Frankreich gelegen hätten. Denn neben einer Bestrafung des für die Beschießung der Franzosen verantwortlichen Offiziers war einer der bedeutendsten Punkte die Öffnung Kölns für beide Kriegsparteien, ausdrücklich auch zum Ankauf von Lebensmitteln und anderem Bedarf, aber auch für Briefverkehr und finanzielle Transaktionen des Kurfürsten. Die Kölner Garnison, bestehend aus eigenen Truppen und solchen des Niederrheinisch-Westfälischen Kreises, hätte maximal 8200 Mann umfassen dürfen, und es wäre ihr verboten gewesen, außerhalb der Stadt zu operieren oder einer Kriegspartei militärische Unterstützung zukommen zu lassen.[46] Damit wäre nicht nur die Stadt selbst, sondern auch ein Gutteil des militärischen Potentials des Kreises neutralisiert worden. Köln hätte den Alliierten nicht als Basis für Operationen auf dem linken Rheinufer dienen können, was eine Belagerung von Bonn erheblich erschwert hätte. Umgekehrt hätten Franzosen und Kurfürstliche von der Funktion Kölns als Handelsplatz und Verkehrsknotenpunkt profitieren können.

---

ausreichend starken Position befunden hätte. Vgl. dazu John A. Lynn: How War fed War: The Tax of Violence and Contributions during the Grand Siècle, The Journal of Modern History 65 (1993), S. 286–310, hier vor allem S. 296–299.

43 Ratsprotokoll vom 2.10.1702 (Anm. 22), fol. 279r.

44 Ratsprotokoll vom 4.10.1702 (Anm. 40), fol. 282v.

45 So Josef Clemens: Ennen, Erbfolgekrieg (Anm. 8), S. 96.

46 Vgl. Ennen, Erbfolgekrieg (Anm. 8), S. 97, S. XXXI, Nr. 17, und S. XXXII, Nr. 18. Nr. 18 entspricht HAStK Best. 50, 304/4, fol. 121r-121v. Die Kölner Verhandlungsführer waren die Syndici Bullingen und von der Ketten.

Dennoch stimmte der Stadtrat der Neutralitätserklärung zu, indem er sie am 6. Oktober 1702 ratifizierte. Allerdings war es damit noch nicht zu einem förmlich bindenden Abschluss gekommen, denn der entsprechende Ratsbeschluss sah vor, den Vertrag nurmehr „in forma“[47] auszufertigen. Wie erklärt sich diese Zustimmung im Lichte der damit verbundenen antikaiserlichen Wendung und der engen Abstimmung mit Christian August von Sachsen-Zeitz und den Gesandten des Niederrheinisch-Westfälischen Kreises in Köln?

Der Schlüssel zur Beantwortung dieser Frage liegt in der Benennung des Vertrags. Im Rat wurde er als „interimsvergleich“[48] bezeichnet. Dies wird im Protokoll der Ratssitzung nicht näher erläutert, jedoch liegt die Bedeutung auf der Hand: Der Abschluss mit Tallard war nur zur Abwendung der unmittelbar drohenden Gefahren erfolgt und sollte nach Überwindung derselben keine Geltung mehr haben. Mit einer solchen Formel ließen sich sowohl Sachsen-Zeitz und andere prokaiserliche Kräfte in der Stadt zufriedenstellen als auch diejenigen Bürger wie etwa die Ochsenhändler beruhigen, die durch eine harte Haltung erhebliche persönliche Nachteile zu befürchten hatten. Offenbar hatte die Furcht vor einer Bombardierung jedenfalls einige Bürger dazu getrieben, Druck auf die Entscheidungsträger auszuüben, diese in jedem Fall abzuwenden.[49] Bürgermeister, Syndici und Rat konnten also durch das Abkommen mit Tallard kurzfristig dem inneren und äußeren Druck entgehen.

Das gilt auch für ein weiteres, der Forschung bisher entgangenes Abkommen zwischen Kurfürst und Stadt, das in Bonn zwischen dem kurfürstlichen Kanzler Johann Friedrich Karg von Bebenburg und den Kölner Syndici Dalman und Bullingen am 8. Oktober 1702 auf Basis der Neutralitätserklärung abgeschlossen wurde und von dem eine Abschrift im Historischen Archiv der Stadt Köln überliefert ist.[50] In der Präambel wird als Ziel angegeben, die Residenzstadt Bonn, das ganze Land und die Stadt Köln bei den gefährlichen Kriegszeiten zu schützen, indem der freie Handel zu Wasser und zu Land gesichert werde. Französische und kurkölnische Offiziere sollten demnach die Stadt ungehindert aufsuchen und dort ihren notwendigen Bedarf kaufen können. Begrenzt wurde diese Zutrittsgenehmigung aber auf 100 Mann pro Tag. Der Zugang wurde zur leichteren Kontrolle auch auf bestimmte Stadttore

47 Ratsprotokoll vom 6.10.1702 (Anm. 36), fol. 283v. Vgl. Theatrum Europaeum 16 (1708), S. 694–696.

48 Ratsprotokoll vom 6.10.1702 (Anm. 36), fol. 284r.

49 HAStK Best. 10B, 149, fol. 287r-287v: Ratsprotokoll vom 13.10.1702. Symbolisch wird hier das Ende der prekären Situation Kölns dadurch markiert, dass diejenigen Bürger, die während dieser Druck auf die Obrigkeit ausgeübt hatten, „exemplariter ad terrorem aliorum“ bestraft werden sollten.

50 HAStK Best. 50, 304/4, fol. 122r-123r. Vielleicht handelt es sich um die oben erwähnte formelle Ausfertigung.

beschränkt. Die Offiziere sollten dort eine schriftliche Zutrittsbewilligung ihrer jeweiligen Vorgesetzten vorweisen. Auch mussten sie gegebenenfalls das Wirtshaus angeben, in dem sie absteigen wollten. Feuerwaffen mussten sie an der Pforte abgeben.[51] Alliierte sollten genauso behandelt werden (Punkt 1). Der zivile Verkehr sollte für beide Seiten möglichst ungehindert weiterlaufen, sofern die Leute mit Pässen ausgestattet wurden (Punkt 2). Die Freiheit des Handels wurde darüber hinaus noch einmal ausdrücklich betont (Punkte 3 und 4). Die Stadt sollte verhindern, dass die alliierten Truppen in ihren Mauern das Abkommen unterliefen (Punkt 5). Auch sollte – wie mit Tallard schon abgemacht – die dortige Garnison nicht verstärkt werden, sondern als Kreistruppe allein defensive Aufgaben haben. Der Kurfürst erbot sich, dies dem Bischof von Münster zu vermitteln und mit den Kurfürsten von Mainz und Trier den freien Handel zu sichern (Punkt 6). Für den Fall von Streitigkeiten zwischen Stadt und Kurfürst sollte eine Kommission gebildet werden, die jeweils eine gütliche Einigung aushandeln sollte (Punkt 7).

Das Abkommen hatte zum Teil nur geringe Substanz. Weder konnten die Kölner das Verhalten der fremden Truppen in ihrem Mauern kontrollieren oder sie an einem Feldzug hindern noch lag es in der Macht des Kurfürsten, eine Einigung mit Mainz und Trier herbeizuführen. Auch die Wirksamkeit der eingerichteten Vermittlungskommission sei dahingestellt. Es bleiben daher nur die Punkte, die den Verkehr zwischen beiden Lagern regelten, die bei einer Umsetzung praktische Auswirkungen gehabt hätten. Dazu sollte es jedoch nicht kommen, zumal es vollkommen unrealistisch gewesen wäre, von den starken alliierten Truppen in Köln die Duldung französischer Einkäufer zu erwarten. Das Papier diente einer weiteren diplomatischen Absicherung der Stadt für den Fall, dass Franzosen und Kurkölner am Niederrhein die militärische Oberhand behalten hätten. Es zeigt, dass die Kölner sich noch in den unsicheren Tagen nach ihrem Abschluss den Rücken freihielten und den Franzosen und Kurkölnern entgegenkamen, um Gewalt und Repressalien gegen ihre Stadt und ihre Bürger zu verhindern. Die Abkommen vom 5. und vom 8. Oktober 1702 sind daher als Kölner Versuch zu werten, Zeit zu gewinnen und Gewalt so lange wie möglich zu verhindern. Dass sie dabei lavieren mussten und sich dem Verdacht aussetzten, aus den gemeinsamen Kriegsanstrengungen des Reichs auszuscheiden, konnten sie dabei deshalb in Kauf nehmen, weil offiziell noch gar nicht der Zustand des Reichskriegs herrschte – jedenfalls soweit sie wussten.

51 Diese Bestimmungen sind durchaus als Standard in ähnlichen Situationen zu betrachten und wurden beispielsweise auch 1648 gegenüber hessischen und kaiserlichen Truppen angewandt, die unweit der Stadt lagerten, vgl. HAStK Best. 10B, 95, fol. 221r-221v: Ratsprotokoll vom 19.8.1648 und ibid. fol. 224v: Ratsprotokoll vom 21.8.1648.

Tatsächlich wurde der Reichskrieg gegen Frankreich und seine Verbündeten aber am selben 5. Oktober 1702 erklärt, an dem die Neutralitäts-„Convention“[52] unterzeichnet wurde. Diese und das ergänzende Abkommen vom 8. Oktober 1702 enthalten keine Bestimmung zur Dauer ihrer Gültigkeit. Die dadurch erzeugte Offenheit für unterschiedliche Interpretationen war wohl intendiert, denn sie ermöglichte einen raschen Abschluss noch vor der absehbaren Reichskriegserklärung. Kurfürst Josef Clemens selbst rechnete jedoch schon am selben Abend, noch vor der für den nächsten Tag verabredeten förmlichen Ratifikation, nicht mit einer Umsetzung des Vertrags. Er beobachtete Verteidigungsvorbereitungen auf der Kölner Seite, und Spione aus der Stadt berichteten von den Aktivitäten Christian Augusts von Sachsen-Zeitz, der zu Widerstand aufrief.[53] Viel spricht daher dafür, dass unter Ausnutzung der noch nicht erfolgten bzw. noch nicht bekannten förmlichen Erklärung des Reichskriegs eine für beide Seiten gesichtswahrende Lösung gefunden worden war, von der niemand ernsthaft annahm, sie sei auf Dauer gestellt. Spätestens als Sachsen-Zeitz am 11. Oktober 1702 den Wortlaut des Reichstagsconclusums zur Kriegserklärung übergab, war der Kölner Neutralität ohnehin der reichsrechtliche Boden entzogen.[54] Am 13. Oktober 1702 erging dann ein förmlicher, reichsrechtlich argumentierender Protest des Kreisdirektoriums gegen die Neutralitätserklärung.[55] In der Praxis war nun keine Rede mehr von der Umsetzung des Abkommens mit Tallard, zumal sich die französischen Truppen angesichts nahender alliierter Verstärkung zurückziehen und ihre Drohgebärden gegen die Stadt Köln aufgeben mussten.[56]

Im Dezember mahnte das Kreisausschreibeamt des Niederrheinisch-Westfälischen Kreises die Kreisstände, darunter die Stadt Köln, zur Beachtung der aus der Reichskriegserklärung erwachsenen Pflichten gegenüber Kaiser und Reich. Gegen „Verräther des Vatterlandts“[57] – insbesondere Personen in kurkölnischen, kurbayerischen, französischen oder spanisch-anjouschen Kriegsdiensten – sei vorzugehen. Von der Kölner Neutralitätserklärung war hier nicht mehr die Rede. Überdies ging ebenfalls im Dezember 1702 ein ungehaltenes Schreiben Kaiser Leopolds in Köln ein: Ihm sei „nicht ohne einige

52 Ennen, Erbfolgekrieg (Anm. 8), S. XXXII, Nr. 18.
53 Ennen, Erbfolgekrieg (Anm. 8), S. XXXI, Nr. 17.
54 HAStK Best. 10B, 149, fol. 285r: Ratsprotokoll vom 11.10.1702.
55 Ratsprotokoll vom 13.10.1702 (Anm. 49), fol. 287r. Am selben Tag beschloss auch das Domkapitel, die Stadt zur Unterstützung der Operationen der alliierten Armee im Erzstift aufzufordern: HAStK Best. 210, A 223, fol. 75v: Protokoll des Domkapitels, 13.10.1702.
56 Vgl. Ennen, Frankreich (Anm. 8), S. 75; Ders., Erbfolgekrieg (Anm. 8), S. 98.
57 HAStK Best. 20C, 6, fol. 58v-59v: Niederrheinisch-Westfälisches Kreisausschreibeamt an die Kreisstände, 11.12.1702 (Abschrift).

Befrembdung"[58] zu Ohren gekommen, dass die Stadt kürzlich bei der bloßen Annäherung französischer Truppen aus Furcht eine Haltung der „ahnmaßlichen Neutralität" eingenommen habe. Unabhängig von jeglicher politischen Wertung sprach der Kaiser der Stadt zumal nach der erfolgten Reichskriegserklärung das Recht ab, ihre Neutralität zu erklären.[59] Den „unzuläßigen Vergleich", den die Stadt Köln mit dem Kurfürsten und dem französischen Marschall Tallard geschlossen habe, kassierte der Kaiser folglich. Er forderte zusätzlich von der Stadt die förmliche Rücknahme desselben, und selbstverständlich auch die Erfüllung ihrer Treuepflicht gegen Kaiser und Reich. Kurz darauf folgte ein Schreiben aus Wien, das zur Veröffentlichung der Reichskriegserklärung auch in Köln verpflichtete, u. a. um solche Untertanen, die sich im feindlichen Dienst befanden, zur Rückkehr aufzufordern.[60]

Am 18. Dezember 1702 beschloss der Rat, die Kriegserklärung gegen Frankreich zu publizieren, was die Aufkündigung der Neutralität implizierte.[61] Dennoch hielt sich in Teilen der (älteren) Literatur die Auffassung, die Stadt Köln sei zu Beginn des Spanischen Erbfolgekriegs neutralisiert worden.[62] Allerdings blieb ein gewisser Makel an den Kölnern haften. Sie hatten sich als unsichere Kantonisten erwiesen, auf die die Alliierten ein Auge haben mussten und die bei einer militärischen Lageverschlechterung von der kaiserlichen Fahne zu gehen drohten. Es musste in der Folgezeit den Kölnern sehr daran gelegen sein, diese Verdächtigungen mit aller Deutlichkeit auszuräumen, um die für den Erhalt ihrer Unabhängigkeit so wichtige kaiserliche Unterstützung nicht zu

58 HAStK Best. 50, A 304/4, fol. 127r-v: Kaiser Leopold an die Stadt Köln, Wien 16.10.1702; Abschrift in HAStK Best. 20C, A6, fol. 53r-54r. Das Schreiben wurde erst am 8.12.1702 im Stadtrat verlesen. Der verwies es zunächst zur Beratung in die Schickung (HAStK Best. 10B, 149, fol. 342v: Ratsprotokoll vom 8.12.1702). Konzept dieses Schreibens: Haus-, Hof- und Staatsarchiv Wien, Kleinere Reichsstände 320.

59 Die Einschätzung der Rechtslage bezüglich der Möglichkeiten Kölns, seine Neutralität zu erklären, folgte anscheinend auch in Wien den Konjunkturen der militärischen Lage. Jedenfalls war 1648 bezüglich eines Neutralitätsvertrags zwischen Köln und der Landgräfin von Hessen nicht davon die Rede, dass dieser grundsätzlich nicht erlaubt sei. Vielmehr wollte ein kaiserlicher Abgesandter die Neutralitätserklärung mit dem Argument kassieren, sie sei nicht von der ganzen Gemeinde beschlossen worden und daher nicht rechtsgültig (HAStK Best. 10B, 95, fol. 237v-238r: Ratsprotokoll vom 29.8.1648).

60 HAStK Best. 50, 304/4, fol. 138r-v: Kaiser Leopold an die Stadt Köln, Wien 25.10.1702.

61 HAStK Best. 10B, 149, fol. 352v: Ratsprotokoll vom 18.12.1702. Bezeichnend ist, dass zugleich geprüft wurde, wie man den Handel im Krieg schützen könne.

62 Vgl. z. B. Major Heller: Der Feldzug 1702 am Ober-Rhein. Nach österreichischen Original-Quellen bearbeitet, Oesterreichische militärische Zeitschrift 3 (1843), S. 227–253, hier S. 236; Johann Georg August Galletti: Geschichte von Deutschland Bd. 7: Bis zum Tode Kaiser Josephs I., Halle 1793, S. 328. Die Darstellung in den Feldzügen des Prinzen Eugen von Savoyen Bd. I/IV (Anm. 30), S. 529, ist irrig („Sachsen-Zeitz musste mit den holländischen Truppen abziehen").

verlieren. Gleichzeitig durfte die Kaisertreue jedoch nicht bis zur Selbstaufgabe getrieben werden.

Die militärische Lage war dafür zunächst günstig, denn die Alliierten gewannen am Niederrhein die Oberhand. Im Feldzug von 1703 wurde die kurkölnisch-französische Festung Bonn belagert, von der aus Kölner Sicht bis dahin eine Bedrohung des Verkehrs zu Wasser und zu Land nach Süden, aber auch die Gefahr von einem Überraschungsangriff ausgegangen war. Auch aus Sicht der europäischen Alliierten musste die Stadt genommen werden, denn auf diese Weise waren die Rheinlinie zwischen Köln und Koblenz und damit die Verbindung zwischen den süddeutschen und den niederländischen Kriegsschauplätzen gesichert. Da sich die strategischen Interessen also trafen, stellte es für die Stadt Köln keine besondere Zumutung dar, von den Generalstaaten zur Unterstützung der anstehenden Belagerung aufgefordert zu werden.[63] Die Stadt Köln bildete einen günstigen logistischen Rückhalt für die Belagerungsarmee vor Bonn. Hier konnten Munitionsvorräte gesammelt werden, und hierher konnten verwundete Soldaten gebracht werden – für deren Versorgung Christian August von Sachsen-Zeitz eine Akzisebefreiung forderte.[64]

Aus Kölner Sicht war es nicht schädlich, dass der Bischof von Münster sein zur Garnison Kölns zählendes Kreiskontingent abzog, um die alliierte Armee im Feld zu verstärken.[65] Solange diese in der Nähe gegen Bonn operierte, war Köln auch bei schwächerer Besatzung ausreichend geschützt. Daher konnte es sich die Stadt auch leisten, Geschütze für die Belagerung bereitzustellen. Für die Perspektive der Kölner ist es dabei bezeichnend, dass sie zwar die Artillerie selbst ausrücken ließen, aber ihre Mörser nicht mit ausreichenden Bomben versahen, weshalb beim Belagerungsheer eine Bombenknappheit befürchtet wurde.[66] Die Stücke selbst konnten nach dem Feldzug wieder auf den Wällen aufgestellt werden. Verbrauchte Munition zu ersetzen, war aber teuer und vielleicht nicht im gewünschten Maße möglich. Die Mitlieferung von Bomben hätte daher möglicherweise die zukünftige Sicherheit Kölns gefährdet.

Im Mai 1703 wurde Bonn von den Alliierten zurückerobert.[67] Die Stadt Köln nahm fortan hauptsächlich dadurch an den Kriegsanstrengungen der

---

63 HAStK Best. 20C, 6, fol. 64r: Generalstaaten an Stadt Köln, 10.4.1703 (Abschrift); ibid. fol. 112r-v: Dies. an dies., 24.12.1703 (Abschrift).

64 HAStK Best. 20C, 6, fol. 68r-69r: Christian August von Sachsen-Zeitz an die Stadt Köln, Vilich 10.5.1703 (Abschrift). Er kündigt die Bereitstellung von Bomben und Hospitälern in Köln an.

65 HAStK Best. 20C, 6, fol. 67v-68r: Bischof von Münster an Stadt Köln, 11.5.1703 (Abschrift); ibid. fol. 70r-v: Ders. an dies., Münster 16.4.1703 (Abschrift).

66 HAStK Best. 20C, 6, fol. 69r-v: Christian August von Sachsen-Zeitz an die Stadt Köln, Vilich 8.5.1703 (Abschrift).

67 Vgl. ENNEN, Frankreich (Anm. 8), S. 89–91.

Großen Allianz teil, indem es die eigenen Festungswälle hielt. Zur Reichskriegsführung gehörte jedoch mehr als diese grundsätzlich im Interesse der Verbündeten liegende Verteidigung der Stadt selbst. Im Sommer 1703 ging ein Schreiben der Kreisdirektoren an alle Stände des Niederrheinisch-Westfälischen Kreises ein: Reichssteuern für die Festungen Philippsburg und Kehl am Oberrhein sowie die jeweiligen Kontingente zur Reichsarmee seien zu stellen, und jeder Handel mit spanischen und französischen Untertanen sei gemäß Reichsschluss zu unterbinden.[68] Besonders letzteres musste die Kölner Wirtschaft schädigen, aber auch die Finanzierung von Reichsfestungen am Oberrhein lag nur mittelbar im Kölner Interesse, nämlich insoweit, als das Reich als Solidar- und Verteidigungsgemeinschaft erhalten werden musste, um auch Köln zu schützen.

Nach der Rückeroberung Bonns forderte das Kreisausschreibeamt die Kreisstände dazu auf, die nun reduzierte eigene Gefährdung dafür zu nutzen, den süddeutschen Kreisen „mit wurklicher Hilfsleistung ahn handt zu gehen".[69] Man dachte dabei an 6000 Mann (davon 2000 Kavallerie) mit aller benötigten Ausrüstung. Auch wenn die Teilnahme des Niederrheinisch-Westfälischen Kreises an der Assoziation der Vorderen Reichskreise, die ihren Schwerpunkt in Südwestdeutschland hatte, eher locker war[70], entzog sich die Stadt Köln den Reichspflichten nicht. Sie schickte 200 Mann zur Reichsarmee an den Oberrhein und leistete so einen indes quantitativ eher symbolischen Beitrag an der gemeinsamen Sache über die bloße Verteidigung der eigenen Stadt hinaus.[71] Zudem zahlte sie Gelder für den Unterhalt der Festung Philippsburg.[72]

Das stadtkölnische Militär hatte so als Juniorpartner Anteil an den Bemühungen der Großen Allianz im Kampf gegen Frankreich. Allerdings forderte niemand von ihm, sich in voller Stärke den alliierten Feldarmeen anzuschließen, um etwa in den Niederlanden oder am Oberrhein große Schlachten auszutragen. Die Stadt Köln hatte großen strategischen Wert als Knotenpunkt von Verkehr, Handel und Finanzströmen. Aus Sicht der von den Seemächten und dem Kaiser angeführten Großen Allianz war ihre Behauptung genau wie die von Mainz und Koblenz weiter südlich von großer Bedeutung, um zugleich die Rheinlinie zu verteidigen, die Verbindung zwischen den niederländischen

68 HAStK Best. 20C, 6, fol. 82v-84r: Niederrheinisch-Westfälisches Kreisausschreibamt an die Kreisstände, 5.7.1703 (Abschrift).
69 HAStK Best. 20C, A6, fol. 84v-86r: Niederrheinisch-Westfälisches Kreisausschreibamt an die Kreisstände, 4.7.1703 (Abschrift).
70 Vgl. Plassmann, Krieg (Anm. 4), S. 396.
71 Vgl. Arnold, Geschichte (Anm. 24), S. 89.
72 HAStK Best. 10B, 151, fol. 61v-63r: Ratsprotokoll vom 27.2.1704.

und den süddeutschen Kriegsschauplätzen sicherzustellen und die Franzosen an einem Vordringen nach Norddeutschland zu hindern. Das Beste, was die Kölner für die Große Allianz und für sich selbst tun konnten, war daher, ihre Stadt zu verteidigen. Kurfürst Johann Wilhelm von der Pfalz sah die strategische Lage am Niederrhein durchaus in Abhängigkeit von der Stadt Köln. Er drängte bei Bedarf auf die Verstärkung der dortigen Garnison „zu des gemeinen Wesens Dienst auch vor Ewern [der Stadt Köln, M. P.] selbst aygenen Sicherheit“[73]. Eine Trennung zwischen dem Gedanken der Sicherstellung Kölns und dem der Verteidigung Nordwestdeutschlands gegen Frankreich wäre also künstlich.[74] Aufgrund der Größe Kölns und der Entwicklungen der Waffentechnik sowie des Belagerungskrieges war es allerdings zu Beginn des 18. Jahrhunderts schon lange nicht mehr möglich, die Festungsanlagen gegen einen ernstgemeinten Angriff ohne zusätzliche Unterstützung von außen zu verteidigen, und zwar unabhängig von der Qualität der eigenen Kölner Truppen. Die Stadt beherbergte auf diese Weise während des Krieges in Abhängigkeit von der jeweiligen Bedrohungslage eine mehr oder minder große Zahl von verbündeten Regimentern, die mit den eigenen Truppen und der Bürgerwehr die Festungswälle sicherten. Bevorzugt stammte diese Unterstützung von Mitständen des Niederrheinisch-Westfälischen Reichskreises.[75]

Ende 1703, als ein Handstreich französischer Truppen aus der Eifel heraus auf Köln befürchtet wurde, ließ Johann Wilhelm von der Pfalz Truppen aus seiner Festung Jülich nach Köln verlegen. An sich sei es zwar – so argumentierte er – eine Aufgabe des Reichskreises, diese Verstärkungen sicherzustellen, aber wegen der großen Gefahr und der gebotenen Eile könne man darauf nicht warten.[76] Der Vorgang lässt sich unterschiedlich interpretieren: zunächst als selbstloses Handeln des Kurfürsten, der im Sinne einer vom Kreis gebildeten Solidargemeinschaft auf eigene Kosten und unter Vernachlässigung einer eigenen Festung eigene Truppen einem bedrängten Mitstand zur Hilfe schickt. Und sicher ist an dieser Variante insoweit etwas dran, als es auch im Eigeninteresse des Pfalz-Neuburgers lag, Köln zu schützen. Eine Solidargemeinschaft ergab sich so von selbst, solange man für die gleiche Sache kämpfte. Hier kommt eine zweite Interpretationsmöglichkeit ins Spiel: Kurpfälzische Truppen in Köln waren auch ein Garant dafür, dass die Stadt nicht unter der Hand

73 HAStK Best. 20C, 6, fol. 51r: Johann Wilhelm an die Stadt Köln, Düsseldorf 12.9.1702 (Abschrift).
74 Das gilt nicht allein für den Spanischen Erbfolgekrieg, siehe z. B. Generallandesarchiv Karlsruhe 46/3745, 65: Kurbayern an den Bischof von Münster, 10.6.1693 (Abschrift).
75 Vgl. Arnold, Geschichte (Anm. 24), S. 14–18.
76 HAStK Best. 20C, 6, fol. 116r-v: Johann Wilhelm an die Stadt Köln, Düsseldorf 30.12.1703 (Abschrift).

eine Verständigung mit Frankreich suchen konnte. Dies war nach der Erfahrung mit der Kölner Neutralitätserklärung im Oktober 1702 ein nicht zu vernachlässigender Faktor. Drittens würde die Stadt für die Verpflegung und Unterbringung der Pfälzer in ihren Mauern zuständig sein, so dass sich auch ein ökonomischer Nutzen und eine Entlastung für Jülich ergeben konnten. Am wahrscheinlichsten ist insgesamt die Interpretation, dass hier alle diese Motive zusammenspielten, vielleicht noch im Zusammenhang mit einem weiteren: einer möglichen preußischen Verstärkung Kölns zuvorzukommen. Jedenfalls hielten die Preußen in der Folge zunächst nur Truppen in Bereitschaft, um notfalls schnell nach Köln zu marschieren.[77] Erst nach einigem Zögern wurde ein preußisches Bataillon als Verstärkung der Festung Köln angeboten.[78] Hier könnte eine gewisse Konkurrenz um regionalen Einfluss eine Rolle gespielt haben, nicht zuletzt um Einfluss im Niederrheinisch-Westfälischen Reichskreis.

Umgekehrt konnte die Nutzung des Reichskreises aber auch zu einer Abmilderung des Problems führen, dass militärische Hilfe für Schwache häufig in einen Herrschaftsanspruch mündete: Solange Truppen, die die Kölner Garnison verstärkten, offiziell als Kreistruppen oder zumindest als Substitut für in der notwendigen Eile nicht verfügbare Kreistruppen galten, konnte wenigstens nach außen hin damit argumentiert werden, dass es sich um eine Gemeinschaftsanstrengung handelte, die der Aufsicht des Kreises und eben nicht eines Fürsten unterstand. Fraglos neigte diese Grenze in der Praxis zum Verschwimmen. Aber immerhin war offiziell kein Präjudiz geschaffen, das später politisch belastend wirken konnte.[79]

Diese Überlegung gilt in beide Richtungen: Die Stadt Köln konnte sich zur Abwehr etwa kurpfälzischer Eingriffe darauf berufen, nur Kreistruppen in ihren Mauern gehabt zu haben. Und umgekehrt konnten die Kurpfälzer (oder konnten die Preußen) ohne langwierige Verhandlungen in einer Krisensituation Truppen als Kreistruppen nach Köln entsenden, wo sie im gemeinsamen

77 HAStK Best. 20C, 6, fol. 116v-117r: Preußischer General von Lottum an die Stadt Köln, Wesel 31.12.1703 (Abschrift).

78 HAStK Best. 20C, 6, fol. 121r-122r: Preußischer General von Lottum an die Stadt Köln, Wesel 12.1.1704 (Abschrift).

79 Allerdings mussten die Kölner aufpassen, Herren in der eigenen Stadt zu bleiben. Anscheinend verweigerten z. B. im Jahr 1702 fremde Truppen in Köln die Präsentation der Gewehre vor den Bürgermeistern, womit zugleich der Stadt der Status der Souveränität abgesprochen wurde, vgl. HAStK Best. 10B, 149, fol. 286r: Ratsprotokoll vom 12.10.1702.; Vgl. Lucien Bély: Das Wissen über das diplomatische Zeremoniell in der Frühen Neuzeit. In: Barbara Stollberg-Rilinger/Tim Neu/Christina Brauner (Hg.): Alles nur symbolisch? Bilanz und Perspektiven der Erforschung symbolischer Kommunikation, Köln/Weimar/Wien 2013 (Symbolische Kommunikation in der Vormoderne), S. 141–159, hier S. 151.

Interesse die niederrheinische Front stabilisierten. Dort fanden nach 1703 keine größeren Kämpfe mehr statt. Die Betonung, die das 19. Jahrhundert auf Schlachten und Belagerungen legte, verstellt aber den Blick darauf, dass der Alltag vormoderner Kriege ein ganz anderer war. Im sogenannten „Kleinen Krieg“ schickten beide Seiten Trupps (auch Parteien genannt) von einer Handvoll bis hin zu einigen 100 Mann aus, um dem Gegner zu schaden, Lebensmittel und Zahlungen aus ungeschützten Städten und Landstrichen zu ziehen oder Verwüstungen anzurichten, die dem Gegner eine wirtschaftliche Ausbeutung verwehrten.[80] Die sogenannten Parteigänger wurden von einem hochrangigen militärischen Berater des französischen Königs treffend als „corsaires de terre“[81] – Freibeuter oder Piraten zu Land – bezeichnet, die wie ihre Kollegen zur See mit Willen und Billigung der Krone dem Gegner, seinem Handel und seinen Untertanen auf jede erdenkliche Weise Abbruch tun konnten und sollten. Darunter litten neben der Landbevölkerung auch Handel und Verkehr sowie die Postverbindungen über Land, die stets Gefahr liefen, überfallen bzw. unterbrochen zu werden.[82] Gleichzeitig dienten die Parteien der Aufklärung gegnerischer Truppenbewegungen, wobei man sich auch der Hilfe von Spionen oder allgemeiner der örtlichen Bevölkerung bediente, soweit sie zur Kooperation bereit war oder sich dazu zwingen ließ.[83] Da es keine festgefügten und überwachten Frontlinien gab, konnten Streifparteien häufig weit in an sich vom Feind kontrolliertes Gebiet vordringen. In diesem Sinn war Köln eine Frontstadt, die nicht von anderen Festungen oder starken Feldarmeen gedeckt wurde.[84] Französische Streifen konnten daher jederzeit vor ihren Mauern auftauchen. Auch deshalb waren Wachsamkeit und einsatzbereite Streitkräfte notwendig.

Die tatsächliche oder angenommene Gefahr von französischen Spionen oder Saboteuren spielte von Beginn des Spanischen Erbfolgekrieges an eine wichtige

80 Allgemein dazu vgl. Martin Rink: Partisanen und Landvolk 1730 bis 1830. Eine militär- und sozialgeschichtliche Beziehung zwischen Schrecken und Schutz, zwischen Kampf und Kollaboration, Militärgeschichtliche Zeitschrift 59 (2000), S. 23–59; Johannes Kunisch: Der kleine Krieg. Studien zum Heerwesen des Absolutismus, Wiesbaden 1973 (Frankfurter Historische Abhandlungen 4).

81 So Chamlay 1698, zit. nach: Cénat, Roi (Anm. 35), S. 77.

82 Vgl. Lucien Bély: Espions et ambassadeurs au temps de Louis XIV, Paris 1990, S. 137–140; George Satterfield: Princes, Posts and Partisans. The Army of Louis XIV and Partisan Warfare in the Netherlands (1673–1678), Leiden/Boston 2003 (Oxford History of Warfare 18). Ein Beispiel aus Köln: Weil französische Truppen bei Bonn die Reise den Rhein hinunter unsicher machten und bereits einige Kölner Bürger gefangen genommen hatten, mussten für einige Tage die Stadttore geschlossen werden, HAStK Best. 20A, 187, fol. 59v: Attestatum für den Mainzer Kanoniker an St. Viktor Ferdinandus Adamus von Cöllen, 5.10.1702 (Abschrift).

83 Vgl. Bély, Espions (Anm. 82), S. 221–223.

84 Vgl. Bergerhausen, Köln (Anm. 11), S. 372.

Rolle. Kurfürst Johann Wilhelm von der Pfalz – der übrigens zumindest Teile seiner Bibliothek vor dem Krieg nach Köln in Sicherheit brachte[85] – warnte 1702 vor französischen Parteien, die „auf alle erdenckliche Weise das Landt außspioniren".[86] Bis in das Bergische Land hinein sei mit ihnen zu rechnen, und damit mit Plünderungen und Geiselnahmen.[87] Daher habe man die Sicherheitslage besonders im Auge zu behalten. Ausdrücklich zu warnen sei vor angeblichen französischen Deserteuren in Herbergen, die in Wahrheit noch im Dienst des Feindes stünden. Personen ohne ordentliche Pässe und herrenlose Knechte – unbeschäftigte Soldaten – sollten daher schnellstmöglich außer Landes verwiesen werden. Zur Sicherung des Rheins vor unerlaubten Überquerungen schlug Johann Wilhelm darüber hinaus vor, Schiffe und Boote entweder genau zu kontrollieren oder sie aus dem Verkehr zu ziehen und insbesondere nicht an Fremde zu verkaufen. Naturgemäß war dies nur dann sinnvoll, wenn sich alle Rheinanlieger daran beteiligten.

Ende 1703 warnte er erneut vor französischen Truppen bei Schleiden in der Eifel, die jederzeit einen Überraschungsangriff auf Köln wagen konnten. Gemeint war damit nicht ein vollständiger Eroberungsversuch, sondern ein Überfall mit dem Ziel, Zerstörungen anzurichten, eventuell Geiseln zu nehmen und Beute zu machen bzw. Kontributionen zu erpressen. Das geht aus den Gegenmaßnahmen hervor, die der Kurfürst den Kölnern empfahl: Sichere Schließung der Tore, Verwahrung der Schlüssel an zentraler Stelle – und nicht etwa durch die Türwächter oder deren Ehefrauen –, Überwachung aller Fremden und aller verdächtigen Personen. Besonderes Augenmerk sei auf Gefolgschaft des in Vianden sitzenden, bereits zitierten französischen Parteigängers La Croix zu richten, der mit diesem Schreiben des Kurfürsten erstmals in das Gesichtsfeld der Kölner trat.[88] Bei La Croix handelte es sich um eine durchaus bekannte Persönlichkeit innerhalb seines Metiers, so dass die von ihm ausgehende Bedrohung ernst zu nehmen war.[89]

---

85 HAStK Best. 20C, 6, fol. 42r-43r: Johann Wilhelm an die Stadt Köln, Weinheim 24.8.1702 (Abschrift).

86 HAStK Best. 20C, 6, fol. 42r-43r: Johann Wilhelm an die Stadt Köln, Düsseldorf 1.9.1702 (Abschrift).

87 Dass die Gefahr von Geiselnahmen Kölner Bürger zwecks Erpressung von Zahlungen durchaus real war, zeigt das eingangs zitierte Schreiben des Parteigängers La Croix: Er gab darin an, dass seine in Köln gefangenen Männer dort gewesen seien, um Geiseln zu nehmen, vgl. La Croix an die Stadt Köln, Vianden 15.6.1704 (Anm. 1), fol. 151v-152r.

88 HAStK Best. 20C, 6, fol. 113v-114r: Johann Wilhelm an die Stadt Köln, Düsseldorf 29.12.1703 (Abschrift). Siehe auch ibid. fol. 116r-v: Ders. an dies., Düsseldorf, 30.12.1703 (Abschrift).

89 Vgl. John A. Lynn: Giant of the Grand Siècle: The French Army, 1610–1715. Cambridge 1997, S. 543; Charles Sevin de Quincy: Histoire Militaire du Regne de Louis le Grand, Roi de France [...] Bd. 3, Paris 1726, S. 228 f.

Im Jahr 1704 stand Köln dann mit dem gesamten Niederrhein im Windschatten der großen Ereignisse. Eine englisch-niederländische Armee zog aus den Niederlanden nach Süddeutschland, um dort gemeinsam mit den kaiserlichen und Reichstruppen gegen die Franzosen und Bayern vorzugehen. Am Ende war man erfolgreich, und die (Zweite) Schlacht von Höchstädt wurde zum Wendepunkt eines Krieges, in dem die Alliierten mehr und mehr die Oberhand gewannen.[90] Zu Beginn des Jahres war dieser Triumph aber noch nicht absehbar. Sehr gut hätte sich die Waagschale in Süddeutschland auch zugunsten der Franco-Bavaren wenden können, was früher oder später auch am Niederrhein zu einem Übergewicht der Bourbonen und Wittelsbacher geführt hätte. Doch selbst wenn die Alliierten Frankreich und die Wittelsbacher Kurfürsten besiegen konnten, so war für die Stadt Köln wenig erreicht, wenn gleichzeitig französische Parteien Schaden anrichteten, Handel und Verkehr behinderten und bis unter die Mauern der Stadt vordrangen – wenn nicht sogar in sie hinein.[91]

Verschiedene Vorfälle belegten Anfang 1704, dass in Köln eine gewisse Unsicherheit und Nervosität herrschte. Dabei gingen längst nicht alle dieser Vorfälle von Franzosen oder ihren Sympathisanten aus. Die Vielzahl von Bewaffneten und die leichte Verfügbarkeit von Waffen – auch durch die offenbar zahlreich in Köln untergetauchten Deserteure[92] – in der Stadt führten auch ohne direkte französische Beteiligung zu besorgniserregenden Zwischenfällen. So explodierte im Januar eine Handgranate in einem Privathaus, ohne dass ein Täter dingfest gemacht werden konnte.[93] Einige Tage später musste den eigenen Soldaten das mutwillige Schießen in der Stadt eigens verboten werden.[94] Im August wurde ein Diener mit einer Geldstrafe belegt, weil er der Kettenwache – die in der Nacht innerhalb Kölns an mit Ketten versperrten Punkten wachte und so für innere Sicherheit sorgte[95] – auf deren Anruf auf Französisch geantwortet hatte. Was vermutlich eher ein übermütiger Spaß war, kam ihn teuer zu stehen.[96]

Sicherlich führte die Angst vor Überfällen zu einer erhöhten Bereitschaft, auch an sich harmlose Vorgänge als Bedrohung aufzufassen. Dennoch war die Bedrohung real: Am 17. April 1704 kam es zu einem französischen Überfall

90 Vgl. Johannes Erichsen/Katharina Heinemann (Hg.): Brennpunkt Europas 1704. Die Schlacht von Höchstädt, Ostfildern 2004.
91 Vgl. Arnold, Geschichte (Anm. 24), S. 95.
92 HAStK Best. 10B, 151, fol. 3v-7r: Ratsprotokoll vom 31.12.1703; ibid. fol. 79v-82r: Ratsprotokoll vom 14.3.1704.
93 HAStK Best. 10B, 151, fol. 28v-32r: Ratsprotokoll vom 23.1.1704.
94 HAStK Best. 10B, 151, fol. 38v-41r: Ratsprotokoll vom 1.2.1704.
95 Vgl. Bergerhausen, Köln (Anm. 11), S. 379.
96 HAStK Best. 10B, 151, fol. 240v-243v: Ratsprotokoll vom 18.8.1704.

auf das Hahnentor, an dem sich Berichten zufolge auch „welsche“[97], also französischsprachige, Studenten aus Köln beteiligt haben sollen. Da diese damit in den Verdacht gerieten, eine profranzösische fünfte Kolonne innerhalb der Stadt zu bilden, wurde ihre Ausweisung beschlossen. Zugleich wurden zusätzliche Soldaten angeworben, die Bürgerwache verstärkt sowie Tore verschlossen und repariert.[98]

Die offenbar sehr deutlich in der Stadt empfundene Unsicherheit war nicht allein durch die militärischen Auseinandersetzungen verursacht. Unabhängig von ihnen oder vielleicht auch in ihrem Windschatten hatten es die Kölner auch mit der normalen Kriminalität zu tun. So wurden Anfang 1704 mehrere Fremde verhaftet, denen Diebstähle aus Kirchen zur Last gelegt wurden.[99] Solche Vorfälle trugen sicher nicht dazu bei, die Lage zu beruhigen.

Der Rat verstärkte daher bereits Anfang 1704 die Bürgerwache, die vor allem im Inneren der Stadt für Sicherheit zu sorgen hatte. Gleichzeitig wurden auf dem Neumarkt, einem zentralen Platz, mit Kartätschen geladene Kanonen aufgestellt. Diese konnten sowohl gegen überraschend bis hierher eindringende äußere Feinde als auch – und wahrscheinlich eher dafür gedacht – gegen sich hier zusammenrottende, bereits in der Stadt befindliche Personen eingesetzt werden.[100] Alle Fremden innerhalb der Stadt waren darüber hinaus zu erfassen.[101]

Im Sommer 1704 flog dann tatsächlich eine französisch-kurkölnische Verschwörung auf, die auf Einwohner hatte zurückgreifen können. Diese Vorgänge haben bereits in der zeitgenössischen Publizistik Niederschlag gefunden. Ein 1726 in Den Haag erschienener Druck schildert sie wie folgt[102]: Der französische Parteigänger La Croix habe angestrebt, den Fürsten Christian August von Sachsen-Zeitz aus Köln zu entführen und so den stärksten kaiserlichen Parteigänger vor Ort auszuschalten. Gleichzeitig hatte er Kontakt zu einem Kölner Bürger, dem Lütticher Postillon Jean Spickarth (Spickart). Sechs niederländische Schiffe, die mit Pulver für die kaiserlichen Truppen beladen waren, hätten zu dieser Zeit vor Köln gelegen. Spickarth habe angegeben, dass man diese Schiffe ohne Risiko anzünden könne. La Croix habe die Gelegenheit nutzen wollen und einen Leutnant zur Ausführung des Anschlags geschickt.

97 HAStK Best. 10B, 151, fol. 109r-111v: Ratsprotokoll vom 18.4.1704.
98 Ratsprotokoll vom 18.4.1704 (Anm. 97), fol. 109r-111v; HAStK Best. 10B, 151, fol. 120r-122r: Ratsprotokoll vom 28.4.1704; ibid. fol. 175v-180r: Ratsprotokoll vom 20.6.1704; ibid. fol. 186v-191r: Ratsprotokoll vom 27.6.1704.
99 HAStK Best. 30G, 268: Turmbuch, fol. 283v-285v.
100 Ratsprotokoll vom 31.12.1703 (Anm. 92), fol. 3v-7r.
101 Ratsprotokoll vom 18.4.1704 (Anm. 98), fol. 109r-111v.
102 [Guillaume] de Lamberty: Memoires pour servir a l'histoire du XVIII siecle […]. Bd. 3, La Haye (Den Haag) 1726, S. 74–80.

Spickarth habe seinerseits 100 Ecus Belohnung für den Hinweis erhalten. Darüber hinaus sei der Leutnant damit beauftragt worden, die Gewohnheiten des Fürsten von Sachsen-Zeitz auszukundschaften, insbesondere, ob er freitags oder samstags in der Karthause zu Abend aß, wie es La Croix' Spione seit einem Jahr beobachtet hatten, und von wie vielen Bediensteten er dabei begleitet wurde. Außerdem habe er die Situation im Hafen von Deutz und in Mülheim, den Schiffsverkehr auf dem Rhein sowie allgemein die Glaubwürdigkeit Spickarths zu prüfen.

Der Leutnant habe als Stützpunkt das Haus eines Henri zu Kendenich nutzen können. Hier habe er seine Männer zurückgelassen, um alleine nach Köln zu gehen. Von dort sei er unverrichteter Dinge zurückgekehrt, jedenfalls was das Verbrennen der Munitionsschiffe betraf, denn dies sei ihm doch zu schwierig erschienen. Nun sei jedoch in Vianden bei La Croix ein Mann namens Durich aus Kendenich eingetroffen. Dieser habe angegeben, dass eine Entführung von Christian August von Sachsen-Zeitz im Moment so einfach wie nie sei. Darauf habe La Croix mit Rückendeckung des Marschalls Villeroy neben dem bereits beauftragten Leutnant zusätzlich einen Leutnant Du Vau und einen Unterleutnant Philippart sowie 14 seiner besten Männer mit der Aufgabe betraut. Sie seien nach Köln gelangt, wo sie sich im Haus des Jean Spickarth versteckt hielten. Der Plan sei jedoch aufgeflogen, und zwölf Soldaten sowie zwei Offiziere seien im Keller des Hauses gefangengenommen worden, ebenso der Hausherr, dessen Ehefrau und ein Junge. Die übrigen Franzosen, darunter der Anführer, hätten sich zum Zeitpunkt des Zugriffs nicht im Versteck befunden. Sie hätten vielmehr den Überfall auf Sachsen-Zeitz bei der Karthause vorbereitet. Um danach fliehen zu können, hätten sich auch einige Männer beim nächsten Stadttor versteckt, um im Bedarfsfall Handgranaten auf die Wache zu werfen. Nachdem der Plan durch die Verhaftungen im Hause Spickarths aufgeflogen sei, habe der Fürst von Sachsen-Zeitz seinerseits auf eine Strafverfolgung verzichtet und diese der Justiz überlassen. Ein Kriegsrat habe die Franzosen daraufhin zum Tode verurteilt, und sie seien am nächsten Tag exekutiert worden.

Diese Geschichte ist angereichert mit zahlreichen Details, die auch einer Räuberpistole entstammen könnten. In Grundzügen ist die Schilderung jedoch glaubwürdig, denn der Verfasser des Drucks kann das eingangs zitierte Drohschreiben, das La Croix zugunsten seiner Männer an die Stadt Köln richtete, im Volltext übereinstimmend mit der im Historischen Archiv der Stadt Köln überlieferten Version zitieren.[103] Er hatte also Zugang zu Informationen, die wenigstens den Kern seiner Geschichte absichern.

103 Lamberty, Memoires Bd. 3 (Anm. 102), S. 79, entspricht HAStK Best. 20C, 6, fol. 151v –152r (Anm. 1).

Diese kann durch Quellen aus dem Historischen Archiv der Stadt Köln ergänzt werden. Neben Spickarth wurde insbesondere ein Peter Hambach der Beteiligung an der Verschwörung verdächtigt. Nach seiner Verhaftung wurde er ab dem 21. Juli 1704 im Beisein von Vertretern des Fürsten von Sachsen-Zeitz verhört.[104] Hambach war zwar Kölner Bürger, zugleich aber auch kurkölnischer Kammerrat. Dies setzte ihn dem Verdacht aus, weiterhin treu zu Josef Clemens zu stehen und ein Verbindungsmann des Feindes in Köln zu sein. Er wich der direkten Frage darauf, in wessen Diensten er im Moment stehe, aus (fol. 3r). Das muss allerdings nicht als Eingeständnis einer Schuld gewertet werden, stand er doch vor dem schwierigen Problem, seine Zukunft sowohl für den Fall des Wegbleibens als auch den des Zurückkommens des Erzbischofs offenhalten zu müssen. Vermutlich deshalb gab er auf die Frage, ob er in Kontakt mit Josef Clemens stehe, zu Protokoll, dass er sich an keine „gefährliche correspondence" (fol. 3v) erinnern könne. Das impliziert eine Erinnerung an Kontakte unterhalb der Schwelle einer Konspiration. Tatsächlich gab es Möglichkeiten, von Köln aus unter der Hand mit Kurfürst Josef Clemens, solange er im Exil in Namur saß, in Kontakt zu treten. Dies wusste auch Sachsen-Zeitz sehr genau, denn er verhandelte in der ersten Jahreshälfte 1704 indirekt mit dem Kurfürsten, um ihn von Namur nach Köln zu locken und hier als Faustpfand für Verhandlungen festzusetzen.[105]

Hambach bestritt jegliche Dienste für den Reichsfeind energisch. La Croix kenne er zwar aus der Zeit vor Beginn des Krieges, stehe aber nicht in direkter oder indirekter Korrespondenz mit ihm (fol. 5r-v).[106] Einen von ihm ausgestellter Passierschein für einen Theodorus Cadusch aus Kendenich (hinter dem sich ein ebenfalls der Verschwörung verdächtigter Meurer verbarg) nach Stadtkyll (Original fol. 4r) erklärte er als harmlos. Meurer kenne er zwar, aber er habe mit ihm nur wegen der Wahrnehmung persönlicher Angelegenheiten in Kontakt gestanden. Spickarth hingegen kenne er nicht, folglich habe er auch nicht gewusst, dass sich in dessen Keller französische Soldaten verborgen hatten (fol. 7r). Schließlich kenne er auch Henrich Weingarden aus Kendenich

104 HAStK Best. 125, A 168.

105 Vgl. Max Braubach: Ein Fluchtplan des Kurfürsten Joseph Clemens von Köln während seines Aufenthaltes in Namur (1704), Historisches Jahrbuch 47 (1927), S. 541–546.

106 Allerdings hatte er La Croix gegenüber schriftlich andere Personen in deren Angelegenheiten unterstützt (fol. 11r). Das wertete Hambach aber offensichtlich nicht als Korrespondenz, ebenso wenig seine nachgewiesenen Kontakte zum Kurfürsten nach Namur, die der legitimen Besoldung von kurfürstlichen Amtsträgern dienten (fol. 14v). La Croix' Einheit war tatsächlich Teil der französischen Armee gewesen, die auf Seiten des Kurfürsten 1702 in das Erzstift eingerückt war. Mehr oder weniger enge Kontakte zu Vertretern der erzstiftischen Verwaltung sind daher zu erwarten. Vgl. Ennen, Frankreich (Anm. 8), S. 59 und 87.

(also denjenigen, der dort französische Soldaten beherbergt haben soll) nicht, und insgesamt blieb er bis zum Schluss beim Leugnen jeglicher Beteiligung an einer Verschwörung, die er vor allem Meurer zur Last legte (u. a. fol. 9r, 11v, 12v, 13r). Der Nachweis der Beteiligung Hambachs an einer solchen gelang schließlich nicht, so dass er letztlich mit Zustimmung des Fürsten von Sachsen-Zeitz im Dezember freigelassen wurde (fol. 102r).[107]

Aus den ihm gestellten Fragen ergeben sich Umrisse der Verschwörung kurfürstentreuer Untertanen und Amtsträger des Erzstifts mit La Croix, wie sie die Gegenseite aufgedeckt zu haben vermeinte: Demnach habe La Croix dem Meurer 5000 Reichstaler übergeben, die dieser mit Hambach und Henrich Weingarden teilen sollte (fol. 7v). Meurer sei in Begleitung von drei Franzosen aus Vianden zurückgekehrt, von denen einer Jacques du Vaux hieß (fol. 7r, wohl identisch mit dem oben genannten Leutnant Du Vau). Der Verschwörung sei ein gewisser Adolph Schick beigetreten, ebenfalls ein kurfürstlicher Bediensteter, der nach seiner Entlassung aus der Haft noch darum kämpfte, eine Abschrift seines Vernehmungsprotokolls zu erhalten (fol. 103r-v).

Während Hambach und Schick mit einem blauen Auge davonkamen, wurde Spickarth – in dessen Haus die Franzosen aufgegriffen worden waren – zum Tode durch Köpfen verurteilt. Die anfangs geplante Vierteilung und Aufhängung der Leichenviertel an unterschiedlichen Orten der Stadt – eine Abschreckungsmaßnahme – wurde zwar nicht durchgeführt, aber der Kopf wurde auf eine Stange an der Severinspforte gesteckt, was die intendierte Abschreckung ebenfalls erreicht haben dürfte.[108] Wie gesehen waren auch die gefangenen Franzosen hingerichtet worden.[109]

Dieses harte Kölner Vorgehen diente ganz offensichtlich hauptsächlich dazu, an Freund wie Feind eine Botschaft zu schicken: Köln stand fest im kaiserlichen und alliierten Lager und dachte nicht im Entferntesten daran, in irgendeiner Weise einen Neutralitätskurs zu fahren. Sehr deutlich hatte man durch die Exekution der Franzosen die Brücken in diese Richtung abgebrannt, obwohl es möglich gewesen wäre, die Männer als Kriegsgefangene zu deklarieren und ganz regulär auszutauschen. Ebenso deutlich hatte die Stadtobrigkeit nach innen klargemacht, dass der harte Kurs auch gegen Einwohner ver-

107 Da Hambach das Kölner Bürgerrecht besaß, hatte sich der Rat dem Ansinnen des Fürsten von Sachsen-Zeitz verweigert, ihn nach Kriegsrecht abzuurteilen, vgl. HAStK Best. 10B, 151, fol. 208v-209v: Ratsprotokoll vom 16.7.1704.

108 HAStK Best. 10B, 151, fol. 334v-336v: Ratsprotokoll vom 17.11.1704. Die Exekution erfolgte am 27.11.1704. Vgl. ibid. fol. 346v-348r: Ratsprotokoll vom 28.11.1704.

109 Siehe Anm. 7. Im Juli wurden vier Männer aus der Haft entlassen, die zwar im Dienst von La Croix gestanden hatten, aber glaubhaft versichern konnten, dass sie von diesem förmlich verabschiedet worden waren. HAStK Best. 10B, 151, fol. 208v-209v: Ratsprotokoll 16.7.1704.

folgt werden würde, die mit den Feinden konspirierten. Insgesamt wurde auf diese Weise der Verdacht einer uneindeutigen Haltung, der Ende 1702 mit dem rasch abgeschlossenen Neutralitätsabkommen aufgekommen war, mit deutlichen Zeichen ausgeräumt.

Die Exekutionen des Jahres 1704 dienten daher auch dazu, verlorenes Vertrauen bei den Verbündeten zurückzugewinnen. Dass Köln 1704 keineswegs als ein zu 100 Prozent vertrauenswürdiger Partner der Großen Allianz galt, lässt sich vor allem an einer großen Leerstelle der Kölner Überlieferung festmachen: Eine der wichtigsten Unternehmungen dieses Jahres war der Marsch des englisch-niederländischen Feldherrn Marlborough von den Niederlanden nach Süddeutschland, wo er zusammen mit kaiserlichen Truppen und der Reichsarmee die Entscheidung gegen Bayern herbeiführte.[110] Dieser Marsch gilt als eine der großen logistischen Meisterleistungen des 18. Jahrhunderts. Gelingen konnte er nur durch eine sorgfältige Vorbereitung und die vorausschauende Anlage von Magazinen und Versorgungsstützpunkten entlang der Marschstrecke. Köln als Handelsknotenpunkt hätte sich an sich als Partner bei diesem Unterfangen angeboten. Doch erfuhr der Rat wenigstens offiziell nichts von der Unternehmung. Stattdessen wurden Vertreter der Stadt zu einer alliierten Konferenz nach Koblenz geladen, die über eine Unterstützung einer – nicht durchgeführten – Operation an der Mosel mit Artillerie verhandeln sollte.[111] Diese entpuppte sich als Täuschung, die für das Gelingen des Unternehmens notwendig war. Marlborough hielt zur Vermeidung von Sicherheitslücken seine wahren Pläne daher lange auch vor engen Verbündeten geheim.[112] Die Stadt Köln, von der bekannt war, dass sich zahlreiche frühere Bedienstete und Parteigänger des Kurfürsten in ihren Mauern aufhielten und die bereits einmal mit den Franzosen handelseinig geworden war, konnte unter diesen Umständen nicht damit rechnen, ins Vertrauen gezogen zu werden.

Ziel der Kölner Politik und Kriegführung war der Erhalt der eigenen Unabhängigkeit als Reichsstand. Gefährdet wurde diese durch die größeren Fürsten der Region, also neben Kurköln – jedoch nicht so deutlich – auch von Kurpfalz und Brandenburg-Preußen, die über ihre niederrheinischen Territorien eine günstige Möglichkeit zu Mediatisierung der Stadt nutzen mochten.[113] Gefährdet war sie aber auch durch Frankreich, das im Falle eines siegreichen Krieges

110 Vgl. zum Feldzug von 1704 PLASSMANN, Krieg (Anm. 4), S. 427–454.
111 HAStK Best. 10B, 151, fol. 138r-142r: Ratsprotokoll vom 19.5.1704.
112 Vgl. DAVID CHANDLER: Marlborough as Military Commander, London 2000, S. 126 f.
113 Preußen rückte zu Beginn des Spanischen Erbfolgekriegs auch deshalb näher an Köln heran, weil es nach dem Tod Wilhelms III. von Oranien die oranische Erbschaft beanspruchte und dazu die Reichsgrafschaften Lingen und Moers besetzt hatte. Vgl. PETER BAUMGART: Die Oranische Erbschaft in der Politik Friedrichs III./I., in: KRAUS/KROLL, Historiker (Anm. 24), S. 47–61, hier v .a. S. 58.

die Stadt entweder nach dem Beispiel von Straßburg selbst übernehmen oder einem Verbündeten zuschanzen konnte. Mit Kurfürst Josef Clemens im Lager Frankreichs verbanden sich zwei dieser Gefahren, und so führte Köln in den Jahren 1702 bis mindestens 1704, als die anfängliche Krise der Großen Allianz durch den Sieg in Bayern überwunden war, tatsächlich einen in mancher Hinsicht verzweifelten Krieg um seine politische Existenz. In der Rückschau wird dies nicht so deutlich, weil es am Ende gut ausging. Das wussten die Zeitgenossen aber noch nicht. Kölner Entscheidungsträgern mochte also durchaus der Schweiß auf der Stirn gestanden haben, wenn sie an die Zukunft dachten. Am Ende wurde die Entscheidung über diese Zukunft auf den Schlachtfeldern Europas ausgetragen, und auf die Geschehnisse dort konnten die Kölner so gut wie keinen messbaren Einfluss nehmen. Aber sie taten, was in Anbetracht ihrer Möglichkeiten machbar war. Dazu gehörten erhebliche Ausgaben[114] für den Schutz der Festung Köln durch eigene wie fremde Truppen, durch den Einsatz der Bürger selbst in der Bürgerwache, im bescheidenen Maße durch die Unterstützung von Feldzügen außerhalb der Stadtmauern und nicht zuletzt eine sehr deutliche Demonstration der Reichs- und Kaisertreue, die es für Wien attraktiv machte, die Stadt als eigene Klientel zu erhalten. Eine solche Demonstration war der harte Umgang mit den französischen Gefangenen im Jahr 1704. Dabei handelte es sich nicht um ein bloßes Lippenbekenntnis oder reine Rhetorik. Mit der Exekution der Franzosen brannte man eine Brücke ab, die dazu hätte genutzt werden können, wenigstens auf lokaler Ebene zu einem Agreement mit den Franzosen und ihren Verbündeten zu kommen. Die exekutierten Männer waren so auch ein Opfer eines Akts der symbolischen Kommunikation[115] Kölns in Richtung Kaiser und Große Allianz geworden, mit dem die städtische Obrigkeit ihre Verlässlichkeit und Bündnistreue unter Beweis stellen wollte. Das Pendel war seit 1702 von einer überhasteten Neutralitätserklärung weit in Richtung Kaisertreue zurückgeschlagen. Gleichzeitig macht der Vorgang deutlich, dass die Kölner durchaus dazu bereit und in der Lage waren, ihre, wenn auch, beschränkten Machtmittel einzusetzen und ihre Stadt zu verteidigen. Bei allen Vorgängen um die Sicherung der Festung Köln stand nie außer Frage, dass die „strümpfestrickenden" Kölner Stadtsoldaten zwar quantitativ für die Abwehr einer Belagerung nicht ausreichend, sie aber qualitativ durchaus dazu in der Lage waren. Die Entsendung einer Kompanie an den Oberrhein wurde dort ebenfalls als Verstärkung und nicht als Belastung angesehen. Die Wertun-

114 Vgl. Hieronymi, Haltung (Anm. 15), S. 171.

115 Vgl. zu einem weiteren Fall symbolischer Kommunikation in einem militärischen Kontext der Zeit Max Plassmann: Ein Exempel sine Exemplo. Das Kriegsgerichtsverfahren gegen den Heidelberger Stadtkommandanten von Heddersdorf im Jahr 1693, Zeitschrift für die Geschichte des Oberrheins 156 (2008), S. 207–234.

gen des 19. Jahrhunderts über die Stadt Köln und ihre Truppen sind daher mit Vorsicht zu genießen. Jenseits plakativer Zuschreibungen von militärischer Qualität oder Nicht-Qualität ex post ist eine Militärgeschichte Kölns der Vormoderne noch zu schreiben, die auf die Zwischentöne achtet und den Einsatz des Militärs anhand zeitgenössischer Kriterien untersucht.

Krach um den Preußen-Adler

Der Wappenstreit der Firma Klosterfrau mit der Konkurrenz und seine Folgen (1829–1831)

von Helmut Heckelmann

Als die Stadt Köln vor vier Jahren mit zahlreichen Veranstaltungen zum „Preußenjahr“ und der vom Kölnischen Stadtmuseum von Mai bis Oktober 2015 ausgerichteten Sonderausstellung „Achtung Preußen! Beziehungsstatus: Kompliziert – Köln 1815–2015“, an die Besitzergreifung des Rheinlands und Westfalens durch das Königreich Preußen vor 200 Jahren erinnerte, holte sie damit auch den Beginn der Jahrzehnte währenden protestantischen Herrschaft und die für die Stadt Köln so bedeutsame Gründerzeit wieder in das allgemeine Bewusstsein zurück.[1] Dass das Rheinland und Westfalen dem Königreich Preußen zugeschlagen wurden, resultierte aus der endgültigen Niederlage Napoleons auf dem Schlachtfeld von Waterloo und den auf dem Wiener Kongress 1815 gefassten Beschlüssen, das am Krieg beteiligte Preußen zu entschädigen, wobei die Preußen diesen Gebietszuwachs nicht einmal favorisiert hatten.

Unter den „Neupreußen“, denen Friedrich Wilhelm III. Schutz gegen äußere Gefahr, Schonung der Religion und Beteiligung an der Steuerfestsetzung versprach,[2] befand sich auch eine ehemalige Ordensfrau aus dem Annuntiatenkloster St. Anna in Coesfeld, die sich bei der Versorgung der Verwundeten nach der Schlacht von Waterloo besondere Verdienste erworben hatte, für die ihr der preußische König eine lebenslange Rente von jährlich 160 Talern verlieh.[3]

---

1 Bei dem Beitrag (siehe auch Festgabe Haas, Köln 2019) handelt es sich um einen überarbeiteten Auszug aus der Dissertation des Autors mit dem Titel „Maria Clementine Martin (1775–1843). Ordensfrau, „Quacksalberin“, Unternehmerin. Eine rechtshistorische Untersuchung aus neuen Quellen“, die nach mündlicher Prüfung am 10.11.2014 von der Juristischen Fakultät der Universität Regensburg angenommen worden und im Frühjahr 2015 als Buch im Verlag Monsenstein und Vannerdat, MV Wissenschaft, Münster, ISBN 978-3-98645-480-6, erschienen ist; online verfügbar unter URL: http://epub.uni-regensburg.de/33514/ (Stand: 22.1.2019); vgl. auch URL: https://www.researchgate.net/profile/Helmut_Heckelmann (Stand: 22.1.2019); siehe auch Rezensionen von Wolfgang Bockhorst, in: LWL-Archivpflege in Westfalen 83 (2015), S. 74 f.; Bernhard Lübbers, in: Verhandlungen des Historischen Vereins für Oberpfalz und Regensburg 155 (2015), S. 379 f.; Thomas Deres, in: Geschichte in Köln (GiK) – Zeitschrift für Stadt- und Regionalgeschichte 64 (2017), S. 345 f.

2 Jürgen Herres: Köln in preußischer Zeit 1815–1871, Köln 2012 (Geschichte der Stadt Köln 9), S. 38 f.

3 Petra Witting: Die Klosterfrau Maria Clementine Martin, Köln, in: Francesca Schinzinger u. a. (Hg.): Symposion über Unternehmerinnen. Referate eines Symposiums an der Rheinisch-Westfälischen Technischen Hochschule Aachen im November 1988, hg. in Verbindung mit der Industrie- und Handelskammer zu Aachen, Aachen 1988, S. 104.

Um in den Genuss dieser Rente zu gelangen, hielt sich jene Klosterfrau höchstwahrscheinlich bereits ab 1815, in jedem Falle aber spätestens ab dem Jahre 1821, in Münster auf, wo sie bis zum Jahre 1825 in Häusern des dortigen Domkapitels wohnte.[4]

Die Rede ist von der am 5. Mai 1775 in Brüssel als Wilhelmine Martin geborenen Tochter der Eheleute Johann Heinrich Martin und Christine von Mergenthal, die nach Eintritt in das Kloster in Coesfeld im Jahre 1792 den Ordensnamen Maria Clementine Martin annahm, den sie dann Zeit ihres Lebens behielt, und die ein Jahr nach ihrem Umzug von Münster nach Köln im Jahre 1826 die noch heute unter ihrem Namen bestehende Firma Maria Clementine Martin Klosterfrau gründete. Im Kloster St. Anna lebte sie von 1792 bis 1803, musste jedoch, da der Landesfürst das Anwesen für sich beanspruchte, diese Heimstatt mit ihren Mitschwestern verlassen und in das Kloster Marienflucht in Glane umziehen, ehe auch diese klösterliche Einrichtung infolge der Säkularisation 1811 aufgelöst wurde. Nach einem kurzen Aufenthalt in ihrer Geburtsstadt Brüssel ließ sie sich für ein paar Jahre in Tirlemont (Tienen), einer kleinen Stadt im damaligen Brabant, nieder. Hier hatte um 1815 das preußische Militär in der zum dortigen Beginenhof gehörenden Kirche ein Feldhospital eingerichtet, in dem sogenannte Lazarettschwestern, zum Teil ehemalige Ordensfrauen, die verwundeten Soldaten versorgten.[5] Es spricht sehr viel dafür, dass Maria Clementine Martin zu dieser Gruppe von Frauen gehörte.[6] Zwar taucht ihr Name in den wenigen überlieferten Dokumenten über das Feldhospital nicht auf, allerdings bemerkt sie in einem Schreiben an den König von Preußen, dass sie nach der Schlacht „bey Belle Alliance“ sich „in den Lazarethen sehr der tapferen Preussen“ angenommen hätte.[7]

Von Tirlemont kehrte Maria Clementine Martin, wie eingangs erwähnt, nach Westfalen zurück und zog im Jahr 1825 von Münster nach Köln. Hier machte sie, wie aus heiterem Himmel, als Herstellerin von Eau de Cologne und Carmeliter-Melissengeist auf sich aufmerksam und stellte als „Fabrikantin“ bereits wenige Monate nach ihrer Ankunft in Köln neben Kölnisch Wasser, für das sie erstmals in der *Kölnischen Zeitung* vom 6. November 1825 warb,[8] schon bald einen „Karmeliter-Geist“ her, den der Kölner Arzneimittelhersteller Klosterfrau bis auf den heutigen Tag als „Klosterfrau Melissengeist“ produziert und vertreibt.

---

4 Privat-Archiv Helmut Heckelmann (im Folgenden abgekürzt als: PAHH), Bestand Spang, Schreiben der Stadt Münster vom 11.07.1940 mit Hinweis auf „Polizeil. Anmelderegister“.
5 PAHH, Korrespondenz mit dem Archiv Tienen vom 20.06. bis 09.07.2015.
6 Ibid.
7 GStA PK, I, HA Rep. 76 VIII A, Nr. 2162, fol. 52r.
8 Kölnische Zeitung vom 6.11.1825; PAHH, Bestand MCM Zeitungsanzeigen (Fotokopie).

Dass die Firmengründerin dieses Produkt schon zu ihrer Zeit erfolgreich verkaufen konnte, führt das Unternehmen, das inzwischen mehr als 190 Jahre besteht, vor allem darauf zurück, dass sie die königliche Erlaubnis erhielt, auf ihren Waren das Wappen von Preußen anzubringen.

Über die Fragen, wie sie zu dieser Gunst kam und welche Komplikationen ihr daraus entstanden, sollen die nachfolgenden Ausführungen Aufschluss geben.

Ausstattung der Waren der Maria Clementine Martin mit dem Preußischen Adler

Um überhaupt in den Genuss eines solchen Privilegs zu gelangen, wandte sich Maria Clementine Martin Anfang November 1829 an König Friedrich Wilhelm III. Dabei nahm sie, um ihrem Verlangen besonderen Nachdruck zu verleihen, ausdrücklich auf ihre Verdienste, die sie sich nach der Schlacht bei Waterloo erworben hatte, Bezug.

In ihrer Eingabe führte sie aus:

Allerdurchlauchtigster Großmächtigster König!

Allergnädigster König und Herr!

Allerunterthänigstes Gesuch der Klosterfrau Maria Clementine Martin, Köln am Rhein,

um die allerhöchste Erlaubniß den Preußischen Adler auf ihren Fabrikaten führen zu dürfen.

Ew. Majestät sind ein so gütiger liebreicher Vater der vielen Millionen Menschen, welche Allerhöchstdieselben als ihren König und Herrn verehren zu können für das höchste Glück ihres Lebens halten, daß der blendende Glanz des Thrones gleich geworden ist, dem Lichte der göttlichen Vorsehung, welches selbst den Niedrigsten aus dem Staube aufrichtet und erquickt, wenn er vertrauensvoll seinen Blick dahin hebt.

So darf denn auch eine arme Klosterfrau, deren geringer Verdienste um die Pflege der verwundeten vaterländischen Krieger nach der Schlacht von Waterloo im Jahr 1816 durch die Bewilligung einer jährlichen Pension von 160 Thaler mit Königlicher Großmuth anzuerkennen geruhten, es wagen, Allerhöchstdieselben ein Gesuch demüthigst vorzutragen, in deßen Gewährung sie den schönsten Lohn ihrer täglichen inbrünstigen Gebethe für das

Wohl Euer Majestät und Ihres ganzen Hauses für die kurze Zeit bis zur Vollendung ihrer irdischen Laufbahn sehen würde.[9]
Sie fuhr fort:
An den Klöstern zu Coesfeld und Brüssel erlernte ich die Kunst das ächte Karmeliter oder Melißenwaßer zu verfertigen, und später erhielt ich durch die Vermittlung guter Menschen, ein Recept zur Bereitung des besten Kölnischen Waßers (Eau de Cologne).[10]
Als ich mich im Jahre 1825 unter dem Schutze des Herrn Erzbischofs Grafen Spiegel zum Desenberg hier häuslich niederließ, schien mir die Destillation der besagten aromatischen Wäßer ein schickliches Mittel zur nützlichen Beschäftigung in den Nebenstunden meiner täglichen Andachtsübungen, und zur Sicherung meines Unterhalts durch eigener Täthigkeit darzubiethen.
Der Himmel segnete meine Unternehmung; meine Fabrikate, auf welche ich, um dieselben immer mehr zu vervollkommnen, die langgewohnte ängstliche Sorgfalth verwandte, fanden den besonderen Beifall Sachverständiger Männer und wurden bald vom Publikum gesucht.
Ew. Majestät wage ich von beiden eine kleine Probe allerunterthänigst zu Füßen zu legen. Möchten dieselben mit allerhöchster Huld und Gnade aufgenommen und mir die allerhöchste Erlaubnis zu Theil werden, meine Fabrikate mit dem Preußischen Adler zieren zu dürfen. Es würde mir dann für den Rest meiner irdischen Laufbahn kein Wunsch mehr übrigbleiben.
In höchster Verehrung ersterbe ich als Ew. Majestät allerunterthänigste treugehorsamste Magd
gez. Maria Clementine Martin

Am Dom No. 19[11]

Die von Maria Clementine Martin vorgebrachten Argumente überzeugten, und die Königlich Preußische Regierung erteilte ihr durch „Allerhöchste Kabinets-Ordre" am 28. November 1829 das Privileg, ihre Produkte mit dem „Preußenadler zu zieren",[12] womit sich die Unternehmerin Martin einen erheblichen Vorteil gegenüber den Konkurrenten verschaffte. Denn nur wenige der in Köln sonst so zahlreich vertretenen Fabrikanten von Eau de Cologne

9 PAHH Bestand Spang, Schreiben der Maria Clementine Martin an des Königs Majestät vom 7.11.1829 (ohne Signatur) in Kopie und Abschrift.
10 Anm. des Autors: Diese Behauptungen von Maria Clementine Martin finden bis heute keine Bestätigung.
11 PAHH, Bestand Spang, Schreiben vom 7.11.1829 (Anm. 9).
12 GStA PK, I, HA Rep. 76 VIII A, Nr. 2162, fol. 52r.

– im Jahr 1822 zählte man allein 64 Hersteller[13] – konnten diese Auszeichnung vorweisen. So vermerken die Akten der Königlichen Regierung in Köln aus dem Jahr 1830 neben Maria Clementine Martin allein die Unternehmer Johann Anton Farina, Carl Anton Zanoli und Joseph Luzzani, denen allerhöchsten Orts die Wappenführung zur Ausstattung ihrer Waren gestattet worden war.[14]

Im Gegensatz zur Gewährung des Privilegs an Maria Clementine Martin erhielt die Firma „Johann Maria Farina gegenüber dem Jülichsplatz" den Status eines Hoflieferanten des Preußischen Königshauses nicht, und das, obwohl Carl Anton Farina diesbezüglich alle Anstrengungen unternommen und sich ausdrücklich darauf berufen hatte, dass seine Firma das älteste Eau de Cologne-Unternehmen in Köln sei.[15]

Obwohl der Verleihung zur Führung des Königlichen Wappens mit Sicherheit Präventivcharakter zukam, blieb es dennoch nicht aus, dass Maria Clementine Martin den Behörden wiederholt Verstöße von Konkurrenten zur Anzeige brachte, weil diese sich ebenfalls des Königlichen Wappens bedienten und damit ihre Waren schmückten, ohne dazu tatsächlich privilegiert zu sein.

Der Wappengebrauch der Konkurrenz

So beklagte sich die Unternehmerin Martin, kaum hatte die Preußische Regierung ihr Ende November 1829 das Recht zur Wappenführung erteilt, Anfang Januar des Jahres 1830 darüber, dass ihr Nachbar Mommer das in seinem Geschäft Domhof 17 ausgestellte Sortiment von Eau de Cologne ebenfalls mit dem Preußischen Adler versehen habe. Sie bat die Behörde, dagegen einzuschreiten, und rief mit ihrem Schreiben von Mitte Januar des Jahres 1830 die Königliche Regierung um Hilfe an, indem sie vortrug:

> *Mein Nachbar Mommer hat es gewagt die mir durch obige Allerhöchste Kabinets=Ordre, huldvoll verliehene Etikette, gleich nach der ersten Außstellung der Meinigen, an seinem Fenster zu brauchen, und hat dieselbe nachdrücklich ausstehn. Auf welche Art derselbe dazu gekommen, ist mir und mehreren unbekant, weil derselbe sein Eau de Cologne doch selbst fab-*

13 Klara Van Eyll: Wirtschaftsgeschichte Kölns vom Beginn der preußischen Zeit bis zur Reichsgründung, in: Hermann Kellenbenz (Hg.): Zwei Jahrtausende Kölner Wirtschaft Bd. 2, hg. im Auftrag des Rheinisch-Westfälischen Wirtschaftsarchivs zu Köln, Köln 1975, S. 196.

14 LAV NRW R, BR 9 Nr. 1315, fol. 35v.

15 Wilhelm Mönckmeier/Hermann Schaefer: Die Geschichte des Hauses Johann Maria Farina gegenüber dem Jülichs-Platz in Köln gegründet 1709. Eine wirtschafts- und handelsgeschichtliche Studie, Berlin 1934 (Veröffentlichungen des Archivs für Rheinisch-Westfälische Wirtschaftsgeschichte 7), S. 156 f.

rizirte ich selbst habe daher die meinige sorglich eingezogen, um erstlich meine Noth Euer Hochlöbliche, Königlichen Regierung vorzutragen, wozu ich mich genöthgt fühle, weil ich niemanden etwas zu nahe gethan.

Euer Hochlöbliche Königliche Regierung, bitte ich dahero gehorsamst mich gegen Eingriffe dieser Art in meine[m] Rechte hochgeneigt zu schützen, worauf ich um so mehr vertrauensvoll rechnen zu dürfen mir schmeicheln, als ich von der strengen Gerechtigkeit, die Euer Königliche Regierung auszuüben gewohnt ist, überzeugt bin.[16]

Diesen Weg musste die in ihren Belangen verletzte Unternehmerin, der wegen des Fehlens gewerblicher Schutzrechte[17] gegenüber dem Störer selbst keine Unterlassungsansprüche zustanden und die daher auf ein Einschreiten der staatlichen Stellen angewiesen war, einschlagen. Dabei führte ein solches Vorgehen, wie der Vorgang Mommer zeigt, jedoch nicht immer zu dem vom Verletzten gewünschten Ergebnis.

Auf die Anzeige der Unternehmerin Martin hin forderte die Regierung in Köln den Oberprokurator auf, einzuschreiten und gegen den „Störer" vorzugehen. Die Anklagebehörde wandte sich jedoch am 30. März 1830 zur Klärung des Inhalts der „Denunciation" zunächst mit einer Anfrage an die Königliche Regierung und führte aus:

Um nun beurteilen zu können, ob ein hinreichender Grund vorhanden sey, dieser Denunciation Folge zu geben, so ersuche eine Hochlöbliche Regierung ich ergebenst mir gefälligst eine Abschrift der Allerhöchsten Cabinetsordre, wodurch die p Martin die erwähnte Begünstigung erhalten hat, mittheilen und darüber Auskunft geben zu wollen, ob der p Mommer vielleicht die nemliche Befugniß ausgewirkt hat und zu welchem Zweck und nach welchen Grundsätzen solche nachgesucht und bewilligt zu werden pflegt, indem mir keine Verordnung bekannt ist, welche diesen Gegenstand regulirt hat.[18]

Dieser Hinweis des Königlichen Oberprokurators ist insofern interessant, als darin offen das Fehlen gesetzlicher Bestimmungen zur Verleihung des der Unternehmerin Martin erteilten Privilegs angesprochen wurde.

Auf die Eingabe hin überließ die Preußische Regierung in Köln, Abteilung des Inneren, dem Oberprokurator die gewünschten Unterlagen und erklärte

16 LAV NRW R, BR 9 Nr. 1315., fol. 34r.-34v.
17 Das erste Markenschutzgesetz vom 30.11.1874 trat am 1.5.1875 in Kraft.
18 LAV NRW R, BR 9 Nr. 1315, fol. 35r.

darüber hinaus, dem „Carl Mommer hieselbst ist eine ähnliche Erlaubniß nicht zu Theil geworden“, und die Behörde wisse auch nicht, „ob derselbe sich darum beworben habe“.[19] Im Übrigen hieß es in dem Schreiben, mit dem die Regierung zugleich der Rechtsauffassung des Oberprokurators widersprach, weiter:

> *Eine besondere diesen Gegenstand regelnde Verordnung ist uns nicht bekannt, scheint uns aber auch nicht erforderlich, da das Vergehen und der unerlaubte Gebrauch von Staats= und Privat-Siegeln, Stempeln oder Zeichen in dem Strafgesetzbuch besonders in den Artikeln 142 und 143 vorgesehen ist.*[20]

Der Vorgang beschäftigte die angerufenen Instanzen mehr als ein Jahr lang und endete im Juni 1831. Über das Ergebnis unterrichtete der Oberprokurator die Regierung mit Schreiben vom 18. Juni 1831:

> *Einer Hochlöblichen Regierung habe ich die Ehre, auf das gefällige Schreiben vom 29. v. Monats ergebenst zu erwiedern, daß der Mißbrauch einiger Kaufleute unbefugt das Königl. Wappen als Aushängeschild und auf Etiquetten ihrer Waaren zu führen, keine Verbrechen begründen können, welche in den Artikeln 142 und 143 des B. Gesetzbuches vorgesehen ist. Diese gesetzlichen Bestimmungen haben nur Bezug auf das Nachahmen und Verfälschen solcher Staats-Siegel oder Stempel, welche zu besonderen Zwecken auf Waaren aufgedrückt werden, oder auf den Mißbrauch solcher ächten Siegel oder Stempel zum Nachtheile des Staates, einzelner Behörden, und selbst Privatpersonen. Auch treten noch die Bestimmungen des Dekrets vom 22. Germinal J. 11 und vom 11. Juni 1809 ein, wenn zum Nachtheile des Besitzers eines eigenthümlichen Fabrikzeichens, solches von Anderen unbefugt nachgemacht und gebraucht wird, aber zu dieser Kathegorie eignet sich der gerügte Mißbrauch wieder nicht. Eine Hochlöbliche Regierung wird es so auch unter diesen Umständen vergebens überlassen sein, durch Bekanntmachung zweckmäßiger polizeilicher Maßregeln diesen Mißbrauch zu steuern.*[21]

Dieses Resultat dürfte mit Sicherheit weder der Regierung noch der Unternehmerin Martin gefallen haben.

---

19 Ibid., fol. 35v.
20 Ibid., fol. 36r.
21 Ibid., fol. 54r.-54 v.

Anzuführen ist bei der Gelegenheit, dass Monate vor der Bekanntmachung der Entscheidung, nämlich im Oktober des Jahres 1830, Maria Clementine Martin die Kölner Behörden mit einer weiteren Anzeige, mit der sie wiederum eine „unberechtigte" Wappenführung seitens der Konkurrenz behauptete, befasst hatte. Dabei ging es um den in Köln bekannten Lithographen Mottu, richtiger um seine minderjährigen Erben und deren Vormund Wünsch, denen die ehemalige Ordensfrau einen Wappenmissbrauch vorwarf. So teilte Maria Clementine Martin den Behörden mit, der von ihr bereits angezeigte Nachbar Mommer habe in dem gegen ihn laufenden Verfahren behauptet, „diese Eau de Cologne Fläschchen und Kisten, mi[t] dem Königlichen Wappen rubrizirt, [in] Commission von dem Lithographen Mottu erhalten zu haben".[22]

Weiter hieß es:

> *Ob aber letztgedachter Mottu gleich mir Allerhöchsten Orts privilegirt ist, das Königliche Wappen in seinen Fabr[i]caten zum Aushängeschild zu gebrauch[en] liegt außer meiner Wissenschaft und eben so außer meiner positiven Kenntniß, daß der mir gegenüber wohnen[de] Mommer einseitig sich des Königlichen Wappens bedienen darf.*
> *Es ist mir auch anderweit versicher[t] worden, daß der p. Mottu sowohl als auch sein angeblicher Helfershelfer ih[re] Firma in der üblichen Art und Weise nicht deponirt haben, und ich daher zu der Vermuthung geleitet werde, daß dem p. Mottu gleich dem mir gegenüber wohnenden Mommer die Ber[uehm]ung zum Königlichen Wappen keineswegs zustehe.*[23]

Folglich regte die Unternehmerin Martin auch in dieser Angelegenheit eine Untersuchung durch die Behörden an und verlangte zu prüfen,

> *ob un[d] in wie fern der Mottu und der mir gegenüberwohnende Mommer einen Gewerbeschein zum Commisssions Geschäfte in Eau de Cologne Fabrica[ten] aufzuweisen vermögen und zugleich das Recht haben, das Königliche Wappen in ihren Etiketten führen zu dürfen.*[24]

Und tatsächlich nahm der Polizei-Kommissar Heylmann bei den Erben Mottus eine Ortsbesichtigung vor, deren Ergebnis er in einem Aktenvermerk wie folgt festhielt:

22 Ibid., fol. 48v.
23 Ibid.
24 Ibid., fol. 49v.

Es wurde von mir von drei Minorennen Mottü, deren Eltern verstorben sind, der auf dem Mühlenbach 59 wohnende Herr Anton Wünsch als Neben Vormund und Geschäftsführer der Lythographie und Fabrikation des Kölnischen Wassers vorgestellt, derselbe zeigte mir den Vorrath des Kölnischen Wassers in seinem Waarenzimmer, derselbe bestand in 19 Kistchen a 6 Gläser mit der beiliegenden, das Königlich Preußische allerhöchste Haus=Wappen vorstellende Etiquette versehen, und 13 Kistchen a 4 Gläser mit dem Preußischen Adler und den 2 wilden Männern etiquettirt. Außerdem fanden sich 48 einzelne Flaschen mit [xxx] Etiquette vor.
So wenig die Minorennen Mottü als Hr. Wünsch konnten sich über den Gebrauch jener Wappen legitimiren und erklärt[e] Hr. Wünsch, daß sich der verstorbene Mottü schon dieser Etiquetten zu seinem Kölnischen Wasser bedient habe, und er bei Fortsetzung dessen Geschäfts für die hinterlassenen Kinder, kein Bedenken gefunden habe, sich desselben ebenfalls zu bedienen, übrigens habe er [xxx] dem Modehändler Mommer blos zwei Kistchen Eau de Cologne mit jenen Etiketten verkauft.[25]

Während man also bei den Erben Mottu und deren Vormund Wünsch die inkriminierten Etiketten fand, blieb die bei dem Nachbarn der Firma Martin, dem Kaufmann Mommer, diesbezüglich durchgeführte Untersuchung ergebnislos.

So teilte die Preußische Regierung in Köln der Beschwerdeführerin Martin in ihrem Schreiben vom 3. November 1830 mit,

daß die Mottuschen Minorennen und zwar für dieselben der auf der Mühlenbach No. 59 wohnende Anton Wünsch, sich unbefugter Weise des Preußischen Wappens auf Eau de Cologne Kistchen und Flaschen Vignetten bedient haben. Die desfalsigen Verhandlungen sind der gerichtlichen Behörde mit dem Antrage auf Untersuchung und Bestrafung, wovon der Erfolg abzuwarten seyn wird, vorgelegt worden.[26]

Ebenso wie der Oberprokurator schon im Fall Mommer in der Wappenführung keine Verletzung gesetzlicher Bestimmungen angenommen hatte, vertrat auch das Königliche Landgericht in Köln in der Sache Mottu u. a. diese Rechtsauffassung und wies, wie sich aus dem Schreiben der Regierung Köln an die

25 LAV NRW R, BR 9 Nr. 1315, fol. 50r.-50v.
26 Ibid., fol. 51r.-51v.

zuständigen Ministerien in Berlin vom 10. Juli 1831 ergibt, die eingereichte Klage mangels gesetzlicher Grundlagen ab.[27]

Diese wenig schmeichelhaften Ergebnisse waren für die Königliche Regierung in Köln reichlich Anlass, die Berliner Ministerien auf die bestehende Lücke im Gesetz hinzuweisen und diese zum Handeln zu veranlassen, womit sie auch Erfolg hatte. Jedenfalls erging zum Thema Wappenführung am 16. Oktober 1831 eine „Allerhöchste Kabinets-Ordre“ folgenden Inhalts:

> *Auf den Antrag der betreffenden Ministerien habe Ich festgesetzt, daß der eigenmächtige Gebrauch und die Abbildung des Königlichen Wappens zur Bezeichnung von Waaren, auf Aushängeschildern oder Etiquetten, mit einer Geldbuße von 5 bis 50 Thalern oder Gefängnißstrafe von acht Tagen bis 6 Wochen belegt werden soll.*[28]

Diese Regelung kam jedoch in den Angelegenheiten Mommer und Mottu bzw. ihrem gesetzlichen Vertreter Wünsch zu spät, die folglich sanktionslos blieben. Mit einem weiteren Schreiben, mit dem sich Maria Clementine Martin noch im April 1832, also mehr als zwei Jahre nach Erstattung ihrer Anzeige und nach Inkrafttreten des Verbots unberechtigter Wappenführung zur „Bezeichnung von Waren, Aushängeschildern und Etiketten“, an den Medizinal- und Regierungsrat Merrem in Köln wandte, wies die Unternehmerin nochmals darauf hin, dass die Erben Mottu auf den Etiketten ihres Kölnisch Wassers noch immer das Königlich Preußische Wappen führten und damit den „Weisungen der Verwaltungs= und Polizeibehörden“ trotzten.

Maria Clementine Martin mutmaßte, „man sollte glauben, daß bei einer solchen Dreistigkeit eine Recht-Erlaubniß von hoher Hand sonst unmöglich sey“.[29] Und sie forderte, „den Eingriff in ihre Berechtigung auf dem geeigneten Wege“ abzustellen.[30] Über den Ausgang der Sache ist allerdings nichts Weiteres bekannt geworden, so dass offenbleiben muss, ob es zu einer Bestrafung der Erben Mottus kam oder die Angelegenheit im Sande verlief.

27 Ibid., fol. 55r.

28 Preussisches Criminalrecht in einer Zusammenstellung der Criminalordnung und des zwanzigsten Titels zweiten Theils des Allgemeneinen Landrechts mit den ergänzenden, abändernden und erläuternden Verordnungen. Unter Benutzung der Acten und mit Genehmigung Eines Hohen Justizministerii herausgegeben von A.[dolph] J.[ulius] Mannkopff Königl. Preuss. Kammergerichts-Rath, Teil 2, Berlin 1838, S. 496 (Digitalisat verfügbar in Google Books).

29 LAV NRW R, BR 9 Nr. 1315, fol. 83r.

30 Ibid.

Zum Schutzumfang des Maria Clementine Martin erteilten Privilegs zur Wappenführung

Allerdings löste das Vorgehen der Unternehmerin Martin bei den Betroffenen heftige Reaktionen aus, indem diese ebenfalls bei den Kölner Behörden vorstellig wurden und ihrerseits beanstandeten, die Konkurrentin Martin statte ihre Waren und ihr Geschäft unberechtigterweise mit dem kompletten Wappen von Preußen aus, obwohl ihr nur die Führung des preußischen Adlers gestattet worden sei. Dies folgt aus Schreiben, welche die Angegriffene in den Monaten Juni und Juli des Jahres 1830 an die Regierung in Köln sandte.

Darin berichtete sie,

> *daß durch Aufhetzung des Mommers und des Steindruckers Mottü der Anton Farina auf der Hochstraß bey den Commissair, das, hätten eingegeben in betref des Wappens, – um es zu melden am Polizey Präsidenten, da der Commissair aber mir erst sprechen wollte, und dieserwägen selbst zu mir kommen wird, als ist alles noch stil Liegen geblieben.*[31]

Hintergrund war, dass man die Inhaberin der Firma Maria Clementine Martin Klosterfrau beschuldigte, Waren und Geschäft nicht allein mit dem Preußen-Adler zu versehen, sondern diese auch mit den „Wilden Männern im Purpurmantel"[32] zu schmücken, also eine unbefugte Ausweitung ihres Rechts auf Wiedergabe nur eines Teiles des Preußischen Wappens vorzunehmen (siehe dazu Abbildung 1).[33]

In ihrem Schreiben vom 3. Juli 1830 an die Preußische Regierung führte die ehemalige „Chorjungfrau" aus:

> *Einer Königlichen Hochlöblichen Regierung erlaube ich mir mit gegenwärtigem die ganz gehorsamste Anfrage, ob es mir nicht erlaubt ist, den von seiner Majestät, unserem allergnädigsten Könige ertheilten Adler, mit den wilden Männern zu zieren. Ich habe zwar bei Sr. Majestät nur um den Adler angehalten, welcher mir durch eine allerhöchste Kabinetts=Ordre vom 28. Nov. 1829 zu Theil geworden, indem ich keiner anderen Meinung war, als daß hiermit die übrigen Zierrathen verbunden wären. Es geht daher meine unterthänigste Bitte an Eine Hochlöbliche Regierung, mir, wenn es mir bis jetzt nicht erlaubt sein sollte, diese Erlaubniß zu ertheilen, wobei ich zu bemerken mir erlaube, daß Hochdieselbe den für mich durch das Umän-*

31 LAV NRW R, BR 9 Nr. 1315, fol. 38r.
32 Ibid., fol. 39r.-39v.
33 Ibid., fol. 45r.

Abb. 1: Das mittlere Wappen Preußens mit den sogenannten „Wilden Männern“, Ausschnitt aus einem Schreiben der Preußischen Regierung an Maria Clementine Martin vom 31. Dezember 1829 (LAV NRW R, BR 9 Nr. 1315).

dern des Wappens entstehenden sehr bedeutenden Nachtheil, da dieser schon in den vorzüglichsten Städten Europas verbreitet ist, gefälligst in Erwägung zu ziehen belieben.[34]

Abgesehen von der zu klärenden Frage des Umfangs der Wappenführung durch Maria Clementine Martin enthält das Schreiben den interessanten Hinweis darauf, dass deren Unternehmen bereits im Jahre 1830, also nur wenige

34 Ibid., fol. 37r.-37v.

Jahre nach seiner Gründung, in den „vorzüglichsten Städten Europas“ vertreten war.[35]

Aufgrund der Anzeige der Konkurrenten sah sich die Königliche Regierung veranlasst, eine Untersuchung gegen Maria Clementine Martin einzuleiten, wie sich aus einem weiteren Brief der Unternehmerin an den Oberregierungsrat Strödel vom Juli des Jahres 1830 ergibt. In diesem teilweise oben zitierten Brief teilte Maria Clementine Martin mit, der Sekretär des für sie zuständigen Polizeikommissars habe sie aufgesucht und sie in der Wappensache über das Vorgehen des Kaufmanns Anton Farina gegen sie unterrichtet, zudem habe er bemerkt, der Kommissar selbst werde sie zur Klärung der Angelegenheit in den nächsten Tagen aufsuchen,[36] womit die ehemalige Konventualin durch die Behörde vorgewarnt war – ein Umstand, der zurückhaltend ausgedrückt, doch als höchst ungewöhnlich zu bezeichnen ist. Tatsächlich ging die Anzeige gegen die Kauffrau Martin von der Firma Farina zur Stadt Mailand aus. So heißt es in der Anfrage des Kölner Polizeipräsidiums an die Regierung vom 16. Juli 1830, der „Königlich privilegierte Hoflieferant Johann Anton Farina zur Stadt Mayland“ habe darauf hingewiesen, dass die „Klosterfrau Marie Clementine Martin [...] nur die Erlaubniß erhalten habe, die Etiquetten mit dem Preußischen Adler zu versehen“,[37] und nicht berechtigt sei, das vollständige Preußen-Wappen zu führen.

Dementsprechend habe der Kaufmann Farina „die Beschlagnahme dieser Etiquetten angetragen, indem er dieses für einen Eingriff in seine ihm mittels Allerhöchster Kabinets Ordre vom 27. September 1817 ertheilten Befugniß, das Königliche Wappen führen zu dürfen hält“.[38] Sodann hielt der Polizeipräsident fest, dass ihm die „Beschwerde des Hoflie[fe]ranten gegründet zu sein“[39] scheine und er daher den Polizeikommissar Heylmann mit der näheren Untersuchung beauftragt habe. Er fuhr fort, seine Leute hätten bei ihrem Besuch „zwar keine Etiquetten mit dem Königlichen Wappen bei der p M[ar]tin vorgefunden [...], wohl aber den Preußischen Adler im Wappenzelt mit den wilden Männern“, und die Martin habe darum gebeten, „diese Etiquet[ten] noch solange benutzen zu dürfen, bis daß sie auf einen an des Köni[gs] Majestät dieserhalb einzureichen[de] Immediat Vorstellung beschieden worden sei“.[40]

Über die Angelegenheit wollte der Polizeipräsident jedoch nicht entscheiden, ohne nicht zuvor die Stellungnahme der Regierung in Berlin eingeholt zu

35 Ibid.
36 LAV NRW R, BR 9 Nr. 1315, fol. 38r.
37 Ibid., fol. 39r.
38 Ibid. u. fol. 39v.
39 Ibid., fol. 39v.
40 Ibid.

haben. Dort war inzwischen das „Immediatgesuch" der Unternehmerin Martin eingetroffen, in der sie wiederum auf ihre nach der Schlacht von Waterloo erworbenen Meriten hinwies und ausführte:

> *Ich bitte unterthänigst nachwohl durch Güte zu sorgen daß ich möge meine Etiquette halten, ich will gern die Unkosten nach Berlin bezahlen – ich werfe mir ganz in deroselben und der ganzen Königlichen Regierung Schutz – da ich nach der Schlacht von Waterlo so viel an die braven Preußen gethan, von welchem ich Zeugniß aufzuweisen habe, als wird der gütige König mir diese Gnade nicht versagen.*[41]

Es lässt sich gut nachvollziehen, welche Bedeutung diese Rechtsangelegenheit für die Kölnisch Wasser- und Melissengeist-Fabrikantin Martin hatte. Von daher überrascht es nicht, dass sie zur Durchsetzung ihres Anliegens Hilfe bei dem Oberpräsidenten von Westfalen suchte und diesen um Unterstützung bat. Maria Clementine Martin formulierte ihren Brief vom 21. Juli 1830 an den Freiherrn von Vincke, dessen Bekanntschaft sie wohl in ihrer Zeit in Münster gemacht hatte, wie folgt:

> *Wie glücklich würde ich mich schätzen, wenn der Inhalt dieses unterthänigen Gesuches, durch Hochderoselben Güte und hohe Fürsprache würde unterstützt werden. Daß ich von Sr. Majestät unserem allergnädigsten Könige die Gnade erhalten, den preußischen Adler auf meinen Etiquetten führen zu dürfen, ist Ihro Excellenz bekannt. – Als Frauenzimmer unbekannt mit den Veränderungen in der Zahl der königlichen Wappen, hielt ich es im unterthänigsten Gesuch um dasselbe für hinlänglich, nur um den preuß. Adler anzuhalten, der mir auch, wie Ihro Excellenz aus der Anlage von der allerh. Cabinets-Ordre und eines Schreibens der hiesigen Hochlöblichen Regierung, dessen erstens in derselben Art abgefaßt ist, ersehen werden, zu Theil ward. Ich habe mir das Format, welche[s] ich hier beizufügen mir erlaube, hiernach mir lassen drucken selbst eine hochl. Regierung wie Euer Excellenz aus der Anlage ersehen werden, der Meinung war, daß ich befugt wäre, mir dessen Verzierungen bedienen zu dürfen – Schon seit Neujahr prangt dasselbe in ergebenster beigefügte[r] Form auf allen meinen Fabrikate, welches bereits schon in allen Ländern zersträut ist. – Seit 4 Wochen hat aber hat der Neid einen Mißgönner erweckt, der mein Nachbar und zugleich kölln. Wassers-Fabrikant ist. Dieser will mir die beiden wilden Männer nebst Purpurmantel auf meinen Etiquetten streitig machen, weil ich*

41 LAV NRW R, BR 9 Nr. 1315, fol. 38r.

> *nur blos um den p. Adler angehalten hätte. Die Königl. Hochlöbl. Regieru[ng] hat mir zwar wie Ew. [xxx] Excellenz aus beikommender Abschrift ersehen werden, Ihren hohen Schutz angedeihen lassen, und alle meine hohen Freunde nehmen den wärmsten Antheil, weil ich schon sehr viele Unkosten damit gehabt habe, und es mir wirklich an der Gesundheit und Ehre würde geschadet haben, wenn ich etwas daran hätte und ändern müßen. Es ist mir nun von einem besten Freunde gerathen, das Ew. Excellenz zu Füßen zu legen, mit der unterthänigsten Bitte, mir bei Einem hohen Ministerium oder Sr. Majestät unsrem allergnädigstem Könige, die ausdrückliche [xxx] des ganzen preuß. Wappens auswürken zu wollen, welches doch von Anfang meine Meinung war.*[42]

Es ging also darum, dass über den Abdruck des Preußen-Adlers hinaus auch die Benutzung des „Mittleren Wappens“ des Königreichs Preußen mit den zwei wilden Männern im Wappenzelt erlaubt werde. Das Oberpräsidium in Münster gab die Eingabe der Hilfesuchenden ohne große Umschweife an die für die Rheinprovinz zuständigen Kollegen in Koblenz ab, und ohne dass sich Freiherr von Vincke selbst ihres Petitums angenommen hätte, was aber den gewünschten Erfolg nicht beeinträchtigte. So teilte die Königliche Regierung in Köln durch Oberregierungsrat Strödel am 13. Juli 1830 Maria Clementine Martin mit:

> *Wir eröffnen Ihnen auf Ihre Eingabe vom 3ten d. M., daß wir keine Veranlassung haben, Ihre Befugniß, auf den Grund der Allerhöchsten Kabinets=Ordre vom 28sten November v. J. das Etiquet des von Ihnen fabrizirten Melissen und Cölnischen Wasser mit dem vollständigen preußischen Wappen verzieren zu dürfen, in Zweyfel zu ziehen.*[43]

Damit war die Frage des Umfangs der Wappenführung zugunsten der Unternehmerin Martin geklärt und auch der Wappenstreit beendet, ja mehr noch, gestattete man der Klosterfrau die Nutzung des vollkommenen preußischen Wappens. Die an den Oberpräsidenten von Westfalen etwa eine Woche später, nämlich am 21. Juli 1830, herangetragene Bitte um Unterstützung erklärt sich daher nur, weil über die „Immediat Vorstellung“ noch nicht entschieden war. Aus allem folgt, dass die Unternehmerin Martin ursprünglich über das Ausmaß des ihr erteilten Privilegs im Unklaren war und annahm, zur Wiedergabe des „Preußischen Adlers im Wappenzelt mit den wilden Männern“, übrigens

42 Ibid., fol. 43r.-44r.
43 LAV NRW R, BR 9 Nr. 1315, fol. 47r.

eine beliebte heraldische Ausschmückung, deren man sich in zahlreichen Formen vom Mittelalter an bis zur Neuzeit bediente, befugt zu sein.

Selbst heute noch bildet die Firma Klosterfrau mit Sitz in der Gereonsmühlengasse in Köln das preußische Wappen auf jeder Flasche Melissengeist ab, wovon sich jedermann mit einem Blick überzeugen kann. Erneut fällt auf, dass Maria Clementine Martin zur Erreichung ihres Zieles nachdrücklich auf ihre nach der Schlacht von Waterloo erworbenen Verdienste hinwies, und da sie dieses Mittel bereits bei früheren Ersuchen erfolgreich eingesetzt hatte, kann dieses Argument schlechthin als ihre Trumpfkarte betrachtet werden, die sie in entscheidenden Situationen erfolgbringend ausspielte.

Auf der anderen Seite präsentierte sich Maria Clementine Martin wiederholt als ahnungsloses „Frauenzimmer" und gab sich, wie schon in einer gegen sie im Jahre 1821 in Münster geführten Untersuchung wegen Quacksalberei,[44] bei der sie sich als „armes Nönnchen" bezeichnet hatte, als schützenswerte Frau aus.

Welches der von ihr ins Feld geführten Argumente „den gütigen König" letztlich veranlasste, ihrem Gesuch zu entsprechen, kann dahinstehen. Entscheidend ist, dass die Behörden dem von ihr gestellten Antrag stattgaben und sie bei der Ausstattung ihrer Waren nicht allein auf die Wiedergabe des Preußen-Adlers beschränkt blieb. Und mehr noch: Durch Aufnahme der von der Bezirksregierung in Köln angeregten Regelung über den „eigenmächtigen Gebrauch und die Abbildung des Königlichen Wappens zur Bezeichnung von Waren, Aushängeschildern oder Etiketten" in einen Verbotskatalog bestand nun die Möglichkeit, entsprechende Verstöße zu ahnden.

44 GStA PK, I. Rep. HA 76 VIII A, Nr. 2162, fol. 55r-57r.; zu dem Verfahren vgl. Heckelmann, Maria Clementine Martin (Anm. 1), S. 59–67. Die in Anm. 1 vollständig zitierte Dissertation des Autors hat lebhaftes Interesse in den Medien gefunden, vgl. „Mit der ‚Klosterfrau' zum Doktortitel", Mittelbayerische Zeitung vom 21.1.2015, URL: https://www.mittelbayerische.de/uni-nachrichten/mit-der-klosterfrau-zum-doktortitel-21984-art1180156.html (Stand: 25.1.2019); „‚Klosterfrau' grub Karmeliten Wasser ab", Mittelbayerische Zeitung vom 4.8.2015, URL: https://www.mittelbayerische.de/region/regensburg-stadt-nachrichten/klosterfrau-grub-karmeliten-wasser-ab-21179-art1266212.html (Stand: 25.1.2019); „Fromme Lügen", Der Spiegel vom 4.7.2015, URL: http://www.spiegel.de/spiegel/print/d-135800994.html (Stand: 25.1.2019); „Die Klosterfrau verhilft zum Doktortitel", Kölner Stadt-Anzeiger vom 11.4.2015.
Vgl. auch Susanne Landgraf: Erfindergeist, Gewerbefreiheit und Pharmazie. Reformen im Bereich des Arzneimittelwesens am Beispiel der ehemaligen Rheinprovinz (1791–1875), Stuttgart 2013 (Braunschweiger Veröffentlichungen zur Pharmazie- und Wissenschaftsgeschichte 50), S. 205, 208–209, wobei die zitierte Quelle keinen Hinweis auf das beschriebene Gesuch von Frau Martin enthält, ihr die Erlaubnis zur Behandlung von Krebsschäden und des Salzflusses zu erteilen.

Eintragung der „Warenzeichen" beim Rat der Gewerbeverständigen in Köln (1831)

Offensichtlich durch den Wappenstreit mit ihren Konkurrenten „aufgeschreckt", unternahm die „säkularisierte"[45] Nonne Maria Clementine Martin einen weiteren Schritt, ihre Fabrikzeichen gegen die Konkurrenz schützen zu lassen. So soll sie am 7. Oktober 1831 ihre „Warenzeichen", dazu gehörten das „preußische Wappen und das des Carmeliterordens", beim „Königlichen Rat der Gewerbeverständigen zu Köln"[46] hinterlegt haben, ein Vorgang, dem heute § 8 Abs. 2 Nr. 6 MarkenG entgegenstände.[47]

Der „Rat der Gewerbeverständigen" war eine Einrichtung, die aus den unter der französischen Herrschaft etablierten *Conseils de prud'hommes* hervorgegangen war, vom Staat Preußen übernommen wurde[48] und die als Vorläuferin der späteren Gewerbegerichte anzusehen ist.

So richtete die Stadt Lyon auf Ersuchen der dortigen Handelskammer im Jahr 1806 das erste *Conseil de prud'hommes* ein. Dessen Aufgabe bestand in erster Linie darin, Auseinandersetzungen zwischen Fabrikanten und Arbeitern zu schlichten.[49] Wegen der praktischen Erfolge des Conseils von Lyon etablierten sich in vielen Städten weitere Einrichtungen dieser Art, und so wurden bis zum Jahr 1813 in Frankreich nach und nach 38 Conseils errichtet.[50] Neben den gerichtlichen Funktionen nahmen die Conseils allerdings auch administrative Aufgaben wahr. So hatten sie beispielsweise die Zahl der vorhandenen Gewerbebetriebe und die der dort beschäftigten Arbeiter festzustellen sowie die Kontrolle über Quittungs- und Arbeitsbücher zu führen.[51] Darüber hinaus, und diese Tatsache ist hier von besonderem Interesse, war den Conseils

45 Der Begriff ist nicht im Sinne „individueller" Säkularisation zu verstehen, siehe dazu Clemens A. Baader: Nothwendigkeit der individuellen Säkularisation oder der zu ertheilenden Erlaubnis, daß die in höhern Weihen stehenden Geistliche in den Laienstand übertretten dürfen, Allen Ministern Deutschlands vorzüglich aber dem kurpfalzbaierischen Ministerium gewidmet!, o. O. 1802, S. 1–40, hier S. 7–8; URL: https://opacplus.bsb-muenchen.de/Vta2/bsb10722236/bsb:BV013994192 (Stand: 27.12.2018).

46 Witting, Klosterfrau (Anm. 3), S. 107.; Dies., „Martin, Maria Clementine", in: Neue Deutsche Biographie 16 (1990), S. 291 f.; PAHH, Handakten. Einer aktuellen Recherche zufolge, die noch abzuklären ist, soll die Warenzeichen-Eintragung vom 7. Oktober 1831 entgegen der Darstellung Wittings durch Hinterlegung beim Königlichen Handelsgericht Köln erfolgt sein.

47 Philipp Lehmann: Marken-, Kennzeichen- und Namensrecht im Bereich der Religionsgemeinschaften, Frankfurt a. M. 2010 (Diss. Göttingen 2009), S. 128.

48 Heinrich Dahmen: Zum 100jährigen Bestehen des Königlichen Gewerbegerichts Cöln 1811–1911, Cöln 1911, S. 12.

49 Ibid., S. 4.

50 Ibid., S. 5.

51 Ibid.

die Sorge um den Muster- und Markenschutz übertragen, und hier fiel ihnen die Aufgabe zu, das Eigentum der „Dessins" zu sichern.[52]

In Lyon war bereits ab 1806 „das Deponieren von zu schützenden Mustern beim Conseil" gesetzlich geregelt und durch Dekret vom 11. Juni 1809 angeordnet, „daß auch die Fabrikmarken und Warenzeichen, welche Schutz beanspruch[t]en, beim Conseil de prud'hommes niederzulegen seien", wobei dieser „über die Neuheit und Eigenartigkeit derselben zu befinden" hatte.[53] Um überhaupt Klage auf Zuerkennung des Eigentums an einem „Dessin" erheben zu können, war mit der Anmeldung des Fabrikzeichens zugleich ein Muster (Abdruck, Abbildung und dergleichen) im Archiv des Rates einzureichen,[54] und im Falle von Einsprüchen schließlich, etwa bei behaupteter Verwechslungsfähigkeit, entschied das *Tribunal de commerce* unter Berücksichtigung des Gutachtens des Conseils.[55]

Mit der Schaffung der Institution eines „Rates der Gewerbeverständigen" wurde also bereits in der Napoleonischen Zeit ein Vorläufer eines Warenzeichen- und Markenregisters begründet, weit bevor man in Deutschland daran dachte. So sollten noch etliche Jahre vergehen, ehe endlich im Jahre 1875 das Markenschutzgesetz in Kraft treten konnte.[56]

Nach Aachen (1808) und Krefeld (1811) richtete die Stadt Köln auf Initiative der Handelskammer im August des Jahres 1811 einen „Rat der Gewerbeverständigen" ein.[57] Als Datum der ersten Eintragung eines Fabrikzeichens ist der 23. Oktober 1811 vermerkt. An diesem Tage wurde Markenschutz für die Firma „Jean Marie Farina, vis=à=vis de la place Julier" begründet.[58]

Im Jahr seiner Einrichtung kam das Fabrikzeichenregister auf 26 Eintragungen[59], und 20 Jahre, nachdem Farina als erster Kölner Unternehmer beim Rat der Gewerbeverständigen Markenschutz beantragt hatte, hinterlegte die Firmeninhaberin Maria Clementine Martin dort ebenfalls ihre Fabrikzeichen.[60]

52 Ibid.

53 Richard Zeyss: Die Entstehung der Handelskammern und die Industrie am Niederrhein während der französischen Herrschaft. Ein Beitrag zur Wirtschaftspolitik Napoleons I., Leipzig 1907, S. 212; URL: http://www.digitalis.uni-koeln.de/Zeyss/zeyss_index.html (Stand: 27.12.2018).

54 Dahmen, Zum 100jährigen Bestehen (Anm. 48), S. 5.

55 Zeyss, Entstehung (Anm. 53), S. 212.

56 Wolfgang B. Schünemann: Einleitung A-F, in: Rainer Jacobs u. a.: UWG Gesetz gegen den unlauteren Wettbewerb mit Nebengesetzen Großkommentar, Berlin 2006, B 11.

57 Dahmen, Zum 100jährigen Bestehen (Anm. 48), S. 8. u. S. 10.

58 Dahmen, Zum 100jährigen Bestehen (Anm. 48), S. 11; Anonym: Kölnisches Wasser von dem ältesten Destillirer Johann Maria Farina gegenüber dem Jülichs-Platz in Köln K.K. Hoflieferant, Köln 1894, S. 10.

59 Dahmen, Zum 100jährigen Bestehen (Anm. 48), S. 11.

60 Witting, Klosterfrau (Anm. 3), S. 107.

Diese Anmeldung gilt es schon deshalb näher zu beleuchten, als sich der von ihr in Anspruch genommene Zeichenschutz bemerkenswerterweise nicht auf eine eigene, originäre Fabrikmarke ihrer Firma gründete. Vielmehr beanspruchte die Unternehmerin Martin zum einen Schutz für das Königlich Preußische Wappen, zum anderen für das Ordenssiegel der Karmeliten[61] – Aufmachungen, mit denen sie ihre Waren prägnant ausstattete. Hier stellt sich folglich die Frage, wie der Rat solchermaßen „entliehene" Fabrikzeichen zugunsten der Anmelderin zulassen konnte, lag doch auf der Hand, dass das Staatswappen in keinem Falle als eigenständige Fabrikmarke einer Privatunternehmerin angesehen werden konnte, woran auch nichts der Umstand ändert, dass Maria Clementine Martin zur Wappenführung ausdrücklich privilegiert war. Nichts anderes gilt in Bezug auf das Wappen der Karmeliten. Aufschluss könnte u. U. der Inhalt der Antragsschrift von Maria Clementine Martin geben, welche der Anmeldung des Ordenszeichens der Karmeliten als Fabrikzeichen zugrunde lag. Indes bleibt dieser Punkt bis auf Weiteres ungeklärt, weil die dazu notwendige Einsichtnahme in das im Unternehmensarchiv der Firma Klosterfrau befindliche Dokument, das darüber Aufschluss geben könnte, nicht gestattet wurde.[62] Darüber hinaus waren bis auf den heutigen Tag alle Bemühungen, über die einschlägigen Archive an dieses Schriftstück oder die entsprechenden Dokumente, die die Hinterlegung der Etiketten betreffen, zu gelangen, vergeblich.[63]

Bei der Registrierung der Fabrikzeichen hatten die Gewerbeverständigen, wie zuvor erwähnt, über deren „Neuheit und Eigenartigkeit" zu befinden, und darauf zu achten, eine Verwechslungsgefahr möglichst auszuschließen. Das bestätigen nachdrücklich die im Folgenden angeführten Entscheidungen des Rheinischen Appellations-Gerichtshofs vom 13. Juli 1822 (Zanoli vs. Remy), vom 17. Februar 1834 (Erben von Gaita vs. Gotthard Pastor Peters Sohn) sowie vom 11. Mai 1838 (Kohnen vs. Ritzefeld).

Im Verfahren des bekannten Kölnisch Wasser-Herstellers Zanoli, das dieser erfolgreich gegen seine Konkurrentin Remy wegen unstatthafter Nachahmungen seiner Fabrikzeichen führte, hatte der Gerichtshof über die Frage zu entscheiden, „durch welche Kennzeichen sich Fabrikzeichen von einander unterscheiden" müssten, insbesondere, ob nach dem Gesetz vom 22. Germinal Jahr II. Art. 16–18. Dekret vom 11. Juni 1809. – Art. 4–8, „kleine, wenig auf-

61 Ibid.
62 PAHH, Handakten, Korrespondenz mit MCM Klosterfrau Vertriebsgesellschaft mbH, insbesondere Schreiben vom 3.8.2012.
63 PAHH, Handakten, Korrespondenz mit LAV NRW R; LAV NRW W; LHA Ko; HAStK; RWWA.

fallende Unterscheidungsmerkmale [...] die Verschiedenheit der beigefügten Namen Beachtung verdien[t]en".

Während das Königliche Handelsgericht, gestützt auf das Gutachten des Rats der Gewerbeverständigen, dies als ausreichend unterscheidungsfähig angesehen hatte, lehnte die Berufungsinstanz dies ab.[64]

In dem Prozess Gaita verwahrte sich der Kläger, dem „mittelst Allerhöchster Kabinetts=Ordre" das Recht zur Führung des Königlich Preußischen Wappens auf seinen Produkten verliehen worden war, „dahin gehend: daß den Beklagten der widerrechtliche Gebrauch des Kön. Preuß. Wappens in ihren Fabrikzeichen auf den Umschlägen ihrer Nadelpatente untersagt werde". Dabei ging es um die Problematik, was „nothwendiger Bestandtheil eines Fabrikzeichens" sei, und die Richter befanden, dass dazu weder die Angabe des Namens des Fabrikanten und des Fabrikortes gehörten, dieses indessen

> *auch allein aus andern willkührlich gewählten Charakteren und Worten, oder bildlichen Darstellungen zusammengesetzt seyn kann, noch für in der Art wesentlich unterscheidend angesehen werden darf; daß mit Ausnahme dieses Theils die sonstige Form und Einrichtung eines bereits angenommenen Fabrikzeichens beliebig von einem anderen Fabrikanten nachgeahmt werden könnte*

und „daß vielmehr das Dekret vom 11. Juni 1809 im Art. 5, jeden Fabrikanten ganz allgemein verpflichtet, die Wahl seines Fabrikzeichens so zu treffen, daß sich dasselbe, von schon vorhandenem unterscheide, und nicht mit ihnen verwechselt werden könne."

Außerdem befanden die Richter:

> *Daß die Abbildung des Kön. Wappens auf Aushängeschildern, Etiketten und zur sonstigen Waarenbezeichnung zwar nicht eine Befugniß Einzelner ist, welche ein Untersagungsrecht wider Dritte für sie begründete, denen das nämliche Vorrecht durch Königliche Gnadenbewilligung zu Theil geworden. Daß deshalb auch diese Abbildung allein gebraucht, zur Unterscheidung des Ursprunges von Fabrikaten unzureichend seyn würde, wenn mehrere für das nämliche Fabrikat mit der Befugniß zu dieser Art Bezeichnung begnadigte Personen miteinander concurriren sollten.*[65]

Und schließlich:

---

64 Archiv für das Civil- und Criminal-Recht, Bd. 5, Erste Abtheilung, Köln 1824, S. 92–95.
65 Ibid.

> *Daß Letzteres hier aber hinsichtlich der Partheien nicht der Fall ist, indem unbestritten nur die Appellaten sich in dem Genusse dieser Gnadenbewilligung befinden. Daß außerdem die Form der Etiketten, und die Verbindung des Königl. Wappens mit sonstigen Bezeichnungen, sowie die Anordnung, in welcher dasselbe vorkömmt, in Betracht gezogen werden müssen.*[66]

In dem Verfahren Kohnen vs. Ritzefeld schließlich bestätigte der Senat: „Zu einer verbothenen Nachmachung von Fabrikzeichen ist es nicht erforderlich, daß die Nachmachung in allen Theilen übereinstimmend sey", wobei hier Art. 72, 76 und 77 I. c. „des Bergischen Dekrets v. 17. Dezbr. 1811" zur Anwendung kamen. Danach war also die Nachahmung der besonderen Zeichen, welche ein Fabrikant seinen Fabrikaten gegeben hatte, im Allgemeinen untersagt und darüber hinaus unter Strafe gestellt.[67] Eine Beschäftigung mit der Frage, ob der „säkularisierten" Nonne schlechterdings das Recht zur Benutzung des Ordenswappens zur Ausstattung ihrer Waren zugestanden haben mag oder ob sie, wie von ihr zwar behauptet, was allerdings nach der aktuellen Quellenlage und in Ermangelung weiterer Nachweise nicht bewiesen ist, jemals dem Karmeliterorden angehört hat, war also von den Sachverständigen nicht gefordert.

Die von Maria Clementine Martin angemeldeten Fabrikzeichen entsprachen demnach ganz offensichtlich den nicht allzu hohen Eintragungskriterien, denn hätte dem Gremium nicht nur eine formale Prüfungspflicht oblegen, dann hätte ihm bei einem Vergleich des Original-Ordenswappens der Karmeliten mit dem von der Unternehmerin Martin hinterlegten Zeichen eine eklatante Abweichung ins Auge springen müssen. Vorausgesetzt, dass das von Maria Clementine Martin beim Rat der Gewerbeverständigen hinterlegte Ordenszeichen auch dem auf ihren Waren und Gebrauchszetteln angebrachten Signum entsprach, und daran dürften keine Zweifel bestehen, dann wich dieses markant von dem Originalwappen der Karmeliten ab. Dieses enthält nämlich aufgrund seiner Geschichte drei auffällige Sternsymbole.[68] Zwei dieser Sterne sind links und rechts neben dem zu einem Kreuz stilisierten Berg Karmel angeordnet; der dritte Stern befindet sich im unteren Teil des Wappens (siehe dazu Abbildung 2).[69]

Demgegenüber weist das von der Unternehmerin Martin benutzte Karmeliter-Ordenszeichen nur zwei Sterne auf, die links und rechts des Kreuzsym-

66 Ibid.
67 Archiv für das Civil- und Criminal-Recht, Bd. 5, Erste Abtheilung, Köln 1824, S. 92–95.
68 StAAm, Regierung der Oberpfalz, Kammer der Finanzen 11062.
69 Ibid.

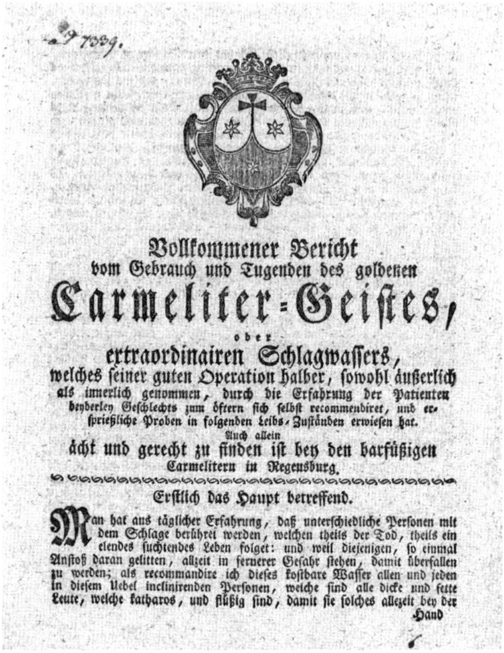

Vollkommener Bericht
vom Gebrauch und Tugenden des goldenen
Carmeliter=Geistes,
oder
extraordinairen Schlagwassers,
welches seiner guten Operation halber, sowohl äußerlich als innerlich genommen, durch die Erfahrung der Patienten beyderley Geschlechts zum öftern sich selbst recommendiret, und ersprießliche Proben in folgenden Leibs-Zuständen erwiesen hat.
Auch allein
ächt und gerecht zu finden ist bey den barfüßigen Carmelitern in Regensburg.

Erstlich das Haupt betreffend.

Man hat aus täglicher Erfahrung, daß unterschiedliche Personen mit dem Schlage berühret werden, welchen theils der Tod, theils ein elendes suchtendes Leben folget: und weil diejenigen, so einmal Anstoß daran gelitten, allzeit in fernerer Gefahr stehen, damit überfallen zu werden; als recommandire ich dieses kostbare Wasser allen und jeden in diesem Uebel inclinirenden Personen, welche sind alle dicke und fette Leute, welche katharos, und flüßig sind, damit sie solches allezeit bey der Hand

Abb. 2: Erste Seite des Gebrauchszettels des Regensburger Carmeliter-Geistes (Stadtarchiv Amberg, Regierung der Oberpfalz, Kammer der Finanzen 11062).

bols abgebildet sind.[70] Der dritte Stern ist dagegen nicht vorhanden (siehe dazu Abbildung 3).[71]

Vom „armen Nönnchen“ zum erfolgreichen „Frauenzimmer“ und bohrende Fragen zu einem fehlenden Stern

In dem am Wappenstreit beteiligten Kölner Unternehmen, bei dem es, wie dargestellt, hoch herging, gelang es dem „armen Nönnchen“ mangels bestehender Rechtsvorschriften zwar nicht, den Wappengebrauch der Konkurrenz verbieten zu lassen. Indes erreichte sie zum einen, dass die königliche Regierung ihr das Recht einräumte, ihre Produkte nicht nur mit dem Preußen-Adler, sondern darüber hinaus mit dem preußischen Staatswappen, das damit auch die „Wilden Männer im Wappenzelt“ enthielt, auszustatten. Zum anderen gelang es ihr, eine gesetzliche Regelung über den unbefugten Wappengebrauch

70 LAV NRW R, BR 9 Nr. 1315, fol. 145r.; fol. 143r.; GStA PK I., HA Rep. 89, fol.40v.; GStA PK I., HA Rep. 89, fol. 42r; LAV NRW R, BR 9 Nr. 1315, fol. 236v.; LAV NRW R, BR 9 Nr. 1315, fol. 237r.

71 Ibid.

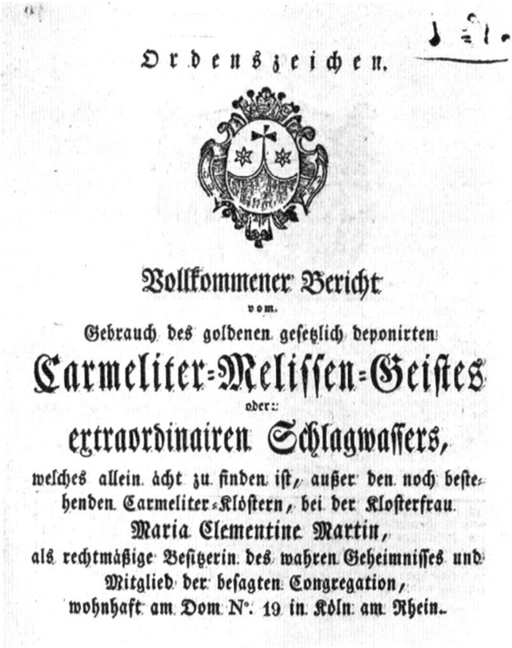
Ordenszeichen.

Vollkommener Bericht
vom
Gebrauch des goldenen gesetzlich deponirten
Carmeliter-Melissen-Geistes
oder:
extraordinairen Schlagwassers,
welches allein ächt zu finden ist, außer den noch beste-
henden Carmeliter-Klöstern, bei der Klosterfrau
Maria Clementine Martin,
als rechtmäßige Besitzerin des wahren Geheimnisses und
Mitglied der besagten Congregation,
wohnhaft am Dom No. 19 in Köln am Rhein.

Abb. 3: Erste Seite des Gebrauchszettels der Firma Maria Clementine Martin Klosterfrau (GStA PK I. HA Rep. 89 Geheimes Zivilkabinett, Nr. 27765, S. 40 R.).

zu initiieren, so dass man sie, anders als sie sich selbst zur Erreichung ihrer Ziele oft bezeichnete, nicht als ein „unbedarftes Frauenzimmer“, sondern ohne Weiteres als ein erfolgreiches Frauenzimmer ansehen kann.

Was dagegen den Gebrauch des Ordenszeichens der Karmeliter angeht, das die ehemalige Angehörige des Ordens der Annuntiatinnen neben dem preußischen Wappen beim Rat der Gewerbeverständigen respektive dem Königlichen Handelsgericht in Köln als weiteres Fabrikzeichen anmeldete, stellen sich Fragen über Fragen. So ist z. B. unklar, ob die Hinterlegung des betreffenden Etiketts mit dem darauf abgedruckten Ordenszeichen der Karmeliter mit zwei oder mit drei Sternen, und damit in der authentischen Fassung, erfolgte. Dies lässt sich ohne Einsichtnahme in die bei der Firma Klosterfrau vorhandene Akte und mangels Erschließung neuer Quellen aktuell nicht klären, so dass nicht ausgeschlossen werden kann, dass die von Maria Clementine Martin hinterlegte „Bildmarke“ tatsächlich das Originalwappen der Karmeliten wiedergab und damit das dritte Sternsymbol enthielt. Indes spricht für eine solche Annahme schon deshalb wenig, weil das auf allen einschlägigen Gebrauchszetteln der Firma Martin wiedergegebene Ordenszeichen lediglich zwei Sterne aufweist. Ebenso ist es nicht wahrscheinlich, dass der fehlende dritte Stern auf einem Versäumnis bei der Drucklegung basiert. Eine solche Annahme wird zudem dadurch verstärkt, dass selbst noch der Unternehmensnachfolger der Firmengründerin, der Kaufmann Peter Gustav Schaeben, die Ausstattung der Gebrauchszettel auch noch nach 1843 unverändert mit nur zwei Sternsymbolen beibehielt. Bliebe noch die Überlegung, Maria Clementine Martin habe auf die Wiedergabe des Originalwappens der Karmeliten verzichtet, um eine rechtliche Auseinandersetzung mit den Regensburger Karmeliten, die ihr Produkt auch erfolgreich nach Köln exportierten, zu vermeiden. Aber auch für eine solche Annahme spricht nichts, denn es dürfte höchst zweifelhaft sein, ob der Karmeliterorden oder seine Rechtsnachfolgerin, die „Königlich Bairische Geistfabrik", überhaupt Rechte wegen Wappenmissbrauchs gegen die in Köln ansässige Unternehmerin Martin hätten erfolgreich geltend machen können.

Damit liegt der Schluss nahe, dass der ehemaligen Angehörigen des Ordens der Verkündung Mariens schlicht das Wissen und die Kenntnis über die Ausgestaltung des Originalwappens der Karmeliten fehlten, was die bestehenden Zweifel an ihrer Zugehörigkeit zu diesem Orden nur vermehrt. Denn es wird nicht eine Karmelitin oder einen Karmeliten geben, die oder der die Symbolik des Ordenszeichens nicht verinnerlicht hätte, womit eine fehlerhafte Wiedergabe des Originalwappens durch ein Mitglied des *Ordo Carmelitarum Discalceatorum* mit an Sicherheit grenzender Wahrscheinlichkeit ausscheiden dürfte. Von daher ist die Behauptung der früheren Annuntiatin Martin, sie habe dem Orden der Karmelitinnen angehört, mit äußerster Skepsis zu begegnen.

In dem Zusammenhang lässt besonders aufhorchen, dass schon 1834 ein Konkurrent in einer Eingabe an die preußische Bezirksregierung von Maria Clementine Martin als einer „sein wollende[n], ehemalige[n] Klosterfrau" sprach,[72] womit er deren Behauptungen, sie sei Mitglied der „Kongregation" der Karmelitinnen in Brüssel gewesen und habe dort die „Verfeinerung des Melissen-Wassers" erlernt, in Zweifel zog – Zweifel, die bis auf den heutigen Tag andauern, weil für beide Behauptungen keine Bestätigungen gefunden werden konnten, ebenso wenig wie für die Aussage der Firmeninhaberin Martin, sie habe bereits als Annuntiatin, also in der Zeit von 1792 bis 1803, im Kloster St. Anna in Coesfeld den „Carmeliter-Geist" hergestellt.

Während also der Streit um den Preußen-Adler, wie ausgeführt, zur Klärung der Wappennutzung durch die Unternehmerin Martin, ja sogar zu einer gesetzlichen Regelung über den Gebrauch des königlichen Wappens auf Waren und anderen geschäftlichen Ausstattungen führte, ist die Thematik um die Wiedergabe des Ordenszeichens der Karmeliter, richtiger dessen fehlerhafte Abbildung auf den Waren durch die ehemalige Annuntiatenschwester, ungeklärt.

72 LAV NRW R, BR 9 Nr. 1315, fol. 123v.

Solange dazu der Zugang zu vorhandenen Quellen verwehrt bleibt und neue Quellen nicht erschlossen sind, bleibt es dabei, dass diesbezügliche, von der Gründerin der Firma Klosterfrau aufgestellten Erklärungen, nicht mehr als nur werbewirksame Behauptungen sind, aus denen sich natürlich hervorragende Legenden weben lassen. So besteht auch mehr als 190 Jahre nach Firmengründung des Kölner Arzneimittelherstellers in unternehmensgeschichtlicher Hinsicht einiger Klärungsbedarf.

Die Kommunalisierung der öffentlichen Brunnen und Pumpen

Ein Prozess und seine Auswirkungen auf die städtische Wasserversorgung bis zur Eröffnung eines zentralen Wasserwerks

von Everhard Kleinertz

Quellen und Forschungsstand

Die Geschichte der Brunnen von Köln, soweit sie nicht der Wasserkunst als Spring- und Zierbrunnen dienten, sondern ausschließlich für die Trinkwasserversorgung und Brandbekämpfung angelegt wurden, ist für das 19. Jahrhundert spärlich erforscht. Die Brunnen und ihre Funktion für die Wasserversorgung der Kölner Bevölkerung sind ein Stiefkind in der Erforschung der Vergangenheit Kölns im 19. Jahrhundert. Die historischen Grundwerke von Eberhard Gothein und Jürgen Herres erwähnen sie nur kurz. Klara van Eyll und Friedrich-Wilhelm Henning vermerken sie am Rande in ihren Beiträgen zur Kölner Wirtschaftsgeschichte; selbst speziellere Untersuchungen von Marianne Gechter oder Detlev Arens begnügen sich mit Andeutungen und überspringen die Epoche des 19. Jahrhunderts, um möglichst schnell zur Gründung des zentralen Wasserwerks an der Alteburg zu gelangen. Dabei waren die Brunnen und Pumpen auch nach der französischen Epoche und bis in die 1880er Jahre Grundvoraussetzung für ein Leben in der Stadt. Nur hinsichtlich der hygienischen Aspekte und vor dem Hintergrund der ständigen Choleragefahr zogen die Brunnen die Aufmerksamkeit der Wissenschaftler auf sich, um ihre Wasserqualität zu analysieren und mögliche Gesundheitsgefährdung festzustellen; hier sind vor allem der Stadtphysikus Dr. Bernard Elkendorf, der Hygieniker und Stadtverordnete Dr. Eduard Lent und der Chemiker der städtischen Gas- und Wasserwerke, Dr. Oskar Knublauch zu nennen.[1]

1 Marianne Gechter: Wasserversorgung und Entsorgung in Köln bis zur frühen Neuzeit, Kölner Jahrbuch für Vor- und Frühgeschichte 120 (1987), S. 219–270; Detlev Arens: Das Wasser von Köln. Streifzüge durch Natur, Kultur und Geschichte, Köln 2004, S. 148; Eberhard Gothein: Verfassungs- und Wirtschaftsgeschichte der Stadt Cöln vom Untergang der Reichsfreiheit bis zur Errichtung des Deutschen Reiches, Köln 1916; Jürgen Herres: Köln in preußischer Zeit 1815–1871, Köln 2012 (Geschichte der Stadt Köln 9), S. 363; Klara van Eyll: Wirtschaftsgeschichte Kölns vom Beginn der preußischen Zeit bis zur Reichsgründung, in: Hermann Kellenbenz (Hg.): Zwei Jahrtausende Kölner Wirtschaft, Bd. 2, hg. im Auftrag des Rheinisch-Westfälischen Wirtschaftsarchivs zu Köln, Köln 1975, S. 163–266; Friedrich-Wilhelm Henning: Die Stadterweiterung unter dem Einfluss der

Auch in der historischen Bilddokumentation wie Fotobänden über das alte Köln oder in persönlichen Erinnerungen sind bildliche und persönliche Zeugnisse über diese gesundheitliche, polizeiliche, technische und kulturelle Einrichtung des Stadtlebens kaum erhalten. Selbst Ernst Weyden, der in seinen Erinnerungen dem alten Erscheinungsbild der Stadt seiner Kindertage nachspürte, erwähnte nur einmal Brunnen, und dann auch nur wegen der „in ihrem Verfalle malerischen Brunnenhäuschen“[2]; auch im heutigen Straßenbild stößt man nur noch auf wenige Zeugnisse der alten Brunnen und Pumpen. Bei flüchtiger Durchsicht der Bildbände lassen sich gemauerte Pfeilerpumpen am Alter Markt, Am Hof, Am Marsplatz, an der Dagobertstraße, an der Richartzstraße/Minoritenstraße ermitteln. Ihre Nachfolger, die sie im 19. Jahrhundert ersetzenden stählernen Säulenpumpen, sind noch weniger erhalten und bereits früh beseitigt worden. Ein schönes Beispiel hierfür ist die Pumpe am Marstallgebäude der Domdechanei auf der südlichen Seite der Trankgasse oder auf der Straße vom Heumarkt zum Mühlenbach; bei genauerer Durchsicht wird man wohl noch die eine oder andere Abbildung finden, bei der sich Brunnen oder Pumpen an den Bildrändern der früher stark schwarz-weiß-kontrastierten Fotos verbergen. Dennoch ist das Ergebnis recht dünn.[3]

Ebenfalls ist die Aktenlage zur traditionellen Wasserversorgung im Köln des 19. Jahrhunderts denkbar schlecht. Der Bestand Wasser- und Brückenbau im

---

Industrialisierung, in: Hermann Kellenbenz (Hg.), Zwei Jahrtausende (s. o.), Bd 2, S. 267–358.; E. Genzmer: Die Wasserversorgung, in: Eduard Lent (Hg.): Köln. Festschrift für die Mitglieder und Theilnehmer der 61. Versammlung deutscher Naturforscher und Aerzte, Köln 1888, S. 161–172; Franz Joly: Die Wasserversorgung, in: Eduard Lent (Hg.): Köln in hygienischer Beziehung (Festschrift Deutscher Verein für Öffentliche Gesundheitspflege), Köln 1898, S. 100–127; Oskar Knublauch: Die Beschaffenheit des Brunnen- und Leitungswassers, in: Eduard Lent (Hg.): Köln. Festschrift (s. o.), Köln 1888, S. 172–186 (mit Plan über das Ergebnis der chemischen Untersuchung der Brunnen und Senken). Zu Elkendorf: Barbara Becker-Jákli (Hg.): Köln um 1825 – ein Arzt sieht seine Stadt. Die medizinische Topographie der Stadt Köln von Dr. Bernard Elkendorf, Köln 1999.
Allgemein zur Literatur über Gemeinschaftsbrunnen: Wolfgang Schmid: Brunnen und Gemeinschaften im Mittelalter, Historische Zeitschrift 267 (1998), S. 561–586; allgemein zu Trinkbrunnen: Dorothee Rippmann/Wolfgang Schmid/Katharina Simon-Muscheid (Hg.): „zum allgemeinen statt nutzen.“ Brunnen in der europäischen Stadtgeschichte. Referate der Tagung des Schweizerischen Arbeitskreises für Stadtgeschichte, Bern, 1.–2. April 2005, Trier 2008.

2 Ernst Weyden: Köln am Rhein um 1810, hg. v. Willy Leson, Köln 1976, S. 54.

3 Peter Fuchs: Köln am Rhein – so wie es war, Düsseldorf [8]1982, Abb. 26, S. 21 (Pfeilerbrunnen, Straße am Hof); Abb. 61, S. 44 (Säulenpumpe „Elektrische“ Heumarkt/Mühlenbach); Ders.: Köln damals gestern heute, Köln [10]1991, Abb. 117, S. 72 (Pfeilerbrunnen Am Hof, Einmündung Unter Goldschmied); Abb. 119 u. 120, S. 72 (Pfeilerbrunnen an der Dagobertstraße, Pfeilerbrunnen Marsplatz); Uta Grefe: Köln in frühen Aufnahmen 1847–1914, München 1988, Abb. 103 (Pfeilerpume Am Hof); Abb. 105 (Pfeilerpumpe Straßenkreuzung Richartzstr./Minoritenstr.); Abb. 95 (Säulenpumpe Am Marstall der Domdechanei); Abb. 122 (Säulenpumpe Allerheiligenkapelle am Eigelstein).

Historischen Archiv verfügte zwar nach der alten Ablieferungsliste über eine größere Anzahl von Spezialakten zu einzelnen Brunnen. Diese Unterlagen wurden aber bei der Abgabe an das Archiv als historisch wertlos angesehen und vernichtet.[4] Umso wertvoller ist ein Aktenfund im Bestand des Oberbürgermeisters, der den Schriftwechsel mit der Regierung und dem Polizeipräsidenten in Brunnenangelegenheiten für die Jahre 1817–1836 überliefert und einen Prozess vor dem Landgericht in Köln enthält, der tiefere Einblicke in die Struktur der Trinkwasserversorgung vor Einführung des zentralen Wasserwerks erlaubt. Er soll in den folgenden Ausführungen ausgewertet werden.[5] Weitere Quellen für die Erforschung der Brunnen und Pumpen bilden statistische Daten aus den Materialien von Johann Peter Fuchs zur Chronik der Stadt Köln, die Verhandlungen der Stadtverordnetenversammlung und die Verwaltungsberichte.[6]

Ein Gerichtsurteil zur städtischen Brunnenpolitik

Am 2. April 1832 fällte die 1. Zivilkammer des Landgerichts Köln unter dem Vorsitz des Landgerichtspräsidenten Otto von Oppen und den Beisitzern Landgerichtsräten Britz und Schauberg[7] ein Urteil, das weitreichende Folgen für die Organisation der Wasserversorgung der Einwohner haben sollte. Diese gerichtliche Entscheidung stellte die bisherige, noch von dem Genossenschaftswesen geprägte Struktur der städtischen Wasserversorgung, getragen durch Brunnengemeinschaften oder -nachbarschaften, in Frage und zwang die Stadtverwaltung in der Folgezeit, die Versorgung der Bürger mit Wasser zu einer allgemeinen Kommunalaufgabe zu entwickeln.

Was hatte die gerichtliche Auseinandersetzung verursacht? Der Polizeikommissar Peter Joseph Fuchs, zuständig für den Polizeibezirk 1[8], hatte den Kauf-

4 Aktenbestand Abt. 33 Wasser- und Brückenbau. Da das Findbuch bisher nicht ermittelt werden konnte, lässt sich nicht klären, wann und wo die Kassation veranlasst wurde.

5 Es handelt sich um die Akte Best. 400 Nr. 57, alte Sig. I 2D 5. Laufzeit 1817–1836. Titel: Reparaturen an Pumpen. Die Akte, im Folgenden „Brunnenakte" genannt, bildet eine der Grundlagen für die folgenden Ausführungen.

6 Johann Peter Fuchs: Chronik der Stadt Köln, HASTK Best. 7030 (Chron. u. Darst.) Nr. 218; Verhandlungen der Stadtverordnetenversammlung ab 1845 bis ca. 1880. Diesen Verhandlungen wurden die Verwaltungsberichte beigebunden.

7 Nach dem Adressbuch (im Folgenden abgekürzt: AB) von 1835: Otto von Open, Landgerichtsrat Dr. Wilhelm Schauberg. Ein Landgerichtrat Britz lässt sich im AB nicht ermitteln.

8 Es gab seit der französischen Zeit vier Polizeisektionen, die von Polizeikommissaren geleitet wurden. Die Bezirke umfassten einen südöstlichen Teil (Grenzen: Severinstraße, Hohe Straße bis zu den Vier Winden, In der Höhle, Heumarkt, Rheinufer, Bezirk I), einen südwestlichen Teil (Severinstraße, Hohe Straße bis zu den Vier Winden, Schildergasse, Neumarkt, Hahnenstraße, Bezirk II), einen nordwestlichen Teil (Hahnenstraße, Neumarkt, Schildergasse bis Vier Winde, Hohe Straße, Wallrafplatz, Marzellenstraße, Eigelstein,

mann und Gerber Nikolaus Schnorrenberg, Heumarkt 51, im Jahre 1831 vor dem Friedensgericht 1 auf Zahlung von fünf Talern und sechs Groschen verklagt, als Beitrag zur Reparatur der Pumpe auf dem Heumarkt neben der Börse. Diese untere Gerichtsinstanz gab dem Kläger Recht und entschied mit Urteil vom 7. Januar 1832 zugunsten der Polizeiaufsicht als verlängertem Arm der Stadtverwaltung, in deren Auftrag der Polizeikommissar handelte. Der beklagte Schnorrenberg bestritt die Kompetenz des Friedensgerichts sowie die Höhe des Betrags für die Pumpenreparatur und ging mit 13 Mitklägern[9] in Berufung. Er beantragte beim Landgericht, das Urteil des Friedensgerichts aufzuheben, die eingeklagte Summe auf zwei Taler und 15 Silbergroschen zu ermäßigen sowie dem Gegner die Kosten beider Verfahren aufzuerlegen. Das Landgericht folgte diesem Antrag und verwarf das Urteil des Friedensgerichts. Zunächst stellte das Gericht fest, dass die öffentlichen Pumpen städtisches Eigentum waren; weiterhin bestritt es eine Zuständigkeit der Polizeikommissare zur Vertretung der Stadt vor Gerichten und zur Erhebung von Beiträgen für Brunnenreparaturen. Dann äußerte es Bedenken gegenüber der von der Stadt praktizierten Regelung der Reparatur öffentlicher Brunnen und Pumpen, die auf eine ältere Rechtsordnung zurückgehe, welche in Bezug zur Gegenwart eine völlig andere städtische Verfassung voraussetze; denn mit dem auf die Stadt übergegangenen Eigentum der öffentlichen Brunnen, so das Landgericht, habe diese alte Observanz ihre Geltung verloren. Es führe „zu großer Verwirrung und Willkür", wenn ein Teil der öffentlichen Brunnen von dem ehemaligen Leinenzuge in Stand gehalten werde, während ein anderer Teil durch das städtische Budget getragen und damit von der Gesamtzahl der Hausbesitzer finanziert würde.[10]

Bezirk III) und einen vierten Teil (Eigelstein, Marzellenstraße, Fettenhennen, Hohe Straße bis zu den Vier Winden, In der Höhle, Heumarkt, Rheinufer, Bezirk IV), vgl. Karin Hachenberg: Die Entwicklung der Polizei in Köln von 1794 bis 1871, Köln/Weimar/Wien 1997 (Rechtsgeschichtliche Schriften, im Auftrag des Rheinischen Vereins für Rechtsgeschichte e. V. zu Köln 10), S. 19 f. und Übersichtskarte S. 135.

9 Die Namen der Mitkläger sind Güterbestätter Jacob Weber, Heumarkt 53, Th. Thiebes, Joh. Jos. Eichholtz, J. Beigeralo (?), Tabakhändler A. M. Vill, Heumarkt 79, A. Mathias Schmitz, Heumarkt 57, J. W. Rehe, Ph. Wilhelm Heck, Caspar Müdder, Johann Peter Lohkamp. Spitzenhändlerin Witwe Wilhelm Steinbüchel, Heumarkt 43, Eisen- und Kupferwarenhändler Anton Joseph Schneider, Heumarkt 47, Kaufmann in Kommission und Spedition Peter Joseph Cassinone, Heumarkt 49 (Daten identifiziert nur nach den Adressbüchern 1822, 1835); die Unterzeichner ohne Hauszuweisung konnten in den Adressbüchern nicht ermittelt werden.

10 Das Urteil bezieht sich auf eine Verfügung der Regierung Köln vom 25. Dezember 1826. Das Urteil: Brunnenakte (Anm. 5), Bll. 106–114.

Die städtische Brunnenpolitik im Spannungsfeld zwischen Regierung und Polizei 1817 bis 1832

Der erste Schlagabtausch mit der Regierung und der Polizeibehörde 1817/1820

Die Entscheidung des Landgerichts von 1832 traf in ihrer grundsätzlichen Tendenz die Stadtverwaltung recht unerwartet, wenn auch schon seit einer Reihe von Jahren die städtische Brunnenpolitik bei der Regierung Köln und der Polizeiverwaltung, aber auch bei der Bürgerschaft auf Widerstände und Vorbehalte stieß. Seit dem Übergang der Rheinlande und der Stadt Köln an den preußischen Staat und der Eingliederung in die preußische Verwaltung gab es Schwierigkeiten bei der Umsetzung der städtischen Brunnenpolitik. So lag schon 1817 ein Einspruch von Bürgern gegen die Kostenbeteiligung bei der Reparatur von Nachbarschaftsbrunnen vor. Der Rechtsstreit war damals vor der Regierung in Köln ausgetragen worden. Diese staatliche Behörde hatte am 5. Dezember 1817 die Bittsteller „Rohr und Consorten"[11] dahin beschieden, solange zur Erhaltung des ihnen zugehörigen Nachbarschaftsbrunnens „nach altem Herkommen" beitragen zu müssen, bis die Stadt die anfallenden Reparaturkosten auf den städtischen Haushalt übernehmen könne.[12] Vorausgegangen war dieser Entscheidung ein ausführlicher Bericht des damaligen Bürgermeisters Karl Joseph von Mylius, in dem er plastisch das alte Herkommen schilderte und die bisherige Sachlage nach der historischen Entwicklung darstellte:

Vom ehemaligen Rat sei, so Mylius, im Jahr 1654 in mehreren Entscheidungen[13] nicht nur bestimmt worden, dass die Erledigung der Reparatur und des Unterhalts der Brunnen den Hauptleuten des jeweiligen Viertels übertragen wurde und die Kosten von den Nachbarn getragen werden mussten. Der Stadt-

11 Das Adressbuch von 1822 verzeichnet eine Gold- und Silberarbeiterin Antonia G., Minoritenstraße 13, Arn. Rohr, Gold- und Silberarbeiter, Altermarkt 26, einen Balthasar Rohr, Geldwechsler Am Hof 22 und einen Geistlichen Bernhard Rohr, Domhof 7. Nach diesen Angaben kann der genaue Standort des Brunnens nicht ermittelt werden.

12 Verfügung der Regierung an den Oberbürgermeister, Brunnenakte (Anm. 5), Bl. 3.

13 In einem Schreiben an den Polizeipräsidenten von Struensee bezieht sich der damals zuständige Beigeordnete Caspar Langen auf die Ratsbeschlüsse vom 6. Februar, 13. März, 3. Juli und 7. August 1654, dann auf den 2. August 1656 und den 6. Mai 1686 (Bl. 16). In den Beschlüssen wird den Hauptleuten das Recht zugesprochen, die anfallenden Beträge bei den Hauseigentümern einzuziehen, wobei die Bewohner in Vorlage zu treten haben, und den Gewaltrichtern die Exekution gegen die Zahlungsunwilligen erteilt. In den Beschlüssen von 1656 und 1686 wurden die Hauptleute aufgefordert, die in ihren Fahnenbezirken vorhandenen „verfallenen Pützen" reparieren und die Kosten durch Leinenzug auf die Nachbarn umlegen zu lassen. Die Beschlüsse zeigen allerdings auch, dass gegen diese Regelung stets mit Widerstand in der Bürgerschaft zu rechnen war.

baumeister stellte durch den Leinenzug die Nachbarn fest, die die Kosten zu übernehmen hatten. Die einzelnen Beiträge wurden dann von den Hauptleuten auf jedes Haus verteilt, von den Hausbewohnern vorgeschossen, ihnen aber von den Eigentümern erstattet. Gegen Zahlungssäumige gingen dann die Gewaltrichter mit entsprechenden Exekutionsmitteln vor. So sei bis heute verfahren worden. Und die Stadtkasse sei nur bei Unvermögenheit oder in besonderen Fällen eingesprungen. Im Stadtrat sei zwar beraten worden, die Unterhaltskosten der Brunnen zukünftig aus städtischen Mitteln zu decken und hierzu im Haushaltsbudget den erforderlichen Kredit einzurichten. Die Diskussion sei aber wegen unzulänglicher Finanzmittel bis auf günstigere Zeitverhältnisse verschoben worden. Also müsse es bis auf Weiteres beim Leinenzug bleiben.[14]

Nach diesem Bericht des Bürgermeisters von Mylius gab es also damals schon im Rat die Erkenntnis, dass das bisherige lokale, nachbarschaftlich geregelte Gewohnheitsrecht nicht mehr so recht in die moderne Zeit passte und auf Dauer nicht zu halten war – eine Einsicht, der die Regierung als vorgesetzte Behörde in der Verfügung aus dem Jahre 1817 gefolgt war.

Diese in der reichsstädtischen Zeit wurzelnde Praxis änderte sich – nach der städtischen Argumentation – während der französischen Herrschaft nur insofern, als nun als Nachfolger der reichsstädtischen Hauptleute die Polizeikommissare für die Beaufsichtigung der Brunnen zuständig waren. Die Kommissare, je einer für die vier Stadtviertel[15], unterstanden der Stadtverwaltung. Dieses Unterstellungsverhältnis blieb auch noch in den ersten Jahren der preußischen Herrschaft bestehen, bis dann im Jahre 1817 die Polizeiaufgaben der Stadt entzogen und als unabhängige staatliche Behörde unter Leitung eines Polizeipräsidenten verselbständigt wurden. Damit war ein Konflikt zwischen Kommunal- und Polizeiverwaltung vorprogrammiert, der letztlich den in einem ausgeprägten reichsstädtischen Selbstbewusstsein wurzelnden Bürgermeister Karl Joseph Freiherr von Mylius dazu bewegte, im Jahre 1819 von seinem Amt zurückzutreten, in die Justiz zu wechseln, um die Position eines Senatspräsidenten beim Rheinischen Appellationsgerichtshof in Köln einzunehmen.

Der nicht minder selbstbewusste Polizeipräsident Karl Philipp Georg von Struensee war auf Dauer nicht gewillt, die Zuständigkeit eines Teiles seines Personals an die Stadtverwaltung abzutreten. Die schwierige Interessenlage zeigte sich z. B., als in Vertretung des Polizeipräsidenten dessen Stellvertreter

14 Bericht vom 29. November 1817, Brunnenakte (Anm. 5), Bl. 1–2.

15 Ab 1840 gab es sechs Bezirke oder Sektionen: Hachenberg, Entwicklung (Anm. 8), S. 90, Abbildung S. 136.

Polizeirat Johann Guisez am 29. Juni 1818 der Stadtverwaltung eine Liste von insgesamt 31 schadhaften Wasserstellen – 16 Brunnen und 15 Pumpen – übersandte, die über das gesamte Stadtgebiet verstreut waren. Dazu schloss er die Frage an, ob die Stadt geneigt sei, die entsprechenden Reparaturen zu übernehmen; im Weigerungsfalle müsse er „anderweitige Maßregeln treffen“[16], ohne diese genauer zu benennen. Dabei dachte er wohl daran, die Brunnennachbarn direkt heranzuziehen. Die Antwort der Kommune ließ nicht lange auf sich warten. Mit kurzem Bezug auf die Verfügung der Regierung klärte von Mylius die Polizeiverwaltung über das „lokale Gewohnheitsrecht“ des Leinenzugs auf. Diesem Verfahren habe auch die Regierung in ihrer Verfügung vom 5. Dezember 1817 zugestimmt und ihr Fortbestehen bis zur Einstellung von Finanzmitteln in den städtischen Etat garantiert. Der Polizeipräsident gab sich zunächst mit dieser Stellungnahme zufrieden, forderte aber die besagte Regierungsverfügung vom 5. Dezember 1817 an.[17]

Zweieinhalb Jahre später, im April 1820, kam Struensee auf das Problem der Brunnenreparaturen zurück.[18] Er stellte fest, dass sich der Durchführung der Reparaturen Hindernisse entgegenstellten, „welche hauptsächlich darin bestanden, dass die erforderlichen Kosten nicht so bald aufzubringen waren, weil mehrere Reparaturpflichtige ihre Beiträge nicht zahlen wollten“. Die Sache sei aber für die allgemeine Sicherheit zu wichtig, um auf ein entsprechendes Reglement länger warten zu können. Er bat um detaillierte Kenntnis über die Grundlage der Entscheidung und um Aufklärung über die Bewandtnis des Leinenzuges, auch darüber, „ob und wodurch der Leinenzug obrigkeitlich sanctioniert ist“. Es müsse über dieses Verfahren ein Reglement erstellt werden, das die Polizei nicht länger entbehren könne.

Der Polizeipräsident sah die Angelegenheit richtig: Waren die Polizeikommissare für die Funktionsfähigkeit der Brunnen und Pumpen zuständig – und funktionsfähig mussten die Brunnen zuallererst aus feuerpolizeilicher Sicht sein – dann mussten sie auch die Herren des Verfahrens sein. Dazu brauchten sie Rechtssicherheit. Die Kommunalverwaltung wollte dagegen bei dem alten Herkommen bleiben, den städtischen Haushalt nicht zusätzlich belasten, also

16 Brunnenakte (Anm. 5), Bll. 5–7; Guisez bezieht sich dabei auf ein städtisches Schreiben vom 28. Juni, in dem wohl schon Zuständigkeitsfragen hinsichtlich der Brunnenreparaturen angesprochen worden waren. Das Schreiben konnte nicht ermittelt werden. An den Brunnen wurden u. a. schadhaftes Mauerwerk, fehlende Einfassungen mit Gefahr für Kinder, verschüttete bis unbenutzbare Zustände sowie schadhafte bis verfallene Brunnendächer festgestellt. Bei den Pumpen wurden marodes Eisenwerk, verstopfte Röhren, umsturzgefährdete Stände, zerbrochene Quellsteine und verfaulte Gestelle angeführt.

17 Verfügung vom 13. September 1818, Brunnenakte (Anm. 5), Bl. 12. Wenige Tage später übersandte dann die Stadt das verlangte Schriftstück: ibid., Bl. 13.

18 Verfügung vom 8. April 1820, Brunnenakte (Anm. 5), Bl. 14.

Geld sparen, und die Kosten der Brunnenreparaturen wie in früheren Zeiten den jeweiligen Nachbarschaften, nicht der gesamten Bürgerschaft auferlegen. Die Stadt sah in der Polizei entsprechend altem Brauch den verlängerten Arm der kommunalen Verwaltung und sich selbst immer noch in der unabhängigen reichsstädtischen Tradition. Das zeitaufwendige, im Ergebnis oft unergiebige Geschäft des Geldeintreibens wollte sie der Polizei auferlegen, kurz den Büttel für die Kommune abgeben.

Das Oberbürgermeisteramt begründete nun in einem ausführlichen Schreiben vom 14. April 1820 das bisherige Verfahren[19], ähnlich wie die Stadt es drei Jahre zuvor gegenüber der Regierung und der Polizei geschildert hatte und wie sie es noch oft zur Verteidigung ihrer Brunnenpolitik schildern würde. Hinsichtlich des Leinenzugs hatte der Oberbürgermeister keine genaueren Kenntnisse. Er verwies an den alten Stadtbaumeister Schmitz, der vielleicht im Stande sei, Auskünfte zu erteilen. Vielleicht besäße er eine von seinen Vorgängern im Amt überkommene Instruktion. Für die Eintreibung der Kostenbeiträge waren die Bürgerhauptleute – in deren Nachfolge die Polizeikommissare – zuständig. Gegenüber Saumseligen schritten dann die Gewaltrichter ein.[20]

Die Darstellung der Verwaltung war sehr geschönt und entsprach auch früher wohl nie der Wirklichkeit. Jetzt aber, nach den turbulenten Jahren der französischen Verwaltung, waren die Zeitverhältnisse noch viel instabiler geworden und das Bürgertum in Bewegung geraten. Und über „Gewaltrichter“ verfügte die Stadt schon lange nicht mehr. Das ganze Bestreben der Stadtverwaltung, sich die leidige Brunnenangelegenheit vom Leibe zu halten, lässt sich nach dem Bericht auch daran erkennen, dass sie es nicht für notwendig befand, selbst genauere Kenntnisse über das Verfahren des doch so wichtigen Leinenzugs in Erfahrung zu bringen und mitzuteilen oder nach der alten Instruktion suchen zu lassen. Die Stadt wollte mit der schwierigen und zeitaufwendigen Eintreibung der Reparatur- und Unterhaltungskosten nicht behelligt werden. Da die Regierung das städtische Verfahren genehmigt hatte, blieb die leidige Brunnenangelegenheit für die nächsten Jahre unerledigt.

19 Brunnenakte (Anm. 5), Bl. 15 f. Schreiben vom 14. April 1820.

20 Aus den beigelegten Quellen, Auszügen aus den Ratsprotokollen von 1654 und 1656 und 1686, geht hervor, dass die Bürgerhauptleute stets Probleme hatten, die Beiträge einzuziehen, so dass ständig mit dem Mittel der Exekution gedroht werden musste.

Der zweite Schlagabtausch mit den staatlichen Behörden 1826

Die städtische Brunnenpolitik stieß in den folgenden Jahren bei der Polizei auf Unbehagen. Denn am 12. Juli 1826 bezog der Oberbürgermeister Johann Adolph Steinberger, von der Regierung zum Bericht aufgefordert, Stellung zu Fragen, die der Polizeipräsident aufgeworfen hatte, so etwa zu der Kölner Lokalgewohnheit des Leinenzugs, die doch im Gegensatz zu den Bestimmungen des Gesetzes vom 11. Frimaire Jahr VII (1. Dezember 1798) stünden, wonach doch die im Gesetz angesprochenen Fontänen zu den Einrichtungen gehörten, die von der Gemeinde unterhalten werden müssten.[21]

Wieder verteidigte die Stadt die bisherige Brunnenpolitik, schilderte das Umlageverfahren für die Reparatur und die Kostenermittlung (Einberufung der Beitragspflichtigen durch den Bürgerhauptmann, Wahl von vier Deputierten aus den Brunnenberechtigten, Bildung einer Kommission zur Besprechung des Umfangs der Reparaturarbeiten mit hinzugezogenen Werkmeistern, Feststellung der Kosten, Umlage auf die Brunnenberechtigten, Ausführung der Arbeiten) und malte das Verfahren in den schönsten Farben.

Dem gewichtigen Hinweis des Polizeischreibens auf die französische Gesetzgebung und auf das Gesetz vom 11. Frimaire Jahr VII (Unterhaltung der Uhr, der Fontänen, Hallen und öffentlichen Gebäude auf Gemeindekosten) begegnet der städtische Bericht mit dem Argument, dass Brunnen und Pumpen nicht unter den Begriff der „Fontänen" (= Springbrunnen) fallen; sonst hätte der Gesetzgeber die Begriffe „puits" und „pompes" (= Brunnen und Pumpen) benutzt. Das Gesetz spreche aber nur von Fontänen, also von Springbrunnen, die zur Verschönerung dienten und als Kunstwerke aus allgemeinen Mitteln unterhalten werden müssen. Aber Springbrunnen, so der Bericht, besitze die Stadt nicht. Und an den Pumpen hätten die beteiligten Bürger Eigentumsrechte. So seien vor zwei Jahren bei einem aufgetretenen Wassermangel die Pumpen abgesperrt und nur die daran Beteiligten zur Benutzung zugelassen worden. Das fragliche Gesetz vom 11. Frimaire könne auf Brunnen und Pumpen in Köln keine Anwendung finden.

---

21 Das Gesetz vom 11. Frimaire Jahr VII (Loi qui détermine le mode administratif des recettes et dépenses départementales, municipals et communales = Gesetz über die Verwaltung der Einnahmen und Ausgaben der Departements, Gemeinden und Städte), in: ALEXANDER VON DANIELS (Hg.): Handbuch der für die Königl. Preuß. Rheinprovinzen verkündigten Gesetze, Verordnungen und Regierungsbeschlüsse aus der Zeit der Fremdherrschaft Bd. 3, Köln 1835, S. 786 ff., bes. Titel I § II. Recettes et dépenses communales [...] Nr. 3: *De l'entretien de l'horloge, des fontaines, halles et autres édifices publics, si la commune en possède*. Danach hatte die Gemeinde die Verpflichtung, die Uhr, die Springbrunnen, Hallen und andere öffentliche Gebäude zu unterhalten, soweit sie solche besaß.

Zur Frage nach dem Eigentum von Brunnengemeinschaften an Brunnen schwieg die Verwaltung sich aus. Sie beschränkte sich auf die Pumpen, die seit 1720 eingerichtet und deren Kosten von den Einwohnern bestritten wurden.[22] Nur in Ausnahmefällen hätte der Magistrat Mittel bewilligt, etwa wenn in der Nähe städtisches Grundeigentum gelegen hätte. So sei am 28. Juni 1727 beim Pumpenbau auf der Cäcilienstraße von der Rentkammer „wegen gegenüberliegender Wollküche und Reitschule als Magistraturgebäude eine Zulage von 50 Dahler“ gegeben worden. Außerdem habe der damalige Hauptmann Müller am 30. Juni 1756 100 Gulden für die Pumpe auf dem Filzengraben erhalten, wegen der in der Nachbarschaft liegenden Gebäude des Burggreven auf Airsbach und des Malzmüllers. Der Bericht endet mit der zweifelhaften Versicherung, von einer Verweigerung der Beitragsquote noch nie etwas gehört zu haben. Der von der Polizei erwähnte Fall einer Beitragsverweigerung wegen der Pumpe auf dem Laurenzplatz sei besonderen Verhältnissen geschuldet.[23]

Der ganze Bericht hat die Tendenz, die vorliegende Problematik zu verharmlosen und Schwierigkeiten zu verleugnen. Trotz dieser Haltung und der offensichtlich falschen Darstellung der ganzen Brunnenproblematik erkannte die Regierung mit Verfügung vom 21. August 1826, also knapp zehn Jahre nach dem ersten Schlagabtausch, das bisherige Verfahren nochmals als rechtens an.[24]

Bei der damals katastrophalen Kassenlage der Stadt waren es vor allem finanzielle Gründe, die die Kölner Regierung dazu bewegten, diese alte Rechtsgewohnheit zu bestätigen, obwohl sie sich in der Praxis nicht mehr bewährte und im Alltag auf große Widerstände stieß. Allerdings kam es dieser Behörde damals auch sehr gelegen, in ihrem eigenen, damals schwachen organisatorischen Status und ihrem schleppend-unentschiedenen Verwaltungshandeln in

22 Im Konzept des Berichts wurde die Frage des Eigentums an Brunnen angesprochen und ausgeführt, dass es unwahrscheinlich sei, dass Brunnen von Einzelnen angelegt worden seien. Schließlich sei es Pflicht des Magistrats „für Beischaffung des benötigten Wassers zu sorgen“. Nur die Unterhaltungskosten seien den beteiligten Bürgern auferlegt worden. Diese Meinung erschien der Stadtverwaltung aber als schädigend für ihre Rechtsposition in der Unterhaltungspflicht bei Reparaturen. Sie strich diese Passage und schwieg sich so zur Eigentumsfrage an den Brunnen aus.

23 In diesem Fall hätten die Nachbarn, um die Verlegung des kleinen Viehmarktes dorthin zu verhindern, der Polizeiverwaltung angeboten, zur Gestaltung eines Platzes mit Bepflanzung, Einebnung und Einfassung sowie Erbauung einer Röhrenpumpe Gelder zu sammeln. Zehn Nachbarn hätten dazu auch ca. 900 Taler beigetragen. Als aber die Kosten der Pumpe umgelegt werden sollten, hätten sich einige andere Nachbarn geweigert, ihre Beiträge zu zahlen, wahrscheinlich, weil sie nicht befragt worden seien. Daraufhin veranlasste die Polizei eine Verfügung der Regierung, wonach den Nachbarn auf dem Laurenzplatz die Verpflichtung zu Beiträgen nicht aufgebürdet würde, wenn sie sich nicht freiwillig verbindlich erklärt hätten. Er, der Oberbürgermeister, habe gegen diese Entscheidung Einspruch erhoben.

24 Brunnenakte (Anm. 5), Bl. 23.

und nach der Ägide des Regierungspräsidenten Freiherr von Hagen keine eindeutige Entscheidung fällen zu müssen. Der neue aktive Regierungspräsident Heinrich Delius hatte erst seit kurzer Zeit die Dienstgeschäfte übernommen.

Folgen des Gerichtsurteils von 1832 für die städtische Brunnenpolitik

Da die Regierung dem von der Stadtverwaltung in hellen Farben geschilderten Verfahren der Kostenumlage und Quotenverteilung auf die jeweiligen Nachbarschaften weiterhin zugestimmt hatte, blieb eine grundsätzliche juristische Klärung aus. Alle Dienststellen – Regierung, Polizei und Stadtverwaltung – lavierten sich durch das Problem. Das schleppte sich solange hin, bis der Weg zur Anrufung eines Gerichtes eingeschlagen wurde. Und das geschah, wie eingangs erwähnt, im Jahre 1832. Am 19. Juli 1832[25] berichtete der Polizeikommissar Gohr an das Polizeipräsidium als vorgesetzte Dienststelle, dass die Einwohner am Heumarkt für die Reparatur der Pumpe an der Börse nunmehr gestützt auf das vom Landgericht ergangene Urteil nicht mehr zahlen wollten. Und er, Gohr, sei neuerdings wieder vom Friedensgericht aufgrund dieses Urteils mit einer Klage wegen rückständiger Pumpengelder abgewiesen worden. Dieser Bericht zeigt, dass das Urteil rasch öffentliche Verbreitung fand. Gohr zeigte gleichzeitig an, dass die Straßenpumpen im Filzengraben und auf der Severinstraße kein Wasser mehr gäben; und er bat, den Stadtbaumeister Weyer zu verständigen, damit er die Defekte auf Kosten der Stadt behebe. Kein Handwerker wolle mehr arbeiten, es sei denn er, der Polizeikommissar, stehe für die Bezahlung gerade, was er nicht tun könne. Polizeirat Dolleschall übersandte diesen Bericht an den Oberbürgermeister zwecks weiterer Veranlassung und mit der Bitte um Bericht über die ergriffenen Maßnahmen.

Nun war die Stadtverwaltung gefordert, zumal der bürgerliche Widerstand gegen die lokale Rechtsgewohnheit vor dem Hintergrund des ergangenen Urteils wuchs. Die Stadt versuchte weiterhin, in ihrem Standpunkt zu verharren, fertigte nun eine umfangreiche Stellungnahme für das Polizeipräsidium an und übersandte zugleich das Protokoll über die Beratung des Stadtrats vom 7. August 1832, in der die Übernahme der Reparaturkosten durch das Ratsgremium abgelehnt wurde, und zwar mit Hinweis auf die Verfügung der Regierung von 1826.[26] Oberbürgermeister Steinberger befürchtete finanzielle Belas-

25 Brunnenakte (Anm. 5), Bl. 24.

26 Stellungnahme vom 21. August 1832, Brunnenakte (Anm. 5), Bl. 25–26; Protokoll über die Beratung im Rat, Brunnenakte (Anm. 5), Bl. 31.

tungen für die Stadt.[27] Das Gericht habe die Sache falsch gesehen: Die Brunnen seien kein städtisches Eigentum, sondern das der Anwohner. Denn sie hätten bei Wassermangel die Brunnen abgeschlossen. Das Landgericht könne nicht „bestehende Ortsgebräuche“ aufheben, da sie gesetzlich nicht verboten seien. Und die Polizeikommissare stünden in der Tradition der Bürgerhauptleute und Viertelsmeister. Dann folgt am Rande von der Hand des Beigeordneten Heinrich von Wittgenstein der Satz: „Ein Rekurs an die Gerichte erscheint aber in der Sache nicht nötig.“ Diese letztere Bemerkung lässt aufmerken. Sie kann nur so verstanden werden, dass die Stadtverwaltung ihren Standpunkt nicht für so stark hielt, um in einer höheren Instanz Erfolg zu haben.

Nach mehreren Streichungen im Text[28] schlägt der Bericht dann vor, im Falle der Zahlungsverweigerung die Umlagerolle durch die Regierung für vollstreckbar zu erklären und bei verweigerter Zahlung durch den kommunalen Steuer-Exekutor eine Zwangsvollstreckung durchführen zu lassen. Dann folgt noch der Vorschlag von Wittgensteins, die Polizeikommissare wenigstens in ihrer Funktion als Organisatoren bei Einberufung der Nachbarschaften bis zur Festlegung der Kostenbeiträge zu erhalten.

Mit dem Urteil des Landgerichts verlor die Stadtverwaltung die Polizei in ihrer Funktion als Vollzugsorgan für die gesamte Brunnenorganisation. Als Vollstreckungsbehörde für die Einziehung der Instandsetzungsbeiträge stand sie nicht mehr zur Verfügung. Jetzt versuchte die Stadt, die Polizei wenigstens als eine Art Bauaufsichtsbehörde zu erhalten, mit geringen Erfolgsaussichten. Es war ein mühsamer Erkenntnisprozess für die Stadt, die Polizei als rein staatliche Behörde wahrzunehmen, deren Aufgaben scharf zu trennen waren von der städtischen Bürokratie. Diesen Wandel wollte die Stadtverwaltung immer noch nicht anerkennen.

Wahrscheinlich aufgrund dieses Konflikts zwischen Stadt- und Polizeiverwaltung zog die Regierung die Angelegenheit an sich und beauftragte die Stadt durch Verfügung vom 24. September 1832[29], die Reparaturen durch den Stadtbaumeister zu veranlassen und die Kosten vorzuschießen, da „die Bewohner

27 Er war getragen von „dem tröstlichen Bewusstsein, dass keine andere preußische Stadt so billig verwaltet werde wie Köln“, zit. nach GOTHEIN, Verfassungsgeschichte (Anm. 1), S. 255. Die Einnahmen und Ausgaben beliefen sich in den Jahren 1820 bis 1845 zwischen ca. 103.000 und 180.000 Taler bei erheblichen Deckungslücken in den Jahren von ca. 1833 bis1838, vgl. VAN EYLL, Wirtschaftsgeschichte (Anm. 1), S. 239 f.

28 Im Konzept wird weitere Kritik an dem Urteil geäußert, so an der Rüge des Gerichts hinsichtlich der Regierungsverfügung vom 25. Dezember 1826, an der Zuständigkeit der Friedensrichter, an den Beitragsquoten, an der Auswirkung des Urteils auf die Haltung der Bürger zur Kostenbeteiligung. Die Streichung erfolgte durch von Wittgenstein, der nunmehr immer stärker in die Verwaltungsgeschäfte der Stadt einstieg.

29 Brunnenakte (Anm. 5), Bl. 27.

verschiedener Stadtwinkel sich noch immer weigerten, die Kosten zur Instandsetzung und Erhaltung der öffentlichen Pumpbrunnen freiwillig zu bestreiten". Dabei sollten die Kosten, einzeln für jede Pumpe, der Regierung vorgelegt werden, damit diese die auf die berechtigten Brunnennachbarn umgelegten Beträge genehmigt und die Erhebung für vollstreckbar erklären kann. Bei weiteren Weigerungen sollte der Rechtsweg eingeschlagen werden. Die Regierung hoffte, die Fortsetzung des Verfahrens gegen die Nachbarn des Brunnens an der Börse durch eine Berufung beim Kassationshof zum Erfolg zu bringen, um das Prinzip feststellen zu lassen, nach dem in der Brunnenangelegenheit geurteilt werden müsse. Nach dieser Verfügung drohte der Stadt nun die Übernahme der Kosten der Instandsetzungsarbeiten an allen Brunnen und Pumpen. Die Regierung arbeitete weiter auf Zeit und hoffte, durch den Gang zum Kassationshof in Berlin ein günstigeres Urteil zu erlangen.

Auf dieses Vorgehen der Regierung hin griff nun die Stadt erneut zu einem umfassenden Bericht, um ihre Haltung zu verdeutlichen und die Übernahme der Reparaturkosten auf die Stadt zu vermeiden. Im Bericht vom 11. Oktober 1832[30] legt sie nochmals stur die gesamten, schon so oft unterbreiteten Argumente dar, um eigentlich zu beweisen, dass sie nichts verstanden hat. Der Bericht gipfelt in dem Vorschlag, die Polizei zu veranlassen, nach der hergebrachten Weise fortzufahren und das Urteil nicht auf andere Fälle anzuwenden oder gar laut zu verkünden. Dadurch würde die Zahl der Zahlungsverweigerer nur anwachsen. Ein Beweis für das Funktionieren des bisherigen Verfahrens sei doch das Verhalten der Brunnenbeteiligten in dem vormaligen Hemb'schen Hause[31] An den vier Winden, die eine neue Pumpe auf den Brunnen gesetzt hätten, obwohl sie von dem Urteil des Landgerichts Kenntnis hatten. Der Wunsch der Stadt an die Regierung geht dahin, die Polizeiverwaltung anzuhalten, nach der alten Lokalgewohnheit zu verfahren.

Kostenübernahme der Wasserversorgung auf den städtischen Etat 1834–1836

Nach diesem städtischen Bericht erfolgte nach den Akten wieder einmal eine Pause von anderthalb Jahren. Es musste aber in dieser Zeit in internen städtischen Beratungen die Erkenntnis gereift sein, dass die Stadt mit der bisherigen Blockadepolitik auf Dauer nichts erreichen konnte, dass auch eine Berufung gegen das Urteil bei einer höheren Gerichtsinstanz wenig Aussicht auf Erfolg hatte. In dieser Lage war es von Nutzen, frühzeitig Kenntnisse über die Höhe

30 Brunnenakte (Anm. 5), Bl. 28–30.
31 Brunnenakte (Anm. 5), Bl. 29.

der jährlichen Reparaturkosten an den öffentlichen Brunnen/Pumpen zu erfahren. Zumindest wollte die städtische Budgetkommission über diesen Punkt Aufschlüsse erhalten, um im Notfalle über einen brauchbaren Etatansatz verfügen zu können. Deshalb bat die Stadtverwaltung am 26. Februar 1834[32] das Polizeipräsidium um einen Überblick über die Höhe der Kosten der Reparaturen an den Brunnen und Pumpen in den letzten drei Jahren. Einen knappen Monat später lagen die Listen vor, getrennt nach den vier Sektionen und erstellt von den jeweiligen Polizeikommissaren.[33] Sie gaben eine recht genaue Übersicht über den Zustand und die Unterhaltungskosten der Pumpen und Brunnen.

Für den Bezirk I, die eigentliche engere Altstadt, listete der Polizeikommissar Fuchs Reparaturen an 17 Pumpen und zwei Brunnen für die Jahre 1830 bis 1833 auf, die insgesamt Kosten von knapp 720 Talern verursacht hatten. Die Kosten von vier Pumpen konnte Fuchs nicht angeben, da sie von der Nachbarschaft getragen worden waren. Zwei Brunnen und vier Pumpen hatten in den letzten Jahren keine Reparaturen erfordert.[34]

Aus dem Bezirk II (südlicher Stadtteil) meldete der Polizeikommissar Lutter 15 Pumpen und drei Brunnen mit Reparaturkosten von knapp 480 Talern für die Jahre 1829 bis 1833.[35] Die Auflistung des Polizeikommissars von Greß

32 Brunnenakte (Anm. 5), Bl. 33. Auch dieses Schreiben wurde von von Wittgenstein verfasst.

33 Im Bezirk I wurden die Kosten der Jahre 1830–1833 zusammengestellt, im Bezirk II die der Jahre 1829–1833, im Bezirk III die von 1827–1834 und im Bezirk IV die Kosten von 1820–1833 (Bll. 35–46).

34 Polizeibezirk I: Repariert wurden die Pumpen Augustinerplatz, Marienplatz, Heumarkt an der Börse, Vor St. Martin, am Malzbüchel, Martinstraße vor Nr. 29, Straßburger Straße, Pelzergasse, Auf dem Thurmmarkt Nr. 16, Severinstraße/Löwengasse, Hohe Pforte an St. Stephan, Thurmmarkt Nr. 44, Follerstraße/kl. Witschgasse, Heumarkt/Salzgasse, Follerstraße Nr. 89, Rheingasse, Severinskloster und die Brunnen Achterstraße und Bayengasse. Die Reparaturkosten beliefen sich für diesen Bezirk und die Jahre 1830–1833 auf ca. 720 Taler; den absolut größten Aufwand verursachte die Pumpe an der Börse mit über 195 Talern. In einem Zusatz vermerkt Polizeikommissar Gohr, dass die Kosten der Pumpenreparaturen auf der Martinstraße an St. Alban, im Filzengraben, auf dem Mühlenbach (unterer Straßenteil) und auf dem Elogiusplatz von den Nachbarn selbst verteilt und bezahlt wurden. Von der Höhe der Beträge habe er keine Kenntnis. Dann führt er noch auf, bei welchen Pumpen und Brunnen in den letzten vier Jahren keine Kosten angefallen waren: Pumpen Georgsplatz und oberer Mühlenbach, Brunnen Holzmarkt, Severinswall, Spulmannsgasse und Buschgasse.

35 Polizeibezirk II: Über die Pumpen und Brunnen im II. Bezirk berichtet Polizeikommissar Lutter. Betroffene Pumpen: St. Michael an der Wollküche, Rothgerberbach, Hosengasse, Blaubach/Ecke Weißbüttengasse, Blindgasse, Hohe Straße am Bäumchen, Löhrgasse, Peterstraße neben Nr. 1, Severinstraße neben dem Dhau, Neumarkt, Schaafenstraße, Weidenbach, Peterstraße am Godenauer Hof, Lungengasse, Blaubach am Pannes'schen Haus; Brunnen: Perlengraben, Spinnmühlengasse, Waisengasse. Die Reparaturkosten beliefen sich für die Jahre 1829 bis 1833 auf 478 Taler.

erbrachte für den Bezirk III (westliche Altstadt) Reparaturen an 33 Brunnen und Pumpen – einen Unterschied zwischen beiden machte er nicht – für die Jahre 1827 bis 1834 mit Kosten von knapp 600 Talern[36]; und die Liste des Polizeikommissars Friedrich Heylmann wies für den Bezirk IV (nördlicher Stadtteil) und die Jahre 1820 bis 1833 für 18 Pumpen Kosten in Höhe von 2117 Talern auf.[37] Damit meldeten die Polizeikommissare Reparaturen an 88 Brunnen und Pumpen mit einem Kostenbetrag von insgesamt 3917 Talern – über einen allerdings recht schwankenden Zeitraum. Die Berichte brachten hinsichtlich des Gesamtbestands an öffentlichen Brunnen und Pumpen ein recht unscharfes Bild, das durch die Katasteraufnahme des Jahres 1828 entscheidend präzisiert werden kann. Nach einer Zusammenstellung des Stadtsekretärs Johann Peter Fuchs wiesen die vier Sektionen damals insgesamt 110 öffentliche Pumpen und 42 öffentliche Brunnen auf. Hinzu kamen insgesamt 2394 private Brunnen in den Wohnhäusern.[38]

Die polizeilichen Auskünfte über die Reparaturkosten veranlassten den Beigeordneten Heinrich von Wittgenstein am 3. April 1834, vor dem Gemeinderat ein „Spezialreferat" zu halten, in dem er sich recht ausführlich mit dem Thema auseinandersetzte und auch die Folgen des Urteils des Landgerichts in seine Überlegungen einbezog. Er blieb bei dem alten Grundsatz der Heranziehung der Nachbarschaften zu den Reparaturkosten und dem Argument, nicht alle Bewohner zu den Kosten von Einrichtungen heranziehen zu können, von

36 Polizeibezirk III: Der Polizeikommissar von Greß stellte für den III. Bezirk folgende Berechnung auf: Pumpen Sachsenhausenstraße 30, Breite Straße 66, An der Rechtsschule 24, Friesenstraße 1, Hahnenthor 1, Glockengasse 28, Ehrenstraße 30, Röhrergasse 2, Comödienstraße 14, Comödienstraße 101, Schildergasse 64, Schildergasse 22, Schildergasse 94, Friesenstraße 91, Marzellenstraße 21, Marzellenstraße 5, Schwalbengasse 1, Minoritenstraße 16, Weidengassen-Eck 1, Hohe Straße 111, Stolkgasse 11, Gereonsstraße 22, Apernstraße 7, Apostelstraße 22, Heymersgasse 22, Perlenpfuhl 27, Pützgasse 6, Burgmauer 30, Apostelkloster 7, Gereonskloster 14, Margarethenkloster 1, Hahnenstraße 22; Brunnen Gereonsmühlengasse 6. Insgesamt ergaben die Reparaturkosten für die Jahre 1830–1833 ca. 785 Taler.

37 Polizeibezirk IV: Der Polizeikommissar Heylmann lieferte für die IV. Sektion folgende Zusammenstellung ab: Pumpen Eigelstein am Allerheiligen, Eigelstein/Machabäerstraße, Eigelstein/In der Höhle, Obenmarspforten, Altermarkt an der Butterwaage, Altermarkt/Bechergasse, am Frankenthurm, Fischmarkt, Domhof, Lupus-Eck, Auf der Litsch, Am Hof unterhalb, Am Hof oberhalb, Im Thal, Gr. Budengasse, Maximinenstraße 39, Maximinenstraße 21, Laurenzplatz. Die Reparaturkosten beliefen sich hier für die Jahre 1820 bis 1833 auf 2 117 Taler.

38 Die öffentlichen Pumpen verteilen sich nach diesen statistischen Angaben auf 24 Pumpen in Sektion I, 23 Pumpen in Sektion II, 40 Pumpen in Sektion III und 23 Pumpen in Sektion IV, insgesamt also 110 Pumpen; die öffentlichen Brunnen verteilen sich auf zehn Brunnen in Sektion I, zwölf Brunnen in Sektion II, acht Brunnen in Sektion III und zwölf Brunnen in Sektion IV. Die 2394 privaten Hausbrunnen verteilen sich auf 718 Brunnen in Sektion I, 580 Brunnen in Sektion II, 492 Brunnen in Sektion III und 604 Brunnen in Sektion IV.

denen nur wenige Nutzen haben. Aber er machte auch den Stadtrat mit der Tatsache bekannt, dass die Polizeikommissare zukünftig nur noch Sicherheitsbeamte und keine gesetzlichen Vertreter der Gemeindeinteressen und zur Gelderhebung nicht mehr berechtigt seien. Und er erklärte, dass die einzige verfassungsmäßige Behörde zur Beaufsichtigung der öffentlichen Anstalten das Stadtbauamt sei.

Von Wittgenstein verteidigte das Leinenzugprinzip; in Weigerungsfällen solle die Verwaltung die Umlagerolle durch die Regierung für vollstreckbar erklären lassen, damit die Beträge durch den Gemeindeempfänger und Gemeindesteuerdiener eingetrieben werden können. Er glaubte, dass mit dieser Regelung die Klagen in der Bürgerschaft bald aufhören und der Stadt die notwendigen Mittel zufließen würden.[39]

Die Polizeiverwaltung trat nun immer mehr in die Position einer Behörde, die als reine Sicherheitsinstanz nur noch die Mängel an Brunnen und Pumpen feststellte und sie der Stadtverwaltung mitteilte. So berichtete der Polizeikommissar Fuchs am 5. Juni 1834 an den Polizeidirektor über defekte Pumpen in der Severinstraße und Vor St. Martin sowie über den seit Jahren nicht benutzbaren Brunnen in der Weberstraße. Auch stellte er Wassermangel an Brunnen und Pumpen fest.[40] Er bat um Zustellung einer Rechnung des Schlossermeisters Nicolaus Wagener aus der Follerstraße an die Stadtverwaltung über Reparaturen an der Pumpe auf dem Katharinengraben. Diese Reparatur war vom Polizeisergeanten Schulz ohne sein (Fuchs') Wissen veranlasst worden. Die Nachbarn am Katharinengraben hätten die Rechnung nicht zahlen wollen; es sei auch kein Leinenzug über diese Pumpe vorhanden. Am 26. August 1834 erfolgte die nächste Anzeige, nun vom Polizeidirektor Heister selbst, mit einer Liste von Beanstandungen an elf Brunnen und zwölf Pumpen, davon 14 Brunnen/Pumpen mit Leinenzug, neun ohne eine solche Nachbarschaftsregelung. Die Mängel waren defekte und unbrauchbare Pumpen, schiefe und wackelige Ständer, schadhaftes Mauerwerk, sogenannte Überwölbungen, also schiefe und brüchige Brunnenwände, Wassermangel, bauloses Mauerwerk; die Pumpe am Klingelpütz sei, so der Bericht, für den Teil der Nachbarn verschlossen worden, der sich nicht an den Kosten beteiligt hätte. Auch bei der Pumpe Obenmarspforten verweigerte ein Teil der Nachbarschaft die Kostenübernahme.[41]

Im Gegensatz zur Erwartung von Wittgensteins im Rat waren die Probleme keineswegs gelöst. Der Widerstand von Einwohnern gegen eine Kostenbeteiligung ließ seinen Lösungsvorschlag ins Leere laufen. Denn die Brunnennach-

39 Referat vom 3. April 1834, Brunnenakte (Anm. 5), Bll. 49–53.
40 Brunnenakte (Anm. 5), Bl. 53; der Bericht wurde zwei Tage später in Abschrift der Stadtverwaltung zur Kenntnis gebracht.
41 Brunnenakte (Anm. 5), Bll. 55 f.

barschaften lösten sich, gefördert durch den Prozessausgang, allmählich auf. Die Stadt hielt an einer Rechtsgewohnheit fest, die längst keine Allgemeingültigkeit mehr besaß und von großen Teilen der Bürgerschaft abgelehnt wurde.

Bei diesem Wirrwarr raffte sich die Regierung mit Verfügung vom 27. Februar 1835 endlich zu einer Lösung auf.[42] Anlass dazu gab die Eingabe des Pumpenmachers Winand Arweiler und des Maurermeisters Jacob Landmann um Begleichung ihrer Aufwendungen für Pumpenreparaturen. Nach „reiflicher Überlegung", so die Regierung, sei sie abweichend „von unseren früheren Ansichten" zu dem Ergebnis gekommen, dass die Auslagen für die öffentlichen Pumpen in Fällen der Zahlungsverweigerung von der städtischen Kasse getragen werden müssen gemäß Art. 4 des Gesetzes vom 11. Frimaire Jahr VII. Denn nach dem „Dictionnaire de l'Académie" bezeichne der Ausdruck „Fontaine" nicht bloß einen Springbrunnen, sondern vielmehr „jedes Quellwasser, aber auch jede Art von Einrichtung zum Ausfließen desselben". Das obige Gesetz habe alle früheren reichsstädtischen Anordnungen aufgehoben. Weiterhin sei in der Stadtverwaltung auch nicht immer nach den reichsstädtischen Anordnungen verfahren worden. So z. B. habe sie zumindest teilweise 1817 die Kosten des Brunnens in der Gereonstraße getragen und somit die Verpflichtung der Stadt zur Unterhaltung der Brunnen anerkannt.

Die neue Verfügung der Regierung war kein Musterbeispiel preußischer Verwaltungspraxis, sie musste frühere Anordnungen widerrufen, sich auf die lexikalische Erklärung eines Begriffs stützen und an einem Einzelbeispiel gegenüber der Stadt den Vorwurf erheben, selbst gegen ihren Standpunkt zur Brunnenunterhaltung verstoßen zu haben. Kurz: Die Regierung wollte den Missstand – komme was wolle – so rasch wie möglich beseitigt sehen.

Dann erteilte sie der Stadt den Auftrag, die Rechnungen Arweiler/Landmann vom Stadtbaumeister prüfen zu lassen, sie dann wieder einzureichen und den Titel im Etat anzugeben, aus dem die Rechnungen bezahlt werden sollten. Noch dreimal musste die Regierung im Laufe des Jahres die Stadt zur Zahlung der Rechnungen auffordern, so widerspenstig war die Verwaltung. Zuletzt musste sie sogar eine Ordnungsstrafe androhen.[43]

Erst ein halbes Jahr später, am 24. August 1835, antwortete die Stadt, wieder in einem umfangreichen Bericht und wieder verfasst vom fleißigen Beigeordneten Heinrich von Wittgenstein.[44] Hier die Kurzfassung des weitschweifigen Inhalts: Die Stadt lehnte weiterhin ein Eigentum an den Brunnen ab und reichte die Rechnungen der beiden Handwerker zurück, da die Forderungen

42 Brunnenakte (Anm. 5), Bl. 57.
43 Brunnenakte (Anm. 5), Bll. 58–60.
44 Brunnenakte (Anm. 5), Bll. 61–63.

aus den Jahren 1826 bis 1830 stammten, also aus einer Zeit, als die Polizeikommissare für die Reparaturen zuständig gewesen waren. Diesem städtischen Widerstand begegnete die Regierung am 3. September 1835 mit einer knappen Verfügung, in der sie auf einer gründlichen Beratung im Stadtrat bestand und das Beratungsprotokoll einforderte.[45]

Die Stadtverwaltung stand auch in anderer Beziehung weiter unter Druck. Denn Ende Dezember 1835 erreichte sie ein weiteres Schreiben des Polizeidirektors Heister, diesmal mit einer Liste von 13 defekten Pumpen und Brunnen, und mit der Bemerkung, die Polizei würde jede Verantwortung ablehnen, wenn aus dem Wassermangel eine Feuersbrunst entstehen sollte.[46] Der Stadtbaumeister Weyer wurde zum raschen Bericht aufgefordert, der die Schäden unter Hinzuziehung des Pumpenmachers Peter Joseph Hamacher begutachtete; dabei stellte sich heraus, dass die Pumpen in der Pelgergasse, Steinfeldergasse, der Schwalbengasse, dem Gereonskloster und in der Gereonstraße bereits von den Nachbarn in einen brauchbaren Zustand versetzt worden waren und keine weitere Reparatur erforderten.[47] Demnach funktionierten die Brunnennachbarschaften teilweise immer noch, wohl mehr zwangsläufig aufgrund der Untätigkeit der Stadtverwaltung. Fast gleichzeitig fragte die Regierung nach dem Stand der Beratung im Rat und setzte eine Frist von zwei Wochen. Im Januar 1836 verlängerte sie die Frist nochmals.[48] Ebenfalls zu dieser Zeit meldeten sich die Anwohner der Pumpe an der Börse, also die Verursacher der juristischen Niederlage der Stadt vor dem Landgericht, und forderten eine schleunige Reparatur der zerbrochenen Pumpe.[49]

Die Stadtverwaltung wurde also von mehreren Seiten zum Handeln gedrängt. Endlich, am 3. Februar 1836, tagte der Stadtrat.[50] Von Wittgenstein hielt wieder das Referat, zum Artikel 50 des Haushaltsetats „Unterhaltung der Kanäle und Brunnen“. Wieder legte er den Gang des Verwaltungsgeschehens bis zur letzten Verfügung der Regierung dar. Dann schilderte er wieder einmal detailliert den alten Rechtsstandpunkt der Stadt, berief sich sogar auf die Städte Andernach und Bacharach, in denen die Unterhaltung der Brunnen und Pumpen auch keine Gemeindeangelegenheit war, und warnte vor den Kosten, die auf das Zwei- bis Dreifache steigen würden.

45 Brunnenakte (Anm. 5), Bll. 64 f., 76.
46 Brunnenakte (Anm. 5), Bll. 73–75.
47 Brunnenakte (Anm. 5), Bl. 73: mit Bericht von Weyer und Randvermerk von Wittgensteins.
48 Brunnenakte (Anm. 5), Bll. 76, 79.
49 Brunnenakte (Anm. 5), Bll. 77 f.
50 Brunnenakte (Anm. 5), Bll. 85–95.

Nach gründlicher und erschöpfender Belehrung lehnte dann der Stadtrat entsprechend der Intention von Wittgensteins eine Übernahme der Unterhaltungskosten auf den städtischen Etat ab.[51] Die Regierung war über das Ergebnis enttäuscht; erhöhte den Druck auf die Stadt und trug ihr förmlich auf, acht seit über einem Jahr unbrauchbare und verschlossene Brunnen und Pumpen sofort instand zu setzen und wiederzueröffnen.[52]

Der Oberbürgermeister beauftragte den Stadtbaumeister Weyer mit der polizeilich angemahnten Reparatur der Pumpen auf städtische Kosten, um diese später bei den zum Leinenzug Verpflichteten wieder einzuziehen. Weiterhin gab er ihm den Auftrag, Wartungsverträge abzuschließen, und wies ihn auf ein Angebot des Pumpenmachers Hamacher hin.[53] Diese Halsstarrigkeit der Stadtverwaltung ist schon verwunderlich: Sie verteidigte ein Reparatursystem, das nicht mehr in die Zeit passte, dessen Ineffizienz längst bewiesen war und das am Widerstand von Teilen der Bürgerschaft scheiterte.

Am 19. Mai 1836 berichtete von Wittgenstein nochmals ausführlich an die Regierung über die durchgeführten Reparaturarbeiten und die beabsichtigte Eintreibung der Kosten bei den Brunnenbeteiligten.[54] Wieder verteidigte er das Leinenzugprinzip und das Brunnengewohnheitsrecht, auch die Vorlage der Kosten zur Anerkennung durch die Regierung sowie die Eintreibung der Beiträge bei den Brunnennachbarn. Er meinte: „Die Entscheidung dürfte wie es scheint nicht schwierig sein." Dann schloss er mit einer unverhüllten Warnung: „Das Interesse der Stadt an der Erhaltung der öffentlichen Brunnen und Pumpen sei in feuerpolizeilicher Hinsicht nicht gar so groß; denn den nur 150 öffentlichen Wasserwerken stünden nach der letzten stattgehabten Aufnahme 2394 Privatbrunnen und -pumpen zur Verfügung."[55]

Wie zu erwarten, ging die Regierung auf diesen Vorschlag nicht ein. Am 3. Juni 1836 lag von ihr die entscheidende Verfügung vor:[56] Die Brunnen und Pumpen seien städtisches Eigentum, und es gebe keine Bedenken, nach dem Gesetz vom 11. Frimaire VII zu verfahren, die Unterhaltungskosten als Gemeindeausgaben anzusehen und entsprechend zu übernehmen. Die Brun-

51 Von Wittgensteins Ausführungen fußten auch auf Angaben, die der ehemalige Beigeordnete Jakob Freiherr von Herwegh ihm wohl hatte zukommen lassen (Brunnenakte, Bll. 96 f.), so bei der Aufnahme der Hinweise auf die Orte Andernach und Bacharach.

52 Brunnenakte (Anm. 5), Bl. 102.

53 Brunnenakte (Anm. 5), Bll. 116 f. Gleichzeitig setzte der Oberbürgermeister auch die Polizeidirektion von der Verfügung an Weyer in Kenntnis. Eingaben des Pumpen- und Rohrmachers Peter Joseph Hamacher an den Oberbürgermeister vom 1. Dezember 1835 und an die Polizeikommissare der Sektionen I–III vom 15. November 1835 mit Angebot zu Wartungs- und Reparaturdiensten, ibid., Bll. 66–72.

54 Brunnenakte (Anm. 5), Bll. 118–121.

55 Brunnenakte (Anm. 5), Bl. 120b.

56 Brunnenakte (Anm. 5), Bl. 120b.

nen seien öffentlich, da sie sich auf öffentlichen Straßen und Plätzen befänden. Sie seien von 1828 bis jetzt von 36 auf über 150 gestiegen[57], es sei aber kein Mal bei der Regierung die Genehmigung eines Ratsbeschlusses wegen Abtretung eines Teils der öffentlichen Straßen und Plätze an Private zur Anlage eines Brunnens nachgesucht worden.

Die Verfügung zählte Entscheidungen der Stadtverwaltung auf, in denen Brunnen per Ratsbeschluss zugeworfen oder verkauft worden waren ohne Beachtung der Einsprüche von Nachbarn. Ähnlich sei die Stadtverwaltung bei der Errichtung von Brunnen vorgegangen. Die Einrichtung des Leinenzugs sei nur als eine Art der Umlage öffentlicher Abgaben zu betrachten, die durch das französische Gesetz aufgehoben worden sei. Einen ungestörten Fortbestand des alten rechtlich begründeten Herkommens bis auf die jüngste Zeit könne sie, die Regierung, nicht zugeben. Das würden Prozesse beweisen, in denen die Vertreter der Stadtgemeinde mit der Klage auf Zahlung der Beiträge abgewiesen worden seien.[58]

Die Sorgen der Stadt hinsichtlich einer Kostenexplosion bei der Unterhaltung der Brunnen- und Pumpen ließ die Regierung nicht gelten. Und sie lehnte auch die von Wittgenstein vorgeschlagene Einbeziehung der Regierung in die Genehmigung der Heberollen ab. Sie, die Regierung, werde die Polizeikommissare anweisen, sich künftig jeder Einmischung bei Reparaturen und Einziehung der Kosten zu enthalten.[59] Am Schluss nahm sie die Verfügung vom 24. September 1832 ausdrücklich zurück und wies die Stadtverwaltung an, die Kosten der Reparaturen auf das diesjährige städtische Budget anzuweisen.

Zehn Tage nach der Verfügung der Regierung vom 3. Juni 1836 teilt Polizeidirektor Heister lapidar mit, dass er jede Mitarbeit bei der Unterrichtung der Leinenzug-Verpflichteten ablehne. Zukünftig würde er eingehende Anzeigen über schadhafte Brunnen und Pumpen umgehend dem Oberbürgermeisteramt zusenden.[60] Ein weiterer Versuch der Stadt, die Mitarbeit der Polizei bei den Reparaturarbeiten an Nachbarschaftsbrunnen einzufordern, scheiterte durch ein zweites Schreiben Heisters, in dem er mit Bezug auf die Regierungsverfügung erklärte, sich „künftig jeder Einmischung bei Veranlassung von Brunnenreparaturen als nicht ihres Amtes zu enthalten".

Die Stadtverwaltung geriet durch diese Entwicklung in größte Verlegenheiten. Die Polizeiverwaltung beklagte sich bei der Regierung über die wachsenden Missstände; die Regierung bemängelte die wachsende Zahl unbrauchbarer

57 Brunnenakte (Anm. 5), Bl. 122v; städtischer Vermerk am Rande: „falsch". Hier irrte die Regierung tatsächlich.
58 Brunnenakte (Anm. 5), Bl. 124a; städtischer Vermerk am Rande: „Nein".
59 Verfügung vom 7. Juli 1836, Brunnenakte (Anm. 5), Bl. 127a.
60 Verfügung vom 13. Juni 1836, Brunnenakte (Anm. 5), Bl. 125.

öffentlicher Brunnen und wies die Stadtverwaltung an, für die sofortige Instandsetzung zu sorgen und binnen 14 Tagen über den Fortgang zu berichten.[61] Schließlich versuchte der Polizeipräsident die Lage etwas zu entschärfen: Wenn er, der Oberbürgermeister, sich über die Entscheidung der Regierung „nicht beruhigen kann und höheren Orts dagegen zu remonstrieren beabsichtigt", so gebe es seitens der Polizei keine Bedenken, die Reparaturen nur „auf das dringende Bedürfnis zu beschränken und dabei nicht die Bequemlichkeit der Nachbarschaft sondern hauptsächlich feuerpolizeiliche Interessen im Auge zu behalten". Er, der Polizeidirektor, habe die Polizeikommissare angewiesen, bei jeder Anzeige über schadhafte Brunnen die in der Nähe gelegenen Straßenbrunnen sowie die innerhalb der Privatgrundstücke befindlichen Pumpen zu benennen.[62]

Dieses Entgegenkommen der Polizei war wohl notwendig geworden, denn die ablehnende Haltung der Regierung hinsichtlich des Leinenzugs und des Nachbarschaftsrechts hatte sich in der Bürgerschaft verbreitet und es häuften sich die Eingaben von Brunnennachbarschaften. Sie forderten energisch Reparaturen an Brunnen und Instandsetzungen von Pumpen ein, da sie nun davon ausgehen konnten, dass sie für die Kosten nicht mehr aufkommen mussten.

So machten am 22. August 1836 die Anwohner der Hohe Straße, darunter der frühere Bürgermeister Karl Josef von Mylius, eine Eingabe an die Stadt[63] mit der Bitte, die zerbrochene Pumpe auf der Hohe Straße zwischen den Häusern Farina und Mylius, Hausnummer 111/13, reparieren zu lassen; die ganze Nachbarschaft sei ohne Wasser, was nachteilig bei einem entstehenden Unglücke wäre. Die Polizei wolle sich nicht mehr mit den Reparaturen befassen, und der größte Teil der Einwohner, soweit sie zum Leinenzug gehörten, wollten keinen Pfennig mehr bezahlen. Gleichzeitig gaben sie die Anregung, die Pumpe mit einer Türe zu verschließen und jedem Leinenzug-Zugehörenden einen Schlüssel machen zu lassen. Damit würde der Unwirtlichkeit, welche durch die Ecke, in der die Pumpe stehe, abgeholfen und der Unfug der Kinder verhindert. Wenige Tage später machten dieselben Antragsteller eine Beschwerde an den Polizeidirektor Heister, in der sie sich über die Untätigkeit des Polizei-

61 Brunnenakte (Anm. 5), Bl. 139, Verfügung vom 17. September 1836. Am 22. September 1836 (ibid.) gab Weyer eine Auflistung der bereits reparierten Pumpen: zwei Pumpen auf dem Heumarkt, je eine Pumpe Apostelkloster, Auf dem Hunnenrücken, Unter Sachsenhausen, Gereonsdriesch, Gereonstraße, Frankenplatz, Thieboldsgasse, Cäcilienkloster, Löhrgasse, Thiboldsgasse, Komödienstraße, Mohrengasse, Auf dem Katharinengraben, Streitzeuggasse, Casinostraße, Stolkgasse, Weidengasse, An St. Martin, Auf dem Blaubach.

62 Brunnenakte (Anm. 5), Bl. 142, Schreiben vom 21. September 1836.

63 Brunnenakte (Anm. 5), Bl. 130.

kommissars von Greß beklagten.[64] Die Nachbarschaft müsste das Wasser von den Minoriten oder vom Laurenzplatz herbeischaffen lassen; es sei unglaublich, dass in einer so belebten Straße ein Brunnen so lange ohne Wasser sei. Die Antragsteller sahen ihren Brunnen immer noch als ihr Eigentum an, über das sie allein frei verfügen konnten, für dessen brauchbaren Zustand aber die Gemeinde zuständig sein sollte.

Am 17. September 1836 bezog die Stadt Stellung zu dem Bericht des Polizeikommissars von Greß und hielt die Reparatur der Pumpe aus feuerpolizeilicher Sicht nicht für erforderlich[65]: Die Stadt könne nicht alle Pumpen und Brunnen sofort reparieren, da dies den im Budget angesetzten Kredit weit überschreite. Bei der Auswahl der Reparaturen könne die Bequemlichkeit der Nachbarschaften dabei wenig berücksichtigt werden. Die Pumpe auf der Hohe Straße 111–13 habe keine dringende Notwendigkeit, da Pumpen auf dem Laurenzplatz, An den vier Winden und in der Minoritenstraße die Wasserversorgung sicherstellten. Auch besäßen in dieser Gegend viele Häuser eigene Brunnen. Die Stadtverwaltung berief sich hier auf einen Kreditansatz, der noch gar nicht beraten, geschweige denn genehmigt war.

Es gab weitere Anträge, so von Bewohnern auf dem Lichhof an St. Maria im Kapitol zwecks Wiederherstellung der Pumpe. Sie klagten, dass die Bewohner jetzt mit Mühe und Zeitverlust am Malzbüchel, am Elogiusplatz oder an noch ferneren Pumpen Wasser holen müssten. Die unterzeichneten Nachbarn hatten Geld gesammelt, um eine Pumpe errichten zu lassen, und baten um einen Zuschuss. Die jetzige Lage sei bei einem Feuerausbruch gefährlich. Auch wäre der Brunnen eine Zierde für die von Besuchern besichtigte Kirche St. Maria im Kapitol.[66] Die Verwaltung lehnte aber einen Zuschuss wegen erschöpfter Geldmittel ab und sprach dem Projekt, ebenso wie im zuvor behandelten Fall, ein dringendes Bedürfnis ab.[67]

Einige Tage später, am 20. September 1836, beantragten Anwohner der Wollküche die Wiederherstellung der beiden Pumpen an der Reitschule und an der Bäckergaffel; trotz mehrmaliger Meldung an die Polizei sei nichts erfolgt. Jetzt müssten die Bewohner in die Schildergasse nach St. Agatha oder auf dem Neumarkt Wasser holen, auch sie fürchteten eine etwaige Feuersbrunst. Der Ober-

64 Brunnenakte (Anm. 5), Bl. 129, Schreiben vom 27. August 1836; als Unterzeichner fehlt hier von Mylius. Die Beschwerde war überflüssig, da von Greß schon am Vortag, dem 26. August, eine Meldung über den Schaden gemacht hatte und der Polizeidirektor die Beschwerde bereits an das Oberbürgermeisteramt abgegeben hatte.

65 Brunnenakte (Anm. 5), Bl. 134.

66 Brunnenakte (Anm. 5), Bl. 132; Präsentatvermerk vom 25. August 1836.

67 Brunnenakte (Anm. 5), Bl. 149; Entwurf von der Hand von Wittgensteins mit Datum 6. Oktober 1836.

bürgermeister solle dahin wirken, die Pumpen wiederherstellen zu lassen.[68] Die Bitte des Kirchenvorstands von St. Maria im Kapitol zur Instandsetzung der Pumpe am Eingang zum alten Kapitelhaus und Pfarrgebäude lehnte das Oberbürgermeisteramt allerdings ab, da der Brunnen in einem verschließbaren, der Kirche gehörenden Gebäude stehe und somit nicht als öffentliche Einrichtung angesehen werden kann.[69]

Die Stadt hatte die aussichtslose Schlacht verloren. Aber sie gab immer noch nicht auf. In einem umfangreichen Bericht an die Regierung stellte Oberbürgermeister Steinberger am 6. Oktober nochmals seine Sicht der Dinge dar.[70] Er weist den Vorwurf der Untätigkeit zurück. Die Verwaltung habe bereits 21 schadhafte Pumpen reparieren lassen. Bei der Beschränktheit der Mittel könne er nur die Pumpen herstellen lassen, die dem allgemeinen Interesse, nicht der Bequemlichkeit der Nachbarschaften dienten. Das gelte auch für die Pumpe am Hause des Gerichtsjustizrats von Mylius; denn die benachbarten Pumpen seien vollkommen hinreichend.

Schließlich beriet am 13. Dezember 1836, nach ausführlichem Referat des Beigeordneten von Wittgenstein, der Rat die neue Lage.[71] Nach Vortrag der verschiedenen Verfügungen von Regierung und Polizei legte von Wittgenstein dar, dass die Stadt bisher nahezu 30 Pumpen in einem Kostenumfang von insgesamt ca. 1500 Talern repariert habe. Das Stadtbauamt sei angewiesen worden, mit dem jeweiligen Brunnenmeister einen Vertrag abzuschließen, in dem eine Garantie für die „Güte und Dauerhaftigkeit der Arbeit" gegeben und die Verpflichtung eingegangen werden müsse, für die Dauer von zwölf Jahren und für eine mäßige Summe Reparaturen auszuführen und stets den „wassergebenden Zustand" zu erhalten. Da die Ausgaben bisher ohne Zustimmung des Rates erfolgt seien, müsse nun entschieden werden, ob weiterhin die Kosten von den Brunnennachbarschaften aufgebracht werden sollten oder ob der Rat gewillt sei, die Reparaturkosten auf das Gemeindebudget zu übernehmen. Von Wittgenstein überschlug den ungefähren Kreditansatz: Nach einem neuen, von der Polizei aufgenommenen Verzeichnis seien 108 Pumpen und 44 Brunnen auf den öffentlichen Straßen und Plätzen vorhanden. Wenn man von zwölf Reparaturen à 50 Taler pro Jahr ausgehe (= 600 Taler) und von sechs Talern jährlich pro Pumpe und drei Talern jährlich pro Brunnen für die Unterhaltung (= 780 Taler), also von jährlichen Ausgaben in Höhe von insgesamt 1380 Talern,

68 Brunnenakte (Anm. 5), Bll. 140 f., Eingabe vom 20. September 1836.
69 Brunnenakte (Anm. 5), Bll. 145 f., 148.
70 Brunnenakte (Anm. 5), Bll. 143 f. Selbstverständlich war auch dieses Schreiben von von Wittgenstein entworfen.
71 Brunnenakte (Anm. 5), Bll. 158–160; Protokoll der Ratssitzung von der Hand von Wittgensteins.

so benötige die Verwaltung neben dem bisherigen Ansatz von 800 Talern für Kanäle und Brunnen – davon 600 Taler für die Kanäle – einen zusätzliche Kredit in Höhe von 1200 Talern. Zur Gegenfinanzierung schlug von Wittgenstein vor, „eine verhältnismäßige Erhöhung“ des Zuschlags auf die Grundsteuer ab dem 1. Januar 1837 vorzunehmen.[72] Diesem Vorschlag folgte der Rat; er hielt die Durchsetzung des Leinenzug-Verfahrens für unmöglich und für unzweckmäßig. Der erforderliche Kredit sollte bei der nächsten Beratung des städtischen Budgets bestimmt werden. Am 22. Dezember 1836 genehmigte die Regierung diesen Beschluss.[73]

Gemeinschaftsbrunnen in benachbarten Städten

Aber die Stadtverwaltung hatte den Kampf immer noch nicht aufgegeben, sei es auch nur, um eventuellen Widerständen im Rat begegnen zu können. Beigeordneter Heinrich von Wittgenstein wandte sich am 5. September 1836[74] an die Städte Düsseldorf, Bonn und Neuss und bat um Aufklärung über die Instandhaltung der Pumpen, über die Praxis der Finanzierung – durch Nachbarschaften oder durch den Gemeindehaushalt – sowie über eventuelle gesetzliche Grundlagen.

Der Bonner Bürgermeister Johann Windeck bestätigte allgemein die Kölner Praxis und die Heranziehung der Brunnennachbarschaften zu den Unterhaltungskosten. Eine gesetzliche Grundlage konnte er nicht benennen. Alles beruhe auf altem Brauch; wenn der aber angefochten würde, dann, so Windecks realistische Einschätzung, dürfte „die Sache als eine Kommunalanstalt der Gemeinde zur Last fallen“.[75] Aus Neuss berichtete der Bürgermeister Carl Loerick von zwei auf dem öffentlichen Markt stehenden Wasserpumpen, die auf Kosten der Stadt gebaut worden waren. Bei allen anderen Pumpen seien wie in Köln die Nachbarschaften gefordert. Zu Neubauten und aufwendigen Reparaturen gäbe die Stadt auf Antrag einen freiwilligen Beitrag, der vom Rat beschlossen und von der Regierung „noch immer genehmigt worden sei“.[76] Auch hier gäbe es keine gesetzlichen Bestimmungen, und es habe noch keine Fälle gegeben, in denen sich jemand dieser Bürgerpflicht entzogen habe.

72 Brunnenakte (Anm. 5), Bl. 159v: Die Verwaltung schlug diese Steuer vor, weil die Grundsteuer nur mit 30 Prozent belastet sei, während von der Mahl- und Schlachtsteuer 40 Prozent Beischlag erhoben würden. Auch würde das Grundeigentum, soweit es den Hausbesitz betrifft, von den bisherigen Beiträgen zu den Brunnenreparaturen befreit.

73 Brunnenakte (Anm. 5), Bl. 163.

74 Brunnenakte (Anm. 5), Bl. 133.

75 Bunnenakte (Anm. 5), Bl. 135, Schreiben undatiert, Präsentatsvermerk 13. September 1836.

76 Brunnenakte (Anm. 5), Bl. 136, Schreiben vom 13. September 1836.

Am umfangreichsten war das Schreiben des Oberbürgermeisters von Düsseldorf, Joseph von Fuchsius.[77] Er berichtete, dass aus den Akten nicht ersichtlich sei, ob die Straßenpumpen auf Kosten der Gemeinde oder von den früher bestandenen Nachbarschaften errichtet wurden. Die Unterhaltungskosten würden jetzt aber aus dem Gemeindehaushaltsfonds bestritten und schon 1780 sei mit einem Düsseldorfer Pumpenmacher über die Instandhaltung der Pumpen ein Vertrag geschlossen worden, demzufolge die Kosten aus der Gemeindekasse bezahlt wurden. Dann ging Fuchsius doch noch auf die Nachbarschaften und deren Verpflichtungen ein: Sie betrafen aber nicht die Brunnen und Pumpen, sondern andere nachbarschaftliche Verpflichtungen. So mussten sie sich im Sterbefall eines Nachbarn in dessen Haus einfinden, das Geläut für den Verstorbenen verrichten und die Leiche zur Grabstelle begleiten. Hinsichtlich der Brunnen im Winter hatten sie die Pumpe gegen Zufrieren zu schützen und mit Mist abzudecken, die Brandkübel bei Kälte zu leeren und im Frühjahr wieder mit Wasser zu füllen. Auch waren sie verpflichtet, zur Instandhaltung der in ihrem jeweiligen Distrikt befindlichen Pumpe für jede Pumpe zwei Taler und 30 Stüber jährlich an die Stadtkasse zu zahlen. Diese Nachbarschaften bestanden „seit undenklichen Zeiten“, schriftliche Urkunden seien darüber aber nicht vorhanden; sie gründeten sich nur auf Herkommen und Observanz. Die Mitglieder wurden in Diensttuende und freie Nachbarn eingeteilt; letztere hatte wegen ihrer Befreiung von den Verpflichtungen einen jährlichen Beitrag von 40 Stüber zu entrichten. Als in späteren Jahren die Brandkübel angeschafft wurden und die Leichen mit Leichenwagen zur Grabstelle gebracht wurden, verweigerten hin und wieder die „freien Nachbarn“ die Einzahlung der Beiträge. Da keine gesetzlichen Bestimmungen vorlagen, auf deren Grund sie hätten angehalten werden können, wurden die Beiträge zur Unterhaltung der Pumpen unregelmäßig und nur zum Teil eingezahlt, „und die Nachbarschaften gingen allmählich ihrer gänzlichen Auflösung entgegen.“ Der Stadtrat habe daher 1833 beschlossen, die rückständigen Beiträge niederzuschlagen und diesen Einnahmeposten nicht mehr in das Gemeindebudget aufzunehmen. „In diesem Augenblick bestehen diese Nachbarschaften hier nicht mehr“, bemerkte Fuchsius abschließend. Nach dieser Aussage hatte die Stadtverwaltung Düsseldorf gegenüber Köln doch schon einen moderneren Zuschnitt in der Heranziehung der Bürger zu den allgemeinen Kommunallasten.

77 Brunnenakte (Anm. 5), Bll. 137 f., Schreiben vom 12. September 1836.

Einige Aspekte der städtischen Brunnenunterhaltung 1836 bis 1880

Erste Instandsetzungsarbeiten 1836–1849

Bis zur endgültigen Übernahme aller Zuständigkeiten für Brunnen und Pumpen im Jahre 1836 lassen sich nur wenige Belege finden, nach denen Ausbesserungen an Pumpen und Brunnen aus öffentlichen Mitteln vorgenommen wurden.[78] So beginnen die Nachrichten über die Wartung und die Instandsetzungsarbeiten eigentlich erst mit dem Jahre 1836. Für dieses Jahr wurde in der Stadtchronik des Stadtsekretärs Johann Peter Fuchs vermerkt[79], dass die Reparatur vieler öffentlicher Pumpen eine bedeutende Ausgabe verursacht habe, die wegen der beschränkten Finanzmittel sehr fühlbar gewesen war; früher seien diese Ausgaben von den Anwohnern getragen worden. Auch waren wegen fortwährender Instandhaltung der Pumpen Verträge mit verschiedenen Pumpenmachern abgeschlossen worden. Zwei Jahre später teilt die gleiche Quelle mit, dass auf dem Kleinen Griechenmarkt eine neue Pumpe errichtet wurde und dass die Pumpe auf dem Fischmarkt zwecks Erleichterung der Zugänglichkeit an das neue Lagerhaus versetzt worden sei.[80] Und für das Jahr 1840 wird erwähnt, dass mehrere neue öffentliche Pumpen angelegt wurden, davon zwei in der Sternengasse.[81] Erst für 1844 werden die Angaben ausführlicher. Auf dem Apostelkloster wurde eine Pumpe erneuert, auf dem Entenpfuhl und auf Unter Krahnenbäumen zwei Brunnen mit eisernen Pumpen errichtet und weitere Pumpen auf dem Marsplatz, auf dem Altermarkt, in der Telegraphenstraße, in der Ehrenstraße und der Marspfortengasse angelegt. Hierfür brachte die Verwaltung einschließlich der Herstellung einiger Abflusskanäle knapp 930 Taler auf.[82] Für das Haushaltsjahr 1845 wurden für den Etattitel „Kanäle und Brunnen“ Mehrausgaben von rund 2545 Talern festgestellt, davon für die Vertiefung von Brunnen 314 Taler, für die Herstellung von Kanälen und Brunnen einschließlich eines Brunnens auf dem Gülichplatz 885 Taler, für den Ersatz von vier Blei- durch Eisenpumpen 944 Taler und für die Aufstellung einer Drehpumpe Ecke Filzgasse 401 Taler.[83]

78 Fuchs, Chronik (Anm. 6), 1816–1818, S. 60. Hier wird in dürren Worten mitgeteilt, dass „der Ausbau mehrerer in Unstand geratener Brunnen durchgeführt wurde“.
79 Fuchs, Chronik (Anm. 6), 1836, S. 11 f.
80 Fuchs, Chronik (Anm. 6), 1836, S. 11 f.
81 Fuchs, Chronik (Anm. 6), 1840, S. 18.
82 Fuchs, Chronik (Anm. 6), 1844, S. 11.
83 Sammelband der Etats und Ratsverhandlungen 1845–1848 (Universitäts- und Stadtbibliothek Köln, USB Sig. RHR 1373 1845–1848), hier: 1846, S. 14.

Zwei Jahre später trug Oberbürgermeister Steinberger in der Ratssitzung vom 10. Juli 1846 eine Reihe von Anträgen zur Einrichtung öffentlicher Pumpen vor. Der Rat hielt wegen möglicher Brandbekämpfung folgende Anlagen für notwendig und dringend erforderlich: die Anbringung von Pumpen auf dem Brunnen in der Großen Spitzengasse, südlich vom Holztor an der Stadtmauer und auf dem in der Fasssade Witschgasse 8 eingebauten Brunnen, eine Drehpumpe auf dem alten Ziehbrunnen in der Mitte des Perlengrabens, Pumpen auf den Ziehbrunnen am Platz an der Linde vor St. Kunibert und Unter Kahlenhausen. Weiterhin genehmigte der Rat einen Brunnen mit Pumpe an der Ecke Goldgasse/Johannisstraße. Bei den Anlagen Witschgasse und Unter Kahlenhausen wurden die von den Nachbarn angebotenen Beiträge eingezogen.[84] Alle weiteren von Steinberger eingebrachten Anträge wurden vertagt. Für das folgende Jahr vermerkte Fuchs in seiner Stadtchronik nur summarisch, dass zehn öffentliche Pumpen neu angelegt und auf elf Brunnen neue gusseiserne Pumpen gesetzt wurden.[85]

Die Reparaturen der Jahre 1848/1849 standen bereits im Zeichen der großen Wirtschaftskrise und der hohen Arbeitslosigkeit. Sie wurden insofern vom Rat auch als Maßnahmen zur Arbeitsbeschaffung genehmigt. In Revolutionsjahr 1848 wurde für die Unterhaltung der Kanäle und Brunnen insgesamt die ansehnliche Summe von 5700 Talern ausgegeben, unter anderem für den Bau von vier neuen Brunnen mit Pumpen und für den Ersatz von defekten Pumpen durch neue gusseiserne Modelle, teils Dreh-, teils Säulenpumpen.[86] Im folgenden Jahr erhöhten sich die Ausgaben allein für Brunnen und Pumpen auf über 7000 Taler. Mit dieser Summe wurden zehn neue Brunnen mit Pumpen angelegt und weitere 50 Pumpen erneuert. Auch diese Arbeiten standen im Zeichen der Bekämpfung der großen Arbeitslosigkeit wie der revolutionären Unruhen.[87]

Damals, in den 1840er Jahren, erlebte Köln eine Phase starker Bautätigkeit und umfangreicher Grundstücksspekulation, die zu einer Erschließung und Bebauung der umfangreichen innerstädtischen Freiflächen führte. Dieser wirtschaftliche Aufschwung, der bald in eine Bau- und Spekulationskrise mündete,

84 Sammelband (Anm. 83), 1846, S. 15.

85 Fuchs, Chronik (Anm. 6), 1847, S. 24.

86 Fuchs, Chronik (Anm. 6), 1848, S. 43. Es handelte sich um je eine Drehpumpe auf dem Perlengraben und in der Machabäerstraße, neue Brunnen mit Pumpen in der Poststraße, Unter Kahlenhausen, Albertusstraße und Norbertstraße, eine Pumpe in der Zollstraße sowie drei Säulenpumpen in der Landsbergstraße, im Sionsthal und in der Wilhelmstraße.

87 Fuchs, Chronik (Anm. 6), 1849, S. 14. Neue Brunnen mit Pumpen wurden errichtet in der alten Wallgasse, Auf Aposteln, Alte Mauer, am Marsilstein, in der Maximinenstraße, Reinoldstraße, Im Martinsfeld, in der Michaelstraße, Helenenstraße, im Sassenhof und in der Nächelsgasse. Die Standorte der erneuerten 50 Pumpen wurden nicht erwähnt.

motivierte die Stadtverwaltung dazu, die Anlagen neuer Brunnen und Pumpen von den in diesen Jahren entstandenen Bau- und Erschließungsgesellschaften durchführen zu lassen. Als im Rahmen der großen Bauspekulation neue Straßenzüge angelegt wurden, unterwarf die Verwaltung die Unternehmer vertraglichen Verpflichtungen, z. B. die Kosten für öffentliche Brunnen und Pumpen in den neuen Straßen nach Vorgabe des Stadtbaumeisters zu übernehmen und in den Häusern private Brunnen in regelmäßigen Abständen einzurichten. So verhandelte der Rat am 15. April 1845 über ein Straßenprojekt zur Verlängerung der Apostelnstraße und zur Anlage einer Querstraße nach der Wallstraße hin, also über die Anlage der Albertus- und der Magnusstraße.[88] Ein Jahr später wurde unter ähnlichen Bedingungen die Anlage einer Straße von der Wallstraße zum Friesenwall genehmigt.[89] So wurde stets verfahren, auch bei der Verbindungsstraße vom Eigelstein zur Domstraße[90], bei der Anlage einer Straße von der Hohe Pforte zum Krummen Büchel[91] oder bei einer Verbindung vom Blaubach zum Großen Griechenmarkt mit einer Seitenstraße nach der Hundsgasse.[92] Am 22. April 1846 beriet der Rat über ein Projekt von drei neuen Straßen mit einem in der Mitte gelegenen freien Platz zwischen Huhns- und Taubengasse, also auf dem Gelände des ehemaligen Wolferhofes, mit der Auflage, die Kosten der nach Anweisung des Stadtbaumeisters anzulegenden vier öffentlichen Brunnen und Pumpen zu übernehmen, und zwar auf 100 Fuß wenigstens zwei Pumpen vorzusehen und Privatpumpen im Inneren der Häuser einzuplanen.[93] Noch ein Beispiel: Am 12. Mai 1846 wurde der Vertrag mit der Köln-Bonner Eisenbahn-Gesellschaft genehmigt zur Schaffung des Pantaleonsbahnhofs, laut dem die Stadt der beantragten Beseitigung von drei Brunnen/Pumpen zustimmte und der Gesellschaft die Kosten der Erstellung von fünf neuen Brunnen/Pumpen auferlegte.[94]

Übernahme der Brunnen in öffentliche Hand

Trotz der Verfügung der Regierung, die der Stadt die Pflicht zur Unterhaltung der Brunnen und Pumpen auferlegt hatte, lebten einige Brunnengemeinschaften noch mehrere Jahre weiter. Der Beigeordnete Sonoré berichtete in der Ratssitzung vom 16. Februar 1849 von einer solchen Brunnennachbarschaft in

88 Sammelband (Anm. 83), 15. April 1845, S. 7.
89 Sammelband (Anm. 83), 23. Juni 1846, S. 12.
90 Sammelband (Anm. 83), 19. Januar 1846, S. 9.
91 Sammelband (Anm. 83), 28. November 1845, S. 7.
92 Sammelband (Anm. 83), 16. August 1845, S. 9.
93 Sammelband (Anm. 83), 1846, S. 5.
94 Sammelband (Anm. 83), 12. Mai 1846, S. 6.

der Buschgasse, in der südlichen Altstadt gelegen, die gegen das Verhalten des Landgerichtsrats Haass protestierte: Dieser hatte eine straßenwärts gelegene Öffnung seines „Schöpfbrunnens", der auf seinem Grundstück lag, abgeschlossen und den Anwohnern die „bisher frei und berechtigt gewesene Mitnutzung entzogen". Sonoré stellte im Rat den Antrag, gegen Haass gerichtlich vorzugehen, konnte sich aber mit dieser Forderung nicht durchsetzen.

Der Verwaltung war daran gelegen, das Eigentum an den Brunnen zu erwerben. So wurden die Nachbarbrunnen allmählich von der Stadt – meist unentgeltlich – übernommen. Das galt auch für die Pumpen. So beantragte z. B. der Beigeordnete Rennen am 23. Februar 1865[95], die Pumpe in der Eulengartengasse Nähe St. Kunibert, die keine öffentliche, sondern eine nachbarschaftliche Pumpe war, in städtisches Eigentum zu übernehmen. Die Pumpe werde, so Rennen, stark benutzt und unterliege vielen Reparaturen, deren Kosten bisher von den Nachbarn getragen würden. Diese hatten die Übernahme durch die Stadt beantragt. Rennen befürwortete den Antrag, bei gleichzeitiger Bewilligung von 50 Talern zwecks Instandsetzung. Der Rat folgte diesem Antrag. Noch im Jahre 1884 berichtete Oberbürgermeister Hermann Becker mit bewegten Worten über diesen Brunnen und einen „vor kurzem" übernommenen Nachbarschaftsbrunnen An den Vier Winden.[96]

Neben der Übernahme von Nachbarbrunnen lag der Stadt auch daran, Gemeinschaftsrechte an Brunnen zu erwirken, die bisher nicht in allgemeiner Nutzung waren, die aber der Öffentlichkeit zugänglich gemacht werden sollten. Das galt z. B. für Brunnen, die in die Fluchtlinie von Straßen hineinragten. Ein gemeinschaftliches Eigentumsrecht wurde auch bei einem Brunnen Unter Fettenhennen erworben, der zur Dompropstei und einer Domherrnkurie gehörte.[97] Auch noch zehn Jahre später waren nicht alle Eigentumsfragen gelöst. So stimmte der Rat im Jahre 1875 einem Vergleich der Verwaltung mit dem Eigentümer des Hauses Bayenstraße 47a zu, um ein Mitspracherecht über einen Brunnen mit öffentlicher Pumpe zu erlangen, da der Brunnen, unter diesem Hause gelegen, auch nur von dort bestiegen werden konnte.[98]

Bei der Instandhaltung, auch beim Bau neuer Brunnen, traten vielfältige Schwierigkeiten auf. So konnte z. B. der Brunnen Am Salzrümpchen, einer Brauerei An der Rechtsschule zugehörig, nicht an der bisherigen Stelle belassen bleiben, da die Anwohner sich über die schlechte Wasserqualität beschwerten und angeboten hatten, die Kosten der Verlegung in die Drususgasse zu über-

95 Verhandlungen der Stadtverordnetenversammlung zu Köln, 23. Februar 1865, S. 35.
96 Verhandlungen (Anm. 95), 17. Juli 1884, S. 177. Die Kreuzung der Hohe Straße mit der Brückenstraße bzw. Obenmarspforten hieß „An den vier Winden".
97 Verhandlungen (Anm. 95), 6. April 1865, S. 43 f.
98 Verhandlungen (Anm. 95), 4. Februar 1875, S. 32.

nehmen. Bei einer späteren Rückfrage war das Angebot von den Interessenten zurückgenommen worden. Später wurde festgestellt, dass an dem vorgesehenen neuen Standort möglicherweise Aborte gestanden hatten. Rat und Verwaltung traten daraufhin von dem Vorhaben zurück. Bei einem bereits bewilligten Brunnen Auf dem Rothenberg ergab sich der Tatbestand, dass unter der Straße ein Keller entdeckt wurde und dass der Eigentümer das Graben des Brunnens und die Führung des Pumpwerks durch seinen Keller nur gegen eine Entschädigung gestatten wollte. Die Verwaltung scheute den Gang zum Gericht, da sie vom Prozessausgang kein für sie günstiges Urteil erwartete. So schlug sie dem Rat vor, das Hindernis durch Annahme der Entschädigungsforderung aus dem Weg zu räumen.[99]

Noch immer versuchte die Verwaltung, die Anwohner zu bewegen, freiwillig Beiträge zu Reparaturen zu leisten. So kamen die Anwohner der Straße Am Sassenhof diesem Ansuchen nach, während die Bewohner der Helenenstraße und des oben erwähnten Rothenbergs sich einem solchen Ansinnen verweigerten. Trotzdem stimmte der Gemeinderat auch im Verweigerungsfall für die Anlagen und die Übernahme der Kosten.[100]

Die Erhaltung und Erneuerung der Brunnen und Pumpen beschäftigte Rat und Verwaltung auch in den zwei Jahrzehnten ab 1850. Ab 1851 stellte die Verwaltung jährlich im Haushalt 3000 Taler für die Erneuerung und Anlage von Kanälen, Brunnen und Pumpen aus einer Millionen-Anleihe bereit. Der Haushaltsansatz stieg von 4000 Talern (1864) auf 4600 Taler (1871) und belief sich nach der Umstellung auf die Reichsmark auf 15.200 Mark (1876). Die genaue Summe für die Brunnenarbeiten und Pumpenerneuerungen lässt sich nicht beziffern, da sie im Etat nicht von den Aufwendungen für die Abflusskanäle zu trennen sind. Aber das Thema hielt aufgrund der komplizierten rechtlichen Lage und des labilen baulichen Zustands der Brunnen Verwaltung und Rat fest im Griff.

Die rechtliche Lage der Brunnen musste stets einzeln geprüft werden. Bei der Diskussion im Jahre 1851 um die Erhaltung eines fast verfallenen Brunnens in der Weißbüttengasse am Hause Nr. 9 – einer heute verschwundenen Verbindungsstraße vom Waidmarkt zum Blaubach – wurde das Miteigentumsrecht der Stadt berührt. Da eine Wiederherstellung nicht erforderlich war, stimmte der Rat einer Beseitigung des Brunnens zu, soweit der andere Eigentümer des Hauses Weißbüttengasse 9 das auf dem Grundstück liegende städtische Servitut mit 50 Talern ablöste.[101] Danach erfolgte aber nichts; denn drei Jahre später

99 Verhandlungen (Anm. 95), 29. November 1849, S. 186 f.; 13. Dezember 1849, S. 207 f.
100 Verhandlungen (Anm. 95), 4. Oktober 1849, S. 131.
101 Verhandlungen (Anm. 95), 27. November 1851, S. 238.

erkundigte sich der Unternehmer und Stadtverordnete Robert Peill nach dem Stand der Angelegenheit und erfuhr vom Beigeordneten Rennen, Nachbarn hätten gegen den früheren Beschluss Protest erhoben. Der besagte Brunnen sei ein „Nachbarbrunnen“, an dem sie Eigentumsrechte besäßen. Sie, die Protestler, seien dann – so Rennen – von der Verwaltung aufgefordert worden, „ihr Eigentum in Stand setzen zu lassen, wozu sie sich schwerlich entschließen dürften, so dass die Sache auf diese Weise voraussichtlich zum Schlusse gelangen würde“. Eine echt kölsche Lösung.[102] Doch die Sache ging noch weiter: Am 7. Dezember 1854 unterrichtete Rennen den Rat, der Brunnen sei nunmehr so zerfallen, dass die Straße gesperrt werden musste. Die Nachbarn weigerten sich, zu den Kosten für den neuen Brunnen beizutragen und würden lieber auf den alten Brunnen ganz verzichten. Und der Eigentümer des Hauses habe nun erklärt, 100 Taler für einen neuen Brunnen, eventuell auf dem Waidmarkt, beitragen zu wollen, wenn der alte auf Kosten der Stadt zugeschüttet würde. Ein Beschluss wurde nicht gefasst, da noch Verhandlungen mit dem Eigentümer über das Material der Zuschüttung ausstanden.[103]

In der Sitzung vom 23. März 1854 beriet der Rat über einen Brunnen vor dem Hause Rotgerberbach 19, bei dem sich aufgrund seiner Baufälligkeit – der Brunnenkessel war ausgebaucht – eine Instandsetzung nicht lohnte. Man beschloss eine Verlegung an eine verkehrsmäßig günstigere Stelle, da die Anwohner sich erboten hatten, auf ihre Kosten einen neuen Brunnen herzustellen.[104] Am Schluss der ersten Diskussion beklagte der Stadtverordnete Kaufmann Johannes Schemmer, dass das „Projekt der Anlage einer künstlichen Wasserleitung, welche alle derartigen Arbeiten überflüssig machen würde, nicht weiter verfolgt zu werden scheine“. Rennen räumte ein, dass zum derzeitigen Zeitpunkt die Gründung eines solches Unternehmens, das nur auf Aktien errichtet werden könne, nicht durchführbar sei, dass die Verwaltung das Projekt aber weiterverfolgen werde. Am 22. Juni 1854 stand der Brunnen wieder zur Diskussion; der Beigeordnete Rennen berichtete, dass bei den benachbarten Hauseigentümern nur 60 Taler von zwei Nachbarn eingegangen

102 Verhandlungen (Anm. 95), 21. September 1854, S. 281.
103 Verhandlungen (Anm. 95), 7. Dezember 1854, S. 405.
104 Verhandlungen (Anm. 95), 23. März 1854, S. 119 f. In der Beratung wurde eine von Anton Hospelt geäußerte Bemerkung, dass die Anwohner zum Beitrag gezwungen worden seien, was er wegen des schlechten Zustands des Brunnens für unbillig halte, von der Verwaltung bestritten. Der Zuschuss sei freiwillig angeboten worden. In dieser Ratssitzung sprach der Fabrikant Georg Heuser die Notwendigkeit der Beschaffung von Pissoirs an, wie sie auch in anderen Städten bereits beständen, um die „in vielen Straßen hiesiger Stadt bestehenden Schmutzwinkel zu beseitigen“. Rennen hielt es wegen des Mangels an Kanälen für sinnvoll, „an verdeckten Stellen Fässer aufzustellen“, und hinsichtlich der Entleerung einen Vertrag mit einem Unternehmer abzuschließen.

seien; das führte zu Diskussionen über den Antrag der Baukommission, den Geldbetrag anzunehmen und die Anlage von Brunnen und Pumpen auf städtische Kosten zu übernehmen.[105] In einer hitzigen Debatte über das Für und Wider einer neuen Brunnenanlage, geführt zwischen den Stadtverordneten Wilhelm Anton Hospelt, Jacob Horst, Advokatanwalt Nikolaus Zimmermann und Zuckerfabrikant Carl Joest, nahm der Rat den Neubauvorschlag der Baukommission an.

Verlegung von Brunnen

Die meist nahe den Häuserfronten liegenden Brunnen und die von dort abgeleiteten Pumpen waren für die Hauseigentümer eine Belästigung. Die Geräusche, die die Pumpen beim Betrieb erzeugten und die von den wasserholenden Nachbarn und deren Dienstleuten mit ihren Gesprächen und Unterhaltungen verursacht wurden, bereiteten den Hausbesitzern oft wenig Freude und Vergnügen. Auch befürchteten die Eigentümer, dass das auf das Trottoir fließende Wasser allmählich das Erdreich aufweichen und in das Hausgemäuer eindringen könnte. Im Winter stellten sie wegen der Glatteisbildung eine ständige Gefahr von Stürzen und Beinbrüchen dar. So gab es immer wieder Bestrebungen einzelner Hausbesitzer, besonders auch von Geschäftsleuten, eine Verlegung der Brunnen und Pumpen aus der unmittelbaren Nähe ihres Hauses oder Geschäfts zu beantragen. Für die Neueinrichtung an anderer Stelle gaben sie gelegentlich unsichere Zusagen hinsichtlich der Kostenübernahme. Ein solcher Antrag des Anwohners Rings in der Weißbüttengasse zog sich wegen Widerspruchs von Nachbarn hin, die Eigentumsrechte an dem Brunnen erhoben (1854). Wie oben berichtet, wurden sie nun aufgefordert, den ruinösen Brunnen in Ordnung zu bringen. Schließlich wurde er aus Verkehrsgründen beseitigt und auf dem Waidmarkt errichtet. Wegen einer Sanierung des Mühlenbachs (1855) musste der Brunnen, der mitten in der Straße lag, an die nördliche Straßenseite verlegt werden. Eine Zusage von Kaufleuten, bei Verlegung der Pumpe an eine andere Stelle die Kosten zu übernehmen, wurde vom Rat abgelehnt. Begründung: Die Stadt könne nicht zulassen, dass Hauseigentümern die Möglichkeit gegeben werde, sich den Unannehmlichkeiten einer Pumpe vor ihrem Hause nur aufgrund ihrer Vermögensverhältnisse zu entziehen. Aber konsequent wurde diese Richtlinie nicht angewandt. So wurde der Verlegung eines Brunnens mit Pumpe am Rothgerberbach 19 an die nordwestliche Ecke der Weidenbachstraße zugestimmt (1854). Die Anwohner sagten einen freiwilligen Zuschuss zu. Die Umlegung wurde trotz geringer Zuschüsse genehmigt.

105 Verhandlungen (Anm. 95), 22. Juni 1854, S. 202 f.

Der Stadtverordnete Carl Joest formulierte es damals so: Die Gemeinde habe die Verpflichtung, für Pumpen zu sorgen, die Wasser abgeben. Auch 1857 stimmte die Stadt einer Brunnenverlegung in der Domstraße zu gegen Kostenübernahme durch den Grundstückseigentümer, bei dessen geplantem Hausbau sonst der Brunnen gegenüber der Haustüre gelegen hätte. 18 Jahre später stimmte der Rat einer Verlegung eines Brunnens vor dem Hause Follerstraße Nr. 89/91 erst zu, nachdem die Hauseigentümer sich einer Kostenbeteiligung unterworfen hatten.[106] Auch bei der Brunnenverlegung auf Unter Sachsenhausen war die Genehmigung von einer Beitragsleistung zur neuen Pumpe abhängig gemacht worden. Als die Verwaltung 1877 vorschlug, die bisher an der Fassade eines Hauses in der Schartgasse befestigte Bleipumpe durch eine Ständerpumpe zu ersetzen, erinnerte der Stadtverordnete Kaufmann Wilhelm Kaesen daran, dass früher, wenn der Hauseigentümer von der „Belästigung einer Pumpe an der Fassade des Hauses liberiert [= befreit] worden sei, derselbe einen ansehnlichen Beitrag zu den Kosten der Versetzung geleistet habe". Rennen entgegnete, dass es sich hier um den Fall einer Verlegung der Baufluchtlinie handele.[107] Es wurde also von Verwaltung und Rat immer von Fall zu Fall entschieden. Kritisch sah der Rat die Sache, wenn die Verwaltung eine Pumpe von einem städtischen an ein privates Grundstück verlegen wollte. So erfolgte eine größere Diskussion, als Rennen dafür eintrat, eine Pumpe von dem städtischen Grundstück In der Höhle 42 wegen einer Erweiterung der Martinstraße an ein anderes, privates Grundstück zu verlegen. Der Anwalt Böcker sprach sich energisch gegen diesen Antrag aus. Er könne es nicht gutheißen, dass die Stadt sich selbst eine Last vom Halse schaffe, um sie Privatleuten aufzubürden. Die Verlegung könne nur an ein öffentliches Gebäude erfolgen, seines Erachtens auch an den Gürzenich. Kein Privateigentum dürfe beschädigt werden.[108]

Aber die Anbringung einer Pumpe an einem Haus wurde nicht durchgängig negativ gesehen. Der Maurermeister Pallenberg sah seinerzeit durchaus Vorteile. So beantragte er im Jahre 1847 eine öffentliche Pumpe im Altengraben (Eintrachtstraße), wollte die Anlage des Brunnens finanziell übernehmen und die halben Kosten für die Pumpe beisteuern, falls sie an seinem Hause angebracht wurde. Sein Antrag wurde genehmigt.[109]

106 Verhandlungen (Anm. 95), 22. Juli 1875, S. 180.
107 Verhandlungen (Anm. 95), 11. Oktober 1877, S. 281.
108 Verhandlungen (Anm. 95), 11. Oktober 1866, S. 202.
109 Sammelband (Anm. 83), 16. April 1847, S. 11.

Brunnenorganisation und Fortifikationsbehörde

Immer noch war es die Polizeibehörde, die aus feuerpolizeilichen Gründen stets auf einer genügenden Anzahl von Brunnen und Pumpen bestand. So bemängelte sie noch 1880, dass zwischen dem Blaubach und der Severinstraße keine ausreichende Wasserversorgung vorhanden sei. Sie forderte eine neue Pumpe auf dem Perlengraben südlich neben dem Ausgang zur Großen Spitzengasse.[110] Diese Forderungen fußten auf ordnungs- und feuerpolizeilichen Vorgaben, die dem allgemein verständlichen Wunsch nach Beseitigung von Brunnen kaum Raum ließ. Denn bei einer Stadt wie der Festungsstadt Köln gab es neben polizeilichen auch militärische Forderungen. Der Oberbürgermeister Hermann Becker erklärte in einer Ratssitzung am 31. August 1876: Es sei erklärlich, dass Hauseigentümer die Entfernung der vor ihren Häusern befindlichen Pumpen wünschten. Allein die Stadt wäre bekanntlich der Festungsbehörde gegenüber die Verpflichtung eingegangen, die Zahl der vorhandenen öffentlichen Brunnen zu erhalten. Beseitigte Brunnen müssten an anderer Stelle wieder angelegt werden.[111] So argumentierte auch die Baukommission anlässlich eines Antrags im gleichen Jahr zur Beseitigung des bereits öfters erwähnten Brunnens auf der Hohe Straße Nr. 111a. Öffentliche Brunnen konnten auch nicht mit Verweis auf die Existenz privater Brunnen beseitigt werden. Noch im Jahre 1880 – die Stadt baute inzwischen seit 1872 ein öffentliches Wasserversorgungsnetz auf – verwies der Stadtverordnete Emil vom Rath auf diese Verpflichtung gegenüber der Militärbehörde.[112] Die für das städtische Wasserwerk an der Alteburg angelegten Tiefbrunnen befanden sich damals noch außerhalb des Festungsringes und drohten, bei Kriegsgefahr und Belagerung in feindliche Hände zu fallen und dann für die Wasserversorgung der Einwohner und der Festungsbesatzung nicht mehr zur Verfügung zu stehen. So ergab sich die widersprüchliche Situation, dass die Stadt trotz des Aufbaus eines öffentlichen Wasserversorgungsnetzes die alte Brunnenversorgung weiterhin beibehalten musste, bis diese Verpflichtung mit der großen Eingemeindung von 1888 obsolet wurde.

110 Verhandlungen (Anm. 95), 15. Januar 1880, S. 9.
111 Verhandlungen (Anm. 95), 31. August 1876, S. 243.
112 Verhandlungen (Anm. 95), 15. Januar 1880, S. 9.

Zur Technik der Wasserentnahme

Bis in die 1840er Jahre waren die altertümlichen Ziehbrunnen in Köln noch in größerem Umfang vorhanden. Selbst 1857 besaß die Stadt noch elf Ziehbrunnen.[113] Man traf sie nur noch gelegentlich im äußeren Stadtgebiet an, so an den Wallstraßen, am Gereonswall (1857), am Thürmchenstor (1859) und in der Spinnmühlengasse (1861).[114] Sie gefährdeten die Gesundheit, da leicht Unrat und Schmutz in die nicht zugedeckten Brunnen fallen konnten; sie stellten auch eine Gefahr für Personen dar. Schon seit den 1720er Jahren waren Ziehbrunnen allmählich abgeschafft und durch Saugpumpen ersetzt worden. Als Nachfolger kamen die Pumpen auf, die an gemauerten Pfeilern befestigt waren, wie man sie heute noch am Marsplatz und Am Hof antrifft. Sie entsprachen aber in den 1820er und 1830er Jahren nicht mehr den Anforderungen, die Handel und Verkehr an die Straßen stellten, da sie Durchfahrten für Wagen behinderten und auch das Fortkommen von Personen erschwerten.[115] So waren ihre Tage gezählt.

Seit den 1850er/1860er Jahren verstärkte sich die Kritik: Man bemängelte an den Pfeilern ein „kolossale[s] ungefällige[s]“ Aussehen (s. u.), die räumliche Ausdehnung auf den Straßen und Trottoirs, auch die behinderte Aussicht auf die hinter ihnen liegenden Wohnhäuser.[116] Bei einer Diskussion im Rat am 3. März 1864 kamen die verschiedenen Argumente zum Austrag, anlässlich eines vom Stadtbaumeister Julius Carl Raschdorff erarbeiteten Vorschlags zum Neubau eines Brunnens in der Löhrgasse mit Errichtung eines steinernen Pumpenpfeilers und veranschlagten Kosten von 450 Talern. Der Unternehmer Peter Joseph Mülhens – er war ein beredter Redner, wenn das Brunnenthema auf der Tagesordnung stand – kritisierte wie so oft bei diesem Thema die hohen Kosten, der Arzt Heinrich Claessen wünschte einen Aufschub der Baumaßnahme bis zur Entscheidung über eine Pumpe auf der Burgmauer. Zuckerfabrikant Carl Joest stellte fest, dass „nirgendwo mehr solche kolossale ungefällige Pumpenpfeiler errichtet werden“, monierte auch den Preis für die bleierne Pumpe und empfahl, solche Pumpen nur in Neuss bei den bewährten Gebrüdern Knapp zu bestellen. Der Oberbürgermeister Alexander Bachem vertei-

113 Verwaltungsbericht für 1859, Verwaltungsbericht für 1858, S. 12 f. Damals besaß die Stadt insgesamt 218 öffentliche Brunnen, von denen fünf Brunnen außer Gebrauch waren: Schildergasse, St. Ursula, Rosengasse und zwei Im Ferkulum. Von den übrigen 213 Brunnen waren im März 1858 ausgetieft unter -2 am Pegel 57 Brunnen, unter -1 52 Brunnen, unter 0 62 Brunnen, unter +1 36 Brunnen, über +1 vier Ziehbrunnen.

114 Verwaltungsbericht 1857 S. 11; Verhandlungen (Anm. 95), 17.11.1859, S. 250; Verhandlungen (Anm. 95), 5. September 1861, S. 201.

115 Zum Entwurf eines Pfeilerbrunnens vgl. Klaus Müller: Köln von der französischen zur preußischen Herrschaft: 1794–1815, Köln 2005 (Geschichte der Stadt Köln 8), S. 175.

116 Verhandlungen (Anm. 95), 3. März 1864, S. 74.

digte die massive Bauweise wegen der großen Beanspruchung der Pumpe. Advokat Dr. Gottfried Aloys Böcker sprach sich für die schon früher im Rat befürworteten Drehpumpen aus, die ebenfalls in Neuss bestellt werden sollten. Und der Kaufmann Josef Peter Ströver konnte sich nicht die Vorteile eines gemauerten Pfeilers gegenüber den in Deutz installierten Pumpen mit gusseisernen Ständern erklären, bis Kaufmann August Elven ihm aufklärte, dass ein Pfeiler, in bedeutender Höhe ausgeführt, dem Pumpenschwengel eine größere Länge verleihe, der die Hebekraft und den Wasserertrag vermehre. Drei Wochen später wurde der Beschluss umgeworfen, und der Oberbürgermeister sprach sich für eine eiserne Ständerpumpe aus, die nach Kaufmann Matthias Kemp mindestens zwei Quart Wasser liefern müsse, nicht wie von ihm beobachtet nur ein Quart.[117] Verhandlungen über Brunnen und Pumpen stießen bei den Stadtverordneten auf große Beteiligung. Man kannte die Probleme, wurde oft von Betroffenen vor den Beratungen informiert, nahm ausgiebig an den Diskussionen teil. Die Zeit der Pumpenpfeiler ging zu Ende. So wurde die Pfeilerpumpe im Filzengraben 1867 beseitigt[118] und die in der Follerstraße Nr. 89/91 1875 durch eine Ständerpumpe am Rande des Trottoirs ersetzt.[119] Zwei Jahre später, 1877, wurde der Pumpenpfeiler mitten auf der Friesenstraße entfernt und auch hier aus angeblich ästhetischen Gründen sowie zur Verbesserung des Fußgängerverkehrs auf das Trottoir durch eine Säulenpumpe ersetzt.[120]

Dann gab es noch ein Zwischenspiel zwischen Pfeiler- und Säulenpumpen. Das waren die zeitweise vom Rat stark favorisierten Drehpumpen. Durch Drehen eines Rades wurde das Wasser gehoben. Diese Pumpen benötigten nicht die hohen Aufbauten der Pfeilerpumpen, gaben aber nur stoßweise geringe Mengen Wasser ab und erinnerten nach einer in der Stadtverordnetenversammlung gefallenen Bemerkung leicht an Grabsteine. Im Jahr 1856 sprach sich der Rat dafür aus, nur noch Drehpumpen aufzustellen. Es war Baudri, der sich für eine gefällige Form des Brunnensteins aussprach und einen Entwurf anzufertigen versprach. Trotzdem konnte dieser Pumpentyp sich nicht durchsetzen.[121] Nach den Worten des Beigeordneten Rennen war die Beschaffung

117 Verhandlungen (Anm. 95), 31. März 1864, S. 96; Quart ist ein Hohlmaß, in Preußen: 1 Quart = 1,145 Liter.

118 Verwaltungsbericht für 1867, S. 30. Im gleichen Jahr wurden aber auch die schadhaften Pumpenpfeiler Blaubach an der Weißbüttengasse, in der Peterstraße, Schaafenstraße, Friesenstraße, Kettengasse, Sternengasse und auf dem Heumarkt wiederhergestellt.

119 Verhandlungen (Anm. 95), 13. Mai 1875, S. 126; 17. Juni 1875, S. 152; 8. Juli 1875, S. 161; 22. Juli 1875, S. 180. Die Verhandlungen zogen sich hin, weil die Eigentümer nicht ein Drittel der Kosten tragen wollten, ibid., S. 258.

120 Verhandlungen (Anm. 95), 30. August 1877, S. 238.

121 Verhandlungen (Anm. 95), 31. Juli 1856, S. 181 f.

zu teuer. Im Jahre 1875 stellte man in der Stadtverordnetenversammlung fest[122], dass die Drehpumpe auf dem Perlengraben seit längerer Zeit außer Betrieb war. Der zuständige Polizeikommissar berichtete damals, dass eine Erneuerung bzw. Reparatur kaum sinnvoll sei, da die Straßenjugend sie bald wieder ruinieren würde. Auch störe sie den Verkehr und sei die Ursache dafür, dass ein Kind durch ein scheuendes Pferd zu Tode gekommen sei. Man beschloss, die Pumpe zu beseitigen, da in der Nachbarschaft ausreichend öffentliche Pumpen vorhanden seien, so in der Friedensstraße, in der Severinstraße gegenüber der Kleinen Spitzengasse und in der Großen Spitzengasse. Da Drehpumpen wegen ihrer Reparaturanfälligkeit nicht die in sie gesetzten Erwartungen erfüllt hatten, mussten sie den Säulenpumpen weichen.[123]

Brunnenschäden und -aufsicht

Die Beschädigung der Brunnen und Pumpen war öfters Gegenstand der Erörterungen im Rat. Mehrmals wurde die Straßenjugend als Verursacher der Schäden benannt. Oft war aber auch der allgemeine unsachliche oder schädigende Gebrauch Grund für die zahlreichen Ausfälle. So entbrannten hinsichtlich der jährlichen Haushaltsberatungen zu dem Etattitel „Unterhaltung der Kanäle und Pumpen“ heftige Diskussionen. Wegen der häufigen Reparaturkosten äußerten die Stadtverordneten den Wunsch nach einer Beaufsichtigung der Brunnen und Pumpen durch das damals zuständige Stadtbauamt, so am 30. Januar 1862 Kaufmann Friedrich Wilhelm Roggen.[124] In dieser Ratssitzung sprach sich Rennen dafür aus, die Unterhaltung der Pumpen distriktweise an Pumpenmacher zu vergeben und diese zwecks rascher Reparaturen öffentlich bekanntzumachen. Der Stadtverordnete Klein empfand die bisherige Instandhaltung der Pumpen durch die Stadt für „grundschlecht“. Der Stadtverordnete Jacob Horst kritisierte das Stadtbauamt, weil es an den entsetzlichen Zuständen nichts tue. Es geschehe faktisch nichts. Matthias Kemp schlug die Anstellung eines besonderen Aufsichtsbeamten vor. Es war eine der Diskussionen,

122 Verhandlungen (Anm. 95), 31. August 1875, S. 212: „Die Konstruktion der Drehpumpe könne überhaupt als eine glückliche nicht bezeichnet werden.“

123 Zu dem System der Drehpumpen: Nach freundlicher Mitteilung von Herrn Dipl.-Ing. Winfried Müller, Kirchheim/Teck, ist der Begriff „Drehpumpe“ technisch nicht definiert. Der Wunsch, von der „Hin-und-Her-Bewegung“ zu einer Drehbewegung zu kommen, habe zu abenteuerlichen Entwicklungen geführt. Nur durch Aktenfunde wie Angebote, Rechnungen, Werbeangaben könne man zu Aufschlüssen kommen, was bei dem Fehlen von Kölner Brunnenakten kaum möglich ist. Müller erklärt die Funktion einer Dreh- mit der einer Schieberpumpe: „Die drehbare Mittelscheibe hat zwei Schieber, die das Fördermedium im Kanal des Gehäuses ‚vordrängen‘. An der Nocke zwischen Saug- und Druckseite klappt der Schieber um und verhindert so den Rückfluss.“

124 Verhandlungen (Anm. 95), 30. Januar 1862, S. 70.

wie sie sich außerhalb der strikten Tagesordnung einfach so ergaben, die der Oberbürgermeister verhindern bzw. beenden wollte, die aber das besondere Interesse der Ratsmitglieder fanden. Am Ende empfahl Roggen die Einrichtung eines Beschwerdebuches, dem der Oberbürgermeister zustimmte. Aber letztlich blieb alles bei den alten Zuständen.[125] Zwei Jahre später wurden für die Beaufsichtigung der Brunnen „Pumpenväter" ernannt, Anwohner aus der direkten Nachbarschaft der Pumpen, die Defekte an den Pumpen rasch melden sollten.[126] Sie wurden auch eingerichtet; der Oberbürgermeister hatte eine Namensliste vorgelegt. Diese Brunnenaufsicht trat aber nicht in Erscheinung, da schon ein Wartungsvertrag mit zwei Pumpenunternehmern abgeschlossen worden war.[127]

Hygienische Aspekte

Der häufigste Grund zur Niederlegung und Verfüllung von Brunnen lag in der mangelhaften Hygiene. Die Wasserergiebigkeit der Brunnen schwankte sehr und hatte ihren niedrigsten Stand im Winter, besonders in den jeweiligen Januarwochen, in denen die Niederschläge und das Rheinwasser durch Frost und Eisbildung gebunden wurden und das Grundwasser absank. Dann drohten die Brunnen zu versiegen. So fanden in den ersten Monaten jeden Jahres Beratungen statt, um Mittel für die Vertiefung der Brunnen bereitzustellen. Diese notwendigen Arbeiten, die auch für die Brandbekämpfung zwingend erforderlich waren, wurden auch zur Bekämpfung der regulär hohen Winterarbeitslosigkeit eingesetzt. Am 3. Januar 1854 bewilligte der Rat insgesamt 2000 Taler zwecks Vertiefung der vielen vom Versiegen bedrohten städtischen Brunnen.

Vier Jahre später beriet der Rat über die Wassernot, in erster Linie um eine wirkungsvolle Brandbekämpfung sicherzustellen. Matthias Kemp sprach sich für den Einsatz von Regensärgen aus, die von Privaten zur Verfügung gestellt werden sollten. Mülhens hielt den Vorschlag für zu teuer, da das Wasser vom Rhein herantransportiert werden müsste. Der Oberbürgermeister glaubte nicht an das Entgegenkommen der Bürger, ihre privaten Regensärge zur allgemeinen Benutzung bereitzustellen. Wilhelm Anton Hospelt sprach sich für die Aufstellung von Pumpen am Rhein aus, um den Bürgern zu ermöglichen, ihre Regensärge mit Rheinwasser zu füllen. Der Stadtbaumeister Harperath empfahl die Aufstellung von Wasserfässern am Gürzenich, auf dem Altengraben (= Eintrachtstraße) sowie jeweils im westlichen und südlichen Teil der Stadt. Am

125 Verhandlungen (Anm. 95), 30. Januar 1862, S. 70 f.
126 Verhandlungen (Anm. 95), 21. Juli 1864, S. 176.
127 Verhandlungen (Anm. 95), 12. November 1863, S. 391.

Schluss der Diskussion genehmigte der Rat nach Vorschlag von Wittgensteins der Verwaltung eine Summe von abermals 2000 Talern.[128]

Im Jahre 1866 wie im Folgejahr war die Wassernot wieder so groß, dass die Verwaltung zu der Notwendigkeit griff, Wasser aus der Joest'schen Zuckerfabrik zu beziehen und kostenlos in der Stadt zu verteilen. Es sollte allerdings nur Wasser zu Koch- und Trinkzwecken abgegeben werden. Der Rat genehmigte Mittel in Höhe der im Vorjahr genehmigten Summe von 539 Talern. In der Diskussion wurden Fragen der Abgabekontrolle berührt. Der Stadtverordnete Jacob Horst griff weit in die Zukunft, als er die Bemerkung machte, dass in Holland und Frankreich das Wasser, welches angefahren werde, verkauft würde. Der Oberbürgermeister Alexander Bachem begründete seine Ablehnung dieses Vorschlags damit, dass in jenen Ländern die Abgabe gegen Geld eine bleibende Einrichtung sei, während es sich in Köln nur um eine vorübergehende Maßnahme handle.[129] Sein Amtsvorgänger, Hermann Joseph Stupp, hatte in der Ratsverhandlung 1858 noch nüchtern verlauten lassen, dass die Kölner Bürger sich „noch nicht dazu entschließen können, Wasser mit Geld zu erkaufen“.[130]

Die Wasserqualität ließ bei vielen Brunnen sehr zu wünschen übrig, wobei die privaten Brunnen noch katastrophalere Werte aufwiesen wegen der Nähe zu den häuslichen Abortgruben. Die Stadtverwaltung ließ ständig Brunnen auf ihre gesundheitlich verträgliche Qualität untersuchen. Zeitweise führte der Leiter der Armenapotheke, Apotheker Dr. Wilhelm Leopold Richter, auftragsweise die Untersuchungen durch. Für 1876 stellte er hinsichtlich des Brunnens in der Martinstraße fest, dass das Wasser ungenießbar sei, „mit Fäulnisprodukten geschwängert, so dass der dauernde Genuss geeignet sei, die menschliche Gesundheit in hohem Maße zu gefährden“.[131] Die häufig angewandte Methode der Vertiefung der Brunnen durch Einführung eines artesischen Rohres sollte der Verbesserung schlechter Wasserqualität dienen, war aber auch ein Hilfsmittel zur Beseitigung der Austrocknung und Versiegung. Auch Johann Jakob Weyland, Oberlehrer am späteren Realgymnasium Kreuzgasse, wurde in den Jahren 1876 und 1877 zu Wasseruntersuchungen herangezogen. In den 1880er Jahren war der Chemiker der Gas- und Wasserwerke, Dr. Oskar Knublauch, für die Kontrolle sämtlicher öffentlicher Brunnen zuständig. Von den bis Juli 1884 analysierten 186 Brunnen wurde für 57 Brunnen die sofortige Schließung beantragt. Nach den Worten des Direktors der späteren Gas-, Elektrizitäts- und Wasserwerke (GEW), August Hegener, ging man davon aus, dass von den

128 Verhandlungen (Anm. 95), 7. Januar 1858, S. 1–3.
129 Verhandlungen (Anm. 95), 28. Februar 1867, S. 49.
130 Verhandlungen (Anm. 95). 7. Januar 1858, S. 3.
131 Verhandlungen (Anm. 95), 24. Mai 1876, S. 163.

insgesamt 270 öffentlichen Brunnen „mehr als 100 geschlossen werden müssen".[132]

Mit der Einführung der öffentlichen Wasserleitung wurden die Untersuchungen an den Brunnen intensiviert und verstärkt. Denn nun besaß die Verwaltung ein Druckmittel, Brunnen schließen zu können, ohne gezwungen zu sein, neue zu errichten, solange sie nicht gegen die Auflagen der Festungsbehörde verstieß. Ziel war sicherlich eine Verbesserung der hygienischen Verhältnisse; denn damals herrschte eine hohe Choleragefahr. Aber die wachsend strengeren Kontrollen dienten auch dazu, den Druck zu erhöhen, um mehr Abonnenten für die Wasserwerke zu gewinnen. Die Hauseigentümer wurden so genötigt, sich an das öffentliche Wassernetz anschließen zu lassen. 1884 waren bereits 68 öffentliche Brunnen wegen mangelhafter Wasserqualität geschlossen worden.[133] In den volksdichten Straßen wurden Laufbrunnen aufgestellt, da weitere öffentliche Brunnen außer Gebrauch gesetzt wurden. Noch größere hygienische Mängel stellte man bei Untersuchungen der Privatbrunnen in den Häusern fest. Bei allen großen Vorteilen, die die neue Wasserleitung der Stadt und der Bevölkerung bot – bessere Wasserqualität und damit erhebliche Verbesserung der gesundheitlichen und hygienischen Lebensbedingungen, sichere Wasserzuführung, Steigerung der Einnahmen und damit Verbesserung der städtischen Finanzen –, gab es auch Nachteile: Das Wasser, bisher durch öffentliche Brunnen kostenlos bereitgestellt, musste nun von der Bevölkerung bezahlt werden. Nicht unbedeutend war auch der soziale Aspekt: Das Wasser kam aus der Leitung, war anonym, stand nicht mehr für den Kommunikationsaustausch am Brunnen, für das Leben in und mit der Nachbarschaft zur Verfügung.

Parteipolitische Differenzen

So gab es trotz schlechter Qualität des Brunnenwassers auch durchaus Fürsprecher der bisherigen Wasserversorgung. Besonders einige Zentrumspolitiker sprachen sich für die traditionelle Alternative der Brunnenversorgung aus, nicht radikal und ausschließlich, aber doch mit Verständnis für die alten Zustände. Der Stadtverordnete Peter Joseph Röckerath meinte, dass die öffentlichen Brunnen als Reserve für die Wasserleitung dienen müssten. Einmal habe man das ja schon erlebt.[134] Man solle nicht darauf warten, bis wieder ein Unglück geschehen sei. Und er schlug vor, auf dem Neumarkt und auf den

132 Verhandlungen (Anm. 95), 17. Juli 1884, S. 174.
133 Verhandlungen (Anm. 95), 17. Juli 1884, S. 173.
134 Verhandlungen (Anm. 95), 17. Juli 1884, S. 176. Diese Bemerkung scheint auf eine Stockung der Wasserzufuhr durch das Wasserwerk hinzuweisen.

Plätzen der Neustadt öffentlich Brunnen aufzustellen. Wegen der Choleragefahr sei er bereit, im „Weg des Zwanges den Anschluss an die Wasserleitung zu beschleunigen". Es müsse aber auch die Stadtentwässerung vorangetrieben werden. Es ginge nicht an, dass ein Hausbesitzer in der Friesenstraße auf den Anschluss seiner Mietskaserne, in der etwa 40 Familien, „also wohl 300 Menschen" wohnen, auf die Ausführung des Kanalanschlusses trotz bereits erfolgter Kostenerstattung warten müsse.[135] Julius Bachem hatte Bedenken, ob die Stadt überhaupt berechtigt sei, aufgrund des § 10 der Rheinischen Städteordnung „durch Ortsstatut den obligatorischen Anschluss der Häuser an die Wasserleitung festzusetzen". Und die Stadt dürfe die öffentlichen Brunnen nicht vernachlässigen. Die misslichen Zustände beim Brunnenwasser seien doch schon lange bekannt gewesen, und all die geschlossenen Brunnen seien doch nicht erst gesundheitsgefährlich geworden, seit in Südfrankreich die Cholera ausgebrochen sei. Mit der Kontrolle und Beaufsichtigung der öffentlichen Brunnen sei man „vielfach recht nachlässig" umgegangen: Er habe persönliche Erfahrungen gemacht, so mit den Brunnen in der Ursulagartenstraße und auf dem Ursulaplatz. Auf eine Beschwerde über den Zustand dieser Brunnen sei ihm geantwortet worden, das Wasser sei gut, „während ihm die Nase gesagt habe, dass es stinke, und die Zunge, dass es ganz miserabel schmecke". Er sprach sich für eine Erleichterung bei der Neuanlage von Wasseranschlüssen aus. Aber die Kosten könnten für den Hauseigentümer „empfindlich" sein, und dann sei

> *prinzipiell genommen, die Gemeinde verpflichtet, die Bürger unentgeltlich mit ordentlichem Wasser zu versorgen. Wenn das durch die Vermehrung und Vertiefung der Brunnen geschehen könnte, so würde er entschieden gegen den eventuellen zwangsweisen Anschluss an die Wasserleitung sich aussprechen.*[136]

Kaufmann Otto Loosen entwickelte in der Diskussion sogar ein soziales Wohnungsprogramm, wenn er sich dafür aussprach, die monatliche Armenunterstützung von 12–15 Mark nicht mehr zu verabreichen; sie sollten wirkungsvoller in den städtischen Wohnungsbau investiert werden, um das Mietskasernenwesen einzudämmen. So würden in der Weißbüttengasse 4–10 nach Erkundigung bei der Polizei 451 Menschen wohnen, eine Bedrohung bei jeder

135 Verhandlungen (Anm. 95), 17. Juli 1884, S. 176.
136 Verhandlungen (Anm. 95), 17. Juli 1884, S. 177.

Epidemie. Die Armenunterstützung betrage in diesem Armenbezirk 1500 Mark, die nur in die Miete flössen. Die Stadt solle eigene Mietshäuser errichten.[137]

Alle drei Stadtverordnete, der katholischen Zentrumspartei zugehörig, sahen durchaus den Fortschritt in der Wasserversorgung durch das neue Wasserwerk, verteidigten aber zugleich die bisherige Brunnenversorgung. Sie setzten sich für die Erhaltung der traditionellen dezentralen Wasserversorgung ein, misstrauten der großen zentralen Lösung und führten hygienische Mängel bei den Brunnen auf die bisherige Nachlässigkeit der Verwaltung zurück. Sie bevorzugten kleine Lösungen entsprechend dem subsidiären Prinzip ihrer Parteiausrichtung, zogen auch soziale Bedenken in ihre Betrachtungen ein und sahen die kostenpflichtige Wasserabgabe zumindest als rechtlich bedenklich an. Sie vertraten allerdings auch Interessen ihrer Klientel aus dem Grund- und Hausbesitz.

Anders die liberalen Stadtverordneten. Für den Arzt Eduard Lent, einen bedeutenden Hygieniker, einen Kämpfer für einwandfreies Brunnenwasser und gegen die Choleragefahr, bestand kein Zweifel daran, dass das Ortsstatut zum zwingenden Anschluss der Häuser an das Wassernetz von der Oberbehörde angenommen werden würde. Er rief die Verwaltung auf, schon jetzt einen Appell an die Hausbewohner zu erlassen, den Wasseranschluss vorzunehmen, besonders in jenen Straßen und Stadtteilen, „welche erfahrungsmäßig den Infektionsherd für die Cholera bilden".[138] Für den Architekten Hermann Pflaume war die Frage der Kanalisation von der der Wasserversorgung nicht zu trennen. Er drängte auf sofortige umfangreiche Kanalarbeiten zur Bekämpfung der Choleragefahr wie zur Motivation der Hauseigentümer hinsichtlich eines raschen Wasseranschlusses, um das anfallende Hauswasser entsorgen zu können. Die Frage der Kanalisation müsse Hand in Hand mit der Einführung der Wasserleitung gehen. Auch stimmte er Gustav Michels zu, der den Zustand der städtischen Gebäude hinsichtlich der Reinlichkeit und Hygiene heftig kritisierte, so z. B. bei dem Schulgebäude An der Rechtsschule, wo das Pissoir noch auf die Straße über eine Rinne in den Kanal entleert werde. Pflaume nahm die Kritik auf und bemängelte den Zustand der öffentlichen Pissoirs: „[...] sie verbreiteten einen Geruch, dass man beim Passieren die Nase zuzuhalten gezwungen sei, während man in anderen Städten, z. B. in Frankfurt, von dem Attribut unserer Bedürfnishäuser nichts merke."[139] Diese Stadtverordneten, Vertreter eines liberalen Fortschrittsglaubens, drängten vorwärts, um die Großstadt in die Moderne zu führen und von der traditionellen Obrigkeitshal-

137 Verhandlungen (Anm. 95), 17. Juli 1884, S. 178.
138 Verhandlungen (Anm. 95), 17. Juli 1884, S. 178.
139 Verhandlungen (Anm. 95), 17. Juli 1884, S. 179.

tung zur Daseinsvorsorge zu wechseln, eine Kommunalpolitik, die man später mit dem Begriff des Munizipalsozialismus beschrieb.

Der Oberbürgermeister Hermann Becker und der GEW-Direktor August Hegener sahen den Grund der Verschlechterung des Brunnenwassers in der Durchfeuchtung des Kölner Bodens durch übermäßigen Wasserverbrauch, so bei der Spülung der Klosetts und der Durchlässigkeit der Kloakengruben.[140] Oberbürgermeister Becker führte aber auch weitere Gründe an: Bei den Dienstboten und Kehrfrauen nehme seit dieser Zeit der Unfug zu, dass sie den Müll aus den Häusern, sogar die Asche aus den Öfen, in die Straßenrinnen und Schlammkästen kehrten und schütteten. Dadurch verstopften die Kanäle wie vor einer Woche, am 11. Juli 1884, wodurch Wasser in die Keller gedrungen sei. Er stellte prinzipiell klar:

> *Die Methode, zu sagen, die Stadt sei verpflichtet, für alles zu sorgen, sei sehr entwicklungsfähig, aber zunächst sei doch jeder Einzelne genötigt, für Reinlichkeit in seinem Hause zu sorgen, selbst Abtritte und Schornsteine fegen zu lassen und zwar mit Rücksicht auf die Allgemeinheit […].*[141]

Dieser Appell des ehemaligen kämpferischen Demokraten und jetzigen Liberalen Hermann Becker weist weit in die Zukunft.

Nach jahrelangen Auseinandersetzungen mit der Regierung und der Polizei, in denen die Stadtverwaltung sich letztlich vergeblich dagegen wehrte, die Unterhaltung der Brunnen und Pumpen als eine städtische Aufgabe zu übernehmen, waren die Verwaltung und der Rat mit der Schaffung einer zentralen Wasserversorgung endlich in der Moderne angekommen und hatten die Forderungen der Zeit erkannt, nämlich die Funktion der Daseinsvorsorge zu akzeptieren und für die Bürgerinnen und Bürger der Stadt zu organisieren.

140 Verhandlungen (Anm. 95), 17. Juli 1884, S. 177 f.
141 Verhandlungen (Anm. 95), 17. Juli 1884, S. 177.

Anhang 1

Öffentliche Brunnen und Pumpen
zusammengestellt nach Angaben in der Brunnenakte für die Jahre 1817–1834; römische Ziffern verweisen auf den jeweiligen Polizeibezirk

Brunnen, öffentlich zugängliche
Achterstraße (I)
Apernstraße (III)
Bayengasse, Bayenweg (I)
Busselsgasse (III)
Buschgasse (I)
Domkloster (IV)
Eigelstein (IV)
Eulengasse vor Haus Witwe Büttgenbach (III)
Gereonsmühlengasse (III)
Hafengasse (I)
Holzmarkt (I)
Holzgasse (I)
Huhnsgasse 22 (II)
Hundsrücken (III)
Johannes-/Servatiusstraße (III)
Nechelskaul (III)
Kleiner Griechenmarkt 31 (II)
Klingelpütz (III)
Kunibertskloster (IV)
Perlengraben vor Weißfrauen (II)
Propstei-Waisengasse (III)
Schartgasse 1 (II)
Sachsenhausenstraße, früheres
Regierungsgebäude (III)
Severinswall (I)
Spinnmühlengasse 7/9 (II)
Spulmannsgasse (I)
Sternengasse hinter 66 (I)
Weberstraße (I)
Weidengasse (III)
Weidengasse/Ecke Dreckgasse (III)
Waisengasse, am Martinsfeld (II)

Pumpen

Altermarkt an der Butterwaage (IV)
Altermarkt an der Bechergasse (IV)
Am Hof unterhalb (IV)
Am Hof oberhalb (IV)
Am Katharinengraben (I)
An der Rechtsschule 24 (III)
An St. Stephan/Hohe Pforte (I)
An St. Ursula (III)
Apernstraße 7 (III)
Apostelkloster 7 (III)
Apostelstraße 22 (III)
Auf der Litsch (IV)
Augustinerplatz (I)
Blaubach am Pannesschen Hause (II)
Blaubach an der Weißbüttengass-Ecke (II)
Blindgasse 16 (II)
Breite Straße 66 (III)
Große Budengasse (IV)
Burgmauer 30 (III)
Domhof, 2 Pumpen (IV)
Ehrenstraße 30 (III)
Eigelstein an Allerheiligen (IV)
Eigelstein an der Machabäerstraße (IV)
Eigelstein in der Höhle (IV)
Filzengraben (I)
Fischmarkt (IV)
Follerstraße 89 (I)
Follerstraße gegenüber Kleine Witschgasse (I)
Frankenthurm (IV)
Friesenstraße 1 (III)
Friesenstraße 91 (III)
Georgsplatz, -kloster (I)
Heumarkt an der Börse (I)
Gereonskloster 14 (III)
Gereonstraße 22 (III)
Glockengasse 28 (III)
Goldgasse neben Nr. 50
Hahnenstraße 22 (III)
Hahnenthor 1 (III)

Heumarkt an der Börse (I)
Heumarkt an der Salzgasse (I)
Heymersgasse 22 (III)
Hohe Straße am Bäumchen (II)
Hohe Straße neben Nr. 61
Hohe Straße 111 (III)
Hohe Pforte an St. Stephan (I)
Hosengasse neben Klütsch (II)
Hunnenrücken (III)
Im Thal (IV)
Klingelpütz (III)
Komödienstraße 14 (III)
Komödienstraße 101 (III)
Laurenzplatz (IV)
Löhrgasse (II)
Lungengasse (II)
Lupus-Eck (IV)
Malzbüchel (I)
Margarethenkloster 1 (III)
Marienplatz (I)
Martinstraße vor Haus 29 (I)
Martinstraße an St. Alban (I)
Marzellenstraße 21 (III)
Marzellenstraße 5 (III)
Maximinenstraße 39 (IV)
Maximinenstraße 21 (IV)
Minoritenstraße 16 (III)
Mühlenbach, unten 30 (I)?
Mühlenbach, oben (I)
Neumarkt (II)
Obenmarspforten (IV)
Pelzergasse (I)
Petersstraße gegen 39 (II)
Petersstraße neben 1 (II)
Petersstraße am Godenauer Hof (II)
Perlenpfuhl 27 (III)
Pützgasse 6 (III)
Rheingasse (I)
Röhrergasse 2 (III)
Rothgerberbach 4 (II)

Schaafenstraße (II)
Schildergasse 22 (III)
Schildergasse 64 (III)
Schildergasse 94 (III)
Schwalbengasse 1 (III)
Severinskloster (I)
Severinstor (I)
Severinstraße neben dem sogenannten Dau (II)
Severinstraße/Löwengasse/
Fouragemagazin (I)
Steinfeldergasse (III))
Stolkgasse 4 (II)
Straßburger Straße (I)
Thurmmarkt am Haus 16 (I)
Thurmmarkt am Haus 44 (I)
Unter Sachsenhausen 30 (III)
Vor St. Martin 28 (I)
Weberstraße (I)
Weidenbach (II)
Weidengassen-Eck 1 (III)
Wollküche, St. Michaelis Pumpe (II)

Anhang 2

Zusammenstellung der öffentlichen Arbeiten an Brunnen und Pumpen
(Daten entnommen den Berichten zum Stand und zur Verwaltung der Stadt Köln (Verwaltungsberichte) und den Verhandlungen der Stadtverordnetenversammlung zu Köln)

Jahr	Brunnen/ Pumpe	Örtlichkeit/Straße	Reparatur, Neubau, Verlegung	Kostenträger	Kosten
	Abkürzung: Br./ Pu.			**Stadt/Eigentümer**	
1836	Pu.	viele öffentliche Pumpen	Instandsetzung, Verträge mit Pumpenmachern	Stadt	
1838	Pu.	Kleiner Griechenmarkt	Neuanlage	Stadt	
	Pu.	Fischmarkt	Versetzung ans neue Lagerhaus	Stadt	
1840	Pu.	mehrere, u. a. 2 Sternengasse	Neuanlage	Stadt	
1844	Pu.	Apostelkloster	Erneuerung	Stadt	ca. 60 Taler
	Br./Pu.	Entenpfuhl	Erneuerung Brunnen u. Pumpe	Stadt	
	Br./Pu.	Unter Krahnenbäumen	Erneuerung Brunnen u. Pumpe	Stadt	329 Taler
	Pu.	Marsplatz	Herstellung Pumpe	Stadt	
	Pu.	Altermarkt	Herstellung Pumpe	Stadt	550 Taler
	Pu.	Telegraphenstraße	Herstellung Pumpe	Stadt	
	Pu.	Ehrenstraße	Herstellung Pumpe	Stadt	
	Pu.	Marspfortengasse	Herstellung Pumpe	Stadt	
1845	Br./Pu.	Gut Ferkulum	Errichtung von 8 Brunnen/Pumpen	Stadt/Bauunternehmer	
	Br/Pu.	ehem. Klostergut Sion	Errichtung von 6 Brunnen/Pumpen	Bauunternehmer	
	Br./Pu.	Niederichstraße	Errichtung von Brunnen u. Pumpe	Bauunternehmer	
	Br./Pu.	Gülichplatz	Errichtung von Brunnen u. Pumpe	Hauseigentümer	
	Br./Pu.	Albertus-/Magnusstraße	Errichtung von 2 Brunnen/Pumpen	Bauunternehmer	

Jahr	Brunnen/ Pumpe	Örtlichkeit/Straße	Reparatur, Neubau, Verlegung	Kostenträger	Kosten
	Abkürzung: Br./ Pu.			**Stadt/Eigentümer**	
	Br./Pu.	Huhns-, Taubengasse	Errichtung von 4 Brunnen/Pumpen	Bauunternehmer	
	Br./Pu.	Gelände Pantaleonsbahnhof	Errichtung von 5 Brunnen/Pumpen	Köln-Bonner Eisenbahngesellschaft.	
1846	Pu.	Große Spitzengasse	Aufstellung einer Pumpe	Stadt	
	Pu.	Stadtmauer am Holztor	Aufstellung einer Pumpe für den Markt-	Stadt	
	Pu.	Witschgasse 8	Aufstellung einer Pumpe	Stadt/Anwohner	120/40 Taler
	Pu.	Perlengraben	Ersatz Ziehbrunnen durch Drehpumpe	Stadt	
	Pu.	An der Linde/St. Kunibert	Ersatz Ziehbrunnen durch Drehpumpe	Stadt	
	Br./Pu.	Goldgasse/Johannisstraße	Errichtung von Brunnen u. Pumpe	Stadt	
	Pu.	Unter Kahlenhausen	Ersatz Ziehbrunnen durch Pumpe	Stadt/Anwohner	
1847	Br./Pu.	Altengraben (Eintrachtstraße)	Errichtung von Brunnen u. Pumpe	Stadt/Eigentümer	
1848	Pu.	Perlengraben	Aufstellung einer gußeisernen Drehpumpe	Stadt	
	Br.	Machabäerstraße	Aufstellung einer gußeisernen Drehpumpe	Stadt	
	Br./Pu.	Poststraße	Errichtung von Brunnen u. Pumpe	Stadt	
	Br./Pu.	Unter Kahlenhausen	Errichtung von Brunnen u. Pumpe	Stadt	
	Br./Pu.	Zollstraße	Aufstellung einer Pumpe	Stadt	
	Br./Pu.	Albertusstraße	Errichtung von Brunnen u. Pumpe	Stadt	

Jahr	Brunnen/ Pumpe	Örtlichkeit/Straße	Reparatur, Neubau, Verlegung	Kostenträger	Kosten
	Abkürzung: Br./ Pu.			**Stadt/Eigentümer**	
	Br./Pu.	Norbertstraße	Errichtung von Brunnen u. Pumpe	Stadt	
	Br.	Landsbergstraße	Aufstellung einer Säulenpumpe	Stadt	
	Br.	Sionsthal	Aufstellung einer Säulenpumpe	Stadt	
	Br.	Wilhelmstraße	Aufstellung einer Säulenpumpe	Stadt	
1849	Br.	Buschgasse	Entzug eines Schöpfrechts durch Privaten	Eigentümer	
	Br./Pu.	Arbeiten an mehreren Orten	genehmigt in der Ratssitzung v. 19. April 1849	Stadt	insg. 3000 Taler
	Br.	Marsilstein	Errichtung eines neuen Brunnens	Stadt	
	Br.	Pantaleonstraße	Errichtung eines neuen Brunnens	Stadt	
	Br.	Mauritiussteinweg	Errichtung eines neuen Brunnens	Unternehmer	
	Br.	Am Rinkenpfuhl	Errichtung eines neuen Brunnens	Stadt	
	Br.	Benesisstraße	Errichtung eines neuen Brunnens	Stadt	
	Br.	Propsteigasse	Errichtung eines neuen Brunnens	Stadt	
	Br.	Eigelsteintor	Verzicht des städtischen Miteigentums	Eigentümer	
	Pu.	Goldgasse	Anbringung der Pumpe an Privatmauer	Stadt	
	Br.	Kostgasse	Errichtung eines neuen Brunnens	Stadt	
	Br.	Auf dem Rothenberg	Servitutsregelung	Stadt?	

Jahr	Brunnen/ Pumpe	Örtlichkeit/Straße	Reparatur, Neubau, Verlegung	Kostenträger	Kosten
	Abkürzung: Br./ Pu.			Stadt/Eigentümer	
	Br.	Sassenhof	Errichtung eines neuen Brunnens	Stadt	
	Br.	Nächelsgasse	Errichtung eines neuen Brunnens	Stadt	
	Br.	Allerheiligenstraße	Errichtung eines neuen Brunnens	Stadt	
	Br.	Alexianerstraße	Errichtung eines neuen Brunnens	Stadt	
	Br	Reinoldstraße	Errichtung eines neuen Brunnens	Stadt	
	Br.	Bischofsgartenstraße	Errichtung eines neuen Brunnens	Stadt	
	Br.	Helenenstraße	Errichtung eines neuen Brunnens	Stadt	
	Br.	Landsbergstraße	Prozess gegen Brunnenhaus-Entfernung	Gegner: P. J. Hagen	
	Br.	Am Salzrümpchen	statt Verlegung Reinigung	Stadt	
1850	Br.	neue Brunnen	Mittelbereitstellung	Stadt	
	Pu.	Pantaleonsmühlengasse	Verlegung einer städt. Pumpe, Ablehnung	Stadt	
1851	Br.	Weissbüttengasse 9	Verzicht auf anteiliges städt. Eigentum	Stadt/Eigentümer	
	Br.	Weidengasse	Aufschub des Brunnenbaus	Stadt	
1854	Br.	allgemein	Vertiefung der Brunnen	Stadt	insg. 2000 Taler
	Br./Pu.	Rothgerberbach 19	Aufstellung, Verlegung Weidenbach	Stadt/Bürger	110 Taler
	Br.	Weißbüttengasse 9	Verlegung Waidmarkt	Hauseigentümer	

Jahr	Brunnen/ Pumpe	Örtlichkeit/Straße	Reparatur, Neubau, Verlegung	Kostenträger	Kosten
	Abkürzung: Br./ Pu.			**Stadt/Eigentümer**	
1855	Br.	Severinstraße	Neubau südlich des Dau	Hauseigentümer	
	Pu.	Kupfergassenschule	Reparatur	Stadt	
	Br./Pu.	Bayenstraße	Neubau	Stadt	
	Pu.	Mühlenbach, mittlere Pumpe	Verlegung an die nördliche Seite	Stadt	
	Pu.	Fischmarkt	Verlegung zur Mauthgasse	Stadt	
	Pu.	Waidmarkt	Aufstellung	Stadt	
	Pu.	Ursulastraße	Beratung betr. geeignete Stelle	Stadt	
1856	Br.	Kartäuserwall	Überwölbung zum Kinderschutz	Stadt	
	Br./Pu.	Domstraße	Neuanlage	Stadt/Eigentümer	
	Pu.	Großer Griechenmarkt	Neubau	Stadt	
	Pu.	Antoniterstraße	Neubau	Stadt/Nachbarn	
	Pu.	insgesamt 10 Pumpen, u. a. Gold-, Kost-, Penz-, Servasgasse	Neubau Drehpumpen	Stadt	
1857	Br.	allgemein, 87 Brunnen	Vertiefung	Stadt	
	Br.	Domstraße/Altenberger Straße	Verlegung wegen Hausbaus	Hauseigentümer	
	Pu.	Ehrentor	Aufstellung einer neuen Pumpe	Stadt	

Jahr	Brunnen/ Pumpe	Örtlichkeit/Straße	Reparatur, Neubau, Verlegung	Kostenträger	Kosten
	Abkürzung: Br./ Pu.			**Stadt/Eigentümer**	
	Br./Pu.	Gereonswall	Verlegung, Neubau	Stadt, Eigentümer	
	Br.	Sternen-/Kämmergasse	Verlegung, Neubau	Stadt	
	Br.	Vor den Siebenburgen	Erneuerung, Beratung	Stadt	
	Br.	Severinstraße	Neubau, Beratung	Stadt	
	Pu.	Holzmarkt, Bayengasse	Beratung	Stadt	
nach Verwaltungsbericht 1857				Stadt	
	Br.	Antoniterstraße	Überwölbung für Pumpen-Aufstellung	Stadt	
	Br.	Domstraße	Überwölbung für Pumpen-Aufstellung	Stadt	
	Br.	Gereonswall	Überwölbung für Pumpen-Aufstellung	Stadt	
	Br.	Holzmarkt	Überwölbung für Pumpen-Aufstellung	Stadt	
	Br.	Nächelsgasse	Überwölbung für Pumpen-Aufstellung	Stadt	
	Br.	Rheinaustraße	Überwölbung für Pumpen-Aufstellung	Stadt	
1858	Br.	allgemein.	Vertiefung wegen Trockenheit		
	Br.	Komödienstraße bei St. Andreas	Zuschüttung, Verlegung, Neubau	Stadt	
	Br.	Schildergasse/Brauerzunft	Verlegung zum Weiberarresthaus	Stadt	
	Br.	Neumarkt	Beratung betr. Neubau	Stadt	

Jahr	Brunnen/ Pumpe	Örtlichkeit/Straße	Reparatur, Neubau, Verlegung	Kostenträger	Kosten
	Abkürzung: Br./ Pu.			**Stadt/Eigentümer**	
	Br.	Kreuzgasse	Neubau	Stadt	
	Br.	Große Telegraphenstraße	Neubau gegenüber Schulhaus	Stadt	
	Br.	Severinstraße	Neubau am ehem. Förster's Haus	Stadt	
	Br.	Schildergasse/Brauerzunft	Beratung, Diskussion	Stadt	
	Br.	Sternengasse	Reparatur (siehe 1857)	Stadt	
	Br.	Auf dem Apostelkloster	Weiterbau trotz Bedenken	Stadt	
	Br.	allgemein	Vertiefung der Brunnen wegen Trockenheit	Stadt	
	Br.	Kl. Budengasse	Nachbarbrunnen, Entzug durch Privaten	Stadt	
	Br.	großer Viehmarkt	neuer Brunnen	Stadt	
	Pu.	Ursulastraße 25	Verlegung an geeignete Stelle	Stadt	
	Br.	Fleischmenger-/ Lupusgasse	Verlegung, Ablehnung	Stadt, Anwohner	
	Br.	Westseite Neumarkt	Neuanlage, Anregung der Regierung	Stadt	
1859	Br.	Eigelstein	Errichtung Ziegelstein-Ständer	Stadt	
	Br./Pu.	Am Thürmchen	Vertiefung, Ständerpumpe	Stadt	
	Pu.	Großer Griechenmarkt 78	Erneuerung, Vergütung	Stadt, Eigentümer	
1860	Br./Pu.	Breite Straße 66	Neuanlage, Verlegung zur Langgasse	Stadt	
	Br.	Ehrenstraße	Beratung, Erneuerung Pumpe	Stadt	

Jahr	Brunnen/ Pumpe	Örtlichkeit/Straße	Reparatur, Neubau, Verlegung	Kostenträger	Kosten
	Abkürzung: Br./ Pu.			**Stadt/Eigentümer**	
	Pu.	Neumarkt	neue Pumpe	Stadt	
	Br.	Pfeilstraße	Verlegung, Prozess	Stadt/Sieveking	
	Pu.	Großer Griechenmarkt 77	Entschädigung an Eigentümer, Prozess	Stadt	
	Pu.	Frankstraße	neue Pumpe	Stadt	
	Br.	Große Witschgasse 8	Vertiefung des Beibrunnens	Eigentümer	
	Pu.	Am Trutzenberg	neue Pumpe	Stadt	
	Br./Pu.	Stavenhof	Neuanlage von Brunnen/Pumpe	Stadt	
	Pu.	Annostraße	neue Pumpe	Stadt	
	Pu.	Stadtgarten	Erneuerung	Stadt	
	Pu.	Holzmarkt	Beratung betr. Reinlichkeit	Stadt	
1861	Br.	Spinnmühlengasse	Zuschüttung des Ziehbrunnens	Stadt	
	Br	Am Thürmchen	Bauverzögerung wegen Pumpenkonstruktion	Stadt	
1862	Pu.	Schildergasse	Probleme wegen Verkauf Brauerzunft	Stadt	
	Pu.	Poststraße 3	Verlegung	Eigentümer	
	Pu.	In der Realschule	Herstellung einer Druckpumpe	Stadt	
	Br./Pu.	Südseite Neumarkt	Herstellung	Stadt	
	Pu.	Minoritenstraße	Erneuerung der Pumpe	Stadt	

Jahr	Brunnen/ Pumpe	Örtlichkeit/Straße	Reparatur, Neubau, Verlegung	Kostenträger	Kosten
	Abkürzung: Br./ Pu.			**Stadt/Eigentümer**	
	Pu.	Richartzplatz östlich Museum	Aufstellung östlich des Museums	Stadt	
	Pu.	Klingelpütz	Aufstellung	Unternehmer	
1863	Pu.	Breite Straße/ Langgasse	Entfernung des Pumpenkastens	Antrag Stadtrat	
	Pu.	Schulhaus in der Brauerzunft	Verhandlungen betr. Beibehaltung	Stadt	
	Br.	Entenpfuhlgässchen	Beratungen wegen Verlegung	Stadt	
	Pu.	Breite Straße 66	Entfernung des Pumpenpfeilers	Stadt/Eigentümer	
	Pu.	Vertrag mit Pumpenmachern	Beratung	Stadtrat	
	Pu.	Nachkredit für Unterhaltung	Vorbedingung für Vertrag	Stadt	
	Pu.	Filzengraben, Westseite	Erneuerung des Pumpenpfeilers	Stadt	
1864	Br./Pu.	Severinstraße	Vertiefung, Einbau einer Drehpumpe	Stadt	
	Pu.	allgemein	Zusatzkredit betr. Unterhaltung	Stadt	1100 Taler
	Pu.	Ehrenstraße	Errichtung, Verzögerung	Stadt	
	Br/Pu.	Löhrgasse	Niederlegung, Neubau	Stadt	450 Taler
	Pu.	Am Hof, östliche Seite	Herstellung der östlichen Pumpe	Stadt	
	Pu.	Zugasse 25	Ersatz durch eiserne Ständerpumpe	Stadt, Hauseigentümer.	80 Taler
	Angaben nach Verwaltungsbericht für 1864:				
	Pu.	Rathausplatz	Erneuerung	Stadt	

Jahr	Brunnen/ Pumpe	Örtlichkeit/Straße	Reparatur, Neubau, Verlegung	Kostenträger	Kosten
	Abkürzung: Br./ Pu.			**Stadt/Eigentümer**	
	Pu.	Lungen-/Thieboldsgasse	Erneuerung	Stadt	
	Pu.	Auf der Burgmauer	Erneuerung des gemauerten Ständers	Stadt	
	Pu.	Am Hof	Erneuerung des gemauerten Ständers	Stadt	
	Pu.	Im Sionsthal	Neuer eiserner Ständer	Stadt	
	Pu.	Paulstraße	Neuer eiserner Ständer	Stadt	
	Pu.	Zugasse	Neuer eiserner Ständer	Stadt	
	Br./Pu.	Schule Schildergasse	Prozess wegen Verlegung	Stadt, Eigentümer	
1865	Br.	Ursulastraße 25	Verzicht der Stadt auf Nutzung	Eigentümer	
	Pu.	Steinfeldergasse 1	neue eiserne Pumpe	Eigentümer	
	Pu.	Eulengartengasse	Übernahme in städt. Eigentum	Stadt	
	Pu.	Unter Fettenhennen	Aufstellung eiserne Ständerpumpe	Stadt/Domkapitel	200 Taler
	Br./Pu.	Machabäerstraße	Verzicht auf Bau	Stadt/Eigentümer	
	Br.	Kohmarhof	Errichtung neuer Brunnen	Stadt/Armenverwaltung	
	Br.	Kunibertsschulgasse	Errichtung neuer Brunnen	Stadt	
	Br./Pu.	Frankenplatz	Ersatz Pfeiler- durch Säulenpumpe	Stadt	150 Taler
	Br./Pu.	Frohnhof bei Sinthern	Errichtung von Brunnen und Pumpe	Stadt/Armenverwaltung	250 Taler

Jahr	Brunnen/ Pumpe	Örtlichkeit/Straße	Reparatur, Neubau, Verlegung	Kostenträger	Kosten
	Abkürzung: Br./ Pu.			**Stadt/Eigentümer**	
	Br.	Schildergasse bei Nr. 50/52	Herstellungsauftrag	Stadt	
	Br.	Mühlenbach bei Filzengraben	Prüfung wegen Wasserqualität	Stadt	
	Br./Pu.	Ulrichsgasse 29	Herstellung Brunnen, neue Säulenpumpe	Stadt	201 Taler
	Br.	Kaygasse	Beschädigung, Vergleich	Stadt/Gegner	5 Taler
1866	Pu.	Schildergasse 22	Bauverzögerung wegen Hausbau	Stadt/Eigentümer	
	Pu.	Ehrenstraße 24/26	Ersatz Pfeiler- durch Säulenpumpe	Stadt	240 Taler
	Pu.	Schildergasse/Brauerzunft	Versagen der neuen Pumpe	Stadt	
	Pu.	ev. Schule an St. Ursula	Ersatz durch neue Ständerpumpe	Stadt	105 Taler
	Br.	Benesisstraße/Mittelstraße 32A	Ablehnung des Brunnenbaus	StVV	
	Br.	Apernstraße	Genehmigung privater Beibrunnen	Stadt	
	Br.	Konvent Lyskirchen, Stolkgasse	Herstellung von Brunnen u. Pumpe	Stadt	250 Taler
	Br./Pu.	Röhrergasse	Neuerrichtung Brunnen u. Pumpe	Stadt	
	Pu-	Eintrachtstraße/Maria-Ablaß-Platz	Versetzung der Pumpe Bischofsgartenstraße	Stadt	86 Taler
	Pu.	Mittelstraße 2	Verzicht auf Brunnen u. Pumpe	Stadt, Eigentümer	100 Taler
	Pu.	Höhle 42/ Martinstraße	Verlegung Beratung im Rat	Stadt	

Jahr	Brunnen/ Pumpe	Örtlichkeit/Straße	Reparatur, Neubau, Verlegung	Kostenträger	Kosten
	Abkürzung: Br./ Pu.			**Stadt/Eigentümer**	
	Br.	Große Witschgasse	Vertiefung mit Bohrrohr	Stadt	100 Taler
	Pu.	Vogteistraße	Erneuerung der Pumpe	Stadt/Schaaffh. Bankverein	
	Br.	Thürmchenswall	Vertiefung wegen Wasserqualität	Stadt	100 Taler
	alle Angaben aus dem Verwaltungsbericht 1866:				
	Pu.	Schildergasse 22	Aufstellung einer neuen Pumpe	Stadt	
	Pu.	Unter Fettenhennen	Aufstellung einer neuen Pumpe	Stadt	
	Pu.	Ehrenstraße	Aufstellung einer neuen Pumpe	Stadt	
	Br.	Am Frankenturm	Vertiefung mit Bohrrohr	Stadt	120 Taler
	Br.	Heumarkt, Nordseite	Vertiefung	Stadt	
	Br.	Unter Krahnenbäumen	Vertiefung	Stadt	100 Taler + folg. Arbeit
	Br.	Auf dem Milchplätzchen	Vertiefung	Stadt	
	Br.	Martinstraße/In der Höhle	Vertiefung	Stadt	
	Br.	Hof der Domknabenschule	Vertiefung	Stadt	110 Taler
	Br.	Auf dem Rothenberg 2	Vertiefung	Stadt	110 Taler
	Br./Pu.	Pantaleonsmühlengasse	Vertiefung, neue Pumpe	Stadt	110 Taler

Jahr	Brunnen/ Pumpe	Örtlichkeit/Straße	Reparatur, Neubau, Verlegung	Kostenträger	Kosten
	Abkürzung: Br./ Pu.			Stadt/Eigentümer	
	(ab hier zusätzliche Angaben aus dem Verwaltungsbericht 1867):				
	Pu.	Biberstraße	Neue Pumpe	Stadt	
	Pu.	Ursulagartenstraße	Neue Pumpe	Stadt	
	Pu.	Klingelpütz/Victoriastraße	statt Dreh- neue Bleipumpe	Eigent.	
	Pu.	Blaubach/Weißbüttengasse	Reparatur Pumpenpfeiler	Stadt	
	Pu.	Peterstraße	Reparatur Pumpenpfeiler	Stadt	
	Pu.	Schaafenstraße	Reparatur Pumpenpfeiler	Stadt	
	Pu.	Friesenstraße	Reparatur Pumpenpfeiler	Stadt	
	Pu.	Kettengasse	Reparatur Pumpenpfeiler	Stadt	
	Pu.	Sternengasse	Reparatur Pumpenpfeiler	Stadt	
	Pu.	Heumarkt	Reparatur Pumpenpfeiler	Stadt	
1868	Br./Pu.	allgemein, Unterhaltung	Verbesserung von Pumpentrottoirs	Stadt	
	Pu.	Paulstraße	Verlegung der Pumpe	Eigentümer	
	Pu.	Kardinalstraße	Verlegung der Pumpe	Eigentümer	
1869	Br./Pu.	Brückenstraße	Neuanlage	Eigentümer	
	Pu.	Hohe Straße neben Passage	Neuanlage	Eigentümer	

Jahr	Brunnen/ Pumpe	Örtlichkeit/Straße	Reparatur, Neubau, Verlegung	Kostenträger	Kosten
	Abkürzung: Br./ Pu.			**Stadt/Eigentümer**	
	Pu.	Krummer Büchel/ Großer Griechenmarkt	Neuanlage Säulenpumpe	Eigentümer	
	Pu.	Am Rinkenpfuhl	Terrainankauf Berlip'scher Hof	Stadt	
	Pu.?	Am Römerturm 17	Verlegung, Neuanlage Säulenpumpe	Eigentümer	
1870	Pu-	Hohe Straße 111	Neue Pumpe	Eigentümer	
	Br./Pu.	Mittelstraße 2	Beseitigung, Verfüllung	Eigentümer	
1871	Pu.	Thieboldsgasse 50	Ersatz Pumpenpfeiler durch Säulenpumpe	Stadt/Eigentümer	
	Br.	Klostergasse	Vertiefung	Stadt	
1872	Pu.	Carl-, Steinstraße	Ersatz Dreh- durch Säulenpumpe	Eigent.	
	Pu.	Thurnmarkt 44	Verlegung, neue Säulenpumpe	Eigent.	
	Br. ? 3.10.72		Beseitigung, Wasserständer?	Stadtrat	
1873	Br.	Lindenburg	Anlage	Armenverwaltung	
	Br./Pu.	Holzmarkt	Zuschüttung, Aufstellung Wasserständer	Stadt	
1874	Pu.	Unter Sachsenhausen 28 D	Aufstellung einer Ständerpumpe	Eigentümer	
	Pu.	Langgasse/Breite Straße 60	Versetzung des Pumpenhebels	Eigentümer	
	Br.	Rothgerberbach	Vertiefung	Stadt	

Jahr	Brunnen/ Pumpe	Örtlichkeit/Straße	Reparatur, Neubau, Verlegung	Kostenträger	Kosten
	Abkürzung: Br./ Pu.			**Stadt/Eigentümer**	
	Br.	Alle trockenen Brunnen	Kredit für Vertiefungen	Stadt	1500 Taler
1875	Br.	Bayenstraße/Biberstraße	Verlegung	Stadt	
	Pu.	Bayenstraße 49	Neue Pumpe, Ständerpumpe	Stadt	
	Pu.	Rubensstraße gegenüber Nr. 60	Neue Pumpe	Stadt	
	Br.	Maximinstraße	Vertiefung	Stadt	300 Taler
	Pu.	Follerstraße 89/91	Ersatz Pfeiler- durch Säulenpumpe	Stadt, Eigentümer	
	Pu.	Perlengraben	Beseitigung Drehpumpe wegen Verkehr	Stadt	
	Pu.	Follerstraße 45	spätere Beseitigung wegen Hausbau	Eigentümer	
	Pu.	Blumenstraße	Errichtung neue Pumpe	Stadt/Eigentümer	
1876	Br.	Poststraße 3a	Vertiefung wegen Wasserqualität	Stadt	180 Mark
	Br.	Zugasse	Vertiefung wegen Wasserqualität	Stadt	180 Mark
	Br.	Altenberger Straße	Vertiefung wegen Wasserqualität	Stadt	180 Mark
	Br.	Pantaleonsmühlengasse	Vertiefung wegen Wasserqualität	Stadt	180 Mark
	Br.	Am Klingelpütz gegenüber Nr. 70	Vertiefung wegen Wasserqualität	Stadt	180 Mark
	Br.	Martinstraße 37a	Vertiefung wegen Wasserqualität	Stadt	180 Mark

Jahr	Brunnen/ Pumpe	Örtlichkeit/Straße	Reparatur, Neubau, Verlegung	Kostenträger	Kosten
	Abkürzung: Br./ Pu.			Stadt/Eigentümer	
	Br.	Am Trutzenberg/ Martinsfeld	Vertiefung wegen Wasserqualität	Stadt	180 Mark
	Br.	Am Trutzenberg/ Vor den Siebenburgen	Vertiefung wegen Wasserqualität	Stadt	180 Mark
	Pu.	Allerheiligenstraße	Beseitigung der Drehpumpe	Stadt	
	Pu.	Blaubach Nähe Waidmarkt 39	Verlegung, Errichtung Säulenpumpe	Eigentümer	
	Pu.	Schildergasse 90a	Ablehnung der Beseitigung	Stadt	
	Br.	Thurnmarkt 44	Vertiefung wegen Wasserqualität	Stadt	180 Mark
	Br.	Telegraphen-/Weyerstraße	Vertiefung wegen Wasserqualität	Stadt	180 Mark
	Pu.	Friesenstraße 31	Ersatz Pfeilerpumpe, Ablehnung	Stadt	
	Pu.	Hohe Straße 111a	Ablehnung der Beseitigung	Stadt	
	Pu.	Große Spitzengasse	Errichtung einer Säulenpumpe	Eigentümer	
1877	Br.	Auf dem Berlich/Ecke Schwalbengasse	Vertiefung wegen Wasserqualität	Stadt	180 Mark
	Br.	Blumenstraße/Nähe Kattenbug	Vertiefung wegen Wasserqualität	Stadt	180 Mark
	Br.	Hunnenrücken	Vertiefung wegen Wasserqualität	Stadt	180 Mark
	Br.	Gereonstraße.	Vertiefung wegen Wasserqualität	Stadt	180 Mark
	Pu.	Weidengasse	Anlage einer Pumpe	Eigentümer	

Jahr	Brunnen/ Pumpe	Örtlichkeit/Straße	Reparatur, Neubau, Verlegung	Kostenträger	Kosten
	Abkürzung: Br./ Pu.			**Stadt/Eigentümer**	
	Br.	Bachemstraße	Vertiefung wegen Wasserqualität	Stadt	200 Mark
	Br.	Pelzergasse	Vertiefung wegen Wasserqualität	Stadt	200 Mark
	Pu.	Friesenstraße	Säulen- statt Pfeilerpumpe	Stadt	700 Mark
	Pu.	Ehrenstraße 22	Verlegung, Verhandlungen	Stadt/Eigentümer.	
	Br.	Nächelsgasse	Vertiefung wegen Wasserqualität	Stadt	200 Mark
	Pu.	Lichhof	Übergabe an Armenverwaltung	Stadt/Armenverwaltung	
	Br./Pu.	Schartgasse 9	neuer Brunnen mit Säulenpumpe	Stadt	1000 Mark
	Br.	Schildergasse 96	Vertiefung wegen Wasserqualität	Stadt	200 Mark
	Br.	Ulrichgasse 29	Entfernung Brunnen u. Brunnenhäuschen	Stadt/Eigentümer	
1878	Br./Pu.	Weidengasse 43	Neue Errichtung	Eigentümer	
	Br.	Marienplatz 24	Vertiefung wegen Wasserqualität	Stadt	
	Br.	Paulstraße	Vertiefung wegen Wasserqualität	Stadt	
	Br.	Thurnmarkt	Vertiefung wegen Wasserqualität	Stadt	
	Br.	Stolkgasse	Vertiefung wegen Wasserqualität	Stadt	
1879	Pu.	Peterstraße 1	Verlegung, Ablehnung, Versetzung	Stadt/Eigentümer	
	Pu.	Perlenpfuhl 27/29	Verlegung, Ablehnung	Stadt/Eigenümer	

Jahr	Brunnen/ Pumpe	Örtlichkeit/Straße	Reparatur, Neubau, Verlegung	Kostenträger	Kosten
	Abkürzung: Br./ Pu.			**Stadt/Eigentümer**	
	Pu.	Mohren-/Kardinalstraße	Versetzung	Stadt/Eigentümer	100 Mark
	Br.	Hämer-/Glockengasse	Vertiefung wg. Wasserqualität	Stadt	200 Mark
	Br.	Minoritenstraße gegenüber Nr. 13	Vertiefung wegen Wasserqualität	Stadt	200 Mark
	Br.	Ursulagartenstraße	Vertiefung wegen Wasserqualität	Stadt	200 Mark
1880	Br.	Perlengraben/Große Spitzengasse	Neuanlage	Stadt	900 Mark
	Pu.	An der Linde/Machabäerstraße	Ersatz Dreh- durch Säulenpumpe	Stadt	320 Mark
	Pu.	Norbertstraße	Verlegung, statt Vierständer- Säulenpumpe	Stadt, Eigentümer	
	Br.	Blaubach 1	Vertiefung wegen Wasserqualität	Stadt	
	Br.	Thieboldsgasse 50	Vertiefung wegen Wasserqualität	Stadt	
	Pu.	Holzmarkt	Ersatz Dreh- durch Vierständerpumpe	Stadt	
1881	Pu.	Steinfeldergasse 27	Verlegung zum Gereonsdriesch	Eigentümer	1000 Mark
1882	Pu.	Achterstraße, Ende	Verlegung wegen Alignement	Stadt	550 Mark
	Pu.	Laurenzplatz	Verlegung wegen Moltke-Denkmal	Stadt	900 Mark
1883	Br?	Hohe Straße 94/Obenmarspforten	Verlegung	Eigentümer	

Jahr	Brunnen/ Pumpe	Örtlichkeit/Straße	Reparatur, Neubau, Verlegung	Kostenträger	Kosten
	Abkürzung: Br./ Pu.			Stadt/Eigentümer	
1884	Br.	allgemein	Vertiefungen wegen Wasserqualität	Stadt	Kredit 2169 Mark
	Br.	Privatbrunnen	Kontrolle durch die Stadt	Stadt	
	Pu.	Hohe Straße 111a	Verlegung	Eigentümer	600 Mark
1885	Pu.	Hohe Porte 24/Stephanstraße	Verlegung an Trottoirrand	Eigentümerin	
	Pu.	Kardinalstraße	Ersatz Dreh- durch Säulenpumpe	Stadt	400 Mark
	Pu.	Breite Straße 116	Verlegung, Ersatz durch Säulenpumpe	Eigentümer	900 Mark
1887	Br.	274 Privatbrunnen	Untersuchung auf Wasserqualität	Stadt	500 Mark
1893	Br.	Frohnhofstraße Ossendorf	Neuanlage	Stadt/Armenverwaltung	
	Pu.	Augustinerplatz	Versetzung	Pfarre St. Maria im Kp.	
1894	Br./Pu.	Müngersdorf	Anlage auf dem Hof Belvedere	Stadt/Armenverwaltung	
1895	Br./Pu.	Erp	Neuanlage Pütz-Hubertus-Hof	Stadt/Armenverwaltung	
	Pu.	Corneliusstraße	Aufstellung einer neuen Pumpe	Stadt	
	Pu.	Im Ferkulum	Aufstellung einer neuen Pumpe	Stadt	
	Br.	Annostraße	Überwölbung des Brunnens	Stadt	
	Pu.	Frankenplatz	Beseitigung des Pumpenpfeilers	Stadt	

Jahr	Brunnen/ Pumpe	Örtlichkeit/Straße	Reparatur, Neubau, Verlegung	Kostenträger	Kosten
	Abkürzung: Br./ Pu.			Stadt/Eigentümer	
	Br./Pu.	Auf der Ruhr	neuer Brunnen mit Pumpe	Stadt	
	Pu.	Eintrachtstraße, südliches Ende	Ersatz einer Pumpe	Stadt	
	Pu.	Laurenzplatz	Reparatur der Pumpe	Stadt	
	Pu.	Zugasse	Reparatur der Pumpe	Stadt	
	Pu.	Alter Markt	Reparatur der Pumpe	Stadt	
	Pu.	Hahnentor	Reparatur der Pumpe	Stadt	
	Pu.	Peterstraße	Reparatur der Pumpe	Stadt	
1867	Br.	Auf der Ruhr	Vertiefung mit Bohrrohren	Stadt	
	Br.	Mühlenbach 57	Vertiefung	Stadt	
	Br.	Zollstraße	Vertiefung	Stadt	
	Br.	Konvent Lyskirchen	Vertiefung	Stadt	
	Br.	Blaubach 1	Vertiefung	Stadt	
	Pu.	Martinstraße	Neue Säulenpumpe	Stadt	
	Br.	Rheingasse	Vertiefung mit Bohrrohr	Stadt	
	Br.	Filzengraben	Umwandlung zum Privatbrunnen	Eigentümer	500 Taler
	Br.	Filzengraben	Neubau Brunnen am Tempelhaus	Stadt	150 Taler

Der Grabstein der Eheleute Gossi auf dem Rodenkirchener Friedhof, der Schwiegersohn, eine grandiose Erfindung und die Folgen

von Winfried Seibert

Der kleine Friedhof in Rodenkirchen gegenüber dem Haus Frankstraße 23 ist überschaubar und auch nicht ehrfurchtgebietend alt. Die Grabmale sind schlicht, denkmalwürdig sind nur wenige. Aber manchmal stößt man doch auf Erstaunliches.

1854 wurde der Friedhof eröffnet. Die Kirchengemeinde, damals selbstverständlich die katholische Kirchgemeinde, kam mit dem alten Friedhof neben dem Kapellchen nicht mehr aus. Außerdem musste auch Platz geschaffen werden für nichtkatholische Verstorbene aus dem Dorf. Die Gemeinde war in der ersten Hälfte des 19. Jahrhunderts erfreulich gewachsen und wuchs mit der beginnenden Industrialisierung im Umfeld von Köln weiter. Eng wurde es nicht nur auf dem Friedhof. Dass das uralte, im Kern romanische Kapellchen erweitert oder durch einen größeren Neubau ersetzt werden musste, war absehbar. Dazu brauchte die Kirchengemeinde aber Geld. Eine beachtliche Spende des Rentners Franz Heinrich Nikolaus Frank, immerhin 15.000 Taler, machte schließlich den Neubau an der heutigen Hauptstraße möglich, der 1867 eingeweiht wurde. Der Name der Frankstraße erinnert an den Spender, der früher einmal Besitzer des Fronhofes in Rodenkirchen und wohl auch geschäftlich sehr erfolgreich gewesen war.

Zunächst aber ging es um den Friedhof. Der Kirchenvorstand bevorzugte ein Gelände unmittelbar neben dem alten Friedhof am Kapellchen. Dass dies nach französischem und inzwischen auch nach preußischem Recht innerhalb der Ortschaft nicht mehr zulässig sein konnte, scheint man nicht bedacht zu haben. Der Plan scheiterte aber ohnehin an der Finanzierung. So entstand schließlich im Westen der Wohnbebauung im offenen Feld der neue Friedhof, der, weil mit öffentlichen Mitteln finanziert, allen Verstorbenen der Ortsgemeinde, welchen Glaubens auch immer, zur Verfügung stehen musste. Dass es wohl so kommen würde, hatten viele in der überwiegend katholischen Bevölkerung befürchtet, ein in der Weise offener kommunaler Friedhof wurde, wie Gertrud Scholz in der Reihe *Stadtspuren* schreibt, von manchen als „eigentlich

Jahrbuch des Kölnischen Geschichtsvereins 82 (2013/14), S. 157–190

ungehörige Neuerung" empfunden.[1] An solche Zumutungen musste man sich im traditionell katholischen Rheinland erst gewöhnen.

Der Zuschnitt des Friedhofs war damals wie heute rechteckig, allerdings war er schmaler als heute. Ein Streifen im Osten ist erst nach der Verlegung der Köln-Bonner Eisenbahn auf die Westseite dazugekommen. Der Eingang war in der Anfangszeit nicht in der Frankstraße, sondern auf der nördlichen Schmalseite.

Der älteste Grabstein, der heute in Nähe des Hochkreuzes liegt, muss mit dem Grab anfangs mehr im nördlichen Randbereich des Friedhofs gelegen haben. Gertrud Scholz knüpft daran interessante Überlegungen,[2] zumal die Spur, wenn man sie weiter verfolgt, zu einem überraschenden Ergebnis führt. Man fragt sich, ob die Verantwortlichen der Stadt Köln, die zwar nicht das Grab, aber immerhin diesen schönen hellen Stein erhalten haben, wenigstens geahnt hatten, welche Geschichte hinter diesem Schatz steckt. Eher nicht, wird man wohl vermuten dürfen. Es lohnt sich aber, dem nachzugehen.

In schöner Fraktur steht auf dem Stein geschrieben:

Hier ruhen in Frieden
Eduard Gossi
geb. zu Fraulautern
am 27. April 1814.
gest. zu Bajenthal
am 5. Februar 1885.
Gertrud Gossi
geb. Salm
geb. zu Wallerfangen
am 21. April 1814
gest. zu Bajenthal
am 20.October 1887.

Wenn man sich neugierig dieser Familie Gossi nähert, dann stellt man schnell fest, dass die Schreibweise variiert, mal schreiben sie sich *Gossi,* mal *Goßi* oder *Gussy* oder *Gossy.*[3] Eduard und Gertrud stammten aus dem Saarland, beide

1 Gertrud Scholz: Rodenkirchen (Friedhöfe), in: Hiltrud Kier (Hg.): Köln: Dörfer im linksrheinischen Süden, Köln 1990 (Stadtspuren – Denkmäler in Köln 12), S. 214–224, hier S. 215.
2 Scholz, Rodenkirchen (Friedhöfe) (Anm. 1), S. 220 f.
3 Um Verwirrungen zu vermeiden, bleibe ich durchgehend bei der Schreibweise Gossi. In den standesamtlichen wie auch den kirchlichen Heiratsunterlagen wird der Name statt mit Doppel-„s" mit langem und rundem „s" hintereinander geschrieben. Das ist wohl als Vorläufer zum deutschen „ß" zu verstehen und deutet darauf hin, dass das „o" in dem Namen

Abb. 1: Grabstein der Eheleute Eduard und Gertrud Gossi auf dem Rodenkirchener Friedhof (W. Seibert).

geschlossen und gedehnt ausgesprochen wird. Zu der nachweislich italienischen Herkunft der Familie Gossi will das nicht so recht passen.

wurden 1814 geboren, also zu einer Zeit, da ihre Heimat Teil Frankreichs war. Das erklärt aber, wie zu zeigen ist, die Herkunft des Namens noch nicht.

Wallerfangen, das seit Jahrhunderten zum Herzogtum Lothringen gehörte, wurde 1687 unter Ludwig XIV. dem Erdboden gleichgemacht, um Raum für die Neugründung Saarlouis zu schaffen. Der Ort wurde von der Bevölkerung wiederaufgebaut. 1791 eröffnete Nicolas Villeroy in Wallerfangen, damals Vaudrevange, eine Keramikfirma und gründete 1836 zusammen mit dem Luxemburger Jean-Francois Boch das Unternehmen Villeroy & Boch. Boch, dessen Großvater 1748 ein Vorgängerunternehmen von Villeroy & Boch gegründet hatte, hatte das nach der Französischen Revolution aufgelassene Benediktinerkloster in Mettlach 1809 gekauft, wo auch heute noch der Sitz der Weltfirma ist. Auch das Augustinerinnenkloster Fraulautern wurde nach der Revolution aufgelöst, die Klosteranlagen am 1. September 1796 versteigert. Den Zuschlag erhielten ein Andreas Rouply aus Oberlimberg[4] und seine Ehefrau Margarete Fourmann. Dem Namen Rouply werden wir noch begegnen.

Gertrud Scholz ist weniger durch den Grabstein der Eheleute Gossi als durch die Tatsache irritiert, dass deren Grab „ganz nahe“ dem für „Nicht-Römisch-Katholische und Verunglückte“ vorgesehenen Quartier des Friedhofs gelegen habe.[5] Was heißt hier „ganz nahe“? Also vielleicht doch nicht außerhalb des für Katholiken vorgesehenen Bereichs? Halb daneben ist auch vorbei.

Dieser eher fragwürdig erscheinende Ansatz führt Gertrud Scholz vollends ins Abseits. Zwar seien die in Bayenthal geborenen Töchter[6] der Eheleute Gossi katholisch getauft worden, doch habe „ausweislich des Sterberegisters der Rodenkirchener Pfarre St. Maternus“ keiner der beiden Ehegatten ein katholisches Begräbnis erhalten. Da der „allenfalls als protestantisch zu vermutende Mann“ im Sterberegister der Kölner Evangelischen Gemeinde nicht verzeichnet sei, liege des Rätsels Lösung laut Scholz wohl darin, dass Eduard Gossi Jude war.[7]

Der Reihe nach. Im Kirchenbuch der katholischen Gemeinde Rodenkirchen sind die Sterbefälle der Eheleute Gossi von 1885 und 1887 in der Tat nicht verzeichnet. Das lässt sich erklären. Beide waren laut dem Grabstein in Bayenthal gestorben, wo es inzwischen eine katholische Kirchengemeinde mit einem eigenen Kirchenbuch gab. Die Bayenthaler Kirchenbücher aus dieser Zeit sind nicht erhalten. Ins Sterberegister der evangelischen Gemeinde gehör-

4 Heute ein Ortsteil von Wallerfangen.
5 Scholz, Rodenkirchen (Friedhöfe) (Anm. 1), S. 221.
6 Gertrud Scholz erwähnt zwei in Bayenthal geborene Töchter, die Familie Gossi vergrößerte sich aber in Bayenthal um fünf Töchter auf insgesamt sieben.
7 Scholz, Rodenkirchen (Friedhöfe) (Anm. 1), S. 221.

ten die Gossi nicht, weil sie katholisch waren. Das ist durch den Geburts- und Taufeintrag im Kirchenbuch von Fraulautern von 1814 belegt.[8] Als der Schwiegersohn von Eduard Gossi am 6. Februar 1885 dessen Tod beim Standesbeamten in Marienburg meldete, wurde zu dem Verstorbenen eingetragen: „71 Jahre alt, katholischer Religion". Das Gleiche geschah nach dem Tod von Gertrud Gossi im Jahre 1887. Die Konfession der Eheleute dürfte somit geklärt sein.

Außerdem: Eduard Gossis Mutter hieß mit Vornamen Christine, was eine jüdische Verbindung nachgerade ausschließt. Der Name Gossi/Goßi/Gossy/Gussy ist im Übrigen im 19. Jahrhundert im Saarland nicht als Judenname vertreten, auch im Rheinland nicht.

Johann Michael Eduard Gossi wurde am 28. April 1814 katholisch getauft und im Kirchenbuch von Fraulautern als *filius naturalis* der Christine Rouply eingetragen, trug also zunächst den Familiennamen seiner Mutter, die erst gut drei Jahre später den aus St. Goar stammenden Carl Friedrich Gossi geheiratet hat, dank dessen Legitimation das Kind den Familiennamen Gossi erhielt.[9] Ob Carl Friedrich Gossi der leibliche Vater Eduards war, wissen wir nicht.[10] Einer der beiden Taufpaten war Michael Rouply aus Fraulautern.[11] Aus Fraulautern stammte auch Carl Friedrichs Mutter. Caroline Gerlach hatte den 1764 in St. Goar geborenen Franz Gossi geheiratet und war mit ihm an den Rhein gezogen. Da gab es also Verbindungen.

Der Name Gossi ist in St. Goar spätestens seit 1710 urkundlich überliefert. Johann Gossi dürfte Anfang des 18. Jahrhunderts aus Oberitalien eingewandert sein. 1745 gewährte er der Stadt St. Goar ein Darlehen und wurde als der reichste Mann der Stadt bezeichnet. Sein Sohn Joseph Marcus Gossi wurde 1782 Gemeindebürgermeister und in den Unterlagen ebenfalls als der reichste Mann in St. Goar geführt.[12] Dessen Sohn Franz Gossi heiratete am 19. August

8 Bistumsarchiv Trier, Abt. 72, 736 Nr. 1–6 (Band 3), zum 28. April 1814.

9 Ibid., siehe auch Nachricht des Bistum Trier vom 17.7.2018: Johann Michael Eduard Rouply wurde am 28. April 1814 geboren und noch am gleichen Tag getauft. Auf dem Grabstein steht als Geburtsdatum der 27. April. Die Heirat seiner Mutter mit Carl Friedrich Gossi folgte am 15. November 1817.

10 Im Kirchenbuch von Fraulautern heißt es zu dem Kind unter dem 15. November 1817: *carolus gossi per contractum civilem et Canonicum accepit in suum et fecit legitimum.* Das bedeutet aber nicht zwingend ein Bekenntnis zur leiblichen Vaterschaft.

11 Hans Peter Klauck: Die Einwohner von Fraulautern vor 1897, Saarlouis 1996, S. 315, Nr. 894.

12 Johannes Augel: Italienische Einwanderung und Wirtschaftstätigkeit in rheinischen Städten des 17. und 18. Jahrhunderts, Bonn 1971 (Rheinisches Archiv 78), S. 150 und 382, Nr. 991.

1793 Caroline Gerlach, deren Sohn Carl Friedrich Leopold im Juni 1794 in St. Goar geboren wurde,[13] der spätere Ehemann von Christine Rouply.

Am 13. September 1838 heiratete Eduard Gossi die aus Wallerfangen stammende Gertrud Salm. Die Eheleute scheinen zunächst in Wallerfangen gewohnt zu haben, Eduard Gossi taucht in einer Quelle schon dort als Gastwirt auf.[14] Zwei Töchter wurden in Wallerfangen geboren, Anna Catharina am 2. Oktober 1839 und Christina Cäcilia am 8. März 1841. Kurz danach muss die Familie nach Bayenthal gezogen sein, das damals noch nicht zu Köln, sondern zur Gemeinde Rondorf gehörte. Ob Eduard Gossi dort als Gastwirt anfing oder, wie Gertrud Scholz schreibt, zunächst eine „Kettenfabrik mit Kohlen-, Stein- und Traßhandlung" betrieben hat,[15] lasse ich offen. Spätestens ab 1864 hat Eduard Gossi jedenfalls zum Beruf des Gastwirts zurückgefunden. Ab 1873 betrieben die Eheleute Gossi in Bayenthal die Gastwirtschaft *Zur Stadt Köln*.

Wie bereits angemerkt, vergrößerte sich die Familie erheblich. Fünf Töchter kamen hinzu: Gertrud Rosa wurde am 29. August 1842 geboren und am 31. des Monats in Rodenkirchen getauft, Taufpaten waren Michael Rouply und Gertrud Kaiser. Es folgte Anna Maria am 20. Mai 1844. Taufpatin war Anna Maria Salm, wahrscheinlich die kaum ein Jahr ältere Schwester der Mutter Gertrud aus Wallerfangen.[16] Catharina Josephina wurde am 19. März 1846 geboren und am 29. März getauft.[17] Taufpaten waren Catharina Josephina Angenstein und wieder Michael Rouply. Die Taufkirche kann damals nur die damalige Kirche St. Maternus gewesen sein, das Kapellchen. Das dürfte auch für die nächsten beiden Töchter gelten, Brigitta Magdalena und Henriette Gertrud, die am 2. Februar 1848 und schließlich am 13. Februar 1850 die stolze Zahl von sieben Töchtern in weniger als zehn Ehejahren vervollständigten. Gertrud Rosa starb im Alter von 26 Jahren am 6. Januar 1869 und wurde auf dem neuen Rodenkirchener Friedhof beigesetzt. Davor lagen neben der steten Vergrößerung der Familie große Ereignisse, die weit über sie hinaus, aber auch für die Familie selbst von großer Bedeutung waren.

---

13 Franz Josef Karbach/Michael Frauenberger: Familienbuch der katholischen Pfarrei St. Goar, Spay 1993, Nrn 746 ff.

14 Hans Peter Klauck: Die Einwohner von Wallerfangen, Niederlimberg und St. Barbara 1800–1900, Saarlouis 2008, S. 328, Nr. 768.

15 Scholz, Rodenkirchen (Friedhöfe) (Anm. 1), S. 220. Trass wurde als wichtiger Bestandteil von Mörtel gebraucht. Der rheinische Trass wurde in der östlichen Eifel, insbesondere im Brohltal, abgebaut.

16 Geb. am 21.5.1813. Wesentliche Hinweise zur Familiengeschichte verdanke ich Karl P. Salm aus Trier, ebenso zu deren Fortschreibung Markus Battard aus Wallerfangen.

17 Kirchenbuch Rodenkirchen 1828–1869, Bl. 26 (1842) bzw. Bl. 41 (1846).

* * *

Bevor sich die Eheleute Gossi nach Köln aufgemacht haben, werden sie gehört oder gelesen haben, dass es zwischen der preußischen Regierung und der katholischen Kirche in Köln schwere Konflikte gab. Der Kölner Erzbischof Clemens August Freiherr von Droste zu Vischering war 1837 verhaftet und nach Minden deportiert worden. Er hatte sich der preußischen Vorgabe widersetzt, wonach bei Mischehen die Kinder die Konfession des Vaters erhalten sollten, während er auf der Beibehaltung des katholischen Glaubens auch für die Kinder bestand. Dass dieses Thema die Familie einmal unmittelbar berühren würde, war damals nicht vorauszusehen. In der Folgezeit hatten sich die Kölner Wirren leicht entschärft. Droste zu Vischering war 1839 aus der Haft entlassen worden, durfte aber nicht mehr in sein Amt zurückkehren. Sein Nachfolger Johannes von Geissel konnte Anfang September 1842 den Grundstein zum Weiterbau des Kölner Doms legen, der von König Friedrich Wilhelm IV. mit Worten und staatlichen Geldern eindrucksvoll gefördert wurde. Hierfür wurden Bauholz und Stahl gebraucht, was u. a. der Bayenthaler Industrie guttat. Auch die saarländische Firma Villeroy & Boch kam beim Weiterbau des Doms zum Einsatz.

Von dem Streit um die aufmüpfige *Rheinische Zeitung*, die im Frühjahr 1843 verboten wurde, und deren Chefredakteur Karl Marx wird man in der Familie wahrscheinlich nichts mitbekommen haben. Dass sich 1848 auch in Köln Revolutionäres zusammenbraute, dürfte hingegen auch bei ihnen im Gespräch gewesen sein. Immerhin ging es um Freiheit, Recht und Arbeit, was für Menschen, die aus dem ehemaligen Frankreich kamen, mit besonderen Erinnerungen verbunden sein musste. Wie revolutionär Eduard Gossi oder sein Onkel Michael Rouply waren, wissen wir freilich nicht. In Köln jedenfalls war der Barrikadenkampf rasch und vergleichsweise unauffällig zu Ende – und damit auch die, wenn man so will, erste Runde im Kampf um eine demokratische und auch sozialistische Reform mit deutlich kommunistischen Einschlägen.

Anna Catharina Gossi müsste inzwischen die Schule besucht haben. 1855 wurde mit dem Bau der ersten Rheinbrücke seit der Römerzeit begonnen, die schon 1862 in Betrieb genommen wurde und wegen der kastenförmigen Brückenportale den Spitznamen *Muusfall* (Mausefalle) bekam. In der von Peter Fuchs herausgegebenen Chronik zur Geschichte der Stadt Köln[18] ist für das Jahr 1866 die Einsetzung von Paul Melchers zum Erzbischof durch den Vatikan erwähnt, die Selbständigkeit Ehrenfelds und die Cholera, die im Südosten der Stadt im Juli 601 Opfer forderte, aber nicht der Deutsche Krieg von 1866.

18 Peter Fuchs (Hg.): Chronik zur Geschichte der Stadt Köln Bd. 2: Von 1400 bis zur Gegenwart, Köln 1991, S. 150.

Die Köln anscheinend nicht berührende Auseinandersetzung zwischen Preußen und dem Deutschen Bund unter Führung Österreichs endete mit dem preußischen Sieg bei Königgrätz am 3. Juli 1866 und hatte für Preußen äußerst vorteilhafte Friedensverträge zur Folge.

Der Deutsch-Französische Krieg begann am 19. Juli 1870 mit der von Otto von Bismarck provozierten Kriegserklärung Frankreichs. Noch bevor der Sieg feststand, wandte sich der Zentral-Dombau-Verein an König Wilhelm I. mit der Bitte, ihm für den Guss einer neuen Domglocke erbeutete französische Kanonen zu überlassen. Das war ebenso übereilt wie die Entscheidung vom 19. Februar 1871, wegen des Krieges alle für die Karnevalstage vorgesehenen öffentlichen Veranstaltungen abzusagen. Aschermittwoch war am 22. Februar, nach dem Waffenstillstand vom 28. Januar 1871 wurde in Versailles am 26. Februar ein vorläufiger Frieden abgeschlossen. Der endgültige Friedensvertrag folgte am 10. Mai in Frankfurt. Die Kölner hätten ruhig feiern können.

***

Eduard und Gertrud Gossi stammten aus einer Region, die seit Jahrhunderten zu Lothringen bzw. zu Frankreich gehört hatte und nach dem Zweiten Pariser Frieden ab dem 1. Dezember 1815 von Preußen übernommen wurde. Die größte und auch historisch und wirtschaftlich bedeutendste Stadt der preußischen Rheinprovinz war ohne Zweifel Köln. Dass die Preußen die Hauptstadt der Provinz nach Koblenz gelegt hatten, vermochte daran nichts zu ändern. Aus der Sicht von Wallerfangen war Köln jetzt nicht mehr Ausland, sondern man gehörte sozusagen dazu. Für die damals noch nicht ganz 30-jährigen Eheleute Gossi dürfte der Sprung in die Großstadt am Rhein wesentlich durch die Tatsache erleichtert worden sein, dass Eduards Pate Michael Rouply sich dort schon erfolgreich niedergelassen hatte.

Aber nicht in der Stadt Köln, sondern südlich vor den Toren Kölns in Bayenthal. Das war reines Entwicklungsland. In einem Reiseführer hieß es 1844, die allernächste Umgebung von Köln sei weder am linken noch am rechten Rheinufer besonders abwechselnd und malerisch, „nichts als weit ausgedehnte Felder, in deren Mitte sich, in der Entfernung von ½ bis ¾ Stunden, einzelne größere und kleine Dörfer, Gehöfte, Ziegeleien etc. zeigen.“[19]

Als Momentaufnahme war das sicher richtig, aber die Verhältnisse änderten sich rasch. 1842, als die Familie Gossi nach Bayenthal kam, hatte der Ort noch

19 Heinrich Müller Malten: Köln und seine Umgebungen: Ein Führer für Fremde und Einheimische, Darmstadt 1844, S. 120.

Rouply, M. u. Comp.,
Niederlage ihres Hauptgeschäfts — Dampfschneidemühle, Holzhandlung und mechanische Fässerfabrik im Bayenthal bei Cöln — in allen Sorten von auf der Maschine geschnittenen Tannen-, künstlich ausgelegtem und getrocknetem Eichen-, Buchen-, Eschen-, Ulmen und sonstigem Holze, gewöhnlichen Brettern und Bohlen, Rundhölzern in diesen Gattungen, Pack- und Zuckerfässern, Sandplatten, Schiefer ꝛc. Severinstraße Nr. 51.

Abb. 2: Ausschnitt aus dem Kölner Adressbuch von 1843 (Kölner Adreß-Buch 1843, hg. v. J. G. Heyn, S. XV).

keine 100 Einwohner. 1846 waren es gerade mal 104.[20] Explosionsartig stieg die Bevölkerungszahl in den nächsten Jahren auf 535 im Jahr 1855 und 1861 auf 1305.[21] Ursache waren die industriellen Ansiedlungen, die die Nähe zum Rhein, aber auch die Nähe zu der Großstadt Köln suchten.

Michael Rouply hatte, wie er 1871 in einem schwermütigen Rückblick schrieb, 1838 in Bayenthal bei Köln „ein Etablissement angelegt". Das war zunächst eine mechanische Fässerfabrik, die später zu einer groß angelegten Holzhandlung erweitert wurde, zu der 1848 auch ein Dampfsägewerk hinzukam. 1843 schaltete die Firma „M. Rouply u. Comp." im Kölner Adressbuch eine Anzeige, in der die ganze Bandbreite des Angebots vorgestellt wurde (Abb. 2).

Dabei irritiert schon die Anschrift Severinstraße. Das Severinsviertel lag intra muros, das Bayenthal deutlich außerhalb. Das Betriebsgelände lief damals unter der Anschrift Alteburger Straße 323 und reichte von der Alteburger Straße bis zum Leinpfad, umschloss also u. a. die damals noch nicht angelegte Tacitusstraße.[22] Schon 1836 war dem „Handlungs-Commis Rouply zu Köln" unter dem 11. September ein Patent erteilt worden, „auf eine mechanische Vorrichtung zum Beschneiden und Ruthen, und eine weitere zum Dauchen und Schärfen von Faßdauben in der durch Zeichnungen und Beschreibung nachgewiesenen Zusammensetzung".

20 Klara van Eyll: Wirtschaftsgeschichte Kölns vom Beginn der preußischen Zeit bis zur Reichsgründung, in: Hermann Kellenbenz (Hg.): Zwei Jahrtausende Kölner Wirtschaft Bd. 2, hg. im Auftrag des Rheinisch-Westfälischen Wirtschaftsarchivs zu Köln, Köln 1975, S. 163–266, hier S. 169.

21 Ibid.

22 Wolfgang Hagspiel: Köln: Marienburg. Bauten und Architekten eines Villenvorortes – einschließlich der Villengebiete von Bayenthal, Teilband 1, Köln 1996 (Stadtspuren – Denkmäler in Köln 8/1), Köln 1996, S. 278, Karte S. 279.

Selbst im fernen Gumbinnen in Ostpreußen wurde das Patent am 5. Oktober 1836 bekanntgemacht.[23] Welche für das Handwerk des Böttchers sicherlich wesentlichen Vorgänge sich hinter den Tätigkeiten „Dauchen“ und „Ruthen“ verbergen, konnte bislang nicht ermittelt werden.

Holzfabrik und Holzhandel scheinen Michael Rouply aber nicht genug gewesen zu sein. Unter dem 3. Oktober 1840 machte der „Königl. Landrath“ des Landkreises Köln im Amtsblatt bekannt, dass der „Kaufmann Rouply im Bayenthale“ die Erlaubnis zur Errichtung zweier Kalköfen „auf seinem Eigentume im Bayenthale, in der Bürgermeisterei Rondorf gelegen“, nachgesucht habe. Alle, die sich durch diese Anlage beeinträchtigt glaubten, könnten ihre Einsprüche bis zum 16. des Monats einreichen. Es ist unklar, was aus diesem Gesuch geworden ist. Kalkbrennen war für die Bauindustrie wichtig. Gebaut wurde in diesen Jahren in Köln und auch in Bayenthal intensiv, bis es zu einer Überhitzung des Marktes kam.

1861 scheint noch alles in Ordnung gewesen zu sein. Der Generaldirektor der Bayenthaler Maschinenfabrik Martin Hubert Goltstein, der Rouply benachbarte Holzhändler Bernhard Boisserée, ein Bruder von Sulpiz und Melchior Boisserée, ein Kassierer namens Landers und Michael Rouply beschlossen – so die Chronik Bayenthals und der Pfarrgemeinde St. Matthias –, aus eigenen Mitteln auf einem der Maschinenfabrik gehörenden Grundstück eine Kirche zu bauen. So entstand die Kirche St. Matthias, erbaut von Vinzenz Statz.

1867 kam es zur Liquidation der „M. Rouply u. Comp.“ Michael Rouply macht für den Untergang des Unternehmens, das er aufgebaut hatte, in erster Linie einen ehemaligen Buchhalter, jetzt Liquidator, und den Unverstand seiner Kommanditisten verantwortlich. Der Buchhalter wurde ihm, obwohl er als persönlich haftender Gesellschafter doch ein gewichtiges Wort mitzureden hatte, wie er 1871 schreibt, von den „Commanditairen“ aufgezwungen. Üblicherweise verlangen Mitgesellschafter nach einer buchhalterischen Kontrolle, wenn sie Anlass zu Misstrauen zu haben glauben. Dieser Hermann Schüll, für Rouply ein großer Intrigant, wirtschaftete angeblich das Unternehmen, Rouplys Lebenswerk, zugrunde, so dass ihm, Rouply, am Ende nur die totale Pleite blieb. Das riesige Gelände in Bayenthal, gut 15 Morgen Grund und Boden, also fast vier Hektar Land einschließlich Dampfschneidemühle und Nebenräumen, ging schließlich, wie er es sieht, für einen Appel und ein Ei, er schreibt, für ein „Trumpfel“, an die Bank.[24]

23 Amts-Blatt Gumbinnen vom 5. Oktober 1836, S. 825, Nr. 231; siehe auch Amtsblatt der Königlichen Preußischen Regierung zu Bromberg, Jahrgang 1836, S. 688.

24 Michael Rouply: Meine Berufung an das Publikum, Selbstverlag 1871, Druck Deutz.

Da Michael Rouply nicht nur der Taufpate von Eduard Gossi war, als den wir ihn kennengelernt haben, noch ein Zitat aus seiner Rechtfertigungsschrift von 1871, seine drastisch formulierte Einschätzung des Intriganten Schüll: „Seine Importanz ist ihm zu Haupte gestiegen und die mässige Dosis Spiritus in seinem schmalen Hirn ist sauer geworden und umgeschlagen.“ Und weiter: „Die Herren Commanditaire haben die Wahl, ob sie sich von einem Wahnsinnigen oder von einem Verräter haben missbrauchen lassen, ein blühendes Geschäft und den Gründer desselben zu verderben. Aus diesem Dilemma mögen sie sich winden.“[25]

Geholfen hat das nicht mehr. Michael Rouply ging krank und verbittert nach Fraulautern zurück und starb dort am 4. September 1879.

* * *

Wer war nun Michael Rouply im Gefüge der Familie Gossi? Als Taufpaten von Eduard Gossi haben wir ihn schon kennengelernt. Er war am 25. Januar 1800 in Fraulautern geboren und der jüngere Bruder von Christine Rouply, Eduards Mutter, also dessen Onkel. Die, wie es in der Todesanzeige heißt, an „dem denkwürdigen 14. Juli 1789“ in Saarlouis geborene Schwester Christine,[26] ihre Brüder Michael und Heinrich sowie ihr Vater Andreas Rouply teilten sich das Erbe der am 24. April 1814 gestorbenen Mutter Margaretha, einer geborenen Fuhrmann oder Fourmann. Sie und Vater Andreas hatten wie eingangs erwähnt 1796 das Augustinerinnenkloster ersteigert und stückweise mit der Verwertung begonnen. In der lokalen Fraulauterner Überlieferung klingt Missbilligung durch:

> *Im Jahre 1814 wurde dann die ehemalige Klosterkirche zur Pfarrkirche bestimmt, obgleich sich zum damaligen Zeitpunkt noch sämtliche Klostergebäude im Privatbesitz befanden. Erst am 5. Februar 1818 verkauften der Eigentümer Andreas Rouply und dessen Söhne Michael und Heinrich der damals selbständigen Gemeinde Fraulautern die ehemalige Klosterkirche für 10.000 Franken bzw. 2.520 Taler Preußisch-Courant. Die Gemeinde musste zur Erbringung des Kaufpreises jahrelang in öffentlichen Versteigerungen Bau- und Nutzholz aus den Gemeindewaldungen verkaufen. Zusätzlich zum Kaufpreis musste die Gemeinde Fraulautern den Söhnen Michael und Heinrich Rouply die Zuerkennung des Gemeinderechtes*

25 Ibid.
26 Gestorben am 24.1.1866 in Fraulautern.

gewähren und ihnen ein Kirchengestühl für sechs Personen in der Kirche bereitstellen.[27]

Dieser Text unterschlägt, obwohl die dort zitierte Quelle den Vertrag vollständig wiedergibt, dass an dem Verkauf vom 5. Februar 1818 nicht nur Andreas Rouply und die beiden Söhne beteiligt waren, sondern auch für die Tochter Christine deren Ehemann Karl Gossi, also die Eltern von Eduard Gossi.[28] Außer dem Anspruch auf den Sitzplatz in der Kirche dürfte noch etwas an Bargeld übriggeblieben sein. Eduard hatte noch einen vier Jahre jüngeren Bruder, von dem weiter nichts bekannt zu sein scheint. Dass der Verkauf des Kirchenlandes an die Gemeinde nicht schon 1814 über die Bühne gehen konnte, mag mit der besonderen Situation von Christine Rouply zusammenhängen, die drei Tage nach dem Tod ihrer Mutter den Sohn Eduard geboren hatte, ohne verheiratet zu sein. Drei Jahre später sah das anders aus.

Auch wegen dieser Familienverhältnisse wird die Transaktion nicht frei von Emotionen gewesen sein. Da verkaufte eine Familie – diese Familie! – der Gemeinde das Kirchengebäude und -gelände, das früher Eigentum der Kirche gewesen war. Lange war das nicht her. Die Kirche hat ein langes Gedächtnis. Auch das Dorf vergisst so schnell nicht.

Inzwischen wird man sich unter den Familien Rouply/Gossi auf eine Erbauseinandersetzung verständigt haben; denn 1823 konnten Karl und Christine Gossi über einen Teil des seinerzeit ersteigerten Klosters alleine verfügen. Das Saarlouiser Intelligenzblatt meldete am 8. Juni 1823:

Am 14. August dieses Jahres um 2 Uhr nachmittags wird durch den in Saarlouis wohnenden Notar, Herrn Motte das ehemalige Frauenstift zu Fraulautern nebst Gärten und Wiesen, dem Herrn und Dame Gussi zugehörig, unter sehr angenehmen Bedingungen in loco freiwillig versteigert und dem Meistbietenden definitiv zugeschlagen.[29]

Was die „sehr angenehmen Bedingungen" in preußischen Talern und Groschen erbracht und die Eltern des damals neunjährigen Eduard Gossi bei der Versteigerung erzielt haben, wissen wir leider nicht. Sein Vater, das wissen wir wenigstens, hatte damals in Fraulautern eine Gastwirtschaft.

27 So u. a. unter URL: https://de.wikipedia.org/wiki/Abtei_Fraulautern (Stand: 4.1.2019).

28 Rudolf Rehanek: Geschichte der Kreisstadt Saarlouis Bd. 1: Die hochadelige Frauenabtei und das Dorf Fraulautern, Saarlouis 1978, S. 237–241.

29 Zit. nach Rehanek, Geschichte (Anm. 28), S. 302; siehe auch Klauck, Einwohner (Anm. 14). Rehanek missfällt die Formulierung *Dame Gossi* oder *Gussi* so sehr, dass er *Dame* in diesem Zusammenhang immer mit Anführungszeichen schreibt.

* * *

Zurück nach Bayenthal, wohin sich das Leben von Michael Rouply und der Familie von Eduard Gossi verlagert hatte. Michael bezeichnete die Jahre 1851 bis 1863 als seine und seines Unternehmens Glanzperiode. Über die Jugendjahre der Kinder der Eheleute Gossi in Bayenthal ist wenig bekannt. Die älteste Tochter Anna Catharina hat ab 1857 ein Notizbuch geführt, das, so ergiebig es im Übrigen ist, dazu leider keine Auskunft liefert. Wir beginnen mit einem Eintrag in diesem sehr kleinformatigen Notizbuch vom Frühjahr 1858. Anna Catharina war inzwischen 18 Jahre alt. Seit 1823 gab es in Köln wieder organisierten Karneval mit einem großartigen Maskenzug am Rosenmontag. Von der jüdischen Bankiersfamilie Oppenheim war Simon im Karneval aktiv, 1824 hatte er beim Rosenmontagszug den Helden Karneval in einem eigenen Wagen als Prinzessin Venetia begleitet. Sein Sohn Eduard, geboren 1831, der erst 1880 Chef des Bankhauses werden konnte, durfte immerhin 1858 die Rolle des Prinzen Karneval übernehmen. Gefeiert wurde die Einweihung des ersten Kölner Hauptbahnhofs, weshalb das eher unpreußisch klingende Motto *Train de plaisir* hieß.

Der Zug war vorbei. Am Karnevalsdienstag, dem 16. Februar 1858, plante die ganze Familie Gossi einen Besuch auf dem „Piknik der Ballgesellschaft", das in Kölns größtem Tanzlokal am Kuhberg stattfand.[30] Die ganze Familie, das waren die Eltern und, wie Anna Catharina in ihrem Notizbuch festhielt, die drei Mädchen, nämlich sie und ihre Schwestern Christine, bald 17 Jahre alt, und Gertrud, knapp eineinhalb Jahre jünger. Die jüngeren Mädchen blieben wohl zu Hause. Der Wagen war für fünf Personen zu klein, so dass die Mädchen vorausgeschickt wurden, die Eltern würden rasch folgen. Man ahnt, dass die Eltern das Versprechen nicht einhalten werden und darf sich wundern, dass dergleichen 1858 in solchen Kreisen möglich war. Drei minderjährige Mädchen, karnevalistisch sicherlich höchst attraktiv kostümiert, Anna Catharina „als alte Matrone aus dem 17. Jahrhundert mit zerzauster Frisur, Tabatiere, Brille und noch mit einer besonderen Amtsmiene", allein in Kölns größtem Tanzlokal!

Dazu schreibt Anna Catharina:

Als wir nun dort angelangt und noch wenige Leute da waren, kamen wir in die größte Verlegenheit, allein zu sein; wie wir nun so hin und her dachten, was wir wohl anfangen sollten in unserer Not, siehe, da kommt ein hell-

30 Zum Alten Kuhberg, das nach Eigenwerbung „grösste Ball-Lokal Cölns, empfohlen für Concerte, Bälle, Hochzeiten", war in der Kölner Innenstadt in der Straße Vor den Siebenburgen. Es ist nicht zu verwechseln mit dem schönen rechtsrheinischen Lokal *Am Ahle Kohberg* in Köln-Merheim, um das es in dem Ostermann-Lied nicht geht.

blauer Ritter, nimmt uns unter seinen väterlichen Schutz und wir fügten uns in unser Schicksal, das so über uns verhängt wurde. Die Gesellschaft wurde immer zahlreicher, man begann die Tänze und noch immer kamen Papa und Mama nicht. Und wir konnten ja auch nicht allein weggehen. Endlich nun, es mochte schon 9 Uhr sein, als sie ankamen, klagten wir unsere Not und stellten ihnen unseren liebenswürdigen Beschützer A. O. vor, der genug mit uns zu schaffen hatte, nach uns zu sehen und mit uns zu tanzen.[31]

Aus der Karnevalsbekanntschaft wurde mehr. Die Eltern haben ihre Töchter schließlich abgeholt und bei der Gelegenheit den Beschützer der jungen Damen kennengelernt. Der liebenswürdige junge Mann wird auch sie beeindruckt haben. Er muss die Adresse von Anna Catharina bei dieser Gelegenheit erhalten haben, aber er ließ sich Zeit. Erst am 16. März, also genau einen Monat nach der Begegnung auf dem Karnevalsball, schrieb er einen fünfseitigen Brief mit einem sicherlich lang überlegten und folgenschweren Satz: „Sie haben, mein geliebter Engel, eine Flamme in meinem Herzen entzündet, die nicht mehr zu löschen ist.“[32]

Auf den sicherlich sehnlich erwarteten ersten Brief reagierte sie in ihrem Notizbuch mit einer längeren Zahlenkolonne, in der sie ihre Erleichterung versteckte. Der Vierzeiler im Notizbuch lautet entschlüsselt wie folgt:

Sei gegrüsst, o Tag der Wonne,
an dem durchdrang das Licht der Sonne
meines Herzens Dunckelheit
O welches suesse Glück, o welche Seligkeit.[33]

Dass die jungen Leute sich sehr zugetan waren und sich in den nächsten Jahren Briefe über Briefe schrieben, über hundert, die erhalten geblieben sind, ändert

31 Notizbuch in RWWA 107–41–5. Der Eintrag endet: „So begann meine Bekanntschaft mit A. O.! Zum ewigen Andenken an den 16. Februar 1858“, mit dem aufschlussreichen Nachspann: „Den 17. trafen wir uns auf der Caffee Visite am Totenjuden. Er begleitete uns nach Hause. Papa und Mamma waren nicht da – sie waren eingeladen – kamen erst spät wieder zurück.“ Der Notizbucheintrag findet sich gekürzt auch bei ARNOLD LANGEN: Nicolaus August Otto, der Schöpfer des Verbrennungsmotors, Stuttgart 1949, S. 137 Anm. 8. Am Judenbüchel, wo früher der jüdische Friedhof gelegen hatte, auf kölsch „Am dude Jüd“, gab es mindestens zwei Tanzlokale, wundervoll lebendig besungen wiederum von Willi Ostermann.

32 S. 4 des Briefes vom 16.3.1858 (RWWA 107–43–4, Briefwechsel zwischen A. O. und Anna Gossi Bd. 1, 1858).

33 Eintrag vom 16.3.1858. Sie hatte den Text in der einfachst möglichen und damit auch leicht zu dechiffrierenden Weise verschlüsselt, indem sie das Alphabet A bis Z von 1 bis 25 durchnummerierte.

nichts an der herben Tatsache, dass ohne Zustimmung der Eltern nicht geheiratet werden konnte. Der junge Mann wohnte damals in Köln, kam aber aus dem Taunus. Er war evangelisch, was schon für das katholische Normalempfinden ein kaum zu überwindendes Problem darstellte, außerdem war er als einfacher Handelsvertreter ohne gesichertes Einkommen. Er bereiste ganz Westdeutschland in Kolonialwaren, in erster Linie ging es um Kaffee, Tee, Zucker und Reis. Bei dem Beruf war er ständig unterwegs, auch das mag den Eltern bedenklich erschienen sein. Damit war eine gemeinsame Zukunft der jungen Leute, wie sehr sie sich auch ineinander verliebt haben mochten, kaum vorstellbar. Es gehört zu den menschlichen Wundern dieser Geschichte, dass es hier doch anders kam.

Der junge Mann, 1832 geboren, schrieb seiner Anna Catharina Liebesbriefe von jeder Station, an der er bei seiner Vertretertätigkeit Halt machte. Sie antwortete regelmäßig. Wir erfahren – Anna Catharina erfuhr – sehr ausführlich, wo das Dasein als Handelsvertreter August Otto überall hin verschlug. Einzelheiten dazu berichtet er allerdings nicht, Geschäftliches gehörte ja wohl auch nicht in einen solchen Briefwechsel. Von Anna Catharina ergeben ihre Antwortbriefe auch kein klares Bild. Sie berichtet von der Familie und bestellt regelmäßig Grüße von den Eltern und Schwestern. Sie war im Theater, sie war auch mal auf einer Tanzveranstaltung, zugleich deutet sie Langeweile und, wie sie wörtlich schreibt, Melancholie an. Aber was Anna Catharina in diesen langen Jahren wirklich getan, was sie vielleicht gelernt, was und wo sie vielleicht gearbeitet hat, erfahren wir nicht. Das musste in dieser Korrespondenz nicht zwingend behandelt werden, da sie und August sich öfter – und auch gelegentlich alleine – trafen. Was man sich erzählt hatte, musste nicht mehr geschrieben werden, aber der Briefwechsel, mit dem letztlich zehn Jahre zu überbrücken und sicherlich nicht einfach zu überstehen waren, gibt wenig Persönliches preis.[34] Auch das Notizbuch verrät wenig.

1860 starb Augusts Mutter,[35] es gab ein nicht ganz so kleines Erbe, das den jungen Mann ermutigte, seinen Beruf vorübergehend ruhen zu lassen und sich seinem Hobby, dem Erfinden, hinzugeben. Er hatte nichts gelernt, was ihn dazu befähigt hätte, aber er hatte eine Idee, eine Vision und ein angeborenes

34 Die Tochter Gertrud Petronella, inzwischen Witwe des schon 1931 verstorbenen Carl Ferdinand Lindgens, schrieb in einige der Briefe ihre persönlichen Kommentare hinein. Sie war 77 Jahre alt, als sie in den Brief ihrer Mutter an August vom 8.8.1858, in dem es um Zerstreuung und Lektüre ging, am 30.9.1947, immerhin mehr als 32 Jahre nach dem Tod ihrer Mutter, hineinschrieb: „Vernünftiges lesen anstatt das Liebesgequasele!"

35 Anna Catharina gedachte der Mutter ihres Geliebten, der sie nie begegnet war, mit einem wieder als Zahlenkolonne verschlüsselten Eintrag: „O gute Mutter nicht gekannt und doch liebte ich Dich so heiss/Meine Hoffnung Dich recht bald zu sehn ist auf Erden nun vorbei bis wir uns dort oben wiederfinden/Ich werde für Dich beten wie ein gutes Kind."

Talent. Über die Fortschritte seiner Erfindung unterrichten uns auch seine Briefe an die nie so ferne Geliebte. Aber so vergingen die Jahre. Versprochen, verlobt waren beide ja nun lange genug, 1867 kam die Erlösung. A. O. hatte mit kräftiger Unterstützung eines Kölner Geldgebers, der auch von Technik etwas verstand, nämlich Eugen Langen aus der Zuckerdynastie, seine Erfindung auf der Weltausstellung in Paris präsentiert und eine Goldmedaille gewonnen. Davon erfuhren Anna Catharinas Eltern aus der Zeitung und waren mit der Heirat einverstanden.

Am 3. Mai 1868 wurde in das „Heiraths-Ankündigungs-Register der Ober-Bürgermeisterei Köln" das Eheverlöbnis verkündigt zwischen Anna Catharina Gossi aus Bayenthal und dem in „Cöln, Domkloster 21" wohnenden Kaufmann August Nicolaus Otto.[36] Standesamtlich geheiratet wurde am 19. Mai 1868. Die Eheleute wurden schließlich am Samstag, dem 23. Mai 1868, in St. Maternus in Rodenkirchen nach katholischem Ritus getraut. Der protestantische Ehemann erscheint im Heiratsregister als *acatholicus* und am Ende heißt es zu Beiden: *super impedimento mixtae confessionis dispensati,* „Vom Ehehindernis der Konfessionsverschiedenheit dispensiert". Wie man sieht, halten sich manche Probleme besonders lang. Sie waren, wie die Verhältnisse nun einmal waren, in der üblichen Weise zu regeln. Dass es dabei immer ehrlich zuging, darf man bezweifeln. Die Zukunft würde es im Falle der Familie, von der die Geschichte handelt, erweisen. Aber das war, wie auch der aus Köln verwiesene Erzbischof gewusst haben wird, normal. *Rebus sic stantibus* – hier also der schöne Eintrag im Heiratsregister der Kirchengemeinde Rodenkirchen (Abb. 3).

Ebendies verkennt wohl Gustav Goldbeck, wenn er zu der Tatsache, dass Otto seine Kinder im katholischen Glauben seiner Frau hat erziehen lassen, schreibt, eine solche Toleranz sei nicht selbstverständlich gewesen, da sein Bruder Wilhelm in gleicher Lage auf protestantischer Kindererziehung bestanden habe.[37] Die Dispens vom Ehehindernis der Konfessionsverschiedenheit gab es nicht umsonst. Der Preis war üblicherweise die Verpflichtung, die gemeinsamen Kinder katholisch taufen zu lassen und in diesem Glauben zu erziehen.

Hans-Jürgen Reuß schreibt in seiner kurzen Biographie über Nicolaus August Otto, die Hochzeit habe am 25. Mai in der Maternus-Kapelle in Rodenkirchen stattgefunden.[38] Die Trauung war jedoch am 23. Mai, wie der

36 LAV NRW R, Bestand PA 2306, Nr. K. 658 Rondorf, 1868. Der Name der Braut wird hier Goßi geschrieben, der Bräutigam unterzeichnet den umfangreichen Stapel von Papieren mal mit „August Nicolaus Otto", mal mit „Nicl. Aug. Otto".

37 Gustav Goldbeck: Gebändigte Kraft. Die Geschichte der Erfindung des Otto-Motors, München 1965, S. 235.

38 Hans-Jürgen Reuss: Nicolaus August Otto, Köln 1979 (Kölner Biographien 11), S. 15.

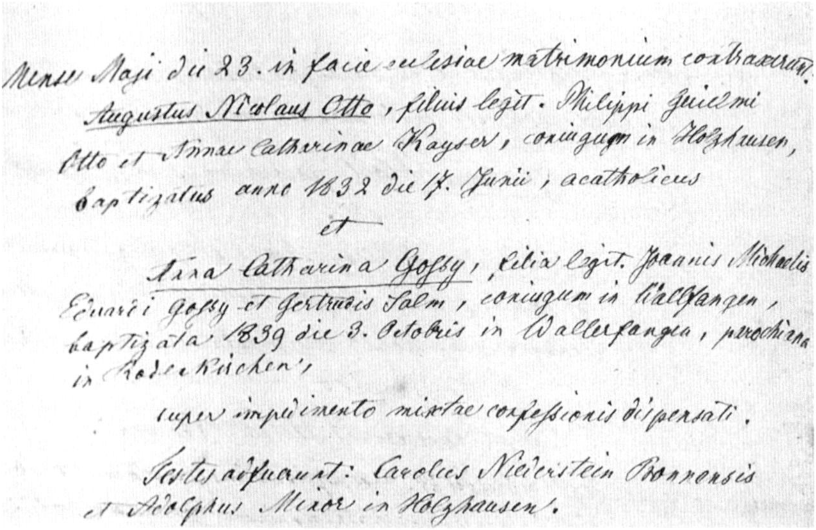
Mense Maji die 23. in facie ecclesiae matrimonium contraxerunt
Augustus Nicolaus Otto, filius legit. Philippi Guilelmi
Otto et Annae Catharinae Kayser, coniugum in Holzhausen,
baptizatus anno 1832 die 14. Junii, acatholicus
et
Anna Catharina Gossy, filia legit. Joannis Michaelis
Eduardi Gossy et Gertrudis Salm, coniugum in Wallfangen,
baptizata 1839 die 3. Octobris in Wallerfangen, parochiana
in Rodenkirchen,
super impedimento mixtae confessionis dispensati.
Testes adfuerunt: Carolus Niederstein Bonnensis
et Adolphus Meier in Holzhausen.

Abb. 3: Heiratseintrag der Eheleute Otto (Kirchenbuch der Kirchengemeinde Rodenkirchen).

Eintrag im Kirchenbuch belegt.[39] Da die Kirchgemeinde mit der neuen Kirche St. Maternus an der Hauptstraße seit 1867 ein neues Gotteshaus hatte, das das Kapellchen ersetzte, ist eher zu vermuten, dass die Trauung dort gefeiert wurde.

Privat war das seit zehn Jahren angestrebte Ziel endlich erreicht. Sieben Kinder wurden in der Zeit von 1869 bis 1883 geboren, von denen drei sehr früh gestorben sind. Auf die Familiengeschichte komme ich zurück.

***

1864, drei Jahre vor der Pariser Goldmedaille hatte Otto, der jetzt – wohl des besseren Klanges wegen – die Reihenfolge seiner Vornamen umgekehrt hatte, Eugen Langen seinen ersten atmosphärischen Motor vorgeführt. Wenige Wochen später gründeten beide die erste Motorenfabrik der Welt, die „N. A. Otto & Cie.“ Langen verstand etwas von Technik – er hatte u. a. die Elberfelder Schwebebahn erfunden – und kam aus einer erfolgreichen Kölner Unternehmerfamilie, er verstand somit auch etwas von den geschäftlichen Dingen. Er konnte seine Kommanditeinlage von immerhin 10.000 Talern zwar nicht aus der Westentasche bezahlen, aber er konnte sie beschaffen. Otto hatte in der

39 Kirchenbuch Rodenkirchen 1828–1869, 1868 (Bl. 511).

Gründungsphase Schulden in der Größenordnung von 3000 Talern. Die Einzelheiten auch der weiteren Entwicklung sind andernorts nachzulesen. Ich beschränke mich hier auf das – trotz aller technischen Errungenschaften und geschäftlichen Erfolge – Nicolaus August Otto, den genialen Erfinder, schwer treffende und tief betrübende Ergebnis der jahrelangen Patentprozesse.

Es begann mit einem Fehlschlag. Motiviert von dem kurz zuvor bekannt gewordenen Verbrennungsmotor des ursprünglich aus Luxemburg stammenden Belgiers Jean Joseph Etienne Lenoir und dessen Problemen im praktischen Einsatz, meldeten August Nicolaus Otto und sein älterer Bruder Wilhelm am 2. Januar 1861 beim preußischen Handelsministerium ein Patent an, dessen Neuigkeit sich gegenüber der Lenoir'schen Maschine im Wesentlichen auf den Einsatz von Spiritus anstelle von Kohlengas beschränkte. Bemerkenswert war in der Begründung der Hinweis, dass Spiritus leicht zu beschaffen und zu transportieren sei und „daher die Maschine zur Fortbewegung von Gefährten auf Landstraßen leicht und nützlich verwendet werden“ könne.[40]

Dieser in die Zukunft, in Richtung Automobil weisende Satz war freilich nicht patentfähig, Spiritus statt Gas der Behörde zu wenig. Der Antrag wurde kurzerhand zurückgewiesen. Nicolaus August – sein Bruder Wilhelm scheint sich danach nicht mehr beteiligt zu haben – experimentierte weiter. Auf dem Weg ins Ungewisse hatte er die Idee zu dem, was wir alle als Viertaktmotor kennen, sah aber keine Möglichkeit, einen solchen Motor zu bauen oder für den praktischen Einsatz bauen zu lassen. Die Idee alleine war nicht schutzfähig, so dass er in dieser Richtung nichts unternahm. Er konzentrierte sich daher auf den atmosphärischen Motor (Flugkolbenmotor), für den er schon 1863 eine Reihe von Patenten im Ausland erhielt. Es kamen auch Aufträge. Produziert wurde in den engen Räumen in der Servasgasse in unmittelbarer Rheinnähe. Wirtschaftlich war die Situation des jungen Unternehmens kritisch, zumal man den zunehmenden Aufträgen wegen der beengten Räumlichkeiten nicht nachkommen konnte. Aus eigenen Mitteln konnte Otto eine Erweiterung nicht schaffen, er war auch aus familiären Gründen – er hatte für seinen Bruder gebürgt – stark verschuldet. Selbst die Unterstützung durch den Partner Langen würde nicht reichen. Mit Hilfe eines weiteren Partners, des Hamburger Kaufmanns Ludwig August Roosen-Runge, war ein neuer Anlauf möglich. Die „N. A. Otto & Cie.“ wurde liquidiert, die Firma „Langen, Otto & Roosen“ im März 1869 gegründet, die als erstes an der Deutz-Mülheimer Straße auf der anderen Rheinseite ein großes Grundstück kaufte und mit dem Bau der Fabrik begann, die einmal die Deutz AG werden sollte.

40 Zit. nach Langen, Otto (Anm. 31), S. 21.

Die Zusammenarbeit mit Roosen endete schon 1871, doch der Ersatz konnte sich sehen lassen. Zwei Brüder Langen, Gustav und Jakob, und Emil und Valentin Pfeifer, Vater und Sohn, schon verbunden in der Zuckerdynastie Pfeifer & Langen, gründeten mit Eugen Langen und Nicolaus August Otto am 5. Januar 1871 die „Gasmotoren-Fabrik Deutz AG“, die G.F.D. Man muss das auch im historischen Umfeld sehen. Der Deutsch-Französische Krieg war militärisch schon gewonnen, der Frieden von Frankfurt beendete ihn förmlich am 10. Mai 1871. Im Grunde sah man guten, um nicht zu sagen herrlichen Zeiten entgegen.

Otto war neben den Brüdern Eugen und Gustav Langen einer der Direktoren der neuen Firma, was sich gut anhörte, aber wenig über die Kompetenzverteilung sagte. Am 10. März 1872 übertrug der Vorstand der Gesellschaft die Oberleitung der Werkstätten und des Zeichenbüros einschließlich der Zuständigkeit für das Personal dieses technischen Bereichs einem neuen Mann, den man aus Karlsruhe geholt hatte und der sich seines Wertes sehr bewusst war: Gottlieb Daimler.[41] Otto blieb die kaufmännische Leitung, nach der er sich gewiss nicht gedrängt hatte. Daimler zog für die Leitung des Zeichenbüros einen weiteren Schwaben und Fachmann seines Vertrauens hinzu, den deutlich jüngeren Wilhelm Maybach.[42] Großartige Namen, wie man heute weiß, aber alles andere als ein in Zusammenarbeit mit anderen erprobtes oder dafür geeignetes Team. Otto war, was seine Ideen anging, auch eher verschlossen. Daimler machte Patentansprüche geltend, obwohl das vertraglich eindeutig ausgeschlossen worden war. Dem standen selbstverständlich auch das Firmeninteresse und nicht zuletzt die Erfinderehre Ottos entgegen. Die Trennung von Gottlieb Daimler musste später teuer erkauft werden.

Schon vor der Trennung war 1876 Otto die epochale Erfindung gelungen: „Ottos neuer Motor“, wie das Ergebnis genannt und umgehend auf den Markt gebracht wurde, noch bevor es patentiert werden konnte. Ein übereilter Schritt, der sich neben anderen Fehlern als verhängnisvoll erweisen sollte.

Wie genau es zu der Erfindung des richtungsweisenden Viertaktmotors gekommen ist, welche Versuchsstufen er durchlaufen hat, lässt sich nicht bis ins Letzte nachzeichnen. Otto hatte im stillen Kämmerlein nachgedacht und vor sich hin experimentiert, jedenfalls ohne Beteiligung Daimlers und mittlerweile wohl auch ohne Kontakt zu dem Kollegen. Angeblich – solche Geschichten umwehen häufig große Geistesblitze – hatte ihn der Anblick des aus einem Kamin aufsteigenden Rauchs und dessen Verwirbelung auf die Idee gebracht, dass es unmittelbar vor dem Zeitpunkt der optimalen Zündung ähnlich in dem

41 Geb. 17. März 1834 in Schorndorf, gest. 6. März 1900 in Cannstatt.
42 Geb. 9. Februar 1846 in Heilbronn, gest. 29. Dezember 1929 in Cannstatt.

Zylinder zugehen müsse. Wie es wirklich in dem Zylinder aussah, konnte man mit den damaligen Mitteln nicht sichtbar machen. Otto konnte es sich aber plastisch vorstellen. Er sah es vor sich und glaubte es zu verstehen. Wie auch immer – der neue Motor lief reibungsloser und schonender als jeder andere auf der Welt. Arnold Langen, der Sohn des wichtigsten Partners und Unterstützers von Otto, hat dazu kurz nach dem Zweiten Weltkrieg geschrieben:

> *Heute, wo wir von den Tagen der Gründerzeit weiten Abstand genommen haben, erinnern wir uns in einem anderen Sinne an die Großtaten der Väter. Sie fühlten sich vom Geist der Zeit zu weltweitem Handeln berufen. Und was sie schufen, das bereicherte die Welt um neue Erkenntnisse und neue technische Mittel. So betrachtet war Nicolaus August Otto ein gottbegnadeter Künstler, der die Welt beschenkte. Er gab ihr mit seinem Viertaktmotor die Form des Verbrennungsmotors schlechthin.*[43]

Zu Recht heißt er auch heute noch „Ottomotor". Für den Nachklang seiner Erfindung ist das von größerer Bedeutung als die Haltbarkeit der damaligen Patente. Für Otto selbst war der Umgang seiner Konkurrenten und nicht zuletzt der des Reichsgerichts mit seiner Erfindung und, wie er es empfand, mit seiner Person schwer zu ertragen. Es ist durchaus möglich und naheliegend, dass die Prozesse ihm die letzten Jahre seines Lebens nicht nur vergällt, sondern sein Leben auch verkürzt haben. Dass die ungewöhnliche Schelte im Urteil des Reichsgerichts nicht ihn persönlich meinte – die Richter haben ihn nach einer Verhandlung persönlich angesprochen und ihm ihre Hochachtung bekundet –, die Patentvorstellungen und die Prozessführung seiner Seite aber durchaus zu beanstanden waren, muss kurz beleuchtet werden.

Nach langen Überlegungen und Experimenten war es 1876 gelungen, einen fast geräuschlosen Motor mit stoßfreier Zündung zu entwickeln. Bis zuletzt hatte man an der Form des Verbrennungsraums gearbeitet, von deren Veränderung man sich einen günstigeren Ablauf der im Grundsatz ja explosionsartigen Zündung erhoffte. Otto ging dabei von einer schichtweisen Ladung des Gas-Luft-Gemischs im Kolben aus. Das Bild hatte er im Rauch der Kamine vor sich gesehen. So ging es auch in die Patentanmeldung ein. Deren Anspruch 1 lautete:

> *In einem geschlossenen Raume brennbare, mit Luft gemischte Gase vor ihrer Verbrennung mit einer anderen Luftart in solcher Weise zusammenzubringen, dass die an einer Stelle eingeleitete Verbrennung von Gas- zu Gaskörperchen verlangsamend sich fortpflanzt, die Verbrennungsproducte*

43 LANGEN, Otto (Anm. 31), S. 72.

sowohl als die sie umhüllende Luftart durch die erzeugte Wärme sich ausdehnen und so durch Expansion Betriebskraft abgeben.[44]

Dieser und weitere Patentansprüche waren u. a. von den Fabrikanten Buss, Sombart & Co. aus Magdeburg und Körting aus Hannover angegriffen worden. Das Reichspatentamt, hier die erste Instanz, hatte zu Anspruch 1 die Nichtigkeitsanträge zurückgewiesen. Hiergegen wandte sich die Berufung, über die am 9. Januar 1886 vor dem Reichsgericht in Leipzig verhandelt wurde. Vorausgegangen war ein schriftliches Verfahren, in dem auch mehrere Gutachten vorgelegt worden waren.

Das, was die Gasmotorenfabrik Deutz mit dem Anspruch 1 beanspruche, sei, so die Kläger, nicht neu, und außerdem bestritten sie in erster Linie, dass die Verbrennung von Gas- zu Gaskörperchen sich, wie in dem Patentanspruch behauptet, verlangsamend fortpflanze. So maßgeblich wollte jetzt die beklagte Deutzer Motorenfabrik das nicht gemeint haben, der klar war, dass diese verborgenen Vorgänge nicht zu beweisen waren, so sehr Otto auch davon überzeugt sein mochte. Dem Urteil des Reichsgerichts vom 30. Januar 1886 ist die Verärgerung über dieses Taktieren ungewöhnlich deutlich anzumerken. Das beginnt mit Selbstverständlichkeiten, die in einem höchstrichterlichen Urteil in diesen Formulierungen selten sind:

Patentfähig ist aber nicht blos eine Erfindung, wenn sie nicht neu ist, etwas Patentfähiges liegt schon dann nicht vor, wenn dasjenige, was für eine Erfindung ausgegeben wird, sich als Irrtum erweist, wenn eine Erfindung überhaupt nicht vorliegt. Etwas, was keine Erfindung ist, kann auch keine neue Erfindung sein. Etwas, was keine Erfindung ist, eine Hypothese, welche der Wahrheit nicht entspricht, gestattet nicht eine gewerbliche Verwerthung.[45]

Nun werde aber eindeutig in dem Patent behauptet, es liege eine „stetige Abnahme des Gehalts von explosiblem Gas durch den ganzen Cylinderraum“ vor, wobei es unerheblich sei, ob man das schichtenweise Lagerung nenne. Diese räumlichen Verhältnisse des Gasgemischs sollten nach der Patentschrift die sich „von Gas- zu Gaskörperchen verlangsamende Verbrennung“ hervorrufen. Davon hielt das Gericht nichts, vielmehr liege „bedeutendes Gegenbe-

44 So in der Patentschrift Nr. 532 vom 4.8.1877. Vorausgegangen war die Anmeldung vom 5. Juni 1876 als elsass-lothringisches Landespatent, da ein reichsdeutsches Patentgesetz erst am 1. Juli 1877 in Kraft trat. Das Landespatent wurde dann als Reichspatent Nr. 532 übernommen (vgl. hierzu und zum Prozessverlauf Peter Kurz: Historische Patentprozesse – Teil II, Mitteilungen der deutschen Patentanwälte (1996), S. 368 ff., S. 374).

45 Patentblatt vom 24.2.1886, S. 80.

weismaterial dafür vor, dass sich die Sache nicht so verhält, wie der Erfinder im Jahre 1876 annahm".[46] Wenn es, wie richtig, darauf ankam, dass der Erfinder seine Behauptung beweisen konnte, war der Punkt damit erledigt. Die Richter waren über die Sache hinaus ersichtlich über das Prozessverhalten der Deutzer Seite verärgert, für das Nicolaus August Otto kaum verantwortlich gewesen sein dürfte.

Die Beklagte habe zu Beginn des Verfahrens versucht, von dem Begriff der schichtenweisen Lagerung abzurücken und angeblich jedes nicht homogene Gemenge gemeint. Das sei aber etwas Anderes als das, was in der Patentschrift stehe. Die Beklagte habe

> *gegen die Angriffe bezüglich der schichtenweisen Lagerung nichts weiter vorzubringen, als die Behauptung, es sei eine Wortklauberei ohne jeden Werth, wenn die Kläger an der von der Beklagten gebrauchten Bezeichnung der schichtenweisen Lagerung mäkeln und von einem wolkigen Durcheinander der Gase reden.*[47]

Das reichte allemal, um zur Nichtigkeit dieses in der Tat wolkig umschriebenen Patents zu kommen. Aber das Gericht wollte klare Verhältnisse. Die Formulierungen gingen eindeutig über das prozessual Gebotene hinaus, aber es ist lesenswert, um zu verstehen, weshalb die Richter so massiv reagiert haben. So heißt es weiter, bei Patent 532 werde der technische Effekt auf die sich verlangsamende Verbrennung und rückwärts, also als Ursache für diese, auf die schichtenweise Lagerung eines heterogenen Gasgemischs zurückgeführt. Umgekehrt aber beanspruche die Beklagte in dem Patent 14254 Schutz dafür, dass die Verbrennungsrückstände oder Luft gleichmäßig gemischt werden mit einem verdichteten explosiblen Gemisch, um ein verdichtetes gleichmäßig langsam verbrennendes Gemisch zu erhalten. Derselbe Vorgang, der nach dem einen Patent schichtenweise Lagerung und sich verlangsamende Verbrennung erziele, führe nach dem anderen zu einem innigen Gemisch und gleichmäßiger Verbrennung.[48] Diese offenkundigen Widersprüche habe die Beklagte trotz der Hinweise des Gerichts nicht auflösen können.

Dieser Teil des Urteils schließt mit einer Fanfare, die Nicolaus Otto auf sich bezogen und sich sehr zu Herzen genommen hat, obwohl sie an andere Adressaten gerichtet gewesen sein dürfte. Das Reichsgericht gab die übliche Zurückhaltung auf und wurde überdeutlich: Wenn es bei einem Patent darum gehe,

---

46 Ibid.
47 Ibid.
48 Ibid., S. 83.

nicht bloß die Methode, sondern ein bestimmtes Mittel zur Erzielung eines bestimmten Ergebnisses zu schützen, dann müsse das „Mittel eben Mittel sein“, will sagen, die Ursächlichkeit, die Wirksamkeit bewiesen.

> *Sonst wird unter dem Vorwande, die Hypothese sei eine Tatsache, eine andere Gestaltung, welche denselben Effekt erzielt, als eine Patentverletzung gekennzeichnet und verfolgt, als liege hier nur eine andere Methode der Darstellung desselben Mittels vor, während das, was wirklich und nachweisbar ist, allein die verschiedenen Methoden sind, welche, soweit sie verschieden sind, eine selbständige Stellung neben der Methode der Beklagten verdienen, weil das Mittel, welches die Nichtigkeitsbeklagte gefunden zu haben glaubte, von ihr nicht gefunden ist.*

Und mit wuchtvoller Dramatik folgt der Satz: „Unter dem Scheine des Rechtes wird Unrecht geübt; Verschleierungen und Verdunkelungen treten an die Stelle nachgewiesener Vorgänge.“[49]

Dass solche Richtersprüche verletzen, ist klar, dass sie treffen sollten, wohl auch. Ob sie die Richtigen getroffen haben, wissen wir nicht. Aber das erhabene Reichsgericht hätte schon wissen können, dass die prozessualen Sieger in dieser Schlacht diese Worte nach Kräften ausnutzen und auch missbrauchen würden. Etwas mehr an Zurückhaltung hätte dem Urteil nicht geschadet. Aber das betraf nur den zitierten Anspruch 1 der Patentanmeldung. Fundamentaler war der Anspruch 4 der Patentschrift. Hier ging es um das Viertaktprinzip als solches. In der Patentschrift hieß es:

> *Die Wirkungsweise des Kolbens im Cylinder eines Gasmotors mit Kurbelbewegung so einzurichten, dass bei zwei Umdrehungen der Kurbelwelle auf einer Seite des Kolbens die nachstehenden Wirkungen erfolgen:*
> *a) Ansaugen der Gasarten in den Cylinder,*
> *b) Kompression derselben,*
> *c) Verbrennung und Arbeit derselben,*
> *d) Austritt derselben aus dem Cylinder.*

Das entsprach einem Monopol auf ein technisches Prinzip. So verständlich das wirtschaftliche Interesse an einem Patentschutz war, den es deshalb ja auch gab, so problematisch musste ein Schutz sein, der eine ganze Entwicklung zu blockieren geeignet war. Deutz hatte mit seinen Angriffen gegen Körting überzogen und dessen harte Gegenwehr nachgerade provoziert. Patente durften

49 Ibid.

nach § 1 Abs. 2 Ziff. 1 des Patentgesetzes vom 25. Mai 1877 nicht erteilt werden, für Erfindungen, deren Verwertung den guten Sitten zuwiderlaufen würde. Das hätte man vielleicht einwenden können, aber hierzu gab es kein Präjudiz. Es wurde auch nicht benötigt, da die in die Ecke getriebene Klägerin bei ihrer verzweifelten Suche auf eine Schrift des französischen Ingenieurs Alphonse Beau de Rochas gestoßen war, der die vier Takte mit fast identischen Worten schon Jahre früher beschrieben und das in einer Auflage von rund 300 Exemplaren veröffentlicht hatte, allerdings auf Französisch.[50] Das aber spielte dabei keine Rolle. Die Idee war demnach nicht neu im Sinne des Gesetzes. Dem Kaiserlichen Patentamt und dem Reichsgericht waren die Übereinstimmung im Kerngedanken genug, das Deutzer Patent auch in diesem Punkt für nichtig zu erklären, ohne auf die grundsätzliche Bedeutung des Problems für die mögliche Behinderung des technischen Fortschritts einzugehen.

Otto nahm das sehr persönlich, und im Unternehmen hielt man es für ein Fehlurteil. In seinen Betrachtungen über die Patentprozesse schrieb er 1889:

> *Einen weiteren Grund für den Fall des Anspruchs 1 von 532 sehe ich darin, daß man vielleicht gegen meine Person seitens des Reichsgerichts voreingenommen war. Ein anderes Motiv für die gewählte Begründung, die leidenschaftliche Auseinandersetzung, die sich so recht durch die eingeknüpften Worte Verschleierung und Verdunkelung kennzeichnet, gibt es wohl nicht.*[51]

Dass mit den ungewöhnlichen Rügen im Urteil die Prozessführung der Deutzer Seite gemeint war, wollte er anscheinend nicht erkennen. Otto selbst war die Denkweise der Leipziger Juristen fremd. Er verstand deren Sprache nicht. Die Juristen des Unternehmens hätten ihm helfen können, wenn sie nicht auch betriebsblind waren. Die heftigen Einwände gegen das Urteil des Reichsgerichts gehen an der Gesetzeslage vorbei. So verweist Arnold Langen auf die problematische Bedeutung der Broschüre von Rochas für die Technik seiner Zeit. Er zitiert dazu ausführlich eine Untersuchung, die äußerst polemisch zu dem Ergebnis kommt, diese Broschüre verdanke ihre Bekanntheit trotz ihres teils sehr interessanten Inhalts letztlich den Otto-Patentprozessen, selbst seinen Landsleuten seien Rochas' Ideen und Vorschläge nicht fertig und nützlich erschienen.[52] Darauf kam es rechtlich nicht an. Schädlich für die Neuheit der Erfindung war, wenn sie zuvor „in öffentlichen Druckschriften bereits derart

50 Kurz, Patentprozesse (Anm. 44), S. 373, Anm. 123. Alphonse Eugène de Rochas, geb. 9.4.1815 in Digne, gest. 27.3.1893 in Vincennes, hatte seine Idee 1862 publiziert, jedoch nie versucht, sie technisch umzusetzen.

51 RWWA 107–41–2, Erinnerungen von Nicolaus August Otto, Reinschrift S. 21 f.

52 Langen, Otto (Anm. 31), S. 227, Anm. 144.

beschrieben oder im Inlande bereits so offenkundig benutzt ist, daß danach die Benutzung durch andere Sachverständige möglich erscheint".[53]

Rochas hatte seine Überlegungen in einer Schrift veröffentlicht, die in beachtlicher Auflage verbreitet worden war. Dass sie in Deutschland vermutlich zunächst unbekannt blieb, war unerheblich. Die Inlandsklausel bezog sich nur auf die Benutzung der Erfindung. Das Reichsgericht ist auf die Frage, ob die Rochas'sche Beschreibung für Sachverständige als Vorlage für die Benutzung der Erfindung genügt hätte – derart beschrieben –, leider nicht näher eingegangen. Vielleicht lag die Antwort auch auf der Hand. Beau de Rochas habe diesen sehr sinnreichen Gedanken vor Erteilung des Otto-Patents ausgesprochen, danach sei das kein Geheimnis mehr und damit im Ergebnis keine neue Erfindung gewesen. Ob Dr. Otto – mittlerweile war ihm die Ehrendoktorwürde der Universität Würzburg verliehen worden – selbst die Broschüre gekannt habe, sei dabei unwesentlich.

In seiner monumentalen Geschichte des deutschen Verbrennungsmotorenbaus räumt Friedrich Sass zwar ein, dass nach dem damals geltenden Patentrecht der Anspruch zu 4 fallen musste, da gegen die Vorveröffentlichung durch Beau de Rochas nichts eingewandt werden konnte, schließt aber mit den Worten:

> *Daß auch der Anspruch zu 4 vernichtet wurde, der den Viertakt schützte, empfinden wir heute nicht als Recht. Nach der heutigen Rechtsprechung, die eine gedruckte Vorveröffentlichung fordert, würde die lithographisch vervielfältigte Schrift Beau de Rochas nicht als neuheitsschädlich angesehen werden.*[54]

Das erste Patentgesetz von 1877, das für die Entscheidung des Reichsgerichts maßgebend war, sprach von der Beschreibung in einer „öffentlichen Druckschrift". Ein lithographischer Abzug war nach allgemeinem Verständnis kein Erzeugnis der Druckerpresse, also dem Wortsinn nach keine Druckschrift. Konnte es auf diese technisch verengte Bedeutung ankommen, da es doch um die Vorveröffentlichung bestimmter Informationen ging? Die Antwort hatte der Gesetzgeber schon einige Jahre zuvor gegeben. In § 2 des Reichspreßgesetzes vom 7. Mai 1874 hieß es, das Gesetz gelte für alle Erzeugnisse der Buchdruckerpresse, sowie für „alle anderen, durch mechanische oder chemische Mittel bewirkten, zur Verbreitung bestimmten Vervielfältigungen von Schrif-

53 Patentgesetz vom 25.5.1877, § 2.
54 Friedrich Sass: Geschichte des deutschen Verbrennungsmotorenbaues von 1860 bis 1918, Berlin/Heidelberg 1962, S. 165 f.

ten und bildlichen Darstellungen mit oder ohne Schrift, und von Musikalien mit Text oder Erläuterungen".

Die lithographischen Abzüge der Rochas-Schrift waren in diesem erweiterten Sinne den Druckschriften gleichgestellt. Diese Legaldefinition konnte unschwer auch in einem Patentprozess gelten, in dem es um die Frage der fassbaren und damit belegbaren Verbreitung von Informationen ging.[55]

* * *

Im Folgenden soll noch ein kurzer Blick auf die Familie erfolgen. Von den sieben Kindern der Eheleute Otto waren drei sehr früh verstorben. Die Schicksale der anderen verliefen auf sehr verschiedenen Wegen, wobei ein entscheidender Einbruch sicher der frühe Tod des Vaters war, den der jüngste Sohn kurz nach seinem achten Geburtstag erlebte.

Annette Otto, die zweitälteste der Töchter, geboren am 16. August 1873 im rechtsrheinischen Mülheim, heiratete den Marinemaler Carl Becker aus Hameln (1862–1926). Sie hatten zwei Söhne, darunter Claus Becker, geboren am 18. Mai 1902 in Düsseldorf, gestorben am 26. September 1983 in Hamburg, der ebenfalls ein bekannter Maler wurde.

Die jüngere Schwester Paula kam am 17. Januar 1875 zur Welt, ebenfalls in Mülheim. Sie heiratete den Otologen Julius Hegener, Professor in Heidelberg und später in Hamburg, wo er 1918 die Leitung der HNO-Klinik am Krankenhaus St. Georg übernommen hatte. Er starb 1953. Überliefert ist seine Rede zur Eröffnung der Verhandlungen der Gesellschaft deutscher Hals-, Nasen- und Ohrenärzte vom 1. Juni 1933 in Dresden, die er mit einem zeitangemessenen „Dem Führer und dem deutschen Vaterland Siegheil!" schloss.[56]

Ein Artikel über den jüngsten Sohn Ottos im *Traunsteiner Tagblatt* beginnt mit den Worten:

> *Söhne berühmter Väter stehen oft unter starkem Erfolgsdruck – aber nicht immer sind sie denn auch so erfolgreich wie Gustav Otto (1883–1926), Flugzeugbauer der ersten Stunde und Sohn des legendären Nikolaus Otto, Erfinder des Viertakt-Verbrennungsmotors. Als Flugzeug- und Motorenbauer hat Gustav Otto besonders im Münchener Raum die zu Beginn des 20. Jahrhunderts entstehende Motorfliegerei mitgeprägt. Er war nicht nur der erste*

55 Vgl. zum Begriff der Druckschrift im weiteren Sinne HERMANN MANNHEIM: Preßrecht, Berlin 1925 (Enzyklopädie der Rechts- und Staatswissenschaft; Abteilung Rechtswissenschaft 22,1), S. 5.

56 Die Rede ist online abrufbar unter URL: https://www.hno.org/storage/app/media/PDF/historische-poster/3-1933PirsigBrosch.pdf (Stand: 5.1.2019).

> *bayerische Flugzeughersteller, sondern auch einer der ersten deutschen Piloten und Flugausbilder.*[57]

Das alles stimmt; doch der jüngste Sohn Ottos starb unter tragischen Umständen schon 1926. Geboren wurde er am 12. Januar 1883 in Köln. Wahrscheinlich wollte er dem Vater nacheifern. Vielleicht litt er auch unter dem frühen Tod seines Vaters, den er als sehr spät geborener Sohn als erfolgreichen und glücklichen Erfinder nicht mehr erlebt hatte. Er reüssierte zunächst in Bayern im Flugzeugbau, konnte aber nach dem Ersten Weltkrieg an den Erfolg nicht wieder anknüpfen und beging nach einer schwierigen Scheidung und dem Tod der früheren Ehefrau 1926 Selbstmord. Gustav Otto hinterließ keine Kinder.

Seine Schwester Gertrud Petronella, geboren am 21. April 1869 in Köln, heiratete am 23. September 1893 den, übrigens protestantischen, Kölner Farbenfabrikanten Carl Ferdinand Lindgens, die evangelische Trauung eingeschlossen. Ihre Tochter Anna, geboren am 10. Oktober 1894, heiratete am 29. Mai 1914 Paul Alexander Gütermann, den Nähseidefabrikanten aus Gutach im Breisgau. Deren Tochter Anita Marion Gütermann, also die Urenkelin von Nicolaus August und Anna Catharina Otto, geboren am 2. Oktober 1917 in Köln,[58] wurde schließlich am 22. Oktober 1942 die Ehefrau des damals schon berühmten Dirigenten Herbert von Karajan. Die Probleme, die die Eheschließung verzögerten, lagen dieses Mal nicht in dem Hindernis *mixtae confessionis*, sondern im fehlenden Ariernachweis der Braut.[59] Wie die in solchen Sachen äußerst schwierige Dispens erlangt wurde, ist nicht restlos geklärt. Es mussten viele Papiere von der Gütermann'schen Seite beschafft werden, die anscheinend nicht ausreichten. Anita fasste knapp zusammen: „Im Oktober 1942, nach der gewissen Erlaubnis von Herrn Dr. Goebbels, heirateten wir."[60]

57 Traunsteiner Taglatt Nr. 46, 13.11.2004, URL: https://www.traunsteiner-tagblatt.de/das-traunsteiner-tagblatt/chiemgau-blaetter/chiemgau-blaetter-2018_ausgabe,-gustav-otto-ein-pionier-der-bayerischen-luftfahrtindustrie-_chid,372.html (Stand: 5.1.2019).

58 Die Familie wohnte damals, wie Anita später schrieb, in einer großen stattlichen Villa in der Overstolzenstraße 12 (vgl. ALEXANDRA GÜTERMANN: Anita von Karajan, Lebensgeschichte und Liebesbeziehungen einer außergewöhnlichen Frau, Gutach im Breisgau 2017, S. 15).

59 Der Gründer des Unternehmens, Max Gütermann, und seine Ehefrau Sophie, geb. Cohn, waren Juden gewesen. Die Firma und die Familie hatten im Dritten Reich erhebliche Schwierigkeiten. Familienangehörige sind auch bei der Verfolgung umgekommen.

60 Zit. nach REUSS, Otto (Anm. 38, S. 98). Siehe auch die Artikel *Die schillernde Frau Baronin* von Sylvia Sredniawa, Badische Zeitung vom 28.11.2017, und Johannes Werres: *Angeheirateter Glanz fällt auf Wallerfangen,* Saarbrücker Zeitung vom 3.1.2014, der die Verbindung der in Wallerfangen geborenen Anna Catharina Gossi zu Nicolaus August Otto beschreibt, aber nicht auf deren Eltern und den Grabstein in Rodenkirchen eingeht. Die Ehe Anitas mit Herbert von Karajan wurde im Frühjahr 1958 geschieden. Sie ist am 16.2.2015 in einer Wiener Seniorenresidenz verstorben.

In der Tat hatte sie Goebbels wiederholt getroffen. Angeblich war er auch an Anita interessiert gewesen. Wie auch immer, die „gewisse Erlaubnis“, wie sie auch ausgesehen haben mag, machte die Heirat möglich. Herbert von Karajan mag ein politisch wenig interessierter Mensch gewesen sein. Wie Karriere zu fördern war, wussten beide. Der Wiener Historiker Oliver Rathkolb sieht das noch etwas kritischer. In der *Süddeutschen Zeitung* schreibt er:

> *Tatsache ist aber, dass diese zweite Ehe Karajans dem unzufriedenen Stardirigenten deutlich mehr Vorteile bot, denn Anita stammte aus einer der großen deutschen Industriellenfamilien. Die Gütermanns hatten sich mit ihrem berühmten Nähseide-Unternehmen ab 1933 den Nazis angebiedert. Weil die Urgroßeltern Anitas Juden gewesen waren, wurde die Parteimitgliedschaft einzelner männlicher Familienmitglieder, die das Unternehmen führten, getilgt oder abgelehnt. Trotzdem haben die Gütermanns im nationalsozialistischen Deutschland gut gelebt und beste Kontakte gehabt. Zwar wurde gegen Karajan eine interne Untersuchung der Reichsmusikkammer gestartet, aber Goebbels ließ die Nachforschungen 1943 per Weisung einstellen.*[61]

Nach dem Krieg konnte der hochberühmte Dirigent, der 1933 in Österreich und angeblich auch in Deutschland der NSDAP beigetreten war, sich rühmen, unter schwierigsten Umständen eine, wie es in just vergangenen Zeiten geheißen hatte, Vierteljüdin geheiratet zu haben. Die „gewisse Erlaubnis“ konnte man jetzt vernachlässigen.

Ein letzter Blick auf den Friedhof, diesmal auf Melaten. Nicolaus August Otto und seine Witwe, die 1914 starb, wurden auf dem Kölner Friedhof Melaten in einem repräsentativen Grab beigesetzt. Obgleich mindestens zwei der vier Kinder damals noch lebten, musste das Grab Anfang der 1930er Jahre aufgegeben werden, da, wie es in einem Dokumentarfilm des SWR heißt, die Familie das Grab nicht mehr bezahlen konnte. Die Stadt Köln und die Deutz AG, die ihre Existenz dem Erfinder Otto zu verdanken hatte, sorgten für eine schlichte und klare Gedenktafel, die auf dem großen Friedhof nicht zu übersehen ist. Der Text:

Hier ruht
Nicolaus Aug. Otto
der Schöpfer des Verbrennungsmotors
Geb. 14. Juni 1832 Gest. 26. Januar 1891
mit ihm ruht seine Gattin
Anna Katharina geb. Gossi-Rouply

61 *Völlig gleichgültig,* Süddeutsche Zeitung vom 10.5.2014.

Abb. 4: Grabstein von Nicolaus August Otto und seiner Frau auf dem Friedhof Melaten (W. Seibert).

Abgesehen davon, dass das nicht die Stelle ist, an der das frühere Grab war, muss man sich die tatsächlichen Angaben dieses Nachrufs genauer ansehen. Erstaunlicherweise war das Geburtsdatum Ottos umstritten. Schon in *Meyers Großem Konversations-Lexikon* von 1909 wurde der 10. Juni 1832 genannt.[62] Arnold Langen, der Sohn von Ottos Partner und Förderer Eugen Langen, schrieb in Anmerkung 1 seiner Otto-Biographie: „Häufig findet man den 14. Juni 1882 (sic!) als Geburtstag angegeben. Dieses Datum ist nach Mitteilung von Frau Gertrud Lingens, geb. Otto, fehlerhaft und auf einen Lesefehler des Kirchenbuches zurückzuführen. Der Geburtstag ihres Vaters sei stets am 10. Juni gefeiert worden."[63]

So wird es in der Familie auch gewesen sein. Richtig ist, dass auch Anna Catharina den 10. Juni als Geburtstag ihres August notiert hatte. So steht es schon 1858 in ihrem Notizbuch. Sie kann das Datum folglich nur von Otto selbst erfahren haben. Dennoch ist es, nach allem, was die Personenstandsurkunden hergeben, falsch. Reuß geht ohne Weiteres vom 14. Juni aus und fügt seinem Büchlein einen Auszug aus dem Taufregister der evangelischen Pfarrkirche Holzhausen an der Haide bei, der 1936 dieses Datum bestätigt. Bei Goldbeck heißt es: „In der Familie Otto ist infolge eines Mißverständnisses der Kirchenbucheintragung stets der 10.6. als Geburtstag gefeiert worden. Das richtige Datum ist jedoch der 14.6."[64]

Das Datum stimmt, doch der Erklärungsversuch überzeugt nicht. Geburtstage, die für protestantische Familien damals wichtiger waren als etwa Namenstage, werden in der Regel nach der Familienerinnerung gefeiert. Wann das Kind geboren wurde, weiß man. Eigentlich können die Instanzen, die das Datum ins Geburtsregister der Gemeinde oder der Kirche eintragen, die Information nur von der Familie, der Hebamme oder dem Arzt haben, also selbst nur Informationen Dritter wiedergeben. Andererseits gibt es amtliche Urkunden. Goldbeck erklärt nicht, was an der Kirchenbucheintragung missverständlich gewesen sein soll. Die Familie hatte kaum einen Anlass, im Kirchenbuch nachzusehen. Eigentlich, aber auch nur eigentlich, kann man der Familienerinnerung in solchen Fällen vertrauen. Hätten Otto selbst oder die Tochter

62 Meyers Großes Konversations-Lexikon, 6. Aufl., Bd. 15, S. 258 Ziff. 5. So auch Hans Christoph Graf von Seherr-Thoss: „Otto, Nikolaus", in: Neue Deutsche Biographie 19 (1999), S. 700–702 [Online-Version]; URL: https://www.deutsche-biographie.de/pnd118590855.html#ndbcontent (Stand: 4.1.2019). Ebenso schon Fritz Nallinger in: Die großen Deutschen, Deutsche Biographie Bd. 5, hg. von Hermann Heimpel u. a., Stuttgart 1956, S. 381.

63 Langen, Otto (Anm. 31), S. 135.

64 Goldbeck, Kraft (Anm. 37), S. 22 Anm. 3.

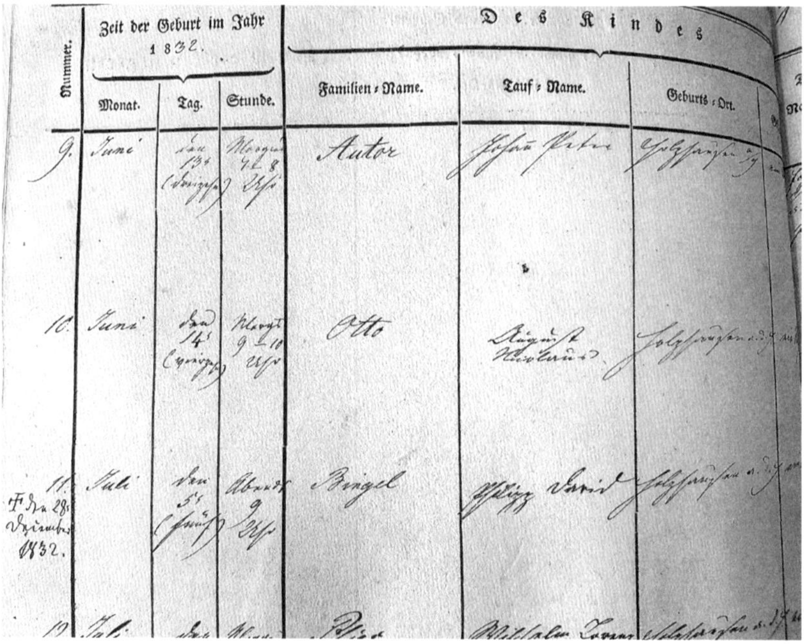
Nummer.	Zeit der Geburt im Jahr 1832.			Des Kindes		
	Monat.	Tag.	Stunde.	Familien-Name.	Tauf-Name.	Geburts-Ort.
9.	Juni			Autor		
10.	Juni	14	9–10	Otto		
11.	Juli	5	9	Bingel		
12	Juli					

Abb. 5: Geburtseintrag für Nicolaus August Otto (Taufregister der evangelischen Pfarrkirche Holzhausen an der Haide).

Gertrud Lindgens je einen Blick in das Gemeindebuch geworfen, hätten sie ein Missverständnis ausgeschlossen, so eindeutig ist es.

In dem SWR-Film über das Leben des Nicolaus August Otto ist am Anfang der Geburtseintrag im Gemeindebuch von Holzhausen an der Haide zu sehen mit dem Kommentar: 10. Juni.[65] Das sollte genügen. Aber es genügt nicht. Weil auch vielfaches Irren menschlich ist. Betrachtet man die Seite aus dem Geburtsregister vollständig, dann wird klar, dass die für das Geburtsdatum gehaltene 10 die laufende Nummer des Eintrags ist und der Tag der Geburt zwei Spalten weiter eindeutig in Ziffer und Wort als „14/vierzehn" zu entziffern ist. Bestätigt wird das fast 36 Jahre nach der Geburt durch den Holzhausener Pfarrer Zickendrath, der im Aufgebotsverfahren den 14. Juni 1832 bescheinigt. Die Richtigkeit wird dabei auch vom Bürgermeister bestätigt und das alles von

65 Autor Stefan Keber, Erstausstrahlung 2016, abrufbar unter URL: https://www.youtube.com/watch?v=i6Ogo4vZWJQ (Stand: 5.1.2019). Der Fehler wurde vom Autor inzwischen aufgrund eines detaillierten Hinweises von Hans-Jürgen Reuß eingeräumt. Ich danke Stefan Keber und Hans-Jürgen Reuß für diese Information.

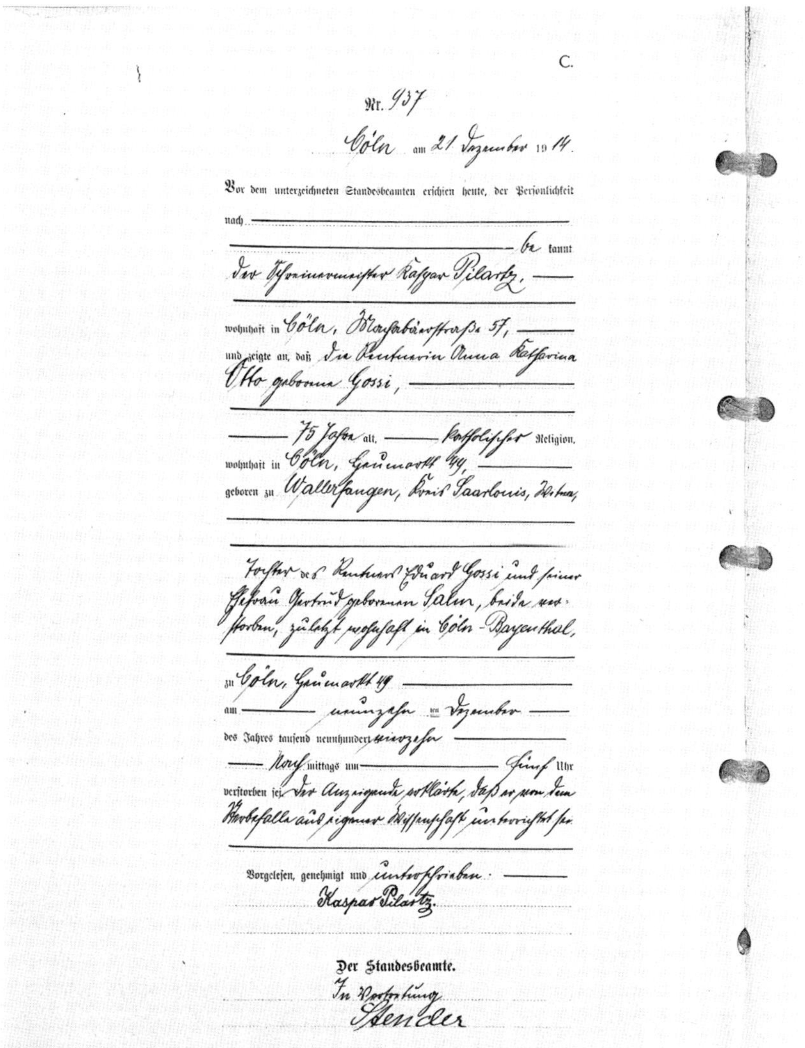
C.

Nr. 937

Cöln am 21. Dezember 1914.

Vor dem unterzeichneten Standesbeamten erschien heute, der Persönlichkeit nach bekannt

der Schreinermeister Kaspar Pilartz,

wohnhaft in Cöln, Maybachstraße 57,

und zeigte an, daß die Rentnerin Anna Katharina Otto geborene Gossi,

75 Jahre alt, katholischer Religion,

wohnhaft in Cöln, Heumarkt 49,

geboren zu Wallerfangen, Kreis Saarlouis, Witwe,

Tochter des Rentners Eduard Gossi und seiner Ehefrau Gertrud geborenen Salm, beide verstorben, zuletzt wohnhaft in Cöln-Bayenthal,

zu Cöln, Heumarkt 49

am neunzehnten Dezember

des Jahres tausend neunhundert vierzehn

Nachmittags um fünf Uhr

verstorben sei. Der Anzeigende erklärte, daß er von dem Sterbefalle aus eigener Wissenschaft unterrichtet sei.

Vorgelesen, genehmigt und unterschrieben.

Kaspar Pilartz.

Der Standesbeamte.

In Vertretung

Stender

St.-H.-R.

Abb. 6: Sterbeurkunde für Anna Catharina Gossi (LAV NRW R).

„Nicl. Aug. Otto“ am Hochzeitstag unterschrieben.[66] Das Geburtsdatum dürfte also geklärt sein. Reuß hat das sehr früh erkannt.

66 Vgl. oben, Anm. 36.

Abb. 7: Denkmal für Otto und Langen vor dem Bahnhof Deutz (W. Seibert).

Bleibt die Frage, ob der auf die Gedenkplatte geschriebene Mädchenname von Anna Catharina, also „geb. Gossi-Rouply", richtig und wie das zu erklären ist. Sie hat sich, soweit feststellbar, nie so genannt. Als sie 1839 in Wallerfangen geboren wurde, war der Familienname ihrer Eltern Gossi. Dass ihr Vater Eduard zunächst als nichteheliches Kind den Namen der Mutter erhielt, also Eduard Rouply hieß, änderte sich 1817 mit der Heirat der Mutter und der Legitimation des Kindes durch deren Ehemann Carl Gossi. Der Name Rouply verschwand damit. Die Todesanzeige, die nach dem Tod von Nicolaus August Otto von der Familie veröffentlicht wurde, nennt die Kinder und die Witwe „geb. Gossi", ebenso die Todesanzeige des Jahres 1914 für Anna Catharina. Auch die Sterbeurkunde für Anna Catharina Otto, geb. Gossi, bezeugt, dass sie mit Mädchennamen nie Gossi-Rouply geheißen hat. Noch bleibt unklar, wer das „geb. Gossi-Rouply" hinzuerfunden hat.

Einige Jahre vor der Aufgabe des Grabes von Nicolaus Otto und seiner Frau auf dem Friedhof Melaten, 1931, weihte Oberbürgermeister Konrad Adenauer am heutigen Ottoplatz, also vor dem Bahnhof Deutz, eine Gedenktafel ein, gekrönt von einem Original des 1867 erfundenen und in Paris preisgekrönten atmosphärischen Motors. Der etwas sperrige Text stand schon seit 1900 fest, die Gelegenheit hatte sich erst jetzt ergeben:

Die hier aufgestellte atmosphärische Gasmaschine, die erste brauchbare Verbrennungs-Kraftmaschine wurde von N. A. Otto 1867 erfunden.

In dem kenntnisreichen Ingenieur E. Langen fand Otto einen Helfer, der den gesunden Kern der Erfindung und deren wirtschaftliche Bedeutung erkannte. 1876 folgte Otto's Viertaktmotor.

Diese schöpferische Tat war von weittragender Bedeutung ursprünglich für das Kleingewerbe und in ihrer Fortentwicklung für das Automobil- und Flugwesen.

Errichtet 1931 von der Siemens Ring Stiftung.

Die Kraftmaschine hatte den Krieg überstanden, aber der Zahn der Zeit in der Gestalt von unaufhaltsamem Rost sie doch stark beschädigt. Inzwischen wurde sie mit einem wohl dauerhaften Schutzanstrich versehen. Ottos erster Motor strahlt jetzt in einem matten Rot.

Das Abraham von Oppenheim'sche Kinderhospital im Vringsveedel

von Sabine Eichler

Am 9. Oktober 1883 eröffnete das „Freiherr Abraham von Oppenheim'sche Kinderkrankenhospital" mit einem feierlichen Akt. Wie es dazu kam und wer die Institution verwirklichte, soll in diesem Aufsatz dargestellt werden. Um einen kleinen Einblick in das Leben der damaligen Zeit zu geben, erfolgt zuvor eine kurze Einführung in die Zeit und das gesellschaftliche Umfeld in dem Viertel, wo das Krankenhaus stand.

Industrialisierung im Kölner Süden

Mit Beginn des 19. Jahrhunderts förderten technische Errungenschaften einen sich rasant entwickelnden industriellen Fortschritt. Dieser führte dazu, dass in kurzer Zeit Güter kostengünstiger und in hoher Anzahl produziert werden konnten. In Bereichen des Wohnens, der Bildung, der Arbeit und der Kultur vollzog sich ein Strukturwandel.[1] Die Abwanderung vom Land in die Städte ließ diese rapide anwachsen. In Köln stieg die Bevölkerung von 50.000 im Jahr 1816 auf 150.000 Menschen1880.[2] Das Überangebot an Arbeitskräften drückte den Lohn, erreichte oft nicht zum Lebensunterhalt für die Familien der Arbeiter. An vielen Orten kam es zu Verelendung.[3]

Im Severinsviertel, dem Viertel rund um die Severinskirche, welches von den Kölnern heute noch „Vringsveedel" genannt wird, hatten sich, neben kleinen Handwerksbetrieben, große Firmen angesiedelt oder ihre Produktionsstätten ausgeweitet. Die Stollwerck-Fabrik eröffnete im Jahre 1872 unmittelbar an der Bottmühle die Schokoladenproduktion.[4] In Nachbarschaft zur Ulrepforte siedelte sich bereits 1823 die Seilerei Felten & Guilleaume an, die sich 1838 mit der Anschaffung der ersten Dampfmaschine zu einem Industriebetrieb entwickelte und stetig vergrößerte.[5] Im Veedel arbeiteten bald Tausende, die meist

1 Wolfgang Kruse: Industrialisierung und moderne Gesellschaft, Bundeszentrale für politische Bildung (27.9.2012), URL: https://www.bpb.de/139649 (Stand: 17.12.2018).

2 Hiltrud Kier/Werner Schäfke: Die Kölner Ringe. Geschichte und Glanz einer Straße, Köln 1998, S. 7.

3 Eva-Maria Werner: Kleine Geschichte der deutschen Revolution von 1848/49, Köln/Weimar/Wien 2009, S. 24.

4 Sascha Widdig: Stollwerck. Schokolade aus Köln, Erfurt 2013, S. 20.

5 Günther Schulz: Die Arbeiter und Angestellten bei Felten & Guilleaume. Sozialgeschichtliche Untersuchung eines Kölner Industrieunternehmens im 19. und beginnenden 20. Jahrhundert, Wiesbaden 1979 (Zeitschrift für Unternehmensgeschichte, Beihefte 13), S. 37.

Jahrbuch des Kölnischen Geschichtsvereins 82 (2013/14), S. 191–216

nahe der Produktionsstätte lebten. Die Arbeiter und Tagelöhner wohnten unter sehr beengten und katastrophalen hygienischen Bedingungen. Es entstanden rund um die Fabriken und weiteren Produktionsstätten einfache, mehrstöckige Wohnhäuser, mit im Vergleich zur Bewohnerzahl kargen sanitären Einrichtungen wie Toiletten und Wasserstellen. Die Bauherren waren oft die Fabrikbesitzer, was unter anderem zur Bindung der Mitarbeiter führen sollte. Diese Rechnung ging oft auf. Bei Stollwerck konnten viele im Laufe der Jahre auf eine lange Firmenzugehörigkeit zurückblicken.[6] Die Nähe der Wohnung zur Arbeitsstätte war meist zwingend notwendig, um Familie und Arbeit regeln zu können. Ein Einkommen reichte für den dringlichsten Lebensunterhalt nicht aus. Die Frauen mussten mitarbeiten, die Kinder spätestens dann, wenn sie die Schule verließen. Ältere Geschwister versorgten die jüngeren. Am Beispiel der „Stollwerck-Mädchen", wie die weiblichen, oft jungen Arbeiterinnen genannt wurden, lässt sich das gut verdeutlichen. Sie waren billige Arbeitskräfte. Im Jahr 1875 arbeiteten in der Schokoladenproduktion meist im Akkord 110 weibliche Hilfskräfte. Die Arbeitszeit belief sich für sie, wie für die anderen 110 Beschäftigten, auf 84 Wochenstunden. Diese verteilten sich von montags bis samstags auf sechs bis zwölf Uhr und 13 bis 20 Uhr. Sonntags wurde von sechs bis zwölf Uhr gearbeitet.[7] Die Arbeit fand unter strenger Aufsicht statt, es galt ein vorgegebenes Pensum zu erfüllen.

Für die Mütter unter den Frauen bedeutete das, dass sie in der einen Stunde Mittagspause nach Hause liefen, essen vorbereiteten und wieder zur Arbeit rannten. Erschwerend kam hinzu, dass für alle gleichzeitig um zwölf Uhr die Pause am Arbeitsplatz begann und alle die Produktionsstätten verlassen mussten. Das Treppenhaus war dementsprechend frequentiert. Sie hatten wieder pünktlich um 13 Uhr am Arbeitsplatz sein, sonst gab es Lohnabzug. Pech hatten diejenigen, die in den oberen Etagen oder in den hinteren Bereichen arbeiteten. Dadurch verloren sie wertvolle Zeit und der Aufenthalt zu Hause verringerte sich auf ein Minimum. Die Anzahl der Beschäftigten bei Stollwerck wuchs stetig mit dem Ausbau der Produktionsstätten und Nebengebäude.[8]

Mit der rasant fortschreitenden Industrialisierung fehlte es in der Südstadt zunehmend an Grundstücken für Wohn- und Gewerbeflächen. Die Felder direkt vor der Stadtmauer boten eine ideale Erweiterungsfläche. Die Verhandlungen mit den „Kappesbauern", denen die Felder vor der Stadtmauer gehörten, begannen. Zeitgleich wurden die Verhandlungen zum Ankauf der Stadtmauer fortgesetzt. Am 11. Juni 1881 konnte dann in einem feierlichen Akt mit

6 WIDDIG, Stollwerck (Anm. 4), S. 61.
7 Ibid., S. 20.
8 Ibid.

dem Abbruch der Kölner Stadtmauer begonnen werden. Diese hatte 700 Jahre den Kölnerinnen und Kölnern Schutz gegeben, sie im Laufe der Jahrhunderte aber zunehmend eingeengt. Durch die Entwicklung der Militärtechnik bot diese keinen Schutz mehr.[9] Erst wenige Tage zuvor war die Umwallung aus dem preußischen Militärbesitz an die Stadt Köln, einschließlich der davorliegenden Forts und Lünetten, zu einem Preis von zwölf Millionen Mark übergegangen. Die Neustadt erweiterte Köln um eine potentielle Baufläche von 448 Hektar plus der Umwallung mit weiteren 156 Hektar. Die Altstadt innerhalb der Stadtmauer hatte eine Fläche von nur 402 Hektar.[10]

Die südlichsten Grundstücke vor der ehemaligen Stadtmauer waren erfolgreich von den „Kappes"- und Weizenbauern in den Besitz der Stadt Köln übergegangen. Sie reichten bis zu den Grenzen der nächsten, spärlich besiedelten Orte Bayenthal und Zollstock, die erst 1888 in das Kölner Stadtgebiet eingemeindet wurden. Die Veräußerung der dann nachfolgend festgelegten parzellierten Grundstücke erfolgte zumeist über Versteigerungen und Verkäufe. Es konnte damit für die Stadt nahezu das Doppelte an Gewinn verzeichnet werden.[11] In vielen Ratssitzungen und Ausschüssen standen Entscheidungen über Parzellierungen, Straßennamen und die Standortwahl von städtischen Institutionen wie Plätze, Schulen oder Parkflächen im Rahmen von Bebauungsplänen an. Federführend für die Planung war Stadtbaumeister Hermann Josef Stübben. Er hatte mit Karl Henrici, der wie er aus Aachen kam, drei Entwürfe bei einem Wettbewerb eingereicht, an dem 26 weitere Stadtarchitekten teilnahmen. Stübben wurde im Juni 1881 zum Kölner Stadtbaumeister berufen und hatte somit einen unmittelbaren aktiven Anteil an der Realisierung seiner Pläne.[12] So entstand eine Ringstraße entlang der ehemaligen Stadtmauer, mit Verkehrs- sowie Flanierwegen in zehn Teilabschnitten mit wechselnder Breite und unterschiedlichen Bepflanzungs- und Bauungskonzepten.[13]

9 Kier/Schäfke, Kölner Ringe (Anm. 2), S. 7.
10 Hermann Josef Stübben: Die Erweiterung der Stadt außerhalb der Umwallung, in: Eduard Lent (Hg.): Köln in hygienischer Beziehung (Festschrift Deutscher Verein für Öffentliche Gesundheitspflege), Köln 1898, S. 59 f.
11 Kier/Schäfke, Kölner Ringe (Anm. 2), S. 9.
12 Ibid.
13 Ibid.

Medizinische Versorgung für Kinder und Geringverdienende im Veedel

Innerhalb des wachsenden Stadtgebiets fehlte es an städtischen sozialen Einrichtungen mit medizinischer Versorgung der Bevölkerung jeglichen Alters. Die meisten Arbeiter und Tagelöhner sowie andere Geringverdiener konnten sich die Behandlung bei einem niedergelassenen Arzt nicht leisten. Eine Krankenversicherungspflicht sollte sich erst ab 1883 aufgrund einer neugeschaffenen gesetzlichen Grundlage etablieren und verbesserte die Situation nicht für jeden. In der höchstkaiserlichen Verordnung wurde unter anderem geregelt, dass nur Arbeiter, die mindestens eine Woche in den Fabriken arbeiteten, von ihrem jeweiligen Arbeitgeber als versicherungspflichtig gemeldet werden mussten.[14] In § 60 im „Gesetz, betreffend die Krankenversicherung der Arbeiter" war verankert, dass Fabrikanten, die mindestens 50 dem Krankenversicherungszwange unterliegende Personen beschäftigten, berechtigt waren, eine Betriebs-(Fabrik-)Krankenkasse zu errichten.[15] So entstand ein neuer Geschäftszweig, Betriebs- und Fabrikkrankenkassen gründeten sich. Da die städtischen und kirchlichen Institutionen aufgrund fehlender finanzieller Mittel nur bedingt soziale Institutionen zur Versorgung von Kranken eröffnen konnten, war man wie in vielen anderen Städten und Gemeinden auf das Engagement gutsituierter Bürgerinnen und Bürger dringend angewiesen.

1874 eröffnete unter der damaligen Adresse Severinstraße 71–73 die „Privat-Kranken-, Heil- und Pflegeanstalt der Barmherzigen Schwestern von der Regel des heiligen Augustinus".[16] Die Institution, die als „Severinsklösterchen" bald der Bevölkerung zum heute noch gängigen Begriff wurde, war von der Ordensgemeinschaft der Cellitinnen gegründet worden und entstand aus einer Pflegeanstalt für altersschwache Frauen. Zu Beginn wurden dort nur kranke Frauen und Kinder behandelt, später konnten aufgrund der Genehmigung der Königlichen Regierung männliche Patienten aufgenommen werden.[17]

Dieses Krankenhaus war wie alle anderen in Köln nicht auf Behandlungen speziell von Kindern ausgerichtet. Die Pädiatrie entwickelte sich erst in den folgenden Jahrzehnten,[18] denn als Fachdisziplin galt sie in der Gesundheitspo-

14 Deutsches Reichsgesetzblatt 1883, Nr. 9, S. 73–104.

15 Ibid., S. 71

16 Bernhard Bardenheuer: Privat-Kranken-, Heil- und Pflegeanstalt der Barmherzigen Schwestern von der Regel des heiligen Augustinus, in: Eduard Lent (Hg.): Köln in hygienischer Beziehung (Festschrift Deutscher Verein für Öffentliche Gesundheitspflege), Köln 1898, S. 297–301.

17 Ibid., S. 298.

18 Everhard Kleinertz: Bürgerliches Stiftungsverhalten während des 19. Jahrhunderts in Köln vor dem Hintergrund katholischer und liberaler Weltanschauung, JKGV 81 (2012), S. 215.

litik noch nicht als förderungswürdig und existierte noch nicht als eigenes Lehrfach an den Universitäten.[19]

Es gab durchaus in anderen Städten schon Krankenhäuser mit einer Spezialabteilung für Kinderheilkunde/Pädiatrie. Die erste Abteilung wurde bereits 1802 in der Berliner Charité eröffnet. Weitere folgten 1836 in Kaiserswerth, München und Frankfurt am Main sowie fünf Jahre später in Hamburg mit durchschnittlich jeweils 30 Betten. Aufgenommen wurden Kinder zwischen zwei und 15 Jahren. Kinderkrankenhäuser entstanden ebenfalls im Laufe der Zeit im Kaiserreich. Diese wurden zumeist ebenfalls durch private Spenden finanziert. Säuglinge wurden ungern behandelt. Dies lag an der zu der Zeit noch komplizierten Versorgung der Babys mit Ersatznahrung.[20] Die Stadtverordneten der Stadt Köln, die die entsprechend hohen finanziellen Mittel zu bewilligen hatten, setzten die Prioritäten in der Bekämpfung von Infektionskrankheiten bei der gesamten Bevölkerung. Therapeutische Behandlungsansätze standen nicht im Fokus. Die zur Verfügung stehenden finanziellen Mittel wurden daher in erster Linie in Projekte investiert, die die hygienischen Bedingungen verbessern sollten, um Cholera, Pocken oder Tuberkulose und andere Krankheiten zu reduzieren. So standen an erster Stelle die Bereitstellung von gesundheitlich unbedenklichem Wasser und die ordnungsgemäße Entsorgung von Unrat und Abwässern, um Epidemien aufgrund hygienischer Unzulänglichkeiten im öffentlichen Raum weitmöglichst zu reduzieren.[21]

Das Stifterehepaar Charlotte und Abraham von Oppenheim und ihre familiären Hintergründe

In Köln gab es einige Mäzeninnen und Mäzene, die ihre Spenden für unterschiedliche Zwecke einsetzen. Dadurch wurden mit zum Teil sehr großzügigen Mitteln der Bildungsbereich, die Kultur, Kirchengemeinden und das Allgemeinwesen im Rahmen von Spenden und Stiftungen gefördert.[22] Das Stiftungsverhalten erreichte in der zweiten Hälfte des 19. Jahrhunderts den Höhe-

19 Thomas Deres: Die Einführung des Schularztsystems in Köln. „Eine dauernde sachverständige Überwachung der Schulen", in: Ders. (Hg.): Krank, gesund. 2000 Jahre Krankheit und Gesundheit in Köln (Publikation anlässlich der Ausstellung des Kölnischen Stadtmuseums vom 27.8. bis 6.11.2005), Köln 2005, S. 243.

20 Annette Haller: „... und zum Andenken an meinen teuren Ehegatten ...". Freifrau Charlotte von Oppenheim stiftet ein Kinderhospital, in: Monika Frank/Friedrich Moll (Hg.): Kölner Krankenhaus-Geschichten. Am Anfang war Napoleon ..., Köln 2006, S. 175.

21 Deres, Einführung (Anm. 19), S. 243.

22 Kleinertz, Bürgerliches Stiftungsverhalten (Anm. 18), S. 200.

punkt des bürgerlichen Engagements.[23] Ein Beispiel dafür ist die exorbitante Stiftung Charlotte von Oppenheims für ein Kinderkrankenhaus. Interessant ist hier die Darstellung des Entwicklungsprozesses von der Willensbekundung und den Wünschen der Stifterin bis zum Genehmigungsverfahren durch Entscheidungsgremien. Diese private Spende war die bedeutendste in jener Zeit.[24]

Im Jahr 1878 starb der Bankier Freiherr Abraham von Oppenheim, der Vorstands- bzw. Direktionsmitglied einiger Gesellschaften[25] war und 1868 als erster Jude in Preußen in den erblichen Adelsstand erhoben wurde.[26] Er gehörte zu den reichsten und einflussreichsten Männern in Köln. Er hinterließ seiner Frau Charlotte von Oppenheim, geborene Beyfus, ein immenses Vermögen.[27] Die beiden hatten im Jahr 1834 geheiratet.[28] Charlotte von Oppenheim stammte selbst aus einem vermögenden Elternhaus und war eine Enkelin[29] des Frankfurter Bankiers Mayer Amschel Rothschild.[30] Abraham und sein Bruder Simon arbeiteten in der Geschäftsleitung der Bank, ihre Mutter Therese hatte seit 1828 die Leitung der Bank übernommen, nachdem ihr Mann Salomon Oppenheim unerwartet auf einer Reise verstorben war. Mit dem Bankgeschäft war sie seit vielen Jahren bestens vertraut, da sie bereits seit 1821 die Prokura besaß.[31] Die Bankiers hatten früh ein Gespür für die fortschreitende industrielle Entwicklung und boten Firmen Kredite an, damit diese in Gebäude und Maschinen investieren konnten. Sie forcierten unter anderem den Steinkohleabbau in Aachen und nahmen Einfluss darauf, dass sich dort kleine Gruben zu einer Gesellschaft vereinigten.

Andere, meist private Banken beschäftigten sich in der Hauptsache weiterhin mit der Ausgabe von Staatsanleihen, dem Handel mit Wechseln und der Finanzierung des Fernhandels.[32]

23 Ibid.

24 Barbara Becker-Jákli: Das jüdische Krankenhaus in Köln. Die Geschichte des israelitischen Asyls für Kranke und Altersschwache 1869–1945, Köln 2004 (Schriften des NS-Dokumentationszentrums der Stadt Köln 11) S. 129.

25 Unter anderem war er Vorsitzender der Rheinischen Dampfschifffahrtsgesellschaft, stellvertretender Vorsitzender der Köln-Mindener Eisenbahngesellschaft und der Kölnischen Lebensversicherungsgesellschaft sowie Verwaltungsmitglied der Kölner Hagelversicherungsgesellschaft. Er hat einen großen Anteil an der Entwicklung von Aktiengesellschaften und der modernen Wirtschaft in Köln, vgl. Haller, Andenken (Anm. 20), S. 180.

26 Gabriele Teichmann: Oppenheim, Abraham Freiherr von, in: Neue Deutsche Biographie 19 (1999), S. 561 f.-562.

27 Becker-Jákli, Krankenhaus (Anm. 24), S. 52.

28 Gabriele Teichmann: Abraham von Oppenheim. Bankier, Stifter, Vorkämpfer für das Judentum, Beiträge zur rheinisch-jüdischen Geschichte 7 (2017), S. 8.

29 Ibid.

30 Manfred Pohl: Rothschild, Meyer Amschel, in: Neue Deutsche Biographie 22 (2005), S. 131–133.

31 Gabriele Teichmann: Mehr als eine Bank. Oppenheim in Köln, Köln 2014, S. 20.

32 Ibid., S. 25.

Die Tragik bei den Eheleuten Charlotte und Abraham von Oppenheim war, dass sie keine leiblichen Nachkommen hatten. Jedoch nahm das Ehepaar Antonie Springer, die Tochter von Charlottes Schwester Sophie, in ihre Obhut. Was zu diesem Schritt führte, lässt sich nachvollziehen: Antonies Vater, der Bankier und Kaufmann Ernst Springer, starb 1849.[33] Die zu der Zeit sechsjährige Antonie und ihre fünf Geschwister wurden mit dem Tod der Mutter im Jahr 1852 zu Vollwaisen. Möglicherweise hatte man die Kinder in jener Zeit auf andere Familienmitglieder aufgeteilt.[34] Antonie heiratete 1869 den Diplomaten und Politiker Heinrich von Kusserow.[35] Dessen Mutter Eveline hieß mit Geburtsnamen Oppenheim und war eine Schwester von Abraham und Simon.[36] Sein Vater war der protestantische Arzt und Generalmajor Ferdinand von Kusserow.[37] So wurde in der nächsten Generation eine weitere Verbindung zwischen Charlottes und Abrahams Elternhäusern geschaffen.

Die Familien seiner Eltern hatten Heinrich von Kusserow sicherlich geprägt, denn er konnte bei der Hochzeit bereits auf eine neunjährige Erfahrung als Attaché und Legationssekretär an preußischen Botschaften und Gesandtschaften in Den Haag, Turin, Paris und Washington verweisen. London sollte noch 1870/71 folgen. Seine Wahl und die Arbeit als Reichstagsabgeordneter in den Jahren von 1871 bis 1874 für den Wahlkreis Elberfeld (heute Wuppertal-Elberfeld) unterbrachen das diplomatische Amt. Nach Beendigung des Mandats kehrte er zum Auswärtigen Amt zurück, in der Zuständigkeit als Bundeskommissar im Reichstag für koloniale Angelegenheiten. Die aktive Kolonialpolitik wurde sein Spezialgebiet, und er wurde zu einem wichtigen Berater des deutschen Reichskanzlers Otto von Bismarck.[38] Kusserow verkehrte nicht nur durch die generationenübergreifenden familiären Bindungen mit den Eigentümern des Bankhauses Oppenheim in kolonialpolitisch orientierten Finanz- und Geschäftskreisen. Seine Schwester Ottilie heiratete 1860 den Berliner Großbankier und Finanzberater der Regierung Adolph von Hansemann.[39]

Bereits zu Lebzeiten spendete das Ehepaar Charlotte und Abraham von Oppenheim fortwährend kleinere und bis zu sechsstellige Geldbeträge für Ein-

33 Klaus Hildebrand: Kusserow, Heinrich von, in: Neue Deutsche Biographie 13 (1982), S. 343 f.

34 Vgl. die biographischen Angaben über Sophie Springer in URL: https://www.geni.com/people/Sophie-Springer/6000000002803087798 (Stand: 30.1.2019).

35 Hildebrand, Kusserow (Anm. 33), S. 343 f.

36 Ibid.

37 V. K.: Kusserow, Ferdinand von, in: Allgemeine Deutsche Biographie 51 (1906), S. 455–458.

38 Hildebrand, Kusserow (Anm. 33), S. 343 f.

39 Erich Achterberg: Hansemann, Adolph von, in: Neue Deutsche Biographie 7 (1966), S. 625 f.

richtungen unterschiedlicher Trägerschaften, d. h. sowohl für christliche wie jüdische Institutionen und anlassbedingt für private und städtische Einrichtungen.[40]

Der soziale Gedanke stand ebenso im Vordergrund wie die Projektion eines positiven Bildes der jüdischen Bankiersfamilie nach außen. Zudem existierten keine direkten erbberechtigten Nachkommen, für die es sich lohnte, das Vermögen in Gänze zusammenzuhalten. So konnte das unermessliche Eigentum großzügig eingesetzt werden, um das Mäzenatentum korrespondierend mit dem Wunsch nach positiver Nachhaltigkeit des Namens der edlen Spender auszuleben.[41] In Bezug auf Abraham von Oppenheim gibt es in Köln zwei Beispiele, die veranschaulichen, dass eine hohe Spendenbereitschaft an unterschiedliche Adressaten bestand, die eine ähnliche Zielrichtung hatten. So konnte 1861 ein imposanter Synagogenbau in der Glockengasse eröffnet werden, den Abraham Oppenheim komplett finanzierte. Dessen Grundlage hatte bereits im Jahre 1806 sein Vater Salomon Oppenheim mit dem Kauf eines Grundstücks in der Glockengasse für diesen Zweck gelegt. Damit verwirklichte die Familie einen Wunsch vieler jüdischer Mitbürger in Köln. Erst 1798 erhielt das erste jüdische Ehepaar im unter französischer Herrschaft stehenden Köln die Erlaubnis, sich hier anzusiedeln. Schnell folgten weitere, so dass sich 1801 mit 18 Familienvorständen die erste jüdische Gemeinde gründete.[42] Unter ihnen befand sich der aus Bonn stammende Salomon Oppenheim, der als erster die Gemeindeverfassung unterzeichnete. Ein Jahr später übernahm er das Amt als einer der Gemeindevorsteher, welches er bis zu seinem plötzlichen Tod im Jahr 1828 innehielt.[43] Ein halbes Jahrhundert nach dem Grundstückkauf wurde der Traum von einer stattlichen Synagoge verwirklicht. Abraham Oppenheim konnte für seine Pläne den berühmten Dombaumeister Ernst Friedrich Zwirner als Architekten gewinnen. Der jüdische Sakralbau im maurisch-orientalischen Stil wurde am 29. August 1861 nach vierjähriger Bauzeit eingeweiht. Zwirner starb drei Wochen später in Köln im Alter von 59 Jahren.[44]

Abraham Oppenheim engagierte sich ebenso wie sein Bruder Simon als Ehrenmitglied von Beginn an im Vorstand des Central-Dombauvereins[45], der sich am 13. April 1841 durch „Allerhöchste Cabinetts-Ordre“ gegründet hat-

40 Teichmann, Mehr als eine Bank (Anm. 31), S. 247.
41 Kleinertz, Bürgerliches Stiftungsverhalten (Anm. 18), S. 215.
42 Teichmann, Mehr als eine Bank (Anm. 31), S. 201.
43 Ibid.
44 Hannelore Künzl: Islamische Stilelemente im Synagogenbau des 19. und frühen 20. Jahrhunderts, Frankfurt a. M. u. a. 1984, S. 284.
45 Haller, Andenken (Anm. 20), S. 180.

te.[46] Die beiden wurden nicht in den Vorstand des Vereins gewählt, sie erhielten den Status der Ehrenmitgliedschaft durch eine Spende von mindestens 100 Talern.[47] Die meisten Mitglieder der Familie Oppenheim traten im Laufe der Zeit dem Verein bei, einige von Kindesalter an.[48] Abraham und Simon Oppenheim gaben im Vergleich zu anderen reichen Kölnern den zehnfachen Betrag an Spenden und blieben dem Projekt Domvollendung bis zu ihrem jeweiligen Lebensende eng verbunden. Ebenso wussten sie für die Forcierung des Dombaus ihre vielfachen Verbindungen aufgrund ihrer Tätigkeit als Bankiers, Großaktionäre und Vorstandsmitglieder in einigen Gesellschaften zu nutzen. Sie akquirierten in einer großen Anzahl weitere Spender in rheinischen Unternehmen.[49]

Abraham Oppenheim hatte stets einen guten Blick auf die Bauarbeiten am Dom, deren Fortschritte er sehr unterstützte, denn sein Palais hatte die Adresse Domkloster 2. Das Nachbargrundstück Domkloster 4–6 kaufte sein Bruder Simon und bezog sein neugebautes Palais.[50] Die Adresse Domkloster 4 ist im Übrigen heute die des Kölner Doms.

Abraham Oppenheim verstarb am 9. Oktober 1878 in seinem Haus. Die Beerdigung gestaltete sich zu einem Ereignis, an dem ein Großteil der Kölner Bevölkerung teilhaben sollte. Der Trauerzug mit einigen hundert Teilnehmern startete vor dem Wohnhaus und begab sich zum jüdischen Friedhof in Deutz.[51] Neben Verwandten nahmen viele Funktionsträger aus Politik, Verwaltung und Wirtschaft teil. Aufgrund seiner vielfachen Spendentätigkeiten hatten jegliche Bevölkerungsschichten partizipieren können, und das unabhängig vom Glauben. Zum Andenken an Abraham von Oppenheim erschien am 29. Oktober 1878 in der wöchentlich erscheinenden *Allgemeinen Zeitung des Judenthums* folgender Nachruf:

> *In voriger Woche verstarb im 75. Lebensjahr der Freiherr Abraham von Oppenheim – nebenbei gesagt, der erste Jude, der in Preußen geadelt wurde – der letzte seiner Familie, der dem Judenthume angehörig blieb, obgleich er*

46 Mario Kramp: Heinrich Heines Kölner Dom. Die „armen Schelme vom Domverein" im Pariser Exil 1842–1848, München/Berlin 2002, S. 21.

47 Gisela Mettele: Bürgertum in Köln 1775–1870. Gemeinsinn und freie Association, München 1998, S. 250.

48 Teichmann, Mehr als eine Bank (Anm. 31), S. 22.

49 Ibid., S. 23.

50 Michael Stürmer: Männer von Verdienst und Vermögen. Die Bankiers Simon und Abraham von Oppenheim, in: Karl Möckl (Hg.): Wirtschaftsbürgertum in den deutschen Staaten im 19. und beginnenden 20. Jahrhundert, München 1996, S. 427.

51 Teichmann, Mehr als eine Bank (Anm. 31), S. 29.

die von ihm gestiftete Synagoge, nachdem er sie nach ihrer Vollendung gesehen, niemals wieder betreten hat.[52]

Zwei Jahre nach dem Tod ihres Mannes stiftete Charlotte von Oppenheim 4200 Mark für ein Fenster im Kölner Dom, dessen Bau kurz vor der Vollendung stand. Dieses Fenster, welches in Anlehnung an das Alte Testament auf einer je eigenen Bahn die Patriarchen Abraham, Isaak, Jakob und Judas zeigt[53], ergänzte einen Teil des aus insgesamt zehn Fenstern bestehenden „Welter Zyklus". Sie befinden sich im nördlichen Querhaus, Richtung Hauptbahnhof.[54] Zur Unterscheidung zu den anderen Fenstern erhielt es später in Anerkennung die Bezeichnung „Abrahamfenster".[55]

Die Witwe spendete weiterhin für damalige Verhältnisse sehr hohe Geldbeträge an unterschiedliche Empfängergemeinschaften. So stiftete sie der Stadt Köln 150.000 Mark mit der Zweckbindung, dass die Zinsen je zur Hälfte für christliche und jüdische Armenpflege zu verwenden seien. Zusätzlich gingen je 10.000 Mark an das israelitische Asyl und andere israelitische Institutionen, 5000 Mark an die israelitische Gemeinde.[56] Diese blieben nicht die einzigen Spenden.

Außerhalb Kölns gab es eine weitere Gemeinde, die von der Wohltätigkeit Charlotte und Abraham von Oppenheims erheblich profitierte. In Bassenheim, einem kleinen Ort in der Nähe von Koblenz, hatte der Bankier 1873 ein Rittergut erworben und es mit viel Aufwand nach modernsten technischen Erkenntnissen restaurieren und ausstatten lassen. Dort lebte er seitdem vermehrt mit seiner Frau.[57] Dass für die Eheleute zu diesem Ort eine besondere Verbundenheit bestand, erschließt sich daraus, dass Bassenheim sehr von der Freigiebigkeit der beiden profitierte. Die Witwe stiftete hier 400.000 Mark für ein „Freifrau Abraham von Oppenheim'sches Krankenhaus". Von diesem Betrag wurden zusätzlich ein Kindergarten und eine Nähschule finanziert.[58]

---

52 Allgemeine Zeitung des Judenthums, Leipzig, 29.10.1878.

53 Teichmann, Mehr als eine Bank (Anm. 31), S. 240.

54 Mitglieder der Familie Oppenheim stifteten ein weiteres Fenster des Welter-Zyklus, der nach dem Kölner Glasmaler Michael Welter so benannt ist. Das „Salomonfenster" finanzierte Simon von Oppenheim 1880 anlässlich seiner goldenen Hochzeit mit Henriette von Oppenheim. Die jetzige Namensgebung der Fenster erfolgte allerdings erst mehr als 100 Jahre später. Die Restaurierungen der Fenster wurden im Übrigen im Jahr 2003–2005 von der Familie in Angedenken an Alfred Freiherr von Oppenheim finanziert, der am 5. Januar 2005 starb. Vgl.: Barbara Schock-Werner: 46. Dombaubericht: Von Oktober 2004 bis September 2005, Kölner Domblatt 70 (2005), S. 30.

55 Schock-Werner: Dombaubericht 2004/05 (Anm. 54), S. 30.

56 Allgemeine Zeitung des Judenthums, Leipzig, 29.10.1878.

57 Haller, Andenken (Anm. 20), S. 176.

58 Ibid., S. 182.

Diese beiden wichtigen sozialen Einrichtungen dienten zum einen den berufstätigen Müttern, die keine Kinderbetreuung organisieren konnten, um das dringend benötigte Einkommen zu sichern. Zum anderen bot die Nähschule als Ausbildungsstätte jungen Frauen die Möglichkeit, eine Fähigkeit zu erlernen, mit der sie ihr eigenes Auskommen weitmöglichst sichern konnten, indem sie z. B. mit Näharbeiten zum Verdienst der Familie beitragen konnten. Ebenfalls lässt sich die enge Verbundenheit zu dem Ort daraus schließen, dass beide Eheleute zwei Jahre nach Charlottes Tod von der ersten Grabstätte auf dem Jüdischen Friedhof in Deutz, direkt nach der Fertigstellung 1889 in ein eigens errichtetes Mausoleum in Bassenheim umgebettet wurden.[59]

Das „Freiherr Abraham von Oppenheim'sche Kinderkrankenhospital". Von der Stiftungsbekundung bis zur Bauplanung

In Köln wurde die ärztliche Versorgung von Kindern ebenfalls zur persönlichen Herzensangelegenheit von Charlotte von Oppenheim, die ja selber nie Mutter leiblichen Nachwuchses wurde.

Am 21. Juli 1880 erhielt Oberbürgermeister Hermann Heinrich Becker von ihr eine Stifterurkunde über 300 000 Mark mit folgender Auflage:

> *Zum Wohle kranker oder einer Pflege bedürftiger Kinder und zum Andenken an meinen teuren Ehegatten, den am 9. Oktober 1878 verstorbenen Geheimen Commercienrat Freiherrn Abraham von Oppenheim will ich eine Heil- und Pflege-Anstalt stiften, welche ‚Abraham von Oppenheim'sches Kinder-Hospital' heissen soll. Diese Anstalt soll Kindern ohne Unterschied des Glaubensbekenntnisses der Eltern zum Zwecke der Heilung und Pflege Aufnahme gewähren. Das Hospital soll vorzugsweise vermögenslosen Hülfsbedürftigen zu statten kommen. Es soll aber nicht ausgeschlossen sein, dass auch andere Kinder gegen vollen oder teilweisen Ersatz der Kosten in die Anstalt aufgenommen und gepflegt werden.*[60]

Des Weiteren verfügte sie in der Urkunde, dass die Stadt Köln zur Errichtung und Verwaltung eine besondere Deputation einrichten soll. Sie behielt sich das Recht vor, ein bzw. zwei stimmberechtigte Mitglieder ihres Vertrauens zu benennen und nannte in der Urkunde gleich den Namen ihres Neffen Freiherr

59 Becker-Jákli, Krankenhaus (Anm. 24), S. 130.
60 Verhandlungen der Stadtverordneten-Versammlung zu Köln, 26. Sitzung vom 29. Juli 1880, S. 218.

Eduard von Oppenheim als geborenes Mitglied des Gremiums auf Lebenszeit. Nach seinem Tod sollte dieser Posten an ein anderes Mitglied der Familie Oppenheim übergehen.[61] Eduard von Oppenheim wurde darüber hinaus benannt, alle Vorverhandlungen zu übernehmen.[62] Charlotte von Oppenheim teilte außerdem mit, dass insgesamt 300.000 Mark für den Bau und die Einrichtung des Krankenhauses beim Bankhaus Salomon Oppenheim abgerufen werden konnten. Zusätzlich sollten weitere 300.000 Mark nach Eröffnung des Hauses zinsbringend von der städtischen Verwaltung angelegt werden. Die Zinsen sollten zur Unterhaltung des Krankenhausbetriebes verwendet werden.[63]

Der Oberbürgermeister informierte in der Sitzung der Stadtverordnetenversammlung vom 29. Juli 1880 über dieses Schreiben. Das Ratsmitglied Kyll empfahl, die Schenkung anzunehmen und die Verwaltung zu ersuchen, dass eine Abordnung den Dank der Ratsmitglieder aussprechen solle. Oberbürgermeister Becker informierte daraufhin, dass dies nicht möglich sei, da Charlotte von Oppenheim „niemanden zu empfangen wünsche", eine Danksagung nur schriftlich erfolgen könne und die Entsendung einer Abordnung dementsprechend auf einen späteren Zeitpunkt verschoben werden müsse. Er führte aus, dass die landesherrliche Zustimmung zur Annahme der Schenkung noch eingeholt werden müsse, und nun mit der Suche eines Grundstückes begonnen werden könne. Er habe der Baukommission mitgeteilt, dass bereits Grundstücksangebote vorlägen, weitere Optionen noch abgewartet würden. Das Geschenk wurde von den Stadtverordneten dankend angenommen.[64]

Am 12. August schlug Oberbürgermeister Becker in der 28. Sitzung des Jahres 1880 vor, eine Deputation oder Kommission von sechs vom Rat entsandten Mitgliedern für die Verwaltung des Krankenhauses zu wählen. Es bedürfe sehr eingehender Beratungen über die Bebauung selbst, bevor ein Grundstück erworben werden könne. Sobald das Statut der Stiftung bekannt sei, könne entschieden werden, mit welchen Fachleuten die Kommission auszustatten sei.[65] Seitens des Abgeordneten Kaesen kam der Einwand, dass erst einmal formale Fragen zu klären seien. So sei zu erläutern, wie die Finanzierung aussehe, da er davon ausginge, dass die Spende von 300.000 Mark bei Weitem nicht ausreiche, um das Krankenhaus zu unterhalten. Ebenfalls sei zu klären, ob es sich um eine komplett autarke Stiftung und eine Deputation *au dehors* handle oder eine, die mit einer städtischen Anstalt verbunden sei. Die fehlenden Mit-

61 Ibid.
62 Haller, Andenken (Anm. 20), S. 181.
63 Ibid.
64 Verhandlungen (Anm. 60), Sitzung vom 29. Juli 1880, S. 219.
65 Verhandlungen (Anm. 60), Sitzung vom 12. August 1880, S. 233.

tel müssten dann von denen der Armenverwaltung getragen werden und somit dieser die Leitung zufallen. Aus den vorhandenen Mitteln könnten höchstens zwölf Betten finanziert werden und nicht 50 bis 100 Betten. Kaesen äußerte den Wunsch, mit Frau von Oppenheim zu sprechen, inwieweit es „ihr genehm sei", an andere städtische Anstalten gebunden zu werden und dann „der Wille der Stifterin befolgt werde".[66] Oberbürgermeister Becker wies darauf hin, dass diese Fragen im Schreiben der Stifterin sehr genau formuliert seien. Es gebe drei Möglichkeiten und nicht, wie Kaesen nannte, nur zwei. Entweder käme die Verwaltung in den Bereich der Armen-Deputation oder das Kinderkrankenhaus existiere ausschließlich aus eigenen „Revenuen". Die dritte Möglichkeit sei, dass die Stadt die Restfinanzierung übernehme und es von der freiwilligen Entscheidung der Stadt abhänge, wie sich die Anstalt entwickelt. Der Stadtverordnete Hamspohn beantragte nach den genannten Ausführungen eine Kommission ad hoc zu wählen, ob diese Kommission „Deputation" genannt würde, wäre unerheblich. Seine Absicht sei, mit dem Vorschlag die Bedenken Kaesens beseitigen zu können. Dieser Vorschlag wurde angenommen. Als Mitglieder der Kommission wurden vier Stadtverordnete gewählt: die Kaufleute Jean Maria Farina, Robert Heuser, Theodor Kyll und der Rentner August Elven.

Ein geeignetes Grundstück zu finden, erwies sich als unproblematisch. Am 21. April 1881 beschied der Rat, das unweit der Severinstraße liegende Grundstück An der Eiche 2, mit einer Größe von 78.000 Fuß, zu einem Kaufpreis von 150.000 Mark zur Errichtung des Kinderkrankenhauses zu erwerben.[67] Zwei Monate später legte Oberbürgermeister Becker den Ratsangehörigen einen Plan zur Genehmigung vor und verwies darauf, dass mit dem Ankauf des Grundstücks die Hälfte der Spende ausgegeben sei und somit nur noch 150.000 Mark zur Verfügung ständen. Ein aus den vier Ärzten Dr. Lent, Dr. Klein, Dr. Bardenheuer und Dr. Leichtenstern bestehendes „Euratorium" hatte einen Plan des Neubaus erstellt – die Kosten hierfür wären jedoch erheblich überschritten worden. Dies war sowohl innerhalb des Euratoriums auf Widerstand gestoßen, und vor allem bei Charlotte von Oppenheim, da für die Inneneinrichtung kaum Etat vorhanden gewesen wäre. So trat das Euratorium erneut zusammen und der Stadtbaumeister fertigte einen neuen Entwurf an, den die Spenderin genehmigte. Die Stadtverordnetenversammlung stimmte diesem ebenfalls zu, so dass nun den weiteren Detailplanungen nichts mehr im Wege stand und die Genehmigung bei der zuständigen Medicinalbehörde vorgelegt

66 Ibid., S. 234.
67 Verhandlungen (Anm. 60), Sitzung vom 21. April 1881, S. 114.

werden konnte.[68] In der folgenden Sitzung beschieden die Stadtverordneten darüber, dass ein städtisches Nebengrundstück, welches derzeit an einen Gärtner verpachtet war, von diesem binnen drei Monaten zu räumen sei. Zum Ausgleich sei ihm in Absprache mit dem Stadtbaumeister Weyer ein bis auf Weiteres noch nicht verplantes städtisches Grundstück mit einer Jahrespacht von 200 Mark angeboten worden. Die Stadtverordneten erhoben zu dieser Regelung keinen Widerspruch.[69]

Nach Erstellung der Baupläne, dem Grundstückskauf und der Kostenanalyse durch Stadtbaumeister Hermann Josef Stübben war abzusehen, dass nach Abzug der bereits entstandenen Kosten der verbleibende Betrag von 150.000 Mark bei Weitem nicht ausreichte, wenn man die Wünsche der Ärzte berücksichtigen würde. Die Kommission tagte dazu mehrfach, und Oberbürgermeister Dr. Becker hielt die Stifterin über die Arbeiten kontinuierlich auf dem Laufenden. Am 1. September 1881 berichtete Becker den Stadtverordneten von einem Besuch bei der Stifterin in Bassenheim wenige Tage zuvor, der diplomatisches Geschick erforderte. Aus dem Bericht Beckers ist zu entnehmen, wie couragiert und interessiert seine Gesprächspartnerin war, denn er informierte die Ratsmitglieder, dass die Stifterin gleich zu Beginn des Gesprächs wissen wollte, was zu solchem Zwecke noch fehle. Dies zu sagen, sei ihm nicht leichtgefallen.[70] Er hatte Charlotte von Oppenheim Einsparungsmöglichkeiten bei der Einrichtung, der Einfriedungsmauer sowie durch eine Reduzierung der Bettenzahl genannt. Darauf erwiderte sie, dass sie Vertrauen in ihre Person erwarte, weil sie die Kommission „nicht werde im Stiche lassen, wo es sich um die Erreichung guter Einrichtung handle […]".[71] Daraufhin erkundigte sie sich knapp bei ihm, wie viel denn fehle. Becker nannte die Summe von 50.000 Mark. So ging sie an ihren Schreibtisch und schrieb eine Anweisung über 100.000 Mark aus. Becker hatte daraufhin mit Dankbarkeit diese Zuwendung angenommen und gebeten, die Anweisung entsprechend den üblichen geschäftlichen Formalien aufzusetzen.[72] Charlotte von Oppenheim setzte umgehend ein Verfügungsschreiben auf, indem sie die nun insgesamt 400.000 Mark mit dem Verwendungszweck „Bau und Mobiliar Kinderkrankenhaus" anführte und bestimmte, dass das Geld, was übrig blieb, für die Unterhaltung des Krankenhauses verwendet werden sollte. Sie bestimmte, dass die erste Spende von 300.000 Mark jedoch erst aufgebraucht werden müsse, bevor die zusätzlichen

68 Verhandlungen (Anm. 60), Sitzung vom 15. Juni 1881, S. 146.
69 Verhandlungen (Anm. 60), Sitzung vom 30. Juni 1881, S. 159.
70 Verhandlungen (Anm. 60), Sitzung vom 1. September 1881, S. 202.
71 Ibid.
72 Ibid.

100.000 Mark angetastet würden.[73] Die Stadtverordnetenversammlung sprach sich in der gleichen Sitzung vom 1. September 1881 für den Vorschlag des schriftlichen Dankes aus und stimmte darüber ab, für das Grundstück und den Bau des Hospitals 315.000 Mark, für die Ausstattung 24.000 Mark und die Gartenanlage 2000 Mark bereitzustellen.

Bezüglich der Einfriedungsmauer wurde erst später entschieden, da Becker die veranschlagte Summe als viel zu hoch ansah. Die Mauer sollte der Umgebung angepasst werden und dafür müssten 9000 Mark reichen. Im Übrigen wurde in der gleichen Sitzung für den Abbruch der Stadtmauer ein Etat von 250.000 Mark für Vor-, Vermessungs- und Abbrucharbeiten sowie die dazugehörenden Nebenkosten, wie die Ausstaffierung der Büros für die Planenden, als sachliche Verwaltungskosten genehmigt. Ein darin enthaltender Betrag von 3500 Mark war explizit für Reisekosten, Feldzulagen, Bewachungskosten, Trinkgelder für Funde, Unglücksfälle und Proben veranschlagt.[74]

Ende September 1881 wurden die Bestimmungen im Sinne der damaligen Städteordnung über die Verwaltung des Hospitals genehmigt. So wurde der Name „Freiherr von Oppenheim'sches Kinderhospital" festgeschrieben.[75] Des Weiteren regelten diese Bestimmungen die Anzahl und die Zusammensetzung der Deputation, der fortan neun Mitglieder angehörten: Der Oberbürgermeister oder ein von ihm beauftragter Dezernent als Vorsitzender, vier auf zwei Jahre gewählte Stadtverordnete, zwei von der Stifterin benannte Bürger als ihre Vertreter sowie die gegenwärtigen Oberärzte des Bürgerhauses mit beratender Stimme. § 3 legte die Aufgaben des Gremiums fest, ebenso wie die Mitwirkung der Stadtverordnetenversammlung als oberstes Kontrollgremium. Zu den Aufgaben der Deputation gehörten die Aufstellung des Etats, welches der Stadtverordnung zur Entscheidung vorzulegen sei, die Kontrolle über das Rechnungswesen, die Ausführung der Bauten nach Ratsbeschluss, die Einrichtung und Überwachung der Ratsverwaltung und die Einstellung sowie Entlassung der Ärzte und der Pflegekräfte. Der Oberbürgermeister oder ein von ihm benannten Vertreter als Vorsitzender hatte zu den monatlich stattfindenden Sitzungen einzuladen und die Deputation nach außen hin zu vertreten. Zusätzlich wurde festgelegt, wann außerordentliche Sitzungen einberufen werden mussten und wer zusätzlich eingeladen werden konnte, wie z. B. die Vorsteherin des Hospitals als Leiterin des Pflegedienstes nach Bestimmungen des ordinierenden Arztes, die ebenfalls vom Gremium ernannt wurde. Ein Beschlussbuch sei entweder von einem Mitglied oder einem städtischen Beamten zu

73 Ibid.
74 Ibid., S. 214.
75 Verhandlungen (Anm. 60), Sitzung vom 15. September 1881, S. 214 f.

führen. Bei den Ärzten, Beamten und Pflegerinnen wurde eine bis zu dreimonatige Kündigungszeit festgeschrieben, über die das Gremium zu entscheiden hatte. Die Vorsteherin über die weiblichen Dienstboten sollte eine längstens sechswöchige Kündigungsfrist erhalten. Die Rechnungen der Stiftung waren getrennt von den städtischen zu führen. Alle Änderungen der Satzung blieben der Stadtverordnetenversammlung vorbehalten.[76] In der folgenden Sitzung wählten die anwesenden 31 wahlberechtigten Abgeordneten in geheimer Abstimmung die Herren Heuser, Lent, Elven, Farina, Klein und Robert Heuser (nicht zu verwechseln mit dem Abgeordneten August Heuser) als Mitglieder der Deputation.[77]

Die Bauphase

Am dritten Todestag von Abraham von Oppenheim, dem 9. Oktober 1881, wurde in Gedenken an ihn in einem feierlichen Akt der Grundstein gelegt. Rund um die Baustelle waren viele Fenster mit Flaggen geschmückt. Auf dem geschmückten Baugrundstück waren bei der Grundsteinlegung Persönlichkeiten aus Politik, Wirtschaft und dem gesellschaftlichen Leben zugegen, Stadtbaumeister Stübben, die beiden Oberärzte des Bürgerhospitals und eine große Anzahl an Zuschauern. Oberbürgermeister Becker würdigte die Verdienste Abraham von Oppenheims für Köln und die fortwährende Großzügigkeit Charlotte von Oppenheims, indem sie nicht zuließ, dass es eine Beschränkung der Baukosten oder in der Einrichtung der Klinik geben solle, weil die Spende nicht reichen würde. Der Redner führte aus, wie schwierig es für jede Gemeinde sei, zwischen der Finanzverwaltung und den Forderungen der Ärzte zu vermitteln. Die Ärzte hätten dabei den besseren Stand, da die Bevölkerung hinter ihnen stehe und die Kritik bei der Verwaltung läge.[78] Eine Metallkapsel, gefüllt mit Münzen der damaligen Zeit und einer „[...] mit hübscher Buntschrift auf Pergament geschriebenen Bauurkunde“ wurde eingemauert. Diese Urkunde beschrieb die Genehmigung der Stiftung seiner Majestät durch Allerhöchsten Erlass vom 13. September 1880.[79] Der Männerchor eines Gesangsvereins sang einige Choräle. Nicht vor Ort war Charlotte von Oppenheim, sie ließ sich von ihrem Neffen Eduard von Oppenheim vertreten.[80] So verknüpfte sich an diesem Tag die Freude über die Grundsteinlegung mit der Trauer über den Todestag des Namensgebers.

76 Ibid.
77 Verhandlungen (Anm. 60), Sitzung vom 29. September 1881, S. 219 f.
78 Haller, Andenken (Anm. 20)., S. 182.
79 Ibid.
80 Teichmann, Mehr als eine Bank (Anm. 31), S. 248.

Nur wenige hundert Meter von der Bautätigkeit im Areal An der Eiche/ Buschgasse/Annostraße entfernt, erfolgte nach dem sukzessiven Abriss der Stadtmauer die Anlegung der Alleen und Plätzen namens Ubierring, Chlodwigplatz, Karolingerring und Ulrepforte, die den Übergang zu dem sich noch in Planung befindenden Bezirk links und rechts der Bonner Straße bildeten.[81]

Eröffnung und Inbetriebnahme

Am 9. Oktober 1883, dem fünften Todestag des Namensgebers, eröffnete nach zweijähriger Bauzeit mit einem feierlichen Akt das „Freiherr Abraham von Oppenheim'sche Kinderkrankenhospital". Charlotte von Oppenheim, die ungern im Mittelpunkt stand, nahm wiederum nicht teil. Diesmal vertrat sie ihr Schwiegersohn Heinrich von Kusserow indem er den Schlüssel an die Vertreter der Stadtspitze übergab. Ein von einem Gesandten überbrachtes Grußwort von Kaiserin Augusta hob das Ansehen für das Spenderpaar im Besonderen hervor, da der Gesandte zusätzlich ein Doppelbild des Kaiserpaars persönlich übergab.[82] Die Kaiserin schrieb zusätzlich in ihrem Grußwort neben der expliziten Anerkennung, dass es sich um ein konfessionsübergreifendes Kinderkrankenhaus handelte:

> *[...] Sie verewigen in dieser grossartigen Schenkung das Andenken Ihres hingegangenen Gemahls auf eine seiner unermüdlichen Freigiebigkeit entsprechenden Weise; nicht minder aber werden Ihre Namen die Segenswünsche aller derer begleiten, die durch die Hochherzige Stiftung eine Wohltat zu Theil wird. Empfangen Sie in dem beifolgenden Doppelbild, welches in einem Raum des neuen Hospitals seinen geeigneten Platz finden möge, einen dauernden Beweis Meines erkenntlichen Andenkens.*[83]

Das Kinderkrankenhaus bestand aus einem Ensemble mit drei Gebäuden: dem im Renaissancestil gebauten Hauptgebäude mit einem Mittelbau, einem südlichen und einem nördlichen Trakt, einem Wirtschaftsgebäude und einem Leichenhaus. Ein kleiner parkähnlicher Garten befand sich ebenfalls auf dem eingezäunten Grundstück.[84] In insgesamt sieben Sälen unterschiedlicher

81 Hiltrud Kier: Die Kölner Neustadt. Planung, Entstehung, Nutzung Bd. 2., Düsseldorf 1978 (Beiträge zu den Bau- und Kunstdenkmälern im Rheinland 23), S. 48 ff.

82 Teichmann, Mehr als eine Bank (Anm. 31), S. 250.

83 Zit. nach Haller, Andenken (Anm. 20), S. 183.

84 Dr. med. Castenholz: Das Freiherr Abraham von Oppenheim'sche Kinderhospital, in: Eduard Lent (Hg.): Köln in hygienischer Beziehung (Festschrift Deutscher Verein für Öffentliche Gesundheitspflege), Köln 1898, S. 260.

Größe, im Erdgeschoss und der ersten Etage, befanden sich insgesamt 80 Betten.[85] Jedes der Krankenzimmer profitierte von den neuesten technischen Errungenschaften. Es war mit einer Zentralheizung und mit fließend kaltem und warmem Wasser ausgestattet.[86] Der Hausarzt und die Oberschwester erhielten eigene Wohneinheiten im Haus.[87] Die ärztliche Verantwortung übernahmen, auf Wunsch der Stifterin, zwei Oberärzte, der Chirurg Bernhard Bardenheuser und Otto Leichtenstern, Internist des städtischen Bürgerhospitals, welches in unmittelbarer Nähe des Neumarktes lag. Diese Abmachung blieb zehn Jahre bestehen.[88] Wie bereits erwähnt, oblag auf Wunsch der Stifterin der pflegerische Bereich in der Verantwortung der Nonnen des Konvents der Celitinnen, denen ebenfalls im naheliegenden Severinsklösterchen die Pflege oblag.[89] In die Zuständigkeit des „Hausarztes" fiel die alltägliche ärztliche Betreuung.[90]

Der Betrag von nun insgesamt 700.000 Mark reichte jedoch nicht aus, das Krankenhaus zu unterhalten. So stellte Charlotte von Oppenheim weitere 400.000 Mark zur Verfügung. Mit den Zinsen aus diesem Betrag sollten die laufenden Kosten für den Unterhalt bestritten werden.[91] Sie merkte an, dass für die Einrichtung zweckgebundene Spenden anderer Wohltäter gern gesehen seien und behielt sich das Recht vor, jederzeit über sechs Betten verfügen zu können.[92]

Zum deutschen Kaiserpaar hatte das Ehepaar eine besondere Beziehung. Kaiserin Augusta soll die treibende Kraft gewesen sein, dass Abraham von Oppenheim trotz seines jüdischen Glaubens und nach langen Debatten in den 1860er Jahren über Juden, auf eigenes Gesuch in den Adelsstand erhoben wurde, ebenso wie sein Bruder Simon.[93] Oppenheim hatte sich mit Unterstützung des Abgeordneten Gustav Mevissen dafür eingesetzt, dass Juden nicht aufgrund eines Gesetzes aus der Gesellschaft ausgegrenzt werden konnten. Ein vom damaligen König Friedrich Wilhelm IV. eingebrachter Gesetzesentwurf sollte die Integration von Juden in die Gesellschaft reduzieren und sie durch eigene jüdische Korporationen eher isolieren.[94] Oppenheims Engagement,

85 Ibid.
86 Teichmann, Mehr als eine Bank (Anm. 31), S. 251.
87 Castenholz, Kinderhospital (Anm. 84), S. 260.
88 Haller, Andenken (Anm. 20), S. 181.
89 Teichmann, Mehr als eine Bank (Anm. 31), S. 251.
90 Haller, Andenken (Anm. 20), S. 181.
91 Ibid.
92 Michael Stürmer/Gabriele Teichmann/Wilhelm Treue: Wägen und Wagen: Sal. Oppenheim jr. & Cie. Geschichte einer Bank und einer Familie, München/Zürich 1989, S. 233.
93 Teichmann, Abraham von Oppenheim (Anm. 28), S. 21.
94 Ibid., S. 19.

dass endlich Juden Anerkennung in allen gesellschaftlichen Bereichen finden sollten, brachte als negativen Effekt mit sich, dass er in den 1840er Jahren persönliche antisemitische Verleumdungen ertragen musste.[95] Mehrfach hatte Kaiserin Augusta bei den Oppenheims in Bassenheim gewohnt, wo die Eheleute ab 1875 den Sommer bis zum Spätherbst verbrachten.[96] Augusta besuchte Abraham von Oppenheim kurz vor seinem Tod an seinem Krankenbett, sendete ihren Leibarzt zur Behandlung und gab die Order, ständig über den Krankheitsverlauf informiert zu werden.[97] Die zwischenzeitlich außerordentlich hohe Spende und die konstruktive Arbeit des Stiftungsrates als Kontrollinstanz ermöglichten die relativ problemlose Verwirklichung einer Institution.

Für ihr soziales Engagement hatte „Frau Geheimer Commerzien-Rath Freifrau Charlotte von Oppenheim geb. Beyfus, zu Cöln" das Preußische Verdienstkreuz für Frauen und Jungfrauen erhalten.[98] Hieraus lässt sich schließen, dass die Freifrau nicht erst als Witwe eigenständig karitativ aktiv war. Denn die Ehrung für Charlotte von Oppenheim muss bereits zu Lebzeiten ihres Mannes erfolgt sein, da dieser Orden nur zwischen 1871 und 1875 an 2979 Frauen, davon 35 Angehörige regierender Herrschaftshäuser, verliehen wurde. Um die 50 Frauen aus der Kölner Gesellschaft erhielten die Ehrung ebenfalls für ihr soziales Engagement, darunter Amalie, Paula und Henriette aus der Familie von Oppenheim. Alle geehrten Frauen engagierten sich im Besonderen als bekannte Schirmherrinnen in der freiwilligen Krankenpflege. Das ausschließliche Vorschlagsrecht blieb bei Kaiserin Augusta, ihr Mann Kaiser Wilhelm I. bestätigte ihre Empfehlungen und vollzog die jeweilige Verleihung.[99] Im Februar 1886 erweiterte die Stifterin ihre Schenkung um fünf weitere Betten inklusive Ausstattung und Unterhaltungskosten. Nun konnten 30 Kinder gleichzeitig stationär behandelt werden.[100] Kostenlos wurden bedürftige Kinder behandelt, die einen Nachweis durch die Armenverwaltung erbrachten. Für diejenigen, für die gezahlt werden musste, gab es drei Klassen. Bei dem Tagespreis wurde noch einmal unterschieden. Kölner zahlten je Klasse fünf, drei oder 1,50 Mark, auswärtige Patienten sieben, vier oder zwei Mark, die bei der Stadtkasse eingezahlt wurden. Auf Antrag konnte für die dritte Klasse eine Ermäßigung gewährt werden. Am 24. Oktober 1887 verstarb Charlotte von Oppenheim in Köln. Eine Woche zuvor musste sie den Verlust ihrer Adoptiv-

95 Ibid., S. 19.
96 Ibid., S. 21.
97 Haller, Andenken (Anm. 20), S. 176.
98 Louis Schneider: Die Preussischen Orden, Ehrenzeichen u. Auszeichnungen. Das Verdienst-Kreuz für Frauen und Jungfrauen, Berlin 1872, S. 24.
99 Ibid.
100 Castenholz, Kinderhospital (Anm. 84), S. 281.

tochter Antonie von Kusserow erleiden, die nur 40 Jahre alt wurde. Eine Zeitungsmeldung über den Tod von Charlotte setzte die beiden Verluste in unmittelbare Verbindung:

> *Die in den weitesten Kreisen hochgeschätzte Freifrau Abraham von Oppenheim, die den Armen stets eine hülfsbereite Wohltäterin war und der die Stadt Köln eine ganze Reihe milder Stiftungen verdankt, ist heute früh 5 ½ Uhr im Alter von 76 Jahren an einer Herzlähmung gestorben. Die Nachricht von dem Tode der Frau v. Kusserow, ihrer geliebten Pflegetochter, hatte Freifrau v. Oppenheim so schmerzlich getroffen, dass man glaubt annehmen zu sollen, ihr Tod sei infolge der erschütternden Nachricht eingetreten.*[101]

Bei der Testamentseröffnung erfuhren die Beteiligten, dass dem Kinderkrankenhaus ein Betrag von 300.000 Mark zugesprochen wurde. Somit war der Stiftungsbetrag auf über eine Million Mark angewachsen.[102]

Veränderungen

1896 war die ärztliche Verantwortung vom Bürgerhospital ans Kinderkrankenhaus übertragen worden. Der Hausarzt erhielt in dem Jahr Unterstützung durch einen Arzt im Volontariat. Dies war dringend geboten, da sich die Aufgaben des Hausarztes im Laufe der Jahre veränderten. Ihm war die alleinige Aufsicht über die Oberärzte übertragen worden, die zuvor bei den Oberärzten im Bürgerhospital lag. So hatte er über Aufnahme und Entlassungen ebenso zu entscheiden, wie Notfalloperationen durchzuführen. Alle Aufzeichnungen rund um die Patienten zum Krankheitsstand und -verlauf sowie die Medikamentengabe hatte er ebenso zu überwachen wie die Anlieferung der Speisen samt deren Qualitätskontrolle. Zur Oberverantwortung des Hausarztes gehörte ebenso das gesamte weitere Personal.[103] Laut der seit Eröffnung erstellten Geschäftsberichte erhielten in den elf Jahren seit der Eröffnung bis 1897/98 19.330 Kinder eine kostenlose Behandlung. Die Voraussetzung, dass ihnen bzw. den Angehörigen keine Kosten entstanden, war ein vorhandener Armenschein.[104] Die Anzahl der zu behandelnden Kinder erhöhte sich weiterhin.

101 Zit. nach Haller, Andenken (Anm. 20), S. 180.
102 Becker-Jákli, Krankenhaus (Anm. 24), S. 130.
103 Haller, Andenken (Anm. 20), S. 186.
104 Ibid.

Die seit Jahren angestrebte Eingemeindung ehemals selbständiger Städte und Gemeinden in die Stadt Köln im Jahr 1888 führte dazu, dass zum Ende des 19. Jahrhunderts mehr unbebaute Flächen zur Verfügung standen. Insgesamt vergrößerte sich das Stadtgebiet um knapp das Elffache auf 11.133 Hektar.[105] Die Planung zur Erschließung des Geländes, die Parzellierung und der Verkauf der Grundstücke begann. Die rege Bautätigkeit mehrgeschossiger Häuser, teilweise mit Hinterhöfen für weitere Wohnungen und Kleingewerbe weitete sich von den Ringen aus und zog nun sukzessive in Richtung der neuen Vororte im Süden wie Bayenthal, Marienburg, Zollstock und Raderthal.[106] Somit zogen mehr Menschen in eine Entfernung von nur wenigen Kilometern zum Kinderkrankenhaus.

Das Krankenhaus erhielt weiterhin Spenden durch die Familie Oppenheim. Amalie, die Frau von Eduard von Oppenheim spendete 1903 5000 Mark für die jährliche Weihnachtsbescherung. Nach dem Tode Eduards im Jahre 1909 finanzierten seine Kinder zu seinem Andenken den Bau des Isolier- und Quarantänehauses auf dem Grundstück.[107]

1904 erfolgte der Ausbau des Dachgeschosses, in dem sich nun zwei Schlafsäle für zehn bzw. vier Schwestern sowie ein weiterer für zehn Mägde, ein anderer für vier Ammen befanden. Für die Hygiene dort oben sorgten Badezimmer und Wasserklosett.[108]

Die „Innere Abteilung" mit 24 Betten eröffnete auf der 2. Etage, vorher lag der Schwerpunkt auf der Chirurgie. Zusätzlich konnten auf der gleichen Etage vier Kinder mit infektiösen Krankheiten in einem Isolierzimmer stationär behandelt werden.[109]

Die chirurgische Abteilung in der 1. Etage mit ebenfalls 24 Betten wurde von Dr. Castenholz geleitet.[110] Eine Säuglingsabteilung mit insgesamt 30 Betten konnte in Betrieb genommen werden. Zusätzlich eröffnete vor Ort eine städtische Säuglingsfürsorgestelle mit einer Ausgabe von Säuglingsmilch für diejenigen Babys, die nicht mit Muttermilch ernährt werden konnten. Den ehemaligen Empfangsaal im Erdgeschoss des Mittelhauses widmete man zum Hörsaal um. Zwei Säle im südlichen Flügel baute man zu vier Zimmern à 30 m² um,

105 Arnold Stelzmann/Robert Frohn: Illustrierte Geschichte der Stadt Köln, Köln 1984, S. 298.
106 Ibid.
107 Teichmann, Mehr als eine Bank (Anm. 31), S. 252.
108 Ferdinand Siegert: Das Freiherr von Oppenheim'sche Kinderhospital, in: Dr. med. Krautwig/Stadt Köln (Hg.): Naturwissenschaft und Gesundheitswesen in Köln. Festschrift für die Teilnehmer an der 80. Versammlung der Gesellschaft deutscher Naturforscher und Ärzte in Köln, Köln 1908, S. 404.
109 Ibid.
110 Ibid.

davon eins zu einem Wartezimmer und zwei „Abfertigungszimmer" der Poliklinik. Der vierte Raum erhielt ein kleines, gut ausgestattetes physiologisch-chemisches Laboratorium.[111]

Die Belegschaft wurde entsprechend aufgestockt und bestand fortan aus drei Ärzten, 16 Schwestern, vier Ammen und zehn Mägden. Leitender Oberarzt wurde der Kinderarzt Ferdinand Siegert. Er, der erste habilitierte Kinderarzt, hatte sich sehr für die Modernisierung des Kinderhospitals eingesetzt.[112] Die Mittel aus der Stiftung reichten für den gewachsenen Krankenhausbetrieb allerdings nicht mehr aus, die Restfinanzierung erfolgte durch die Stadt.[113]

1908 gründete sich auf der Lindenburg die internistisch-pädiatrische Akademie für praktische Medizin. Hier war eine weitere Kinderklinik angeschlossen, die Siegert ebenfalls leitete. Dadurch erfolgte eine spürbare Entlastung, denn trotz Erweiterungen und Modernisierung herrschte akuter Platzmangel. Die innere Abteilung in der Südstadt wurde vorübergehend geschlossen, chirurgische Fälle verblieben in der Oppenheim'schen Klinik bzw. wurden in Einzelfällen dorthin von der Lindenburg überstellt.[114] Siegert behielt durch die Zuständigkeit in beiden Kliniken die Krankenbehandlungen der Kinder im Blick. Die Doppelbelastung war für Siegert immens. Sie rührte unter anderem daher, dass das Kinderkrankenhaus auf der Lindenburg mittlerweile der Universitätsklinik angeschlossen war. Siegert, mittlerweile mit dem Status eines Professors,[115] nahm somit die Ausbildung medizinischen Nachwuchses zeitlich sehr in Anspruch. So erhielt die Kinderklinik im Severinsviertel 1913 mit Dr. Carl Grimm einen eigenen leitenden Oberarzt und weitere Abteilungen eröffneten.[116] Eine städtische Säuglingsfürsorgestelle wurde eingerichtet, die in der Regel ambulante Hilfe gewährte. Eine Aufgabe bestand hier, Säuglingsmilch für Bedürftige auszuteilen, um der Säuglingssterblichkeit durch Mangelerkrankungen entgegenzuwirken.[117]

Am 22. Mai 1919 genehmigte der Stadtrat die Vorlage des Beigeordneten Krautwig. Diese beinhaltete den Genehmigungsantrag eines Anbaus der Fürsorgeabteilung, da der Andrang immer größer wurde, die Wartebereiche nicht mehr ausreichten und die vielen wartenden Kinder und Säuglinge in der Enge

111 Ibid.
112 Teichmann, Mehr als eine Bank (Anm. 31), S. 251.
113 Haller, Andenken (Anm. 20), S. 190.
114 Siegert, Kinderhospital (Anm. 108), S. 404.
115 Ibid.
116 Haller, Andenken (Anm. 20), S. 190.
117 Thomas Deres: Sozialhygienische Fürsorgebestrebungen. Der Aufbau des öffentlichen Gesundheitswesens in Köln, in: Ders. (Hg.): Krank, gesund. 2000 Jahre Krankheit und Gesundheit in Köln (Publikation anlässlich der Ausstellung des Kölnischen Stadtmuseums vom 27.8. bis 6.11.2005), Köln 2005, S. 229.

hygienische Probleme hervorriefen. Mit dem 1920 verwirklichten Anbau konnte ein großer Saal für 16 Kinder zur Bekämpfung der Tuberkulose berücksichtigt werden.[118] Nach dem Ersten Weltkrieg kam eine weitere ambulante Untersuchungsstelle für Klein- und Schulkinder hinzu. Vor Ort konnten nun Reihenuntersuchungen zur Vorsorge des Nachwuchses vorgenommen werden.[119]

Der Krankenhausbetrieb trug sich bis zur Inflation nahezu selbständig aus den Stiftungsgeldern. Nur selten musste die Stadt Köln Zuschüsse leisten.[120]

Im Jahr 1927 bestätigten die Stadtverordnetenversammlung und der für das Gesundheitswesen zuständige Beigeordnete Dr. Carl Coerper die in der Stiftungsurkunde festgeschriebenen Regularien bezüglich der Zusammensetzung des Verwaltungsrates.[121]

Seit April 1930 wurde in der Buschgasse in einer staatlich anerkannten Säuglingskrankenpflegeschule Nachwuchs ausgebildet.[122] Am 9. Oktober 1931 jährte sich die Grundsteinlegung des Kinderkrankenhauses zum fünfzigsten Mal.[123] Die Abendausgabe der *Kölnischen Zeitung* berichtete von der „schlichten Gedenkfeier“, welche vor dem mit Blumen und Lorbeeren geschmückten Portrait von Charlotte von Oppenheim stattfand. Alfred von Oppenheim, ein Großneffe der Stifterin, dankte in einer Rede der Stadt Köln, dass diese die Stiftung stets unterstützte. Die Ärzteschaft war durch einige Mitglieder vertreten sowie durch den ehemaligen Klinikleiter Professor Siegert. Dr. Carl Grimm, der die Klinik seit nunmehr 18 Jahren führte, ließ in seiner Rede die Geschichte des Krankenhauses Revue passieren. Oberbürgermeister Dr. Konrad Adenauer würdigte die Bedeutsamkeit der Stiftung für die Stadt und die daraus resultierende Dankbarkeit und Verpflichtung, weiterhin im Sinne Charlotte von Oppenheims zu handeln. Ebenso sprach er die enge Verbindung zwischen der Stadt und der Familie Oppenheim an, und den Wunsch, dass diese weiterhin bestehen bleibe.[124]

118 Verhandlungen (Anm. 60), 13. Sitzung vom 22. Mai 1919, S. 185.
119 Becker-Jákli, Krankenhaus (Anm. 24), S. 322.
120 Teichmann, Mehr als eine Bank (Anm. 31), S. 252.
121 Ibid.
122 Haller, Andenken (Anm. 20), S. 190.
123 Ibid.
124 Kölnische Zeitung vom 9.10.1931, Abendausgabe Nr. 551.

Das Kinderkrankenhaus in der Zeit des Nationalsozialismus

Mit dem Siegeszug der Nationalsozialisten veränderte sich sukzessive die Verwaltung und Leitung des Krankenhauses in der Zusammensetzung. 1935 wurde der bestehende Ausschuss aufgelöst. Die offizielle Erklärung lautete, dass dieser veraltet sei. Die Zuständigkeit wurde städtischen Behörden übertragen. Die Zusammensetzung der nun benannten Beiräte war nicht mehr an die noch acht Jahre zuvor bestätigte Stiftungsurkunde gebunden. 1937 tilgten die neuen Entscheidungsträger den Namen „Freiherr Abraham von Oppenheim'sches Kinderhospital". Der Name wurde mit Genehmigung des linientreuen Regierungspräsidenten Eggert Reeder in „Städtisches Kinderhospital" geändert.[125] Nichts sollte an den jüdischen Spender erinnern, denn so lautete auch die Begründung, dass die Stifterin „nicht arisch" gewesen sei. Drei Jahre später befassten sich die Entscheidungsträger mit neuen Überlegungen in Bezug auf das Kinderhospital. Es ging darum, welche Kinder medizinisch versorgt werden durften. Diese Überlegungen sollen in Verbindung mit der Debatte um die Belegung des „Israelitischen Asyls" entstanden sein.[126] Die Erörterung resultierte aus einem konkreten Fall, den der seit 1926 amtierende Beigeordnete und Leiter des Gesundheitsamtes Carl Coerper anstieß. Es ging darum, dass es keine einhellige Klärung gab, ob und wo „Zigeuner" behandelt werden konnten.[127]

Dass Coerper dem nationalsozialistischen Gedankengut gegenüber schon sehr früh aufgeschlossen war, erschließt sich beim Blick auf seine berufliche Biographie. Er, ein langjähriger Beigeordneter und ein studierter Mediziner in der Ära des Bürgermeisters Konrad Adenauer, blieb unter den Nationalsozialisten in seiner Funktion. Neben ihm blieb nur Eberhard Bonner als Beigeordneter im Amt. Neben dem Oberbürgermeister Konrad Adenauer und Bürgermeister Ernst Fresdorf wurden nach den für die Nationalsozialisten erfolgreichen Kommunalwahlen im März 1933 innerhalb weniger Tage alle anderen zehn Beigeordnete entlassen. Coerper trat erst am 1. Mai 1933 der NSDAP bei, später auch mehreren Unterorganisationen der NSDAP.[128] Bereits vor 1933 beschäftigte sich Carl Coerper mit menschenverachtenden Studien unter dem Deckmantel der Wissenschaft. Er hatte viele Bücher und Aufsätze publiziert, die Rassenhygiene und ähnliche in jener Zeit populäre

125 Becker-Jákli, Krankenhaus (Anm. 24), S. 322.
126 Ibid.
127 Ibid.
128 Peter Liebermann: Carl Coerper (1886–1960). In: Thomas Deres (Hg.): Krank, gesund. 2000 Jahre Krankheit und Gesundheit in Köln (Publikation anlässlich der Ausstellung des Kölnischen Stadtmuseums vom 27.8. bis 6.11.2005), Köln 2005, S. 294.

Forschungsrichtungen wie die Eugenik thematisierten. Des Weiteren engagierte er sich in Vorständen sozialhygienischer Fachgesellschaften.[129]

Dass er die nun gültigen Interessen vertrat, zeigte er öffentlich spätestens bei der Festrede an die Belegschaft der Universitätsklinik Lindenburg anlässlich des 25-jährigen Jubiläums. So sprach er nicht nur von der „Erfüllung der Aufgaben der Krankenhäuser mit nationalsozialistischen Geist", sondern erinnerte auch an diesen, indem er ausdrücklich die „Beachtung der blutsmäßigen Verknüpfung der Patienten im Volk" ansprach.[130] Es zählte somit nicht mehr, den Patienten als Individuum medizinisch zu behandeln. Es war am besten gleich vor Aufnahme gemäß den herrschenden Vorgaben die „Lebenswertigkeit" eines Menschen zu prüfen, in Bezug darauf, ob dieser nun als Teil der Volksgemeinschaft aufgenommen und erfolgreich behandelt werden konnte. Darunter zählten nicht nur schwer pflegebedürftige Menschen, sondern ebenso jene mit Erbkrankheiten, geistigen und psychischen Beeinträchtigungen sowie diejenigen, die rassistisch verfolgt wurden. Coerper blieb im Übrigen bis 1945 Gesundheitsdezernent.[131]

Das „Israelitische Asyl" war mittlerweile das einzige Krankenhaus, in dem laut einer Verordnung „nichtarische" Patienten behandelt werden sollten.

Im *Westdeutschen Beobachter*, dem täglichen Sprachrohr der NSDAP im Gau Köln-Aachen, konnte der geneigte Leser eine Laudatio anlässlich des 25-jährigen Dienstjubiläums des Arztes Dr. Carl Grimm lesen, der eines der ältesten und bedeutendsten Kinderkrankenhäuser in Deutschland leitete. Wer diese Einrichtung erst ermöglichte, wurde im Artikel verschwiegen, da es nicht in das nationalsozialistische Weltbild passte.[132]

1941 erfolgte ein Verbot, jüdische Kinder im Kinderkrankenhaus zu behandeln.[133] Der Stiftergedanke, also die eigentliche Intention für die Spende, verlor seit dem Sieg der Nationalsozialisten im Jahr 1933 zunehmend an Bedeutung.

Am 29. Juni 1943 wurden bei einem schweren und langanhaltenden Bombenangriff auf die Kölner Südstadt die Klinik und die meisten Nebengebäude zerstört, das parkähnliche Klinikgelände schwer in Mitleidenschaft gezogen.[134] Nur ein Gebäude war zu retten, die anderen wurden später zum Abriss freigegeben. Das einzige erhaltene Gebäude, das 1909 gebaute Isolierhaus, beherbergt heute eine Einrichtung der Arbeiterwohlfahrt. Auf dem Grundstück

129 Ibid.
130 Becker-Jákli, Krankenhaus (Anm. 24), S. 547.
131 Ibid.
132 Teichmann, Mehr als eine Bank, S. 252.
133 Becker-Jákli, Krankenhaus (Anm. 24), S. 312.
134 Haller, Andenken (Anm. 20), S. 190.

befindet sich passenderweise unter anderem ein großer und gut besuchter Kinderspielplatz.

Ausblick

Die Erinnerung an das Kinderkrankenhaus lebt bei vielen fort, die in der Nachbarschaft aufwuchsen. Wenn man sie nach den Erinnerungen an das Kinderkrankenhaus fragt, kommt zumeist die Erinnerung an „das jüdische Kinderspidol“[135], obwohl es ja von Beginn an nicht als konfessionelles, sondern als städtisches Krankenhaus gegründet und in Betrieb genommen wurde. Diese Bezeichnung war bis dato im Volksmund nicht grundsätzlich abwertend gemeint, sondern rührte von der Konfession der Stifterfamilie her, die mittlerweile über Generationen in ihrer Heimatstadt Köln karitativ wirkten. Bei der ärmeren Kölner Bevölkerung wurde über mehrere Generationen vermittelt und war allen präsent, was die Familie Oppenheim an Spenden und Stiftungen gerade für die Bedürftigen der Stadt geleistet hatte. Im Rückblick darauf sorgte diese Institution während ihres knapp 60-jährigen Bestehens für Gesundheit und Wohlbefinden bei einer hohen Anzahl von Kindern und bot für deren Eltern Beratung an. So ist es mehr als angemessen, diese für damalige Verhältnisse großzügige und vorbildliche Stiftung in Erinnerung zu behalten. Ausdrücklich wurden keinerlei Einschränkungen gegenüber dem Patientenkreis festgeschrieben. Vor allem dient diese Erinnerung als Hommage an das Stifterehepaar Charlotte und Abraham von Oppenheim, die eine hohe soziale Empathie lebten, und das sicherlich nicht nur, um Anerkennung in der damaligen christlich geprägten Kölner Stadtgesellschaft zu erlangen.

135 Anmerkung: Die Bezeichnung wurde immer wieder von den Zeitzeugen genannt, die als Kinder in der Nähe des Krankenhauses aufwuchsen. Den Namen „Freiherr Abraham von Oppenheim'sches Kinderhospital“ stand für sie in Verbindung mit dem Krankenhaus nicht im Fokus bzw. sie hatten diesen Namen erst als Erwachsene wahrgenommen. Der Autorin liegen Interviews mit verschiedenen Zeitzeugen vor. Diese fanden überwiegend im Zeitraum 2004 bis 2015 statt.

Zur Industriegeschichte von Zollstock

von Ulrich S. Soénius

Zollstock ist nicht nur einer der bevölkerungsreichsten Stadtteile Kölns, sondern, wie manche anderen Vororte, geprägt von der Wirtschaft. Seit dem letzten Viertel des 19. Jahrhunderts waren Ziegeleien und Kiesgruben ansässig, deren Tätigkeit bis in die erste Hälfte des 20. Jahrhunderts hineinreichte. Die günstige Lage im Süden Kölns, die vorhandenen Ziegeleien und die Nähe zur Eisenbahn im Westen, die seit 1844 in Betrieb stehende Bonn-Cölner Eisenbahn, die 1857 die Rheinische Eisenbahngesellschaft übernahm[1], förderten die Entwicklung, an deren Anfang zunächst die Ansiedlung von Unternehmen und dann erst die flächendeckende Wohnbebauung stand.

Am Anfang der im Folgenden geschilderten Industriegeschichte des Vororts stand die Aufgabe der Stadtmauer seit 1880. Das Gebiet der Stadt Köln war durch diese seit 700 Jahren begrenzt. Die Niederlegung der Stadtmauer, begonnen am 11. Juni 1881, verschaffte der Stadt nicht nur neue Flächen direkt davor, sondern ebnete auch den Weg für die 1888 erfolgten Eingemeindungen. Darunter war Zollstock, das jedoch anders als andere Vororte – Bayenthal, Ehrenfeld sowie die später eingemeindeten Städte Kalk oder Mülheim – nicht vor der Eingemeindung Ziel von Unternehmen war, die innerhalb der mittelalterlichen Stadtgrenze keine Expansionsflächen hatten.

Welche Auswirkungen die Eingemeindung und die industrielle Entwicklung auf Zollstock hatten, ist an der Entwicklung der Bevölkerungszahlen abzulesen. Die Neuerschließung nahm hier rasante Züge an – die Bevölkerung Zollstocks wuchs von 102 Einwohnern im Jahr 1880 auf 3.899 im Jahr 1910.[2] Im Vergleich zur Gesamtstadt, die mit Eingemeindungen ihre Bevölkerungszahl in diesem Zeitraum um mehr als das Doppelte (Faktor 2,39) erhöhte, wuchs der Stadtteil um das 38-Fache! Dies war unter den neuen Stadtvierteln mit Abstand die höchste Steigerung: Ehrenfeld und Nippes wuchsen um das Vierfache, Bayenthal und Kalk um das Dreifache, Deutz stagnierte sogar. Dabei war die Entwicklung für Zollstock vor allem in dem Jahrzehnt zwischen 1900 und 1910 von enormem Wachstum begleitet: In dieser Phase stieg die Bevölkerungszahl von 966 auf fast 4000. Der Siedlungsbau mit mehrgeschossigen

1 Ulrich S. Soénius: Die Bonn-Kölner Eisenbahn von 1836 bis 1857. Ein Blick in die rheinische Verkehrsgeschichte, in: Der Begleiter auf der Bonn-Cölner Eisenbahn. Jahresgabe der Kölnischen Bibliotheksgesellschaft, Köln 2007, S. 61–103. Auch in JKGV 79 (2008), S. 51–75.

2 Großstadt im Aufbruch. Köln 1888. Ausstellung des Historischen Archivs der Stadt Köln in Zusammenarbeit mit der Stadtsparkasse Köln, 15. April bis 1. Juli 1988, Köln 1988, S. 13.

Jahrbuch des Kölnischen Geschichtsvereins 82 (2013/14), S. 217–242

Wohnungsbauten in den 1920er Jahren vervierfachte dann die Bevölkerungszahl.[3]

Der Einwohnerzuwachs verlief parallel zu der Ansiedlung von größeren Unternehmen. 1894 war das einzige Zollstocker Unternehmen mit mehr als 50 Beschäftigten die Tapetenfabrik Flammersheim & Steinmann, die in dieser Zeit „nur" 181 Beschäftigte hatte. Im Vergleich dazu arbeiteten bei der Kölnischen Maschinenbau-AG in Bayenthal 850 Personen, bei dem Waggonhersteller van der Zypen & Charlier in Deutz 1806.[4]

Zwanzig Jahre später waren bereits mehrere Unternehmen mit jeweils über 100 Mitarbeitern vor Ort – im Vergleich zu anderen Vororten war die Bevölkerungsstruktur jedoch nicht nur an der Industrie ausgerichtet, sondern sie verteilte sich auf verschiedene Berufsgruppen bis hin zu Beamten. Zollstock erhielt im Volksmund aufgrund der Ansiedlung von Beamten den Beinamen „Schutzmannshausen".

Der Strukturwandel im 20. Jahrhundert innerhalb des Wirtschaftsgefüges der Stadt ist an der Zollstocker Wirtschaftsgeschichte lehrbuchartig abzulesen. Auf das dünn besiedelte Gelände vor den Toren der Stadt kamen große industrielle Betriebe, um sie herum entstanden Wohnungen und Kleingewerbe, diese Ansiedlungen machten wiederum das Gebiet für den Städtebau seit den 1920er Jahren interessant. Nach dem Zweiten Weltkrieg und der Wiederaufbauzeit wuchsen Wohnviertel und Gewerbebetriebe eine Zeitlang noch im gleichen Maße. Dem einsetzenden Wirtschaftswandel Ende des 20. Jahrhunderts folgten der Weggang oder die Niederlegung der Industrie. Neue Dienstleistungsbranchen und öffentliche Einrichtungen siedelten sich an, etwa Versicherungen oder Institute der Universität, was wiederum den Bau von Wohnungen auf frei gewordenen Flächen nach sich zog (Bahngelände am Gottesweg, Spies-Hecker-Werksgelände am Raderthalgürtel). Dieser der Wirtschaft eigene Wandel wird daran deutlich, dass 2019 nur noch wenige Unternehmen existierten, die in dem ersten und bisher einzigen Buch über die Geschichte Zollstocks von Josef Rosenzweig 1976 genannt wurden.[5] Dabei sind nicht nur viele kleinere Unternehmen aus Zollstock verschwunden. Der Wandel führte zu andauernden städtebaulichen und stadtentwicklungspolitischen Veränderungen. Zoll-

3 Zu den Zahlen nach dem Ersten Weltkrieg: Jürgen Wilhelm (Hg.): Das große Köln Lexikon, Köln 2005, S. 481.

4 Großstadt im Aufbruch (Anm. 2), S. 150–151.

5 Josef Rosenzweig: Zollstock. Wie es war und wie es wurde, Köln 1976, S. 240–261. Ende der 2000er Jahre entstand der Plan, das Buch erweitert und neu herauszugeben. Treibende Kraft war der damalige Vorsitzende des Allgemeinen Bürgervereins Zollstock e. V., Karlheinz Steimel (1934–2011), der vor der Umsetzung verstarb. Steimel hatte den Verfasser gebeten, die Wirtschaftsgeschichte des Vororts für das neue Buch zu verfassen. Der vorliegende Beitrag ist ein überarbeiteter Auszug aus dem 2011 abgeschlossenen Manuskript.

stock hat sich in den letzten Jahrzehnten von einem Mischgebiet Industrie/Wohnen zu einem Mischgebiet Dienstleistungen/Wohnen verändert.

Im Folgenden wird der Wandel in der wirtschaftlichen Entwicklung des Vororts anhand derer von Industrieunternehmen dargestellt.[6] Obwohl sich einige Großunternehmen (Pohlig, Spies, Hecker & Cie., Flammersheim & Steinmann, Grothe) ansiedelten, entwickelte sich Zollstock nie zu einem reinen Industrievorort. Der hohe Anteil an Wohnbebauung mit einer gemischten Sozialstruktur verhinderte die Entstehung von monolithischen Industriekomplexen, umgeben von Arbeiterwohnungsbau.

Am Anfang war die Chemieindustrie

Seit 1863 führte der aus Thüringen stammende Kaufmann Adolf Hecker (1840–1909), Sohn eines Apothekers, auf der Severinstraße 152 in Köln ein Materialwarengeschäft. Nebenbei betrieb er seit 1875 in der kleinen Asphaltfabrik von Koch & Burmann an der Raderthaler Straße eine bescheidene, mit einfachen Mitteln herbeigeführte Lackfabrikation. Sieben Jahre später – 1882 – gründete Hecker zusammen mit den Londoner Kopalhändlern Adolf und Hermann Spies die Anglo-Continental-Varnish-Company (ACVC) Spies, Hecker & Co., Köln und London. Die Gebrüder Spies verfügten neben entsprechenden Geldmitteln über den Zugang zu wichtigen Rohstoffen, vor allem Naturharzen aus den englischen Kolonien.

Das Unternehmen erwarb von der Witwe Haarhaus, deren verstorbener Mann Robert Friedrich Haarhaus (1809–1874) Gründer der nach Köln-Ehrenfeld verlegten Lackfabrik Herbig-Haarhaus war, die ehemalige Pechhütte an der Raderthaler Straße. An dieses Grundstück war eine Konzession zur Lackherstellung gebunden. Sämtliche Rezepturen und Utensilien für die Lackproduktion importierten Spies & Hecker aus England.[7] Indem ein für die damalige Zeit modernes Werk entstand, konnten Lacke, vor allem für die Lackierung von Kutschen, in hoher Qualität hergestellt werden. Ab 1900 entwickelte sich aus der Kutschen-Lackfabrik mit der Herstellung fertiger Lackfarben ein modernes Farbunternehmen. Bald standen Spies-Hecker-Lacke für besondere Qualität.[8] Das Produktionsprogramm umfasste Lacke für alle Anwendungsbereiche. 1912 bezog das Unternehmen ein modernes Büro- und Lagergebäude

6 Auf die Entwicklung der anderen Branchen geht der Verfasser in dem erweiterten Manuskript zur Ortsgeschichte ein.

7 Karlheinz Steimel: 125 Jahre Spies-Hecker-Lack, in: Phänomen Farbe, Nr. 4/5, 27.4.2007, S. 20–23.

8 Der Text folgt bis zu dieser Stelle, leicht verbessert, der Vorlage von Rosenzweig, Zollstock (Anm. 5), S. 245.

an der Raderthaler Straße, der heutigen Fritz-Hecker-Straße. Kurz vor dem Ersten Weltkrieg nahm eine moderne Ölkocherei mit vier Kesseln von einem Fassungsvermögen mit jeweils 2000 l ihren Betrieb auf. Aufgrund der technischen Entwicklung in den USA wurde die Produktion in den 1920er Jahren um schnell trocknende Nitrozelluloselacke erweitert. 1929 hatte das Unternehmen 29 Angestellte und 50 Arbeiter, zählte also eher zu den kleineren Farbenherstellern. Das Fabrikgrundstück erstreckte sich auf 52.000 qm Grundfläche.[9]

Die 1930er Jahre brachten die Entwicklung der Kunstharz-Lacke, deren Fabrikation von intensiver Forschungsarbeit im Labor abhängig war. Einen zusätzlichen Aufschwung erlebte das Unternehmen – wie alle anderen deutschen Lackfabriken – durch die Herstellung von Tarnfarben für die deutsche Wehrmacht. Im Zweiten Weltkrieg gab es durch mehrere Bombenangriffe größere Schäden am Werk, am schlimmsten bei den Großangriffen im Oktober 1944, die das Werk zu 80 Prozent zerstörten. Die Produktion musste an mehrere, weniger gefährdete Standorte ausgelagert werden.

Mit zehn Mitarbeitern begann Spies-Hecker 1945 den Wiederaufbau.[10] Das Werksgelände konnte nach 1948 um das benachbarte Terrain der im Krieg vollständig zerstörten Rußfabrik Geller & Tutt am Leichweg erweitert werden. Die Adresse Raderthaler Straße 91 änderte sich nun in 47–107.[11] Nach 1960 begann Spies-Hecker mit der Spezialisierung auf Autolacke, Industrielacke, Baukunststoffe und Brandschutz-Anstrichsysteme. Abnehmer dieser vielschichtigen Palette von Lacken, Lackfarben und Kunststoffen waren weltweit Autolackierer, Karosseriebauer, Verkehrsbetriebe, Waggonindustrie, Maschinen-, Elektro- und Großindustrie.[12] Es gab mehrere Labore zur Entwicklung und Prüfung der Qualitätslacke. Spezialcomputer halfen den Mitarbeitern in der Coloristik, die Genauigkeit der damals über 2000 Farbtöne für alle deutschen und ausländischen Automarken zu gewährleisten.[13] Der Slogan des Unternehmens lautete: „Schönheit und Schutz durch Spies-Hecker-Lack.“ Unter diesem Titel hat der Zollstocker Musiker und Schöpfer zahlreicher Vereins- und Karnevalslieder, Heinz Wüst, ein Spies-Hecker-Lied verfasst und komponiert.

Spies-Hecker verstand sich stets – auf allen Briefköpfen und Werbemitteln – als Raderthaler, nicht als Zollstocker Unternehmen, obwohl 1955 die Radert-

9 RWWA, Firmenakte 1 h.
10 Rosenzweig, Zollstock (Anm. 5), S. 245.
11 Letzte Erwähnung der Hausnummer 91 im Kölner Adressbuch 1941/42. Nach dem Krieg erschien wieder 1950 ein Adressbuch, darin Hausnummer 47–107.
12 Ergänzung von Karlheinz Steimel, 2007.
13 Rosenzweig, Zollstock (Anm. 5), S. 245.

haler Straße nördlich des Zollstockgürtels mit deren Industrieanlagen zum Stadtteil Zollstock kam. Die Straße benannte die Stadt 1967 nach Fritz Hecker (1872–1952), einem der beiden im Unternehmen tätigen Söhne des Gründers und Mitgründer des Verbandes der Lackindustrie. Sein Neffe Paul Adolf Hecker (1896–1962), Enkel des Gründers und seit 1936 Gesellschafter, war nach dem Zweiten Weltkrieg die führende Unternehmerpersönlichkeit. Er führte das Familienunternehmen gemeinsam mit seinen Vettern Adolf und Fritz.[14]

Um 1970 übernahm Spies, Hecker & Co. die Raderthaler Lackfabrik Theodor Kotthoff in der Hitzeler Straße, die als Produktionsstätte erhalten blieb. Auf deren Gelände errichtete der Lackhersteller später ein modernes Werk zur Herstellung hochwertiger wasserverdünnter Elektrotauchlacke. 1971 musste – bedingt durch die Auswirkungen der Ölkrise – ein Viertel der Anteile am Unternehmen verkauft werden. Am 1. Oktober 1974 übernahm die Farbwerke Hoechst AG, Frankfurt/Main, das Kölner Unternehmen. Die Zahl der Mitarbeiter lag bei etwa 1000. Hoechst fasste Spies-Hecker mit einer Reihe anderer europäischer Lackfabriken unter dem Dach der Wuppertaler Lackfabrik Herberts zusammen. Später veräußerte die Hoechst AG die Herberts-Gruppe an den amerikanischen Chemiekonzern DuPont. Die Mitarbeiterzahl war von 330 im Jahr 1951 auf über 1400 im Jahr 1975 gestiegen. Zwar produzierte Spies, Hecker & Co. eine große Bandbreite von Lacken für Handwerk und industrielle Großabnehmer sowie für die öffentliche Verwaltung, aber mit der Zeit wurden die Autoreparaturlacke zur Produktgruppe mit dem höchsten Umsatzanteil.[15]

DuPont schloss nach der Übernahme zunächst das Werk in der Hitzeler Straße und in den Jahren 2004/2005 auch die Produktion an der Fritz-Hecker-Straße. Die noch verbliebenen Verkaufs- und Verwaltungsabteilungen sowie das Schulungszentrum für Autolackierer verlagerte der Mutterkonzern 2007 nach Köln-Marsdorf, wo dieser für zwölf Millionen Euro eine neue Firmenzentrale baute, einschließlich eines 2900 qm großen Trainingszentrums.[16] Die Fabrikgebäude in Zollstock wurden 2007 vollständig niedergelegt, das Grundstück von Altlasten befreit, was große Erdbewegungen verursachte, und parzelliert. Auf dem Gelände erbauten vier Kölner Wohnungsgenossenschaften unter dem Namen „Vorgebirgsgärten" mehrere Wohnhäuser. Weitere sollen folgen.

14 Ulrich S. Soénius: Hecker, Paul Adolf, in: ders./Jürgen Wilhelm (Hg.): Kölner Personenlexikon, Köln 2008, S. 223.
15 Steimel, 125 Jahre Spies-Hecker-Lack (Anm. 7).
16 Kölner Stadt-Anzeiger, 21.9.2007.

Weitere Chemieunternehmen

1907 gründete der Apotheker Josef Schürholz an der Dasselstraße in der Kölner Neustadt die Chemische Fabrik Schürholz zur Herstellung von pharmazeutischen Produkten. Nachdem er sich anfangs auf veterinärmedizinische Präparate beschränkte, erweiterte er seine Produktpalette. Bekannt war besonders „Isapogen“, das u. a. gegen Bronchitis eingesetzt wurde. Hinzu kam das Ekzem- und Krätzemittel „Ecrasol“. Der Firmengründer starb bereits 1924, sein Sohn zwei Jahre später. Er erwarb im Todesjahr seines Vaters das Grundstück Gottesweg 64. Später übernahm seine Schwester, die Tochter des Gründers, Heidy Seufert-Schürholz, die Leitung des Unternehmens. 1930 entstand ein neuer Flachbau, in dem die Firma ihre Produkte herstellte. Bis zum Zweiten Weltkrieg belieferte das Unternehmen nur Ärzte direkt. 1969 stellte es die Produktion ein, führte aber mit einem anderen Eigentümer den Handel weiter. 1977 erfolgte die Verlegung des Firmensitzes nach München.[17]

Im Jahre 1919 gründete Otto Lappe (1887–1964) mit dem Berliner Arzt Dr. Ernst Burchard und dem Kölner Apotheker Melchior Kaute die Chemische Fabrik Dr. Burchard u. Cie. Otto Lappe führte das Unternehmen alleine, nachdem nach kurzer Zeit Dr. Burchard starb und der Apotheker Kaute in der Inflationszeit 1923 ausschied.[18] 1927 errichtete die Firma einen Produktionsbetrieb am Gottesweg 44 und nahm die Herstellung des Etisso-Blumendüngers als zweites Standbein neben der Herstellung von Blutreinigungs- und später von Schlaf- und Schlankheitsmitteln auf.[19] Otto Lappe war bekannt als „kleiner Herr mit Spitzbart, der früher sein Pferdegespann selbst kutschierte, aber auch ein passionierter Rad- und Motorradfahrer war, bis er sich eines Tages für den Kraftwagen entschied“.[20]

Im Zweiten Weltkrieg wurde das Unternehmen zwischen 1942 und 1944 mehrfach zerstört, die Produktion größtenteils nach Freiburg ausgelagert, aber dort 1944 eingestellt.[21] Otto Lappe begann nach dem Krieg, sein Lebenswerk wiederaufzubauen. In Zollstock entstanden neue Hallen mit modernen Maschinen. Ein Tochterunternehmen wurde in Paris gegründet. Otto Lappe verstarb 1964, sein gleichnamiger Sohn Otto Lappe jr. übernahm die Geschäftsführung. 1966 war das neue Geschäftshaus am Gottesweg 52 fertiggestellt, in dem die gesamte Verwaltung und die Expedition geschlossen untergebracht

17 Rosenzweig, Zollstock (Anm. 5), S. 246; RWWA Firmenakte 1 h.

18 Der Text beruht, leicht verbessert und etwas gekürzt, auf der Darstellung bei Rosenzweig, Zollstock (Anm. 5), S. 247. Geburtsdatum Otto Lappe bei Robert Steimel: Kölner Köpfe, Köln 1958, Sp. 241.

19 RWWA Firmenakte 1 h.

20 Industriekurier, Mai 1957.

21 RWWA Firmenakte 1 h.

waren.[22] Das Hauptprodukt des Unternehmens war inzwischen der Blumendünger geworden, die Pharmazeutika machten nur noch einen geringen Anteil am Umsatz aus. 1967 lag die Anzahl der Beschäftigten bei 95. 1974 verstarb Otto Lappe jr., der seit 1930 mit in der Geschäftsführung tätig war. Das Unternehmen wurde verkauft und nach Kerpen verlegt, wo es bis 1994 bestand.[23]

1910 eröffnete die Firma Siebenborn & Co. am Höninger Weg ein großes Warenlager. Das Unternehmen war 1874 von Abraham Siebenborn und Isidor Isaac gegründet worden und saß zunächst am Blaubach 86.[24] Es produzierte und handelte mit Schuhmacher-Waren, vor allem Lacke und Lederartikel. Vor dem Ersten Weltkrieg war das Unternehmen deutschlandweit tätig, mit Niederlassungen in Berlin und Frankfurt/Main. Nach dem Krieg geriet das Unternehmen, inzwischen geleitet von den Brüdern Eduard und Paul Isaac, in eine Krise, von der es sich erst Mitte der 1920er Jahre erholte. Dann wuchs es wieder und beschäftigte zeitweise 200 Mitarbeiter, vor allem Frauen aus Zollstock. Eduard Isaac engagierte sich in der Kölner Synagogengemeinde als Vorsitzender der Rheinland-Loge, Vorstandsmitglied der Gemeinde und Präsident des Israelitischen Asyls für Kranke und Alte.[25] Nach der Machtübertragung an die Nationalsozialisten änderte sich schlagartig die Situation – die Geschäfte gingen zurück, ein „Vertrauensmann" der NSDAP musste in das Unternehmen aufgenommen werden, und schließlich musste 1937 die Fabrik in Frankfurt verkauft werden. 1938 verkauften die Isaacs das Unternehmen im Zuge der vollständigen Arisierung. Im folgenden Jahr emigrierten die Familien Isaac nach Jerusalem.[26] In dem Gebäude in Zollstock siedelte sich das Unternehmen Pohlig (s. u.) an. Heute ist hier das Deutsche Komitee für UNICEF e. V. mit seiner Zentrale ansässig.

---

22 Der Text beruht, leicht verbessert und etwas gekürzt, auf der Darstellung bei Rosenzweig, Zollstock (Anm. 5), S. 247.

23 RWWA Firmenakte 1 h.

24 Adreßbuch für Cöln u. dessen Regierungsbezirk, hg. v. Wilhelm Greven, Köln 1875, S. 158.

25 Barbara Becker-Jákli: Der jüdische Friedhof Köln-Bocklemünd. Geschichte, Architektur und Biographien, hg. vom NS-Dokumentationszentrum der Stadt Köln, Köln 2016, S. 202–204.

26 André Postert/Reinhold Kruse: „Wer Mitglied werden will, muß arischer Abstammung sein." Der Antisemitismus in der Sektion Rheinland-Köln des Alpenvereins, Köln 2016, S. 26.

Elektrotechnik und Seilbahnen – Von Zollstock bis nach Rio de Janeiro

1890 gründete der Ingenieur Ernst Heinrich Geist am Höninger Weg unter den heutigen Nummern 111–131 eine Fabrik für elektrische Maschinen. Der Siegeszug der Elektrotechnik war fortgeschritten, der Bedarf an Elektromotoren stieg mit zunehmender Industrialisierung. Geist stellte erfolgreich Gleichstrom-Generatoren und -Motoren her. Der verstärkte Absatz und die Erweiterung des Fabrikgrundstücks erforderten Kapitalzuführungen. Daher erfolgte 1901 die Umwandlung in eine Aktiengesellschaft, was den Bau einer großen Halle ermöglichte. Das Unternehmen begann 1907 mit der Herstellung von Transformatoren auf dem inzwischen auf 15.000 qm angewachsenen Grundstück. Ebenso nahm es die Produktion von „Dynamobil-Omnibussen" auf, betrieben mit Akkumulatorenbatterien – der E-Bus hatte hier Vorläufer. Die AG beteiligte sich an dem Bau von Elektrizitätswerken in Frechen und Brühl. Aufgrund von finanziellen Schwierigkeiten wurde das Unternehmen 1911 in die Elektrizitäts-Gesellschaft Colonia GmbH überführt. Im Ersten Weltkrieg war der Rohstoff Kupfer knapp. 1916 setzte das Unternehmen für die Fertigung von Akkumulatoren erstmals Aluminiumdrähte ein.[27]

Der Ingenieur Prof. Dr. Kurt Fischer (1878–1948) aus Köln-Braunsfeld beteiligte sich an dem Unternehmen seit 1926 und änderte 1930 den Firmennamen in „Hochspannungs-Gesellschaft mbH". Fischer brachte die Colonia in das neue Unternehmen ein. Die Elektrizitätsgesellschaft Fischer & Co. verschmolz mit der neuen Firma. In Zollstock bestanden vier Abteilungen: Transformatoren, Höchstspannungstransformatoren, Colonia-Motoren und Magnetapparate. In Frankfurt am Main unterhielt das Werk eine eigene Zweigniederlassung. Zwei Jahre nach der Umfirmierung geriet das Unternehmen in wirtschaftliche Schwierigkeiten. 1938 erfolgte die Umwandlung in die Hochspannungsgesellschaft Fischer & Co. GmbH. Kurz vor dem Zweiten Weltkrieg beschäftigte das Unternehmen 250 Personen und setzte 1,7 Millionen RM um.[28]

Nun wurden zusätzlich Hochspannungsprüftransformatoren hergestellt. Das Werk wurde 1942 völlig zerstört, der kurzfristige Wiederaufbau fiel ein Jahr später ebenfalls dem Bombenkrieg zum Opfer. Aufgrund der kriegswichtigen Produktion unternahm die Firma erneute Versuche zum Wiederaufbau. 1944 trafen abermals Bombardements das Werk. Die Wehrmacht verlegte einen Teil der Produktion nach Hannoversch Münden, wo 30 Beschäftigte an der

27 Chronik der Hochspannungs-Gesellschaft Fischer & Co. und ihrer Vorläufer 1890–1965. Unveröffentlichtes Manuskript, RWWA, Sammlung Firmengeschichte.

28 RWWA Firmenakte 1 h.

elektrostatischen Entnebelung sowie an der Gaskampfstoffbeseitigung arbeiteten. Kurz vor Kriegsende produzierte die Hochspannungsgesellschaft wieder in Zollstock.

Nach der Besetzung Kölns durch die Alliierten konnte das Unternehmen früh wieder die Tätigkeit aufnehmen, da die Versorgung mit Elektrizität lebenswichtig war. Zunächst mussten die eigenen Gebäude aufgebaut werden. Insgesamt betrugen die Kriegsschäden an dem Werk drei Millionen RM.[29] Der Krieg hatte nur eine kleine Wellblechhalle übriggelassen. Eine erste größere Montagehalle war im April 1949 bezugsfertig. Anfang 1950 waren die restlichen Hallen und Gebäude fertiggestellt.[30] Das Unternehmen errichtete ein eigenes Laboratorium, um am Apparatebau der Kurzzeitphysik und der Kernphysik zu forschen. Es verfeinerte und spezialisierte den Transformatorenbau. 1958 folgte eine Erweiterung der Werksbauten um eine weitere Halle. Sieben Jahre später arbeiteten 250 Beschäftigte in dem Zollstocker Werk, das einen Jahresumsatz von neun Millionen DM erreichte.[31]

1970 übernahm die Enkelin von Kurt Fischer mit ihrem Ehemann das Unternehmen vollständig, nachdem seit 1960 kein Familienmitglied mehr in der Leitung tätig gewesen war. Dadurch war es zu Fehlentscheidungen, u. a. fehlenden Investitionen, gekommen. Nun begann wieder die Ausbildung: 1971 hatte das Unternehmen 24 Auszubildende, davon 22 im ersten Lehrjahr. Es kamen 57 Angestellte und 111 Arbeiter hinzu. 1972 wollte das Unternehmen investieren, erhielt jedoch von der Stadt keine Genehmigung für den Bau einer Prüffeld- und Vakuumhalle auf dem 31.000 qm großen Betriebsgelände. Diese wäre für die Durchführung elektrotechnischer Prüfungen notwendig gewesen. Aufgrund des kommunalen Bauverbots verlagerte das Unternehmen 1973 seinen Sitz von Köln-Zollstock nach Weilerswist. Nach zwei Jahren stellte es die Produktion jedoch ein und eröffnete das Konkursverfahren.[32]

Die größte Bedeutung für die Entwicklung der Wirtschaft im Stadtteil hatte unzweifelhaft die Firma Pohlig. Ihr Gründer war Julius Pohlig (1842–1916), Ingenieur aus Leichlingen.[33] Nach dem Besuch der Elementar- und der Bürgerschule sowie der Gewerbeschule in Elberfeld studierte Pohlig 1862/63 bis

29 Chronik der Hochspannungs-Gesellschaft Fischer & Co. und ihrer Vorläufer 1890–1965. Unveröffentlichtes Manuskript, RWWA, Sammlung Firmengeschichte.

30 Kölnische Rundschau, 2.6.1950.

31 Chronik der Hochspannungs-Gesellschaft Fischer & Co. und ihrer Vorläufer 1890–1965. Unveröffentlichtes Manuskript, RWWA, Sammlung Firmengeschichte.

32 Rosenzweig, Zollstock (Anm. 5), S. 244; Firmenakte RWWA 1 h.

33 Ulrich S. Soénius: Julius Pohlig, in: Neue Deutsche Biographie Bd. 20, Berlin 2001, S. 589 (auch im Folgenden); Ders.: Pohlig, Julius, in: Soénius/Wilhelm, Personenlexikon (Anm. 14), S. 427–428. Zu Pohlig ist eine kleinere Biographie erschienen, die jedoch einige Lücken enthält: Werner Flechtner: Julius Pohlig (1842–1916), Leichlingen 1991.

1864/65 am Polytechnikum in Karlsruhe, ohne einen formellen Abschluss zu erlangen.

1865 fand er seine erste Anstellung bei der Friedrich-Wilhelms-Hütte bei Troisdorf. 1867 wechselte er an die private Baugewerkschule in Siegen als Lehrer für Mathematik, Maschinenbau und Mühlenbau. Nach Liquidation der Schule lehrte Pohlig die Fächer Bergwerksmaschinen, Mechanik und technisches Zeichnen an der Königlichen Bergschule, ebenfalls in Siegen. Im Hauptberuf war er seit 1868 Zivilingenieur. 1874 gründete er zusätzlich eine Firma zur Herstellung von Bergwerks- und Hüttenanlagen. Vier Jahre später übernahm er von dem Ingenieur Theodor Otto aus Schkeuditz dessen sämtliche Patente zum Bau von Seilbahnen und erwarb den Lizenzbau von Seilbahnen für Westdeutschland. 1879 folgte der Bau der ersten Seilbahn von der Grube „Alte Dreisbach" zum Bahnhof Eiserfeld bei Siegen. In der Folgezeit gerieten die Seilbahnen zum Kohle- und Erztransport zum überregionalen Verkaufserfolg, da Pohlig, der seine anderen Tätigkeiten aufgab, bahnbrechend die Transportfrage im Bergbau löste.

Die technische Entwicklung der Produkte trieb Pohlig selbst an und ließ diese durch mehrere Patente schützen. Schon in dieser Zeit lag der Schwerpunkt des Verkaufs im Export. Die Unternehmensentwicklung zwang Pohlig zur Übersiedlung in eine Großstadt. Die Wahl fiel 1890 aufgrund der Verkehrslage auf Köln. Vier Jahre später nahm die Fabrik im Stadtteil Zollstock ihren Betrieb auf. Die Übernahme einer österreichischen Seilbahnfabrik und deren durch Patent geschützten Klemmapparates sowie ein Lizenzabkommen mit einem amerikanischen Hersteller für Entladeanlagen und andere Bergwerksanlagen, den Pohlig auf einer Studienreise 1890 persönlich aufsuchte, förderten den Ausbau des Unternehmens, das Pohlig 1899 in eine Aktiengesellschaft umwandelte.

Anlagen zum Be- und Entladen sowie zum innerbetrieblichen Transport bildeten das zweite Standbein des Unternehmens. 1900 lieferte die AG den ersten Schrägaufzug zur vollautomatischen Begichtung von Hochöfen in Europa an das Eisen- und Stahlwerk Hoesch in Dortmund. 1901 erbaute Pohlig eine Fabrik für Eisenkonstruktionen in Berzdorf bei Wesseling. 1903 schied er, inzwischen Direktor der AG, nach einem missglückten ausländischen Engagement aus dem Unternehmen aus. Pohlig hielt im Ruhestand Vorträge über Entlade- und Fördertechnik. 1912 erhielt er die Ehrendoktorwürde der TH Karlsruhe. Sein gleichnamiger Sohn (1870–1942) war eine Zeitlang noch als Familienmitglied im Vorstand der Aktiengesellschaft.

Weltweite Beachtung erreichte das Unternehmen 1912 mit seiner Personendrahtseilbahn auf den Zuckerhut in Rio de Janeiro.

Abb. 1: Pohlig-Seilbahn zum Zuckerhut in Rio de Janeiro, 1913 (Stiftung Rheinisch-Westfälisches Wirtschaftsarchiv zu Köln, RWWA 32-F2354).

1914 übernahm das Konkurrenzunternehmen Bleichert aus Leipzig die Aktienmehrheit bei der Pohlig AG. Felten & Guilleaume aus Köln übernahm in den 1920er Jahren das Unternehmen ebenso wie die 1905 gegründete Firma Heckel im Saarland.

1937 beschäftigte Pohlig 115 kaufmännische und 165 technische Angestellte sowie 750 Arbeiter. Ein Jahr später erhielt das Unternehmen von der Deutschen Arbeitsfront aufgrund der betrieblichen Sozialleistungen die Auszeichnung „Nationalsozialistischer Musterbetrieb".[34] Im Zweiten Weltkrieg waren auf dem Firmengelände ein Zwangsarbeiterlager, ein Kriegsgefangenenlager mit 35–50 gefangenen französischen Soldaten und ein Arbeitslager für freiwillige ausländische Arbeiter eingerichtet. Bei Pohlig und in anderen Unternehmen arbeiteten neben Franzosen Belgier, Niederländer, Jugoslawen, Kroaten, Ukrainer, Polen, Litauer, Portugiesen, Tschechen, Serben, Slowaken und Ungarn.[35]

Bereits im März 1945, unmittelbar nach dem Kriegsende in Köln, nahm das Unternehmen den Betrieb wieder auf. 1955 waren in über 1400 Mitarbeiter in Zollstock beschäftigt.[36] 1960 bezog die Verwaltung das neu errichtete Hochhaus an der Pohligstraße, errichtet nach den Plänen des Kölner Architekten Wilhelm Koep (1905–1999).[37]

Felten & Guilleaume fusionierte 1962 die drei Unternehmen zur Pohlig-Heckel-Bleichert Vereinigte Maschinenfabriken AG (PHB), Köln. Das Fabrikationsprogramm des neuen international tätigen Konzerns umfasste in den 1970er Jahren Massengut-Fördereinrichtungen zur Bewegung großer Erdmassen und Umschlagsgüter an Häfen und Eisenbahnen, u. a. Gurt- und Gliederbandförderer, Abbaukratzer, Schaufelradgeräte, Schiffsbe- und -entlader, Kräne, Stahlbauten, Antriebselemente sowie ganze Fabrikeinrichtungen. Mit Pohlig-Förderanlagen wurden weltweit Staudämme gebaut, Grubenabraum sowie Braun- und Steinkohle transportiert. Auch die Förderanlagen im rheinischen Braunkohletagebau stammten weitgehend aus Zollstock.

Als weiteres Standbein entwickelte sich der Bau von Krananlagen, die in der Industrie eingesetzt waren. Neben Unternehmen der Stahl- und Eisenindustrie waren vor allem die Werften Abnehmer solcher Anlagen. Als dritten Sektor behielt das Unternehmen das Ursprungsprodukt Seilbahnen. In erster Linie

34 RWWA Firmenakte 1 h.

35 Datenbank Zwangsarbeiterlager in Köln. NS-Dokumentationszentrum Köln (https://museenkoeln.de/ns-dokumentationszentrum/default.aspx?s=1221, Stand: 26.2.2019), Datensatz 240, 240a und 240b.

36 RWWA Firmenakte 1 h.

37 NRZ, 28.7.1960. Zu Koep s. Helmut Fussbroich: Koep, Wilhelm, in: Soénius/Wilhelm, Personenlexikon (Anm. 14), S. 292–293.

Abb. 2: Bau der Personendrahtseilbahn über den Rhein in Köln, Fertigstellung der linksrheinischen Stütze, 1956 (Stiftung Rheinisch-Westfälisches Wirtschaftsarchiv zu Köln, RWWA 69-GN3846).

produzierte Pohlig Seilbahnen für den Transport von Gütern, etwa in der Automobilindustrie oder im Bergbau. Bekannte Personenseilbahnen nach dem Krieg waren die Kölner Rheinseilbahn und die zur Zugspitze.

Eine Zeitlang stellte Pohlig zudem Fahrtreppen und Fahrsteige für die Personenbeförderung her. 1976 beschäftigte Pohlig ca. 1600 Mitarbeiter, davon 1000 in Zollstock.[38] Das Gelände zwischen Höninger Weg im Osten, Eisenbahn im Westen und Pohligstraße im Norden zog sich im Süden bis tief an die Wohnbebauung nördlich der Briedeler Straße. 1980 verbanden sich das Eisenwerk Weserhütte in Bad Oeynhausen, eine Tochter der Otto Wolff AG, Köln, und die PHB zur PHB Weserhütte AG (PWH), die noch bis 1985 zu fast 50 Prozent zum luxemburgischen Arbed-Konzern bzw. zu Hoesch gehörte. Zum Zeitpunkt der Fusion beschäftigte das Unternehmen in Köln 800, in Bad Oeynhausen 1370, in Rohrbach 1350 und im Ausland 2420 Mitarbeiter.

1987 musste das Unternehmen riesige Verluste vermelden, allein für das Vorjahr in Höhe von 130 Millionen DM bei einem Umsatz von 800 Millionen DM. Schuld daran waren Fehlinvestitionen im Ausland.[39] Noch zu Jahresbeginn hatte das Unternehmen die Gründung einer Service-Gesellschaft angekündigt, die es jedoch im Erftkreis ansiedeln wollte. Grundstücksangebote der Stadt Köln hatte es ausgeschlagen.[40] Das Missmanagement der Verantwortlichen bei Pohlig kostete den Unternehmer Otto Wolff von Amerongen einen dreistelligen Millionenbetrag aus seinem Privatvermögen. Der erfolgreiche Stahlunternehmer hatte zu sehr den Untergebenen vertraut.[41]

Am 30. Dezember 1987 meldete die Geschäftsleitung Konkurs an, 1989 kam es zum Zwangsvergleich. Bereits im September 1988 erfolgte die öffentliche Versteigerung des Inventars. Die Besichtigungsmöglichkeiten nahmen viele Zollstocker wahr, die das Gelände bis dahin noch nicht von innen besichtigen konnten, und viele ehemalige Mitarbeiter, die ein letztes Mal mit Wehmut einen Blick auf ihre ehemalige Arbeitsstätte warfen. Die Seilbahnproduktion übernahm die Firma Orenstein & Koppel. Eine Zeitlang blieb eine Mini-Gesellschaft als PWH Engineering noch in Köln tätig, bevor sie nach St. Ingbert bzw. Eberbach verzog.

Die Fabrikgebäude wurden größtenteils abgerissen, an deren Stelle entstand der Versicherungspark Zollstock (s. u.) sowie der Neubau des Arbeitsgerichts.

38 Rosenzweig, Zollstock (Anm. 5), S. 242–243.

39 Kölner Stadt-Anzeiger, 27.10.1987.

40 Kölnische Rundschau, 24.1.1987.

41 Zu der Geschichte des Niedergangs siehe auch Volker Ackermann: Wiederaufbau, Wirtschaftswunder und die Entwicklung im Konzern 1945 bis 1990, in: Peter Danylow/Ulrich S. Soénius (Hg.): Otto Wolff. Ein Unternehmen zwischen Wirtschaft und Politik, München 2005, S. 297–435, hier S. 352–364.

Eine Zeitlang überlegte die Stadt, das Schauspielhaus während einer Umbauphase in eine Fabrikhalle bei Pohlig einziehen zu lassen.[42]

Lange Diskussionen gab es um die Erhaltung des 1912 vollendeten Verwaltungsgebäudes an der Pohligstraße, das durch den Architekten Peter Gaertner (1863–1932) mittels Umbau der bis dahin als Verwaltungssitz genutzten Villa geschaffen wurde. Das unter Verzicht auf übertriebene Schnörkel erbaute dreigeschossige Backsteinhaus zeichnete sich durch seine Schlichtheit, aber auch als „Visitenkarte" des Unternehmens aus. Schmiedeeiserne Gitter, Erker und Dachgauben prägten das Erscheinungsbild des Baus. Aufgrund der nicht mehr gegebenen Standsicherheit beantragte die damalige Eigentümerin, die Berlin-Kölnische Versicherung, die Aufhebung des Denkmalschutzes und den Abriss dieses baulichen Zeugnisses der industriellen Vergangenheit des Stadtteils, der schließlich genehmigt wurde. Ursprünglich sollte das Schulungszentrum der Versicherung dort untergebracht werden, aber die Kosten für den Erhalt waren zu hoch. Das Gebäude war im Krieg schwer beschädigt worden.[43] Im jüngeren Pohlig-Hochhaus, Pohligstraße 1, siedelte die Universität zu Köln Einrichtungen an, u. a. den Bereich Wirtschaftsinformatik und das Otto-Wolff-Institut für Wirtschaftsordnung.

Am Höninger Weg 153 war über 80 Jahre lang ein Unternehmen ansässig, das es sogar bei arabischen Potentaten klingeln ließ. 1891 lieferte das Kraftwerk Am Zugweg in der Kölner Südstadt erstmals Strom. An der Zülpicher Straße lebte zu dieser Zeit August Grothe bei seinen Eltern. Der gleichnamige Vater (1847–1930), ursprünglich aus Detmold stammend, war Mitinhaber einer Gold- und Silberschmuckwarengroßhandlung. Der Sohn tüftelte so lange im elterlichen Schuppen, bis er 1892 als erster eine elektrische Klingel mit Hilfe von Strom, Kupferspulen, Metallplatten und Holz herstellte. Es folgten Transformatoren, Schalter, Kontakte und noch später Kunststoffgehäuse. Nach einigen Jahren siedelte Grothe mit seiner elektrotechnischen Fabrik in die Vondelstraße um.

Anscheinend benötigte der Unternehmensinhaber nach einigen Jahren eine Kapitalspritze, denn seit 1903 lautete der Geschäftsname August Grothe & Söhne. August Grothe sen. und der Bruder des Gründers traten in das Unternehmen ein, später folgten zwei weitere Brüder. 1911 siedelte das Unternehmen nach Zollstock an den Höninger Weg 153–155 um. Inhaber des Unternehmens waren neben August Grothe weitere Familienmitglieder. Im thüringischen Langewiesen hatte das Unternehmen eine Zweigniederlassung.[44]

42 Kölnische Rundschau, 29.4.1989.
43 Kölner Stadt-Anzeiger, 17.12.1992, 31.7.1993.
44 Ulrich S. Soénius: Adressbuchrecherche für die Firma A. Grothe & Söhne GmbH & Co. KG. Unveröffentlichtes Manuskript, 1992, RWWA, Sammlung Firmengeschichte; Lydia

Im Zweiten Weltkrieg unterhielt Grothe auf dem Grundstück Höninger Weg 179, welches den Erben Brocker gehörte, ein Zwangsarbeiterlager, in dem 50 Ukrainer lebten. Am 29. Juni 1943 wurde das Werk total zerstört.[45] Bereits vor dem Krieg war Dipl.-Ing. Karl Grothe (1912–1991) Gesellschafter geworden. Er baute das restlos zerstörte Unternehmen nach dem Krieg wieder auf. Zeitweise unterhielt Grothe Zweigniederlassungen in Thüringen und Niederaußem bei Bergheim.[46]

Grothe stellte über Jahrzehnte hinweg Haussignalgeräte, wie Läutewerke, Gongs, Türlautsprecher, Industrie-Läutewerke und Werkshupen her, später kamen Alarmanlagen hinzu. Ein Viertel davon war für den Export bestimmt, der u. a. nach Arabien ging, wo Scheichs goldene Klingelplatten kauften. Nach der deutschen Wiedervereinigung baute Grothe ein Zweigwerk in Thüringen. 1997 betrug der Jahresumsatz 35 Millionen DM. Zum Januar 1999 verlegte das Unternehmen mit 180 Mitarbeitern aus Raumnot seinen Sitz nach Hennef an der Sieg in das ehemalige Gebäude eines Büromöbelherstellers.[47] Seit 2001 ist Grothe als Teil der italienischen Urmet-Gruppe nach wie vor als Anbieter von optischen und akustischen Signalanlagen sowie als Spezialist für Hauskommunikation und Sicherheit tätig.[48]

Am ehemaligen Fabrikstandort der Firma Grothe errichtete das Kölner Bauunternehmen Bauwens für die Bonner Wohnbau GmbH in 26 Monaten die Wohnanlage „Brems'sche Höfe“ mit 10.000 qm Wohnfläche und ca. 2500 qm Gewerbefläche. Die Beliebtheit des Standorts Zollstock zeigte sich daran, dass die 98 Wohneinheiten vor Fertigstellung komplett vermietet waren.

Unternehmen der Bau- und Bauzuliefererbranche

Während viele Unternehmen andernorts ihren erstmaligen Betrieb aufnahmen, gründeten Ernst und Paul Mickeleit 1895 ihr Unternehmen Gebr. Mickeleit in Zollstock. 1902 erfolgte die Trennung der Brüder, Ernst Mickeleit führte das Unternehmen fort.[49] Mickeleit fertigte an der Vorgebirgstraße 115 Zentralheizungen an, die die Firma vor allem in Großbauten installierte. So baute Mickeleit u. a. die Heizung im Kaufhaus Leonhard Tietz, heute Kaufhof. Der Ingenieur Otto Friedrichs übernahm 1910 den Betrieb mit Schmiede, Schlosserei,

Schumacher: Das erste Klingeln wies Tüftler den Weg, in: Kölner Stadt-Anzeiger, 3.9.1992.

45 Datenbank Zwangsarbeiterlager in Köln (Anm. 35), Datensatz 132.

46 Rosenzweig, Zollstock (Anm. 5), S. 246.

47 Kölner Stadt-Anzeiger, 21.9.1998.

48 https://www.grothegmbh.de (Stand: 26.2.2019).

49 RWWA Firmenakte 1 h.

Dreherei und Schweißerwerkstatt.[50] Im Zweiten Weltkrieg war bei Mickeleit ein Arbeitslager für ukrainische Zwangsarbeiter eingerichtet.[51] Nach dem Zweiten Weltkrieg stellte die Firma ihre Heizungen nicht mehr selbst her, sondern installierte nur noch von Dritten produzierte.[52] 1966 waren 180 Beschäftigte im Unternehmen.[53] Im März 1971 verlegte das Unternehmen seinen Sitz in einen modernen Neubau an die Bonner Straße 506 in Köln-Marienburg, wo neue Heizungsanlagen am Reißbrett entworfen und durch Montagekolonnen angelegt wurden. In dieser Zeit wandte sich der Betrieb vornehmlich der Fernheizung zu. Damals hatte Mickeleit 170 Mitarbeiter.[54] Das Unternehmen wechselte mehrfach den Besitzer.[55] 1997 musste es Konkurs anmelden.

Ebenfalls aus Zollstock stammte das Unternehmen der Familie Martinez, die ursprünglich aus Beuthen in Oberschlesien stammte, wo sie ein Bauunternehmen betrieb. 1909 gründete Dario Martinez mit seinen Brüdern Giuseppe und Antonio eine Kunststein- und Terrazzofabrik am Oberen Komarweg in Köln-Zollstock. Nebenher begann Dario Martinez mit Tiefbauaufträgen. Er pachtete von der Deutschen Reichsbahn ein Gelände am Oberen Komarweg zum Aussanden und Auskiesen. Die Firma holte dort 1,2 Millionen Kubikmeter Sand aus dem Boden. Neben Tiefbauten nahm Martinez Aufträge zum Hochbau an: Das Unternehmen errichtete u. a. seit 1912 Bauten für die Reichsbahn, so z. B. die Wagenhalle im Bahnhof Köln-Eifeltor und das Verwaltungsgebäude der Deutschen Reichsbahn, aber auch Messehallen in Köln-Deutz. Im Tiefbau wurden Kanalbau und Kabelverlegung betrieben. Seit 1930 führte Dario Martinez das Unternehmen allein. Nach dem Zweiten Weltkrieg setzte die Mechanisierung ein. 1976 hatte das Unternehmen 60 Mitarbeiter. Neben den verschiedenartigsten Arbeiten für die Bundesbahn in Nordrhein-Westfalen wie Neu- und Umbau von Gleisanlagen, Erdbewegungen, Kanalanlagen und Kabelverlegungen war die Firma maßgeblich beteiligt an der Gleisverlegung der ersten Kölner U-Bahn-Bauten, die als schotterloser Oberbau durchgeführt wurden. In den 1980er Jahren stellte die Familie den Betrieb ein.[56] Die Ursprungsfirma zur Herstellung von Terrazzo- und Kunststeinen wandelte sich später um in die Giuseppe Martinez oHG, Kunststeinbetrieb. Bis 1941

50 Rosenzweig, Zollstock (Anm. 5), S. 244.
51 Datenbank Zwangsarbeiterlager in Köln (Anm. 35), Datensatz 309.
52 Rosenzweig, Zollstock (Anm. 5), S. 244.
53 RWWA Firmenakte 1 h.
54 Rosenzweig, Zollstock (Anm. 5), S. 244.
55 Kölnische Rundschau, 25.2.1992.
56 Der Text beruht, leicht verbessert und etwas gekürzt, auf der Darstellung bei Eberhard Garnatz (Red.): Der Wirtschaftsraum Köln, Oldenburg 1973, S. 302, die anscheinend von Rosenzweig, Zollstock (Anm. 5), S. 253, übernommen wurde, sowie auf weiteren Quellen in RWWA Firmenakte 1 h.

war der Bauunternehmer und Mitgründer Dario Martinez an diesem Unternehmen beteiligt. Neben der Herstellung von Kunststeinen importierte Martinez Marmore aus Italien und verarbeitete diese weiter.[57] Dieses Unternehmen der Familie Martinez, mit der Verarbeitung von Terrazzo, Marmor und Granit, war bis vor einigen Jahren auf dem Gelände Höninger Weg 212, Weg B ansässig.

1915 ließ sich die Firma Ossendorf und Lambertz, Straßen- und Eisenbahnbau, unter der Leitung von Heinrich Ossendorf mit seinem Teilhaber Lambertz auf dem früheren Gelände der Fa. Müller und Kelle, Kalscheurer Weg 12, nieder. Sie führte Straßen- und Kanalbau sowie Eisenbahnbau durch.[58] Nach dem Zweiten Weltkrieg übernahm das Unternehmen die Wiederinstandsetzung des Elektrokabelnetzes in Köln ebenso wie zahlreiche Kanalarbeiten. An dem Standort in Zollstock errichtete das Unternehmen ein großes Verwaltungsgebäude. Der angrenzende Bauhof mit Maschinenhalle, Werkstätten und Unterkünften für ausländische Arbeiter umfasste 10.000 qm.[59] 1967 übernahm Richard Hemmelrath, der vorher bereits Prokurist gewesen war, den Betrieb. Er spezialisierte sich nur noch auf Straßen- und Kanalbau. 1976 hatte das Unternehmen 120 Mitarbeiter. In Zollstock war Ossendorf u. a. nach dem Zweiten Weltkrieg am Ausbau der Vorgebirgstraße vom Südfriedhof bis zum Gottesweg beteiligt.[60] 1982 ging das Unternehmen in Konkurs.[61] In dem Verwaltungsgebäude waren lange Jahre bis vor Kurzem die Bezirksverwaltung Köln der Holz-Berufsgenossenschaft, der Maler- und Lackierer-Innungsverband Nordrhein, Fachverband Farbe, Gestaltung, Bautenschutz, sowie die Innung Farbe, Gestaltung, Bautenschutz Köln der Maler und Lackierer zu finden. Das Gebäude wurde abgerissen, und an der Stelle wurden Wohnungen errichtet.

Am Anfang stand ein Familienzwist zwischen den Brüdern Albert und Carl Liesegang, die das väterliche Unternehmen übernehmen sollten. Daraufhin trennten sie sich: Albert baute in Köln-Kalk ein Stahlbauunternehmen, Carl (1894–1970) 1932 in Köln-Zollstock an der Bernkasteler Straße südlich des Zollstockgürtels ein ähnliches Unternehmen auf. Carl Liesegang hatte in Köln und Berlin studiert und eine Ausbildung bei einem amerikanischen Aufzugbauer absolviert. Nach dem Ersten Weltkrieg war er in das von seinem Großvater 1858 gegründete Maschinen- und Stahlbauunternehmen eingetreten, in dem er bis zur Trennung von seinem Bruder wirkte. Das Zollstocker Unter-

57 Rosenzweig, Zollstock (Anm. 5), S. 259; RWWA Firmenakte 1 h.
58 Rosenzweig, Zollstock (Anm. 5), S. 253–254.
59 Handelsblatt, 23.3.1965.
60 Rosenzweig, Zollstock (Anm. 5), S. 253–254.
61 RWWA Firmenakte 1 h.

nehmen war von Anfang an spezialisiert auf Stahlbauten für die chemische Industrie, besonders auf individuelle Lösungen. Ein Beispiel war die moderne Lagerhalle der Firma Mülhens (4711) an der Venloer Straße.[62] Neben Stahlskelettbauten errichtete Liesegang Hallen-, Rohr- und Bandbrücken, Bunker, Fußgängerbrücken und Kranbahnanlagen. 1976 waren im Unternehmen 120 Mitarbeiter tätig.[63]

Nach dem Tod des Firmengründers floss das Vermögen in eine Stiftung, die Eigentümerin des Unternehmens war. 1982 weihte das Unternehmen am Standort eine moderne Fertigungsstraße ein, die Belegschaft bestand zu dieser Zeit aus 100 Personen.[64] In den ersten fünf Jahrzehnten wickelte das Unternehmen fast 18.000 Industrieprojekte mit Stahlbauten ab. Das Firmengrundstück war ca. 5000 qm groß.[65] Dabei reichten die Aufträge von zwanzig bis hin zu mehreren tausend Tonnen Stahlverarbeitung. Vier Jahre nach dem 50-jährigen Jubiläum des Bestehens musste das Unternehmen – wie schon 1979 das Unternehmen in Kalk – schließen. Zuletzt waren dort noch 35 Beschäftigte tätig.[66] Das Grundstück fand neue Verwendung durch die Ansiedlung des heutigen toom-Baumarktes.

Produkte für den Endverbraucher

Aus Zollstock kamen lange Jahre Produkte für den Konsumenten. Die Tapetenfabrik Flammersheim & Steinmann war seit 1891 am Höninger Weg 106 ansässig. Angeblich war das Gründungsjahr 1815. Das Gründungsdatum ist nicht ganz sicher, das Unternehmen selbst ging lange Zeit von 1826 aus. Gründer war Wilhelm Flammersheim (1786–1865).[67] Sicher ist, dass Wilhelm Sohn eines Fassbinders mit Namen Michael Joseph Flammersheim war. 1815 heiratete Wilhelm Flammersheim die Tochter eines Schuhmachers, die wenige Tage

62 Wulf Rüskamp: Feindliche Brüder teilten sich Erbe des Vaters, in: Kölner Stadt-Anzeiger, 15.4.1982; Kölnische Rundschau, 8.10.1982.
63 Rosenzweig, Zollstock (Anm. 5), S. 247.
64 Kölnische Rundschau, 8.10.1982.
65 50 Jahre Carl Liesegang. Verlagssonderveröffentlichung, Kölner Stadt-Anzeiger, 1.10.1982.
66 Alfred Merta: Traditionsfirma macht dicht, in: Express, 15.4.1986; Kölner Stadt-Anzeiger, 16.4.1986.
67 Almanach. 140 Jahre Flammersheim & Steinmann, Köln 1955, o. S. Dort wird das Jahr 1815 als Gründungsjahr angegeben. Später versuchte der Inhaber Dr. Heinrich Olligs das Gründungsjahr 1790 durchzusetzen. Angeblich habe der Vater von Wilhelm Flammersheim mit gleichem Namen bereits Tapetenblätter hergestellt. Dies ist aber nicht durch Quellen belegbar. Eine andere Quelle besagt, dass der 1786 geborene Wilhelm Flammersheim mit seinem Bruder Jakob das Unternehmen 1790 gegründet habe – im Alter von vier Jahren!?

nach der Hochzeit den Sohn Carl gebar. In dessen Geburtsurkunde wie auch in der des jüngeren Sohnes Jacob war als Beruf des Vaters Fassbinder angegeben.[68] Im Adressbuch von 1838 ist Wilhelm Flammersheim als Steindrucker genannt, 1841 als Tapetendruck-Meister, 1844 als Tapetenmacher, 1846 schließlich als Tapetenfabrikant.[69] Die in Handarbeit hergestellten Papiertapeten galten als Luxusware. Das Unternehmen war anfangs an der Cäcilienstraße 3–7 beheimatet, seit 1863 auf einem größeren Grundstück, das von der Cäcilienstraße bis zur Lungengasse reichte.[70] Der Sohn von Wilhelm Flammersheim, Carl (1815–1894), und sein Schwiegersohn Johann Joseph Steinmann (1822–1874) traten schon zu Lebzeiten des Gründers in das Unternehmen „Wilh. Flammersheim" ein und führten es unter dem Doppelnamen – sicher seit 1872 – fort.[71]

Da die Endlosrollenpapierherstellung noch nicht eingeführt war, musste in der ersten Hälfte des 19. Jahrhunderts das Tapetenpapier mühevoll zusammengeklebt werden. 1859 stellte die Kölner Tapetenfabrik die zweite Vielfarben-Druckmaschine in Deutschland auf. Der technische Fortschritt nahm stetig zu: 1869 hatten Flammersheim & Steinmann fünf Tapetendruck- sowie acht andere Maschinen. Elf Dampfkessel mit insgesamt 160 PS hielten diese in Betrieb. Zusätzlich stellte das Unternehmen an 60 Handdrucktischen feinere Waren her. Zu dieser Zeit beschäftigte F&S zwischen 280 und 300 Arbeiter. Nach einer Quelle war F&S damit die größte Tapetenfabrik Europas.[72]

1862 produzierte das Unternehmen bis zu 3000 Rollen täglich, 1865 waren es bereits 10.000–12.000 Rollen.[73] Die Produkte des Unternehmens erhielten mehrfach Auszeichnungen, so bereits 1851 bei einer Ausstellung in London.[74] Um die Jahrhundertmitte suchte Carl Flammersheim die Zusammenarbeit mit verschiedenen Künstlern. Unter anderem fertigte er die Tapeten im Gürzenich, die als Grundmotiv das Wappen der Freien Reichsstadt Köln trugen, nach einem Entwurf des Baumeisters Julius Raschdorff (1823–1914) an. Die bereits erwähnte Beschäftigtenzahl von ca. 300 im Jahr 1869 blieb in den nächsten Jahrzehnten konstant. 1879 trat Karl Steinmann (1859–1932) in das Unterneh-

68 670/1815 Standesamt Köln; 98/1818 Standesamt Köln. Personenstandsarchiv Brühl.

69 Bernhard Kuhlmann: Flammersheim & Steinmann. Unveröffentlichtes Manuskript, RWWA 34–4–7, S. 5–6. Die Angabe, Wilhelm Flammersheim stamme aus dem Ort Flamersheim bei Euskirchen, ist Legende.

70 Jos. Leiss: Tapetenfabrik Flammersheim & Steinmann 175 Jahre alt. Unveröffentlichtes Manuskript, S. VIII, RWWA XIVe 4840.

71 Kuhlmann, Flammersheim (Anm. 69), S. 5, 10.

72 Almanach. 140 Jahre Flammersheim & Steinmann, Köln 1955, o. S. Laut Leiss, Tapetenfabrik (Anm. 70), S. VII-VIII, stammen die Angaben aus dem Jahr 1867.

73 Jahres-Bericht der Handelskammer zu Köln für 1862, Köln 1863, S. 91; Jahres-Bericht der Handelskammer zu Köln für 1865, Köln 1866, S. 82.

74 Festschrift des Vereins Deutscher Ingenieure zur 41. Hauptversammlung Köln 1900. Beilage, Köln 1900, S. 13.

men ein, unternahm aber zu Beginn seiner Tätigkeit eine dreijährige Reise nach Asien und Australien. Am 3. Juli 1890 brannte das Fabrikgebäude an der Lungengasse komplett ab. Das Feuer war so verheerend, dass 40 Dachstühle in der Umgegend in Mitleidenschaft gezogen wurden. Die brennenden Tapetenrollen sollen durch die Luft geflogen sein. Angeblich habe sich jemand mit einer glimmenden Tapetenrolle, die bis zum Rhein geflogen sei, die Pfeife angezündet.[75] Die Feuerwehr beschränkte sich angesichts der Schwere des Brandes darauf, das Übergreifen der Flammen auf benachbarte Häuser, insbesondere auf das Bürger-Hospital, zu verhindern. Die Cäcilienkirche wurde beschädigt, das Fernsprechkabel unterbrochen und mehrere Feuerwehrmänner, die aus allen Vororten zusammengezogen wurden, verletzt.[76]

Aufgrund der dichten Bebauung erhielt das Unternehmen keine Erlaubnis, die Fabrik am selben Standort wieder zu errichten. Karl Steinmann plante daraufhin den Neubau in Zollstock am Höninger Weg 106, in dem am 18. April 1891 der Betrieb aufgenommen wurde. In der Überbrückungszeit konnte F&S während der Nachtstunden die Räumlichkeiten eines Konkurrenzunternehmens in Köln-Nippes nutzen.[77] Das Unternehmen wuchs in Zollstock zu einer der größten deutschen Tapetenfabriken heran.

Im Ersten Weltkrieg benutzte die Armee die Fabrikräume teilweise als Artilleriedepot. Auch die Freiwillige Feuerwehr Zollstocks war dort ansässig. Nach dem Krieg besetzten die britischen Truppen das Gelände und nutzten die Gebäude als Quartier für Soldaten und Autoreparaturwerkstätten.[78] Nach dem Übergang in die Friedenszeit konnte F&S wieder an die Erfolge früherer Zeiten anknüpfen. Steinmann führte die Kretonnetapeten ein, richtete Preisausschreiben für Musterzeichner aus und erzielte mit seinen Tapeten bei Ausstellungen zahlreiche Auszeichnungen. Er ließ ständig neue Entwürfe kreieren.

1932 musste das Unternehmen auf dem Höhepunkt der Wirtschaftskrise Konkurs anmelden, der seinen Ursprung in Familienstreitigkeiten hatte.[79] Dr. Heinrich Olligs (1900–1986) trat zunächst als Teilhaber ein und wurde später Alleininhaber.[80] Er übernahm sämtliche Mitarbeiter und führte das Unterneh-

75 Großstadt im Aufbruch (Anm. 2), S. 156. Dort findet sich die falsche Einschätzung, F&S sei „ein typisches Beispiel für die Randwanderung der Industrie“ – allein die Brandkatastrophe führte zur Verlagerung. Leiss, Tapetenfabrik (Anm. 70), S. VIII.

76 Kölnische Volkszeitung, 4.7.1890.

77 Kuhlmann, Flammersheim (Anm. 69), S. 13.

78 Heinrich Dasting: Manuskript zur Geschichte von F&S. RWWA, Sammlung Firmengeschichte.

79 Gespräch Anna Maria Pape. Aktennotiz Robert Steimel, 12.7.1965; Heinrich Olligs. Niederschrift für Herrn Steimel. RWWA 34–4–4.

80 Interview Deutsche Tapetenzeitung mit Dr. Heinrich Olligs, 1965, Manuskript, RWWA XIVe 4840.

men wieder an die Spitze der deutschen Tapetenhersteller.[81] 1937 ließ er einen Film über die Tapetenherstellung produzieren, der einen Einblick in die Produktionsabläufe gab. Die Jahresproduktion betrug fünf Millionen Tapetenrollen, von denen bis zu 30 Prozent in den Export gelangten. F&S unterhielt eigene Auslieferungslager in London und New York.[82]

Bomben zerstörten das Firmengelände im Zweiten Weltkrieg fast vollständig. 42 Sprengbomben fanden Arbeiter bei Aufräumungsarbeiten. Ein englisches Bomber-Flugzeug stürzte auf das Gelände ab. Nach dem Krieg musste die gesamte Kanalisation neu verlegt werden, weil die Schäden immens waren. In der Wiederaufbauzeit kam mangels Maschinen der Handdruck wieder auf, der anschließend für besonders hochwertige Ware eingesetzt wurde.[83] Aufgrund der massenhaften Papierlagerung gab es auf dem Gelände verschiedene Brände, die aber im Vergleich mit dem Fabrikbrand 1890 glimpflich abliefen.[84]

Heinrich Olligs baute nach dem Krieg das Unternehmen am selben Ort wieder auf. Schon bald konnte es die Produktion wieder aufnehmen und nach kurzer Zeit zwei Millionen Rollen pro Jahr produzieren. Das Exportgeschäft kam ebenso wieder in Gang.[85] Das Betriebsgelände von Flammersheim & Steinmann umfasste 1965 in Zollstock 10.000 qm und hatte einen eigenen Gleisanschluss. In diesem Jahr war nur ein Drittel des Geländes bebaut, dann errichtete F&S dort eine Lagerhalle mit 1690 qm Grundfläche.[86]

Olligs war in zahlreichen Verbänden tätig, initiierte die Gemeinschaftswerbung für die deutsche Tapete und unterstützte das Tapetenmuseum in Kassel.[87] Er zog sich 68-jährig im Jahr 1968 aus dem Unternehmen zurück und übertrug die Geschäftsleitung Hermann Decker. Dieser modernisierte das Unternehmen kaufmännisch und produktionstechnisch. Flammersheim & Steinmann war führend bei der Einführung des Kupfertiefdrucks in der Tapetenherstellung und hatte Mitte der 1970er Jahre mit sechs Kupfertiefdruck-Rotationsmaschinen eine marktführende Rolle in der deutschen Tapetenindustrie inne. 1974 wurde die modernste Verformungsanlage für PVC-Tapeten in Europa eingerichtet. In diesem Jahr erwarb F&S ein Grundstück von der Firma Peine (aus Salzgitter) am Weyerstraßerweg hinzu. Die Grundfläche betrug nun 29.000 qm, auf denen 250 Personen beschäftigt waren. 1975 erzielte das Unter-

81 Die Tapete, Nr. 17, 10.9.1933.
82 Kölnische Rundschau, 8.7.1950.
83 Leiss, Tapetenfabrik (Anm. 70), S. X.
84 Verschiedene Zeitungsartikel, RWWA 34-4-12, 34-6-15.
85 Kölnische Rundschau, 8.7.1950.
86 Tapetenzeitung, Nr. 22, 1965, S. 10–11.
87 Ulrich S. Soénius: Olligs, Heinrich Dr., in: ders./Wilhelm, Personenlexikon (Anm. 14), S. 403. Vgl. dort auch die Lemmata „Flammersheim" und „Steinmann", ibid., S. 158–159, 523–524.

nehmen einen Jahresumsatz von 50 Millionen DM und exportierte die Tapeten aus Zollstock in mehr als 50 Länder.[88]

In den 1980er Jahren brach jedoch der Absatzmarkt an Tapeten in Deutschland ein. 1973 wurden noch 150 Millionen Rollen in Deutschland verkauft, 1982 waren es nur noch 76 Millionen. Dennoch blieb F&S bemüht, mit neuen Kreationen den Modewandel zu beeinflussen. Das Unternehmen konnte Designer aus Italien, Frankreich und den USA gewinnen, Muster zu entwerfen. Zu dieser Zeit hatte F&S 800 verschiedene Muster in seinem Programm, 3,2 Millionen Rollen auf Lager und eine Tagesleistung von 40.000 Rollen vorzuweisen. 1982 verkaufte es acht Millionen Tapetenrollen. Fast ein Drittel davon ging in den Export. F&S beschäftigte jetzt immer noch 200 Mitarbeiter und erzielte nach wie vor einen Jahresumsatz von ca. 50 Millionen DM.[89]

Ende der 1980er Jahre erwarb das Konkurrenzunternehmen Pickardt + Siebert GmbH aus Gummersbach die Firma Flammersheim & Steinmann. Die Muttergesellschaft verlegte 1990 das Werk von Zollstock nach Hürth und von da aus 1991 nach Gummersbach. Damit endete eine fast 100 Jahre anhaltende Tradition der Tapetenherstellung in Zollstock. 1997 verschmolzen beide Unternehmen unter dem Namen Pickhardt & Siebert GmbH, der Name Flammersheim & Steinmann blieb eine Zeitlang als Produktname im Gebrauch.[90] Ende 2018 meldete Pickardt + Siebert Insolvenz an und nach zwei Monaten kam das endgültige Aus. Auf dem Gelände von F&S befindet sich heute ein Teil des „Versicherungsparks Zollstock" des Gothaer-Konzerns.

Am Zollstockgürtel 5 war seit 1948 die 1914 am Appellhofplatz gegründete Hutfabrik M. Eiserfey ansässig. Gründer war Martin Eiserfey (1869–1951), sein Sohn Hubert (geb. 1904) trat 1924 in das Unternehmen ein. Das auf Damenhüte spezialisierte Unternehmen war seit 1935 an der Brückenstraße tätig, wo es während des Zweiten Weltkriegs schwere Schäden erlitt. Nach ersten Wiederanfängen in Köln-Sülz konnte Eiserfey seit 1948 in Zollstock an die Entwicklung vor dem Krieg anknüpfen und sich vergrößern. Auf dem Grundstück Höninger Weg, Zollstockgürtel, Vorgebirgstraße stand die Fassfabrik Hollmann, die im Krieg ausbrannte. Hubert Eiserfey war mit einer Tochter des Fabrikbesitzers Hollmann verheiratet. Auf einem Teil des Grundstücks errichtete er seine Hutfabrik. Die Mitarbeiter begrüßte der Chef morgens am Eingang, der am Höninger Weg lag, mit dem Spruch „Hutlos macht brotlos".[91] An der Kölner Bankenstraße Unter Sachsenhausen war ein Ver-

88 Rosenzweig, Zollstock (Anm. 5), S. 241–242.

89 Gerd Ulrich Brandenburg: Tapeten aus Köln täglich für 2000 Wohnungen, in: Der Farbenhändler, 1983, S. 265–269.

90 RWWA Findbuch Abt. 34, S. 3.

91 Auskunft von Heinz Soénius, 31.1.2008.

kaufslager eingerichtet.[92] Eiserfey stellte 1966 täglich auf einer Produktionsfläche von 4000 qm unter der Marke „Midinette“ 1000 Damenhüte her. Das Unternehmen hatte damals ca. 100 Angestellte, in der Hauptsache Frauen aus Spanien, Italien und Griechenland.[93]

Hubert Eiserfey war über zwei Jahrzehnte Vorsitzender der „Arbeitsgemeinschaft Hut“, einer Dachorganisation von Produzenten und Händlern der Hutbranche. Dank seiner Initiative gelang es, Köln zu einem Zentrum der deutschen Damenhutmode zu machen. 1976 waren seine Söhne Dieter und Hubert jun. mit ihm im Unternehmen tätig. Zu diesem Zeitpunkt waren noch rund 45 Personen im Unternehmen beschäftigt.[94] Kurze Zeit später stellte Eiserfey seinen Betrieb ein.

Wilhelm Schmitz gründete 1898 in Leverkusen eine Getränkehandlung und stellte gleichzeitig alkoholfreie Getränke her. Den Betrieb übernahmen seine Söhne Heinrich und Johann Schmitz, die sich zunächst am Hansaring und danach Vor den Siebenburgen in Köln niederließen. Mit der Übernahme des Alleinvertriebs von Coca-Cola in Köln seit 1931 verzichtete das Unternehmen auf die Herstellung eigener Getränke. Die Vergrößerung des Vertriebsgebietes über Köln hinaus machte eine Verlagerung des Betriebes 1951 nach Zollstock, Vorgebirgstraße 112, erforderlich. Nach den Toden von Heinrich und Johann Schmitz traten deren Söhne Heinz und Matthias Schmitz als geschäftsführende Gesellschafter in das Unternehmen ein. Die Firma H. u. J. Schmitz blieb lange Zeit ein reines Familienunternehmen. Neben Coca-Cola produzierte Schmitz noch andere Erfrischungsgetränke. 1958 ersetzte eine neue Abfüllanlage die bisherige, ein Lager in Kerpen-Sindorf und ein großes Werk in Köln-Ossendorf (1972) kamen hinzu. Der Betrieb in Köln-Zollstock auf einer Grundstücksfläche von ca. 10.000 qm, auf denen zwei vollautomatische Abfüllanlagen liefen, blieb zunächst bestehen. Pro Stunde füllte Schmitz in Spitzenzeiten 15 000 l Coca-Cola ab.

Die Firma H. u. J. Schmitz war Mitte der 1970er Jahre einer der selbständigen 143 Vertragspartner in der Bundesrepublik, in der Schweiz und in Österreich, die zur Coca-Cola GmbH, Essen, gehörten. Die Essener Coca-Cola GmbH war Herstellerin der Grundstoffe für alle von ihr vertriebenen Erfrischungsgetränke. Bei Schmitz waren insgesamt ca. 300 Mitarbeiter beschäftigt. Ein Wagenpark von ca. 110 Fahrzeugen belieferte täglich Abnehmer in Köln und Umgebung.[95]

92 50 Jahre M. Eiserfey Köln. 1914–1964, Köln 1964.
93 Kölnische Rundschau, 20.9.1966.
94 Rosenzweig, Zollstock (Anm. 5), S. 248.
95 Der Text beruht, leicht verbessert und etwas gekürzt, auf der Darstellung bei Rosenzweig, Zollstock (Anm. 5), S. 255–256, die wortwörtlich übernommen wurde von der Verlagssonderveröffentlichung Kölner Stadt-Anzeiger, 16.5.1972.

Ende März 1984 verlegte das Unternehmen den gesamten Geschäftsbetrieb auf das 45.000 qm große Betriebsgelände in Ossendorf. Fünf Jahre später verkaufte die Familie 80 Prozent des Unternehmens an die Coca-Cola GmbH in Essen, hielt selbst aber noch die restlichen Anteile.[96] Das Unternehmen Schmitz wurde 1993 aus dem Handelsregister gelöscht, an der Mathias-Brüggen-Straße ist heute noch die CC Erfrischungsgetränke Rheinland GmbH tätig. Auf dem Zollstocker Gelände entstanden die Zollstock-Arkaden mit Wohnungen und Einzelhandelsgeschäften.

Schlussbemerkung

Der Vorort Zollstock wuchs seit Ende des 19. Jahrhunderts von einer unbedeutenden Ansiedlung zu einem der größeren Stadtteile im Kölner Süden heran. Ausschlaggebend waren die freien Flächen, die der Industrie Ansiedlungs- und Entwicklungspotential boten, sowie die topographische Lage. Die Unternehmen waren wesentlich Motor der weiteren Entwicklung, ohne selbst – etwa durch Arbeiterwohnungsbau – stadtgestalterisch einzugreifen. Dies übernahmen die GAG AG und die Genossenschaften, die im Norden mit Mietwohnungen und im Süden mit Ein- und Mehrfamilienhäusern den Stadtteil vom Wohnungsbau her gestalteten. Ohne die Unternehmen wäre es schwer gewesen, die Anbindung an die Stadt zu erhalten. Neben dem Straßenbau war vor allem die Errichtung der Straßenbahn förderlich, die erst ein Zuschuss von 50.000 Mark, den die „Vereinigung der Fabrik-, Haus- und Grundbesitzer von Köln-Zollstock" aufbrachte, ermöglichte.[97] Die Industrie hat – aus unterschiedlichen Gründen – einen Strukturwandel in dem Kölner Stadtteil erlebt, den keines der Industrieunternehmen am Ort überlebt hat. Dies ist typisch für Kölner Stadtviertel, die teilweise den Wandel noch sehr viel spürbarer erlebten.

96 Kölner Stadt-Anzeiger, 7.12.1989.
97 Rosenzweig, Zollstock (Anm. 5), S. 56.

Prof. Dr. theol. Dr. iur. utr. Franz Gescher (1884–1945)

Ein Forschungspionier der kölnisch-kirchlichen Verfassungsgeschichte

von Reimund Haas

Das Jahr 1912 war zweifelsohne ein kulturgeschichtlich besonders bedeutsames Jahr in der Stadt Köln, wie noch 100 Jahre später u. a. die große und gut besuchte Ausstellung „1912 – Mission Moderne. Die Jahrhundertschau des Sonderbundes“ (31.8.–30.12.2012) im Kölner Wallraf-Richartz-Museum zeigte. Auch für den Kölnischen Geschichtsverein war das Jahr 1912 ein besonderes Jahr, und nicht nur, weil in diesem Jahr sein erstes Jahrbuch erschienen ist. Denn der *Kölner Stadtanzeiger* berichtete am 2. Dezember 1912 auf einer Viertelseite über einen Vortrag von einem Kaplan Franz Gescher, der am 27. November vor dem Kölnischen Geschichtsverein gehalten worden war. Der Kölnische Geschichtsverein hat sich unter seinem aktuellen Vorstand auf der Mitgliederversammlung nach 100 Jahren im Jahre 2012 – auf den Tag genau am 27. November – wieder durch einen Gedenkvortrag daran erinnern lassen.

Dazu wurde einführend der Inhalt des Vortrages von Franz Gescher nach dem Zeitungsbericht von 1912 rekonstruiert. Geschers Vortrag von 1912 war gleichsam der Eröffnungs-Vortrag für eines seiner bedeutsamen Themengebiete der Kölnischen Kirchengeschichte; und der Gedenkvortrag 100 Jahre später behandelte den bewegten Lebenslauf und das bis ins Jahr 2010 in Köln weitgehend vergessene Lebenswerk eines bedeutenden Forschers zur kölnisch-kirchlichen Rechts- und Verfassungsgeschichte im Mittelalter. So begann der Zeitungsartikel von 1912: „In der letzten Monatsversammlung des Kölnischen Geschichtsvereins sprach vor einer ziemlich zahlreichen Versammlung Kaplan Gescher aus Köln-Sülz über die Kölner Diözesansynoden des Mittelalters.“[1]

Kölnische Spurensuche

Mit dieser Benennung seines ersten kirchenrechtsgeschichtlichen Forschungsgebietes, der Kölner Diözesansynoden im Mittelalter, können wir uns, von dem Eröffnungsvortrag von Franz Gescher ausgehend, auf eine erste weitere Spurensuche nach seinen Veröffentlichungen im Jahrbuch des Kölnischen Geschichtsvereins (JKGV) begeben. Diese fünf Aufsätze des Kölner Privatdo-

1 Kölner Stadtanzeiger, 2.12.1912, Nr. 557 III.

Jahrbuch des Kölnischen Geschichtsvereins 82 (2013/14), S. 243–264

zenten und anschließenden Breslauer Ordinarius für katholisches Kirchenrecht erschienen in den Jahren 1929 bis 1937. Sie begannen im Jahre 1929 noch von Köln aus mit einem kurzen Beitrag über den Stand der Kapitulare des Kölner Doms im Jahre 1518.[2] Als Prof. Dr. Dr. Franz Gescher im Jahre 1931 schon an der Katholisch-Theologischen Fakultät der Universität Breslau als Ordinarius für katholisches Kirchenrecht lehrte, erschien, nach zwei Beiträgen zur Entstehung des Kölner Offizialates in den Annalen des Historischen Vereins für den Niederrhein (AHVN)[3], im 13. Band des JKGV ein erstes Synodalschreiben des Kölner Erzbischofs Hermann V. von Wied (1515–1537) aus dem Jahre 1538.[4] Im Jahre 1936 publizierte Prof. Gescher erstmals Quellen zu dem zuvor nicht bekannten Kölner Generalvikar Lambert van der Heggen († 1491) aus den Jahren 1477/78[5] und ein Jahr später noch ein weiteres Synodalschreiben des Erzbischofs Hermann von Wied aus dem Jahre 1526.[6] Schließlich war in Band 5 der Veröffentlichungen des Kölnischen Geschichtsvereins, der 1930 unter dem Titel „Der Dom zu Köln. Festschrift zur Feier der 50. Wiederkehr des Tages seiner Vollendung am 15. Oktober 1880“ erschien, Prof. Franz Gescher mit einem Beitrag über den mittelalterlichen Dom als Pfarr- und Sendkirche des hohen Adels vertreten.[7] Schon alle diese fünf Beiträge für den Kölnischen Geschichtsverein belegen, dass Franz Gescher in seiner Kölner Zeit grundlegende bzw. archivalisch fundierte Quellenstudien zur mittelalterlichen Kölner Kirchenrechtsgeschichte betrieben hatte, aus denen er dann nach 1930 von Breslau aus weiterhin in Aufsätzen und anderen Veröffentlichungen schöpfte.

Zu seinen Forschungsgebieten des mittelalterlichen Offizialates in Köln und der mittelalterlichen Kölner Diözesansynoden hat Franz Gescher in der Zeit von 1925 bis 1940 daneben in den AHVN (sogar mehr als) sieben[8] und in der

2 Franz Gescher: Die Kapitularkanoniker des Kölner Doms im Jahre 1518. Eine Vorstudie zum kirchlichen Wahlrecht, JKGV 11 (1929), S. 106–129.

3 Franz Gescher: Ungedruckte Urkunden der Frühzeit des erzbischöflichen Offizialates Köln; AHVN 116 (1930), S. 61–66; Ders.: Die Statuten des erzbischöflichen Offizialates aus dem 14. bis 16. Jahrhundert, AHVN 116 (1930), S. 139–141.

4 Franz Gescher: Ein Synodalschreiben des Erzbischofs Hermann von Wied aus dem Jahre 1538, JKGV 13 (1931), S. 123–132.

5 Franz Gescher: Unbekannter Generalvikar von Köln. Studien zur Geschichte der kölnischen Diözesankurie unter Erzbischof Ruprecht von der Pfalz (1463–1480), JKGV 18 (1936), S. 181–200.

6 Franz Gescher: Noch ein Synodalschreiben des Hermanns von Wied, JKGV 19 (1937), S. 111–127.

7 Franz Gescher: Der Kölner Dom des Mittelalters als Pfarr- und Sendkirche des hohen Adels, in: Egid Beitz/Erich Kuphal (Hg.): Der Dom zu Köln. Festschrift zur Feier der 50. Wiederkehr des Tages seiner Vollendung am 15. Oktober 1880, Köln 1930 (Veröffentlichungen des Kölnischen Geschichtsvereins 5), S. 215–234.

8 Franz Gescher: Das Offizialatstatut des Kölner Erzbischofs Dietrich von Moers aus dem Jahre 1435, AHVN 111 (1927), S. 181–186; Ders.: Das Offizialat der Erzbischöfe von Köln im 13. Jahrhundert, AHVN 115 (1929), S. 136–166; Ders., Urkunden (Anm. 3), S. 61–66;

Kanonistischen Abteilung der Zeitschrift der Savigny-Stiftung für Rechtsgeschichte drei[9] wichtige Beiträge veröffentlicht. Dazu erschien ein Dutzend Rezensionen von deutschen, französischen und rheinischen einschlägigen Veröffentlichungen von ihm und bis 1932 verfasste Franz Gescher fünf staatskirchenrechtliche Artikel für die fünfte Auflage des Staatslexikons der Görres-Gesellschaft.[10] Seinen wohl letzten großen und bewegenden Vortrag in Köln hielt Prof. Gescher am 9. Oktober 1930 vor dem Verein katholischer Akademiker über „Katholizismus und Universität Köln". Darin beklagte er, dass an der Universität Köln der katholische Anteil am Lehramt zu gering war, auch wenn er seiner vormaligen Juristischen Fakultät zugestand, „seinerzeit zwei katholische Theologen als Privatdozenten habilitiert zu haben". Für die „Inanspruchnahme von Köln und der Rheinlande als Kraftstation des deutschen Katholizismus" brauche es nicht bloß der Berufung auf Geschichte und Tradition. Vielmehr müsse „Anwärtern die Bahn zum Ordinariat freigemacht" werden. Dazu wollte Prof. Gescher auch die Idee „einer katholischen Universität als große Sehnsucht wach erhalten" und forderte für die jungen akademischen Talente u. a. „ein Freiquartier, ein stilles Studierzimmer und eine Bücherspende".[11]

Zum wissenschaftlichen Lebensweg von Prof. Dr. Dr. Franz Gescher

Da in den wissenschaftlichen Veröffentlichungen im JKGV keine näheren Angaben zum Lebenswege von Prof. Gescher zu finden sind, ist zunächst der vormalige Forschungsstand zu seiner wissenschaftlich-akademischen Karriere zu rekonstruieren. Dieser Literaturstand bestand im Wesentlichen aus den drei

---

DERS., Statuten (Anm. 3), S. 139–141; DERS.: Die erzbischöfliche Kurie in Köln von ihren ersten Anfängen bis zur Gegenwart. Eine rechtsgeschichtliche Skizze, AHVN 118 (1931), S. 1–31; DERS.: Aus der Frühzeit der erzbischöflichen Generalvikare in Köln, AHVN 130 (1937), S. 1–21; DERS.: Um die älteste Satzung des Erzbischöflichen Offizialats zu Köln (um 1320), AHVN 130 (1937), S. 24–62.

9 FRANZ GESCHER: Das älteste kölnische Offizialatstatut (1306–1331), ZRG 45 KA 12 (1925), S. 475–485; DERS.: Die Kölnischen Diözesansynoden am Vorabend der Reformation (1490–1515). Untersuchungen und Texte, ZRG 52 KA 21 (1932), S. 190–288; DERS.: Synodales. Studien zur kirchlichen Gerichtsverfassung und zum deutschen Ständewesen des Mittelalters, ZRG 60 KA 29 (1940), S. 1–72.

10 FRANZ GESCHER: Art.: „Landeskirche" und „Nationalkirche", in: Staatslexikon der Görres-Gesellschaft, 5. Aufl., Bd. III, Freiburg 1929, Sp. 760–172 und 1500–1502; DERS.: Art.: „Staatskirche" und „Staatskirchenrecht", in: Staatslexikon der Görres-Gesellschaft, 5. Aufl., Bd. IV, Freiburg 1931, Sp. 1895 f. und 1896 f.; DERS.: Art. „Volkskirche", in: Staatslexikon der Görres-Gesellschaft, 5. Aufl., Bd. V, Freiburg 1932, Sp. 962 f.

11 Historisches Archiv des Erzbistums Köln (AEK), Archiv der Görres-Gesellschaft 216,2: Kölnische Volkszeitung, 10.10.1930.

kirchenrechtlichen Nachrufen der Nachkriegszeit[12], zwei Lexikonartikeln[13] und dem von dem Kanonisten Prof. Dr. Georg May 1982 herausgegebenen Briefwechsel[14] zwischen Franz Gescher und seinem akademischen Lehrer und Förderer Prof. Dr. Ulrich Stutz († 1938)[15]. Grundlegende Angaben über Franz Gescher finden sich natürlich auch in der Studie von Erich Kleineidam über die Katholisch-Theologische Fakultät Breslau aus dem Jahre 1961.[16] In der von Dominik Burkard und Wolfgang Weiß herausgegebenen neuen Studie über die „Katholische Theologie im Nationalsozialismus" ist Prof. Gescher als aussichtsreicher Kandidat für die Kirchenrechtslehrstühle in Würzburg und München kurz aufgeführt.[17] Jedoch wird der „außerordentliche Prof. für Kirchenrecht und Geschichte des Deutschen Rechtes" Franz Gescher weder in der Festschrift der Juristischen Fakultät zur 600-Jahr-Feier der Universität Köln von 1988[18] noch in den neuen Biographien der Juristischen Fakultät Köln im 20. Jahrhundert von 2013 genannt.[19]

---

12 Hermann Conrad: Franz Gescher †, ZRG 65 KA 34 (1947), S. XII–XVI; Nikolaus Hilling: Franz Gescher †, Archiv für katholisches Kirchenrecht 45 (1948), S. 106–109; Klaus Mörsdorf: Kanonistischer Totenkranz, Theologische Revue 45 (1949), S. 42–45, hier S. 44.

13 Wilhelm Kosch: Art. „Das katholische Deutschland", in: Biographisch-bibliographisches Lexikon, Augsburg 1933, Sp. 986; Hans Jürgen Brandt/Peter Häger (Hg.): Biographisches Lexikon der Katholischen Militärseelsorge Deutschlands 1848 bis 1945, Paderborn 2002, S. 241.

14 Georg May: Franz Gescher nach seinen Briefen an Ulrich Stutz, ZRG 99 KA 68 (1982), S. 419–440.

15 Zu Prof. Dr. Ulrich Stutz vgl. Festschrift Ulrich Stutz zum siebzigsten Geburtstag, dargebracht von Schülern, Freunden und Verehrern (Kirchenrechtliche Abhandlungen 117/118), Stuttgart 1938, ND Amsterdam 1969.

16 Erich Kleineidam: Geschichte der katholisch-theologischen Fakultät Breslau 1811–1945, Köln 1961, vgl. S. 101, 133, 167 und 199.

17 Wolfgang Weiss: Die katholisch-theologische Fakultät Würzburg, in: Dominik Burkard/Wolfgang Weiss. (Hg.): Katholische Theologie im Nationalsozialismus Bd. 1/1, Würzburg 2007, S. 277–326; Manfred Weitlauff: Die Katholisch-Theologische Fakultät München, in: ibid., S. 167–198; Rainer bendel: Die katholisch-theologische Fakultät Breslau, in: ibid., Bd. 1/2, Würzburg 2011, S. 9–23.

18 Hans-Jürgen Becker/Universität zu Köln (Hg.): Festschrift der Rechtswissenschaftlichen Fakultät zur 600-Jahr-Feier der Universität zu Köln, Köln 1988.

19 Steffen Augsberg/Andreas Funke (Hg.): Kölner Juristen im 20. Jahrhundert. Beiträge zu einer Ringvorlesung an der Universität Köln, Sommersemester 2010 und Wintersemester 2010/2011, Tübingen 2013 (Beiträge zur Rechtsgeschichte des 20. Jahrhunderts 74). Zu weiteren Beachtungen und Nicht-Beachtungen der Forschungen von Professor Gescher in der Forschungsliteratur vgl. Reimund Haas: Prof. Dr. Dr. Franz Gescher († 1945) und die Kölner Synodenforschung aus der Diözesan- und Dombibliothek, in: Heinz Finger/Rudolf Hiestand (Hg.): Bischöfe, Klöster, Universitäten und Rom. Gedenkschrift für Josef Semmler (1928–2011), Köln 2012 (Libelli Rhenani 41), S. 241–283, hier S. 249–252.

Zur neueren Forschungsgeschichte

Die im Vorfeld des 200-jährigen Jubiläums der Gründung der preußischen Universität Breslau (1811–2011) gestarteten weiteren Forschungen über Prof. Dr. Dr. Franz Gescher werteten nun erstmals neben genauen bibliothekarischen Recherchen in Kölner Bibliotheken archivalische Quellen aus, und zwar aus dem Kölner Universitätsarchiv, aus dem Historischen Archiv des Erzbistums Köln und neu aus dem Archiwum Uniwersytetut Wrocławskiego[20] sowie aus dem Geheimen Staatsarchiv Preußischer Kulturbesitz[21] in Berlin. Auf dieser Grundlage konnte sowohl erstmals ein vollständiges Veröffentlichungsverzeichnis[22] von Prof. Gescher erstellt werden als auch seine wissenschaftliche Handbibliothek im heutigen Breslauer Diözesanarchiv[23] aufgefunden und beschrieben werden.

Die Suche nach seinen als verloren zu geltenden Manuskripten, angefangen von der ungedruckten Habilitationsschrift (1923) über das angekündigte Manuskript zur Kölner Provinzialsynode von 1548 (1928)[24] bis zu dem 1852 geplanten Ergänzungsband von Anton Binterim (1779–1855) zu Hartzheims Concilia Germania[25], bleiben andauernde Forschungsdesiderate und sind noch nicht endgültig abgeschlossen oder aufgeben worden.

Im Rahmen dieses Forschungsprojektes sowie in Aufarbeitung seiner kirchenrechtsgeschichtlichen Forschungsgebiete konnte ab dem Jahre 2010 schon in insgesamt fünf Vorträgen an seine vergessenen wissenschaftlichen Leistungen und Veröffentlichungen erinnert werden. Begonnen wurde mit einem Vortrag am 27. November 2010 auf dem 4. Symposion Mittelalterlicher Handschriften der Kölner Dombibliothek über „Franz Gescher und die Kölner

20 Hier gilt der besondere Dank für die freundlichen Angaben und E-Mails von Herrn Universitätsarchivar Christoph Koren M. A. u. a. vom 8. und 16.9.2015 aus der dortigen Personalakte Gescher und aus der allgemeinen Akte TK 35 zur Anstellung von Professoren (1900–1936), Blatt 516–518.

21 GStA PK Berlin, I. HA Rep. 76 Kulturministerium V a Sekt, 10 Tit. 4 Nr. 3: Anstellung und Besoldung der außerordentlichen und ordentlichen Professoren der Rechtswissenschaftlichen Fakultät der Universität Köln, Bd. 1, 1919–1938 (enthält Lebenslauf und Bildungsgang von Prof. Gescher von 1929).

22 Haas, Gescher (Anm. 19), S. 278–283.

23 Haas, Gescher (Anm. 19), S. 271; vgl. Ders.: „Gescherianum" – Kirchliche Verfassungsgeschichte des Mittelalters in Köln und Breslau, Fachprosaforschung – Grenzüberschreitungen 8/9 (2012/2013), S. 311–325 sowie die dazugehörigen Quellen im Archiv der Church History of Cologne-Stiftung Köln, Bestand Franz Gescher.

24 Vgl. dazu Geschers Angaben u. a. in seinem Lebenslauf von 1929, GStA PK Berlin (Anm. 22).

25 Vgl. Franz Gescher: Hartzheims Concilia und ihre Ergänzung durch Binterim und Floß, AHVN 118 (1931), S. 154–157.

Synodenforschung".[26] Vor dem Rheinischen Verein für Rechtsgeschichte e. V. und dem Institut für neuere Privatrechtsgeschichte wurde am 26. Januar 2011 in der Kölner Universitätsbibliothek seiner Lehrtätigkeit zur „Rheinischen Kirchenrechtsgeschichte in Köln und Breslau" gedacht. Erstmals an der Juristischen Fakultät der heutigen Uniwersytet Wrocławski wurde auf der internationalen wissenschaftlichen Konferenz zur „Universität Breslau in der europäischen Kultur des 19. und 20. Jahrhunderts" am 7. Oktober 2011 seine Lehrtätigkeit in Breslau von 1930 bis 1945 aufgearbeitet und gewürdigt.[27] Als „Brückenbauer zwischen der Universität Köln und der Schlesischen Friedrich-Wilhelm Universität Breslau" wurde Prof. Gescher schließlich am 2. Dezember 2011 in Köln auf dem Partnerschafts-Symposion der Universitäten Köln und Wrocław zum Abschluss des 200-jährigen Gründungsgedenkens der preußischen Breslauer Universität gewürdigt.[28] Nachdem das Erscheinen des bedeutsamen, großen und gewichtigen Breslauer Jubiläums-Buches sich verzögert hatte und bei der Vorstellung des vierten Bandes der Warschauer Universitätsgeschichte von Prof. Dr. Dr. h. c. Jan Harasimowicz am 15. Dezember 2015 zuletzt „der fünf Jahre der gemeinsamen deutsch-polnischen Erforschung des wissenschaftlichen Lebenswerkes von Prof. Dr. Dr. Franz Gescher" gedacht werden konnte,[29] soll nun dieser Kölner Vortrag aus dem Jahr 2012 im JKGV als ein weiterer „Meilenstein" seiner kirchenrechtsgeschichtlichen Wirkungs- und Forschungsgeschichte veröffentlicht werden.

---

26 Haas, Gescher (Anm. 19).

27 Vgl. Reimund Haas: Rheinische Kirchenrechtsgeschichte in Köln und Breslau – Prof. Dr. Dr. Franz Gescher (1884–1945) / Nadrenska historia prawa kanonicznego w Kolonii i Wrocławiu – prof. dr. dr. Franz Gescher (1884–1945), in: Jan Harasimowicz (Hg.): Internationale wissenschaftliche Konferenz. Universität Breslau in der europäischen Kultur des 19. und 20. Jahrhunderts, 4. –7.10.2011. Zusammenfassung der Beiträge, Wrocław 2011, S. 70–72.

28 Reimund Haas: Tradition und Partnerschaft – 200 Jahre Universität Breslau/Wrocław, Archiv für schlesische Kirchengeschichte 70 (2012), S. 411–413.

29 Reimund Haas: Rheinische Kirchenrechtsgeschichte in Köln und Breslau – Prof. Dr. Dr. Franz Gescher (1884–1945) / Professor Franz Gescher (1884–1945) and the Rhineland school of canon law history in Cologne and Wrocław, in: Jan Harasimowicz (Hg.): Ksiega Pamiatkowa Jubileuszu 200-lecia utworzenia Panstwowgo Uniwersytetu we Wrocławiu. Commemorative Book for the 200th Anniversary of the Establishment of the state University in Wrocław, Tom IV: Uniwersytet Wrocławski w kulturze europejskiej XIX i XX wieku. Materialy Miedzynarodowej Konferencji Naukowej, Wrocław 4–7 pazdziernika 2011/Die Universität Breslau in der europäischen Kultur des 19. und 20. Jahrhunderts. Akten der Internationalen wissenschaftlichen Konferenz Breslau, 4. –7.10.2011, Wrocław 2015, S. 297–305.

Vom Kölner Kaplan zum außerplanmäßigen Professor für Rechtsgeschichte an der Juristischen Fakultät der Universität Köln 1923–1929

Gestützt vor allem auf Angaben aus dem Historischen Archiv des Erzbistums Köln und dem Kölner Universitätsarchiv lässt sich der erste Abschnitt des Lebensweges von Franz Gescher bis zum Jahre 1930 relativ gesichert und gut nachzeichnen.

Franz (Johann August) Gescher wurde am 1. Juli 1884 in Essen als Sohn des Schuhmachers Franz Gescher und seiner Ehefrau Mathilde (geborene Felder) geboren. Seine Ostern 1898 begonnene gymnasiale Schulbildung schloss Franz Gescher am 24. Februar 1904 ab und studierte als Priesteramtskandidat des Erzbistums Köln insgesamt zehn Semester Philosophie und Theologie an der Rheinischen Friedrich-Wilhelms-Universität in Bonn. Hierzu schreibt er in seinem im Geheimen Staatsarchiv Preußischer Kulturbesitz Berlin überlieferten Lebenslauf von 1930: Bereits „vom ersten Semester ab" habe ich „rechtswissenschaftliche und historische Studien besonders bevorzugt". So war ich „sechs Semester Mitglied des kirchengeschichtlichen Seminars" von Prof. Dr. Heinrich Schrörs († 1928), „drei Semester [Mitglied] des deutsch-kirchenrechtlichen Seminars" von Prof. Dr. Ulrich Stutz († 1938) und „zwei Semester des Kirchenrechts-Seminars" von Prof. Dr. Dr. Nikolaus Hilling († 1960).[30]

Nachdem Franz Gescher auch seine theologischen Studien im Kölner Priesterseminar ebenfalls mit gutem Erfolg abgeschlossen hatte, empfing er ab dem 21. März 1907 mit der Tonsur die niederen und höheren Weihen bis zur Diakonatsweihe (13. Juni 1908). Nach der Priesterweihe in der Amtszeit von Erzbischof Kardinal Antonius Fischer († 1912)[31] am 10. August 1908 durch den Kölner Weihbischof Joseph Müller († 1921)[32] hatte Franz Gescher zunächst drei Kaplanstellen innegehabt: von 1908 bis 1911 in Düsseldorf (Pfarrei St. Dreifaltigkeit), dann von 1911 bis 1915 in Köln-Sülz (Pfarrei St. Nikolaus) und dann ab 1915 in Köln-Innenstadt in der Pfarrei St. Alban, wo er im Kölner Schematismus bis 1930 als Kaplan belegt ist.

Als seine erste größere wissenschaftliche Arbeit legte Kaplan Franz Gescher im Jahre 1912 den ersten Registerband zu den Heften 1 bis 25 der historischen Zeitschrift seiner Heimatstadt Essen vor: Beiträge zur Geschichte von Stadt und Stift Essen.[33] Seinem eingangs bereits zitierten Vortrag vom 27. November

30 GStA PK (Anm. 21).

31 Vgl. jetzt Willi Spiertz: Kardinal Antonius Fischer. Gymnasiallehrer, Journalist, Weihbischof und Erzbischof von Köln (1840–1912), Berlin 2015.

32 Vgl. Anzeiger für die Erzdiözese Köln 48 (1908), Nr. 16, S. 120 und Nr. 18, S. 134.

33 Beiträge zur Geschichte von Stadt und Stift Essen, hg. von dem Historischen Verein für Stadt und Stift Essen, Register zu Heft 1–25, bearbeitet von Franz Gescher, Essen 1912.

1912 über die Kölner Diözesan-Synoden im Mittelalter vor dem Kölnischen Geschichtsverein als gleichsam seinem wissenschaftlichen Antritts-Vortrag waren wohl schon längere thematische Studien vorausgegangen. So schloss auch der Zeitungsbericht vom 2. Dezember 1912 mit der Feststellung, dass „Herr Kaplan Gescher auf diesem Gebiet die gründlichsten und eingehendsten Studien gemacht hat" sowie mit der Ankündigung: Was er in dem einstündigen Vortrag „in knapper Form vorgetragen" habe, sei der „Inhalt eines demnächst zu veröffentlichenden Werks".[34] Auch berichtete Franz Gescher als junger und dynamischer Wissenschaftler im Oktober 1914 dem bekannten Historiker Prof. Dr. Albert Brackmann († 1952) nicht nur von seinen bei den Professoren Heinrich Schröers und Ulrich Stutz laufenden Studien zu den „Kölner Synoden bis zur Mitte des 13. Jahrhunderts", sondern fragte auch im Hinblick auf die „Germania Pontificia"[35] wegen der Bearbeitung der Urkunden zu den Klöstern im Erzbistum Köln an, wobei er die Quellenlage für die Benediktinerabtei Kornelimünster[36] als begrenzt einschätzte.

Doch wegen des Ausbruchs des Ersten Weltkrieges (1914–1918) konnten zunächst diese Synodal-Studien nicht zum erfolgreichen Abschluss gebracht werden, auch wenn Franz Gescher im Jahre 1917 zu einer Spezialfrage der Synodenforschung im Archiv für katholisches Kirchenrecht einen Aufsatz vorlegen konnte.[37] Als „Kriegs-Lazarett-Seelsorger" veröffentlichte Franz Gescher einerseits zwei Seelsorge-Schriften und erhielt andererseits zwei Kriegsauszeichnungen. Nach Kriegsende startete Franz Gescher seine steile akademische Karriere.

Durch den Wechsel des bekannten Bonner Kirchenrechtshistorikers Prof. Dr. Dr. Franz Hilling von Bonn an die Universität Freiburg kam es, dass Franz Gescher mit seiner Arbeit „Der kölnische Dekanat und Archidiakonat in ihrer Entstehung und ersten Entwicklung" in Freiburg im Sommersemester 1919 mit „cum laude" zum Doktor der Theologie promoviert wurde. Die von Franz Gescher seinen Eltern gewidmete Studie von knapp 200 Druckseiten erschien

34 Kölner Stadtanzeiger, 2.12.1912, Nr. 557 III.

35 Dabei handelt es sich um Editionsprojekte der Papsturkunden. In dieser Anfangsphase der Editionsforschungen ist noch keine klare Trennung bzw. Unterscheidung mit den anderen großen Projekten wie „Germania Sacra" und „Monumenta Germaniae Historica" (MGH) in Geschers Anfrage zu erkennen.

36 Vgl. jetzt grundlegend Norbert Kühn: Die Reichsabtei Kornelimünster im Mittelalter. Geschichtliche Entwicklung. Verfassung. Konvent. Besitz, Köln 1981 (Veröffentlichungen des Stadtarchivs Aachen 3), und zuletzt: Norbert Kühn, Art. „Aachen, Kornelimünster", in: Manfred Groten u. a. (Hg): Nordrheinisches Klosterbuch. Lexikon der Stifte und Klöster bis 1815 Teil 1: Aachen bis Düren, Siegburg 2009 (Studien zur Kölner Kirchengeschichte 37,1), S. 220–233.

37 Franz Gescher: Was bedeutet „stolis iurare" in der Rechtssprache des Mittelalters, Archiv für katholisches Kirchenrecht 97 (1917), S. 260–266.

im gleichen Jahre in der von dem ebenfalls bis 1917 in Freiburg lehrenden Rechtshistoriker Prof. Dr. Dr. Ulrich Stutz herausgegebenen Reihe der „Kirchenrechtlichen Abhandlungen“ als Heft 95.[38] Ziel der Arbeit war es, „die Grundzüge der Entwicklung und die Grundlage des Rechts für den kölnischen Dekanat und Archidiakonat festzustellen und so einen neuen Typ dieser Institutionen in der Verfassungsgeschichte der deutschen Kirche des Mittelalters bekannt zu machen.“ Dabei stützte Gescher sich auf Urkundenmaterial aus den Staatsarchiven in Düsseldorf, Koblenz und Münster sowie aus dem Kölner Stadtarchiv und dem Pfarrarchiv in Xanten. Dazu räumte Dr. Gescher in seiner Dissertation ein, zunächst nur einen „kleinen Teil der aufgefundenen Archivalien verarbeitet zu haben, den größeren Rest hoffte er bei der Weiterführung dieser Untersuchung“ zu „Seiten- und Nebenfragen“ veröffentlichen zu können, was er zumindest in Ansätzen bis 1938 verwirklichte.[39]

Nachdem Dr. theol. Franz Gescher bereits ab dem Wintersemester 1921/22 an der rechtswissenschaftlichen Fakultät der neuen Kölner Universität immatrikuliert war, konnte er schon im Wintersemester 1922/23, am 13. Februar 1923, die juristische Dissertation mit dem Titel „Geschichte und Recht der kölnischen Diözesansynoden“ zum Doktor iuris utriusque vorlegen, die von den Professoren Dr. Godehard Josef Ebers († 1958) und Dr. Fritz Stier-Somlo († 1932) mit „sehr gut“ bewertet wurde. „Wegen der Ungunst der Zeitverhältnisse“ („Hyperinflation“) blieb sie ungedruckt, jedoch hat Dr. Dr. Franz Gescher im Jahre 1932 einen teilweise darauf basierenden Artikel in der kanonistischen Abteilung der Zeitschrift für Rechtsgeschichte veröffentlicht, von dem jedoch der angekündigte zweite Teil nicht erschienen ist.[40] Noch im selben Jahr seiner Promotion zum Dr. iur. utr., am 15. Juli 1923, legte Dr. Dr. Gescher der Kölner Juristischen Fakultät seine 329 Seiten umfassende Habilitationsschrift mit dem Titel „Die bischöflichen Offiziale in Frankreich und Deutschland“ und fünf Themen für das Habilitations-Kolloquium vor. So wurde Gescher nach der Habilitation am 1. Dezember 1923 zum „Privatdozenten für kirchliche Rechtsgeschichte“ an der Juristischen Fakultät der Universität Köln ernannt. Nach der Promotion und Habilitation im gleichen Jahre 1923 erlitt Privatdozent Dr. Dr. Franz Gescher so etwas wie einen „Burnout“ (damaliges ärztliches Attest: „reizbare Schwäche des Nervensystems“), so dass er seine „öffentliche Antrittsvorlesung“ mit dem Titel „Preußen und die katho-

38 Franz Gescher: Der kölnische Dekanat und Archidiakonat in ihrer Entstehung und ersten Entwicklung. Ein Beitrag zur Verfassungsgeschichte der deutschen Kirche im Mittelalter, Stuttgart 1919 (Kirchenrechtliche Abhandlungen 95), ND Amsterdam 1963.

39 Sein letzter Beitrag dazu: Franz Gescher: Um die Frühzeit des Landdekanats in der Erzdiözese Köln, in: Festschrift Ulrich Stutz (Anm. 15), S. 120–188.

40 Gescher, Diözesansynoden (Anm. 9), S. 190–288.

lische Kirche“ erst am Ende des Sommersemesters 1924 halten konnte, in dem er auch schon seine erste Vorlesung über „Kirchliche Verfassungsgeschichte des deutschen Mittelalters“ angekündigt hatte. Zwar ist kein Exemplar der Habilitationsschrift überliefert, aber aus diesem seinem Forschungsgebiet der „Kölner Offiziale und Generalvikare“ hat Franz Gescher zwischen den Jahren 1925 und 1937 zehn Aufsätze veröffentlicht, in denen er daraus geschöpft hat bzw. die dortigen Forschungen weiterführte.

Als Privatdozent mit einer oft vierstündigen Vorlesung sowie einem Seminar oder Kolloquium pro Semester[41] blieb Dr. Dr. Gescher noch Zeit zu neuen Veröffentlichungen und der Aufarbeitung neuer Forschungsthemen. Gleichzeitig arbeitete er daran, eine auswärtige ordentliche Professur zu erlangen, wozu er am Ende des Wintersemesters 1924/25 die Erweiterung seiner Venia Legendi auf „Kirchenrecht und Geschichte des Deutschen Rechtes“ erlangte, womit er sich verbesserte Chancen sowohl für die Berufung auf einen Lehrstuhl einer rechtswissenschaftlichen als auch einer katholisch-theologischen Fakultät erhoffte. Der schon am 1. November 1927 in der Kölner Juristischen Fakultät diskutierte Antrag, Gescher zum „nichtbeamteten außerordentlichen Professor zu berufen“, wurde auf dem Antragswege und im Berliner Ministerium bis zum 2. Januar 1929 verzögert, obwohl ihm eine „frische und anregende Art der Vorlesungen“ und zahlreiche Studenten bescheinigt worden waren. Neben den ersten vier Doktoranden war er bereits 1925 an der Katholisch-Theologischen Fakultät Tübingen primo et pari loco für den Lehrstuhl für Kirchenrecht vorgeschlagen worden. Manfred Baldus hat in seiner Studie über das Institut für Kirchenrecht und Rheinische Kirchenrechtsgeschichte den Habilitanden von Prof. Ebers wie folgt charakterisiert: „Gleichzeitig wuchs Gescher, ein eher den Archivstudien zugewandter Gelehrtentyp, zu einer Zierde der allgemeinen und rheinischen Kirchenrechtsgeschichte heran, die er in Seminaren und Vorlesungen vermittelte“.[42] Im Jahre 1933 erinnerte man sich aus Anlass seines „Silbernen Priesterjubiläums“ an einen im Jahre 1930 im Kölner Dom gehaltenen Vortrag über die „unmittelbare Gefahr des Bolschewismus“.[43]

41 Vgl. seine Vorlesungen und Seminare an der Universität Köln SS 1924 bis WS 1929/30 in: Haas, Gescher (Anm. 19), Anlage 2, S. 276 f.

42 Manfred Baldus: Das Institut für Kirchenrecht und Rheinische Rechtsgeschichte der Universität zu Köln unter der Leitung von C. J. Hering 1947–1968, in: Erich Fechner u. a. (Hg.): Aequitas und Toleranz. Gesammelte Schriften von Carl Josef Hering, Bonn 1971, S. 227–234.

43 Haas, Gescher (Anm. 19), S. 261 f. Für den 3. Mai 1928 ist noch ein „längerer tief schürfender Vortrag“ des Privatdozenten Gescher vor dem Kölnischen Geschichtsverein über „die Anfänge des geistlichen Gerichts der Kölner Erzbischöfe“ belegt, der „besonders für

Als ab dem Jahre 1928 an der Schlesischen Friedrich-Wilhelms-Universität zu Breslau Lehrstühle für Kirchenrecht frei wurden, spielte bei der Vergabe der einflussreiche Prof. Ulrich Stutz eine wichtige Rolle. So hielt Stutz den „Priester" Franz Gescher für das Ordinariat Kirchenrecht an der rechtswissenschaftlichen Fakultät der Universität für „weniger geeignet" als den „Laien" Heinrich Pohl († 1931). Als dann aber an der Katholisch-Theologischen Fakultät der Kanonist Prof. Dr. Franz Triebs († 1942)[44] im Jahre 1930 emeritiert wurde, setzte sich Prof. Stutz für die Berufung „seines Schülers" Franz Gescher ein, auch wenn er einräumen musste, dass sein „eindeutiger Schwerpunkt auf der kirchlichen Rechtsgeschichte des Rheinlandes" lag. Aus dem Breslauer Universitätsarchiv ist die Vierer-Liste der Katholisch-Theologischen Fakultät der Universität Breslau an den Minister für Wissenschaft, Kunst und Volksbildung[45] in Berlin vom 3. Januar 1930 erstmals durch die Mitteilung des Breslauer Universitätsarchivars Christoph Koren bekannt geworden, auf der Prof. Gescher an erster Stelle benannt wird. Die kurze Beschreibung seiner wissenschaftlichen Laufbahn endet mit der Formulierung: „Die Fakultät würde es außerordentlich begrüßen, wenn der Herr Minister diesen ihren ersten Vorschlag berücksichtigen würde."[46] Somit wurde Franz Gescher am 28. April 1930 im Alter von gut 45 Jahren zum Universitätsprofessor für Kirchenrecht und zum Direktor des Seminars für Kirchenrecht an der Katholisch-Theologischen Fakultät Breslau berufen und nahm ab dem 5. Mai in Breslau seine Vorlesungen auf.[47]

Juristen manches Wissenswerte" geboten hat. Vgl. Universitätsarchiv Köln, Zeitungsausschnitts-Sammlung Rolle 55 II 151, S. 376 f., Kölnisches Tageblatt.

44 Vgl. Gunnar Anger: Art. „Franz Triebs († 1942)", in: Bio-Bibliographisches Kirchenlexikon Bd. XXVIII (2007), Sp. 1508–1517.

45 Im Januar 1930 fand der Wechsel von Minister Prof. Dr. Carl Heinrich Becker († 1933) zu Minister Adolf Grimme († 1963, heute vor allem wegen des nach ihm benannten Grimme-Preises bekannt) statt.

46 Archiwum Uniwersytetu Wrocławskiego, TK 35: Anstellung von Professoren (1900–1936). Nach dem Zitat folgt der Satz: „Entsprechend der satzungsmäßigen Forderung von drei Vorschlägen nennt die Katholisch-Theologische Fakultät der Universität Breslau noch mit Angaben drei weitere Namen: 2. Prof. Dr. theol. Dr. iur. utr. et rer. pol. Julius Krieg (1882–1941) aus Regensburg, 3. Prof. Dr. theol. Dr. rer. pol. August Hagen (1889–1963) aus Würzburg und 4. aus Münster der Privatdozent Dr. theol. Dr. iur. can. Max Bierbaum (1883–1975)", der im Sommersemester zuvor auch den Lehrstuhl vertreten hat. Zu ihm vgl. Hendrik Martin Lange: Max Bierbaum. Ein katholischer Theologe in der NS-Zeit, Münster 2010 (Junges Forum Geschichte 4).

47 Archiwum Uniwersytetu Wrocławskiego, TK 35: Anstellung von Professoren: Abschrift des Ernennungsschreibens vom 28.4.1930.

Letzter Ordinarius für Kirchenrecht an der Katholisch-Theologischen Fakultät der Universität Breslau 1930–1945

Über die knapp 15 und überwiegend schwierigen Jahre der Lehrtätigkeit von Prof. Gescher in Breslau an der Katholisch-Theologischen Fakultät sind wir nicht so gründlich informiert, da beispielsweise aus dieser Zeit keine Fakultätsakten im Berliner Geheimen Staatsarchiv Preußischer Kulturbesitz überliefert sind und auch kein Nachlass von Prof. Gescher bekannt ist bzw. bisher ermittelt werden konnte. Der Wechsel von der juristischen Fakultät der Universität Köln auf die erlangte Professur für katholisches Kirchenrecht erforderte für Gescher die Ausarbeitung neuer Vorlesungen und Lehrveranstaltungen, die mit freundlicher Unterstützung des Universitätsarchivs Wrocław erstmals im Anhang vollständig aufgelistet werden konnten.

Zwar konnte Prof. Gescher den ersten Teil seiner Auswertung und Fortschreibung über die mittelalterlichen Kölner Diözesansynoden aus der juristischen Dissertation von 1923 in der Kanonistischen Abteilung der Zeitschrift für Rechtsgeschichte noch im Jahre 1932 zum Druck bringen,[48] doch hatte schon im Mai 1930 mitgeteilt, dass er „nichts Größeres mehr" für die Zeitschrift abliefern könnte, da er „für sein neues Amt sein Kolleg zum großen Teil ganz neu gestalten" müsse.

Am 23. September 1930 hielt Prof. Gescher in Köln auf der Jahrestagung der Görres-Gesellschaft gleichsam seine „Abschiedsvorlesung" im Rheinland mit der „rechtsgeschichtlichen Skizze" über die erzbischöfliche Kurie in Köln von den Anfängen bis zur Gegenwart, die dann schon 1931 in den AHVN, insbesondere das alte Erzbistum Köln veröffentlicht wurde.[49] Als 1931/32 in Köln von Prof. Godehard Josef Ebers das Institut für Kirchenrecht und rheinische Kirchenrechtsgeschichte gegründet wurde, wurden in einem Artikel der *Kölnischen Volkszeitung* noch einmal die guten Beziehungen von Prof. Franz Gescher zu dem „Führer der deutschen Kirchenrechtshistoriker, Geheimrat Stutz in Berlin" in Erinnerung gerufen und bedauert, dass durch Geschers „Berufung nach Breslau leider auch seiner intensiven Lehrtätigkeit im Dienste der rheinischen Kirchenrechtsgeschichte ein allzu schnelles Ende bereitet" wurde.[50] Von Veröffentlichungen abgesehen war das letzte Ereignis im Erzbistum Köln, über das auch die *Kölnische Volkszeitung* am 11. August 1933 berichtete, die speziell für den Priester des Erzbistums Köln abgehaltene „stille Feier" seines „Silbernen Priesterjubiläums" in der Stadt seiner Priesterweihe

48 Gescher, Diözesansynoden (Anm. 9), S. 190–288.

49 Gescher, Erzbischöfliche Kurie (Anm. 8). Ausführliche Vorstellung auch in der Kölnischen Volkszeitung vom 28.9.1930, Nr. 495.

50 Kölnische Volkszeitung, 11.8.1933, Nr. 216.

mit der Gratulation von Freunden und Schülern sowie der Würdigung seiner zahlreichen Veröffentlichungen zur kölnischen Kirchenrechtsgeschichte.[51]

In Breslau berichtete der schon bald dort wegen seiner jüdischen Mutter entpflichtete Privatdozent und spätere Bonner Prof. Dr. Hubert Jedin († 1982) von einer „akademischen Feier" zur 60. Wiederkehr des Reichsgründungstags am 18. Januar 1931, auf der „unser Kanonist Gescher einen Vortrag über Reich und Religion hielt"; „ein in diesem Augenblick recht verfängliches Thema, das er aber mit gewohnter Meisterschaft behandelte". In dieser gedruckt erschienenen Festrede stützte sich Prof. Gescher nicht nur auf damals aktuelle kirchenrechtliche Veröffentlichungen von Kollegen wie Erich Eichmann und Godehard Ebers, sondern hatte auch den Mut zu formulieren: „So volks- und zeitnahe unsere Universitäten sein sollen und wollen, sie dürfen keine Parteihochschulen werden."[52] Von 1931 bis 1933 konnte Prof. Gescher auch die genehmigte Nebentätigkeit des „Universitätspredigers" an der Universitätskirche wahrnehmen.[53] In der Endphase der Weimarer Republik wurde Prof. Gescher wohl 1932 zum – letzten frei gewählten – Dekan der Katholisch-Theologischen Fakultät Breslau gewählt. Er musste aber schon im Mai 1933 dem nationalsozialistisch orientierten Dekan Prof. Dr. Felix Hase († 1973) weichen, wurde dafür jedoch von den Theologiestudenten „unter stürmischem Beifall zum Vertrauensdozenten" gewählt.[54] Der neue Dekan Prof. Hase bezeichnete seinen Amtsvorgänger im Dekanat am 11. Dezember 1933 in einem Bericht an den Rektor der Universität Breslau „als Gegner des Nationalsozialismus, der in politischen Versammlungen und privat den Nationalsozialismus scharf angegriffen habe".[55] Die christlich-politische Gegnerschaft von Prof. Gescher gegen den Nationalsozialismus wird für seine Zeit in Bres-

51 Ibid.

52 Konrad Repgen (Hg.): Hubert Jedin. Lebensbericht. Mit einem Dokumentenanhang, Mainz 1984 (Veröffentlichungen der Kommission für Zeitgeschichte, Reihe A, 35), Mainz 1984, S. 28 und 71 f.; Franz Gescher: Sechzig Jahre Reich und Religion, Breslau 1931, S. 7; vgl. zu Hubert Jedin jetzt Werner Chrobak: Hubert Jedin (1900–1980). Privatdozent und Diözesanarchivar in Breslau, profilierter Kirchenhistoriker in Rom und Bonn, in: Harasimowicz (Hg.), Internationale wissenschaftliche Konferenz (Anm. 27), S. 265–274.

53 Archiwum Uniwersytetu Wrocławskiego, Nachweisung der von Professoren der Universität Breslau bekleideten Nebenämter oder betriebene Nebenbeschäftigungen 1931 ff.

54 Joachim Köhler: Professor Berthold Altaner und sein Engagement in der Katholischen Friedensbewegung. Quellen zur Entfernung aus dem akademischen Lehramt, Archiv für Schlesische Kirchengeschichte 45 (1987), S. 205–220, hier S. 208 f. und S. 217. Vgl. jetzt auch Paul Mai: Berthold Altaner (1885–1964). Kirchenhistoriker und Patrologe und Norbert Widok: Berthold Altaner – swiatoej slawy patrolog wrocławski, beide in Harasimowicz (Hg.), Internationale wissenschaftliche Konferenz (Anm. 27), S. 281–288 und S. 289–295.

55 Bendel, Katholisch-Theologische Fakultät Breslau (Anm. 17), S. 13 f.

lau ebenfalls durch eine neuere Veröffentlichung belegt. Aus den Studien über den Breslauer Patrologen Prof. Dr. Berthold Altaner († 1964) wissen wir, dass Prof. Gescher zu einen „konspirativen Kreis“ gehörte, der sich „in einem Tabakwarenladen am Rande der Breslauer Dominsel“ traf und in den Jahren 1934 bis 1945 über die politischen Tagesereignisse diskutierte.[56]

Seine staatsbürgerliche Grundhaltung wurde Prof. Gescher in der Epoche des Nationalsozialismus auch zum Hindernis, auf eine andere Professur für Kirchenrecht berufen zu werden. Was sein Doktorand und Schüler Prof. Hermann Conrad in seinem Nachruf von 1947 nur angedeutet hatte, dass „Rufe an Universitäten West- und Süddeutschlands, die dem weitab von den rheinischen rechtsgeschichtlichen Quellen Tätigen nicht unwillkommen gewesen wären, aus politischen Gründen verhindert wurden“, kann nun aus den Darstellungen der Theologischen Fakultäten im Nationalsozialismus belegt werden. Aus dem großen Sammelwerk über die „Katholische Theologie im Nationalsozialismus“ wissen wir von zwei Kandidaturen und Beurteilungen über Prof. Gescher bei den Wiederbesetzungsverfahren der Kirchenrechtslehrstühle an den Universitäten Würzburg (1934) und München (1937). An der Katholisch-Theologischen Fakultät Würzburg wurde Prof. Gescher zwar als „als der tüchtigste, fachmännische und bestgeschulte Vertreter an einer theologischen Fakultät“ angesehen, aber u. a. wegen seiner „aktiven Zentrumsarbeit“ und als auswärtiger Ordinarius dann doch nicht berufen, sondern der Rottenburger Priester und Tübinger Privatdozent Dr. Dr. August Hagen († 1963)[57], gegen den Gescher sich zuvor 1930 in Breslau durchgesetzt hatte.[58]

Von der Katholisch-Theologischen Fakultät München wurde Prof. Gescher „zu den führenden deutschen Kanonisten der Gegenwart“ gerechnet und deshalb auf Platz eins ihrer Dreier-Liste gesetzt, weil er für das Kirchenrecht, „wie es der wissenschaftliche Betrieb des an der Grenze zwischen Theologie und Rechtswissenschaft liegenden Faches erfordere“, auch „durch die Schule der Juristen“ gegangen war. Doch die Münchener NS-Dozentenschaft und der Reichserziehungsminister Bernhard Rust († 8.5.1945) favorisierten den umstrittenen Braunsberger Kirchenrechtler Prof. Dr. Hans Barion († 1973), was zu einem „Konkordatsfall“ führte, weil Prof. Barion nicht die Zustimmung der Münchener Fakultät und des Münchener Erzbischofs Michael Kar-

56 Günter J. Ziebertz: Berthold Altaner (1885–1964). Leben und Werk eines schlesischen Kirchenhistorikers, Köln/Weimar/Wien 1997 (Forschungen und Quellen zur Kirchen- und Kulturgeschichte Ostdeutschlands 29), S. 74 u. ö.

57 Weiss, Katholisch-theologische Fakultät Würzburg (Anm. 17), S. 300–302.

58 Vgl. Anm. 47.

dinal Faulhaber († 1952) fand und 1939 auf staatlichen Druck an die Katholisch-Theologische Fakultät der Bonner Universität berufen wurde.[59]

Zwei im Jahre 1981 in Westdeutschland befragte Theologieprofessoren, Prof. Dr. Walter Düring (München, † 1992) und Prof. Dr. Rudolf Schnackenburg (Würzburg, † 2002), die damals Theologiestudenten bei Prof. Gescher in Breslau waren, erinnerten sich „an seinen lebendigen, anschaulichen und mit Humor gewürzten Vortrag". Er habe „es verstanden, durch Beispiele aus der Praxis, der kirchlichen Rechtsgeschichte und aus dem staatlichen Recht seine Vorlesungen einprägsam und lebensnah zu gestalten". Vor allem im Eherecht habe man gespürt, dass Gescher nicht nur ein guter Jurist, sondern auch ein erfahrener Seelsorger gewesen sei. Die Anhänglichkeit an seine rheinische Heimat habe ihn allerdings dem deutschen Osten nicht immer gerecht werden lassen.[60] Auch gehörte Prof. Gescher von Anfang an zum Lehrkörper des von Prof. Dr. Heinrich Weber († 1946) im Jahre 1936 in Breslau für alle deutschen Diözesen und männlichen Orden gegründeten „Institut für kirchliche Verwaltung und Finanzwirtschaft",[61] an dessen im Jahre 1939 begonnenem Lehrgang auch sechs Kölner Kapläne teilnahmen, darunter der spätere Direktor der Kölner Diözesanbibliothek, Prälat Wilhelm Schönartz († 1988).[62]

Bis ins Jahr 1943 hinein war Prof. Gescher mit Aufsätzen und Besprechungen zur rheinischen Kirchenrechtsgeschichte sowohl in der Kanonistischen Abteilung der Zeitschrift für Rechtsgeschichte als auch in den AHVN präsent.[63] Prof. Geschers letzten beiden Besprechungen waren die Dissertation des Kölner Priesters und des in der Nachkriegszeit bekannt gewordenen Professors für Kirchengeschichte Dr. August Franzen († 1972) über den Wiederaufbau des kirchlichen Lebens im Erzbistum Köln unter dem Erzbischof von

59 Weitlauff, Katholisch-Theologische Fakultät München (Anm. 17), S. 180 f.; Wolfgang Spindler: „Humanistisches Appeasement"? Hans Barions Kritik an der Staats- und Soziallehre des Zweiten Vatikanischen Konzils, Berlin 2012 (Sozialwissenschaftliche Schriften 46).

60 Zit. nach: May, Franz Gescher (Anm. 14), S. 439 f.

61 Josef G. Stanzel: Das Institut für kirchliche Verwaltung und Finanzwirtschaft in Breslau 1935–1945. Versuch einer kirchenpolitischen und wissenschaftsgeschichtlichen Einordnung. Zugleich ein Beitrag zu Leben und Werk von Adolf Kardinal Bertram und Heinrich Weber, in: Bernhard Stasiewski (Hg.): Adolf Kardinal Bertram. Sein Leben und Wirken auf dem Hintergrund seiner Zeit Teil 1: Beiträge, Köln/Weimar/Wien 1992, S. 135–197, hier S. 151.

62 Reimund Haas: „Ein vorbildlicher Priester, dessen Gewissenhaftigkeit, Umsicht; Freimut und Bescheidenheit ihn gleichzeitig überlegend und damit überlegen machten." – Prälat Wilhelm Schönartz (14.1.1910–14.12.1988), in: Markus Hofmann/Klaus-Peter Vosen: ... und es gibt sie doch! Bd. 3: 26 weitere Priester in guter Erinnerung, Kißlegg 2016, S. 125–130.

63 Vgl. für die Jahre 1932–1941 Haas, Gescher (Anm. 19), S. 281–283.

Köln, Ferdinand von Bayern (1612–1650), die Prof. Gescher in den beiden Zeitschriften noch 1943 veröffentlichen konnte.[64]

Als Beispiel für die Situation im letzten Wintersemester 1944/45 an der deutschen Universität Breslau bzw. der dortigen Katholisch-Theologischen Fakultät sei aus dem gut erforschten Lebenslauf des späteren Bonner Prälaten und Professors Dr. Dr. Bernhard Stasiewski († 1995) berichtet. Zu Beginn des Wintersemesters wurde dessen theologische Dissertation „Der deutsch-polnische Grenzraum im hohen Mittelalter. Kirchengeschichtliche Beiträge zur Entwicklung der Grenzen im Raum der Netzeniederung, der mittleren Oder und Schlesiens von 1034 bis 1370" mit „summa cum laude" angenommen und die mündlichen Examina für das Semesterende im Februar 1945 angesetzt. Wegen der kriegsbedingten Schließung der Fakultät konnten diese jedoch nicht mehr abgelegt werden.[65] Nach dem überlieferten letzten Vorlesungsverzeichnis hatte Prof. Gescher für das letzte Wintersemester 1944/45 eine vierstündige Vorlesung „Kirchenrecht II" (freitags und sonnabends, 8–10 Uhr) und ein kirchenrechtliches Seminar (nach Vereinbarung) angekündigt.[66] Der „Endkampf" im Zweiten Weltkrieg begann in der „Festung Breslau" ab dem 20. Januar 1945 mit der Evakuierung der „wehruntauglichen Bevölkerung" und endete am 6. Mai 1945 mit der Kapitulation der letzten deutschen Verteidiger unter dem Festungs-Kommandanten General Hermann Niehoff vor der Roten Armee.

Die bisher vorliegenden spärlichen Nachrichten über Prof. Gescher aus dieser Zeit sagen, dass er im Jahre 1944 wohl einen Schlaganfall erlitten hatte, im Januar 1945 Breslau verlassen hat oder ausgewiesen wurde bzw. fliehen musste und sich wohl aus gesundheitlichen Gründen in den niederschlesischen Kurort Bad Kudowa (Kudowa-Zdrói) in der Grafschaft Glatz (Powiat Kłodzki) begeben hat. Ob er sich dann wie andere Breslauer Universitätskollegen nach Bayern oder Westdeutschland „absetzen" wollte, scheint weder wahrscheinlich noch konnte dies bisher hinreichend belegt werden; ebenso nicht, dass er noch einen Ruf an die Universität Mainz erhalten haben soll. Denn Prof. Gescher starb an den Folgen des Schlaganfalls am 15. Oktober 1945 im Alter von 61

64 August Franzen: Der Wiederaufbau des kirchlichen Lebens im Erzbistum Köln unter Ferdinand von Bayern, Erzbischof von Köln 1612–1650, Münster 1941 (Reformationsgeschichtliche Studien und Texte, Heft 69–71). Vgl. die Rezensionen von Gescher in AHVN 142/143 (1943), S. 329–331, bzw. ZRG 63 KA 32 (1943), S. 553–557.

65 Stefan Samerski: Bernhard Stasiewski. Gelehrter, Wissenschaftsmanager, Priester und Mensch, in: Reimund Haas/Stefan Samerski. (Hg.): Bernhard Stasiewski (1906–1995). Osteuropahistoriker und Wissenschaftsorganisator, Münster 2007 (Theologie und Hochschule 3), S. 21–136, hier S. 36.

66 Angaben aus der E-Mail von Christoph Koren, Universitätsarchiv Breslau, vom 16.9.2015.

Jahren und wurde in Grenzeck (Tscherbeney)[67] in der Pfarrei St. Bartholomäus – fern der rheinischen Heimat – beerdigt.

Nachdem es über 60 Jahre nach seinem Tod nur wenige Nachrichten von Prof. Gescher gegeben hatte, konnten durch das Breslauer Universitätsjubiläum und die Partnerschaft der Universitäten Breslau/Wrocław und Köln die Erinnerung an ihn und seine wissenschaftliche Lebensleistung in Köln und Wrocław erstmals näher erforscht und dargestellt werden.

Wiederentdeckter, überregionaler Forscher der kölnischen Kirchenrechtsgeschichte des Mittelalters

Wenn wir abschließend auf das rund 33-jährige Forscherleben von Prof. Dr. Dr. Franz Gescher zurückblicken, so waren davon im „Jahrhundert der Extreme“ für ihn neun Jahre von den beiden Weltkriegen des 20. Jahrhunderts überschattet und haben mit ihren Verlusten auch sein Lebenswerk geprägt. Nach dem Ersten Weltkrieg konnte er sich innerhalb von vier Jahren an den Universitäten Freiburg und Köln eine steile akademische Karriere mit dem Schwerpunkt der mittelalterlichen kölnisch-kirchlichen Rechts- und Verfassungsgeschichte aufbauen. Seine durchweg auf archivalischen Quellen basierenden Studien sind bis heute in allen drei kölnischen Themenfeldern (Erzbischöfliches Generalvikariat/Offizialat, Synodenforschung und Universität) von grundlegender Bedeutung geblieben, wie die regelmäßigen Zitationen in rheinischen Standardwerken belegen. Dabei hat er immer sehr gründlich und solide geforscht und veröffentlicht.

Auch nach dem Jahre 1930 und auch von der Universität Breslau aus blieb Prof. Gescher dem Kölnischen Geschichtsverein und der Kölnischen Rechts- und Kirchengeschichte wissenschaftlich verbunden. Dies belegen nicht zuletzt seine letzten Veröffentlichungen aus dem Jahre 1943. Als das JKGV schon nicht mehr erscheinen konnte, veröffentlichte Prof. Franz Gescher seine letzten beiden Besprechungen, u. a. die der Dissertation seines jungen Kölner Amtsbruders und späteren Professors Dr. August Franzen. Seine letzten beiden Nennungen im amtlichen Schrifttum des Erzbistums Köln finden sich zum einen unter „den in anderen Diözesen tätigen Geistlichen“ im Kölner

67 Hier wirkte von 1932–1939 der am 1. August 1942 im Konzentrationslager Dachau gestorbene und am 19. September 2010 unter Papst Benedikt XVI. in Münster selig gesprochene Kaplan Gerhard Hirschfelder. Vgl. Johannes Nitsche: Seliger Kaplan Gerhard Hirschfelder, in: Helmut Moll (Hg.): Zeugen für Christus. Das deutsche Martyrologium des 20. Jahrhunderts, hg. im Auftrag der Deutschen Bischofskonferenz, 2 Bde., Paderborn ^{6}2015, hier Bd. 1, S. 842–844.

Schematismus von 1941 und zum anderen unten den „seit 1933 verstorbenen Geistlichen“ im Handbuch des Erzbistums Köln von 1954.[68]

Die im Umfeld des 200-jährigen Jubiläums der Breslauer Universität in Köln einsetzende Erforschung seines wissenschaftlichen Lebenswerkes konnte neben den bedauerlicherweise und höchstwahrscheinlich zu konstatierenden Manuskript- und Quellenverlusten seines Nachlasses doch sowohl seine gerettete Handbibliothek ermitteln und beschreiben als auch erstmals übersichtlich seine drei verdienstvollen Forschungsgebiete der mittelalterlichen Rechtsgeschichte des Erzbistums Köln gut bilanzieren: Kölner Konzilien-, Offizialats- und Universitäts-Geschichte des Mittelalters.

Gerade weil Prof. Dr. Dr. Franz Gescher für den aktuellen Band über die Kölner Juristen im 20. Jahrhundert[69] sowie für eine Gedenkveranstaltung zu den Jahren 1914/15 im Oberschlesischen Landesmuseum (Ratingen-Hösel) nicht berücksichtigt worden war, sind seine außerordentlichen Erforschungen zur kölnisch-kirchlichen Rechtsgeschichte des Mittelalters im zweiten Jahrzehnt des 21. Jahrhunderts für die Kölner Bistums-, Rechts- und Stadtgeschichte an den Universitäten Breslau und Köln nun sogar zweifach in Verbindung mit dem Kölnischen Geschichtsverein in der Erinnerung in Köln aktuell festgeschrieben worden.

Lehrveranstaltungen Prof. Dr. Dr. Franz Gescher an der Universität Breslau[70]

Semester	**Thematik**		
SS 1930	*Einführung in das Kirchenrecht*	*Vorl. Mo 9–10*	*Angekündigt N.N.*
	Weiherecht	*Vorl. Fr. 10–11*	*Angekündigt N.N.*
WS 1930/31	Das kirchliche Ämterrecht (Personenrecht II)	Vorl. Mo 9–10, So 8–9	
	Das kirchliche Verfassungsrecht (Personenrecht III)	Vorl. Fr 10–11, So 9–10	
	Verfassung der Erzdiözese Breslau in ihrer geschichtlichen Entwicklung	Seminar So 10–12	
SS 1931	Sachenrecht	Vorl. Mo 9–10, So 8–9	

68 Schematismus des Erzbistum Köln 1941, S. 74; Handbuch des Erzbistum Köln 24 (1954), S. 1042.

69 Augsberg/Funke (Hg.), Kölner Juristen (Anm. 19).

70 Für die genaueren Angaben ab 1940 gilt der herzliche Dank Herrn Christoph Koren vom Universitätsarchiv Wroc aw.

Semester	Thematik		
	Eherecht	Vorl. Fr 10–11, 12–13, So 9–10	
	Die Lateranverträge	Seminar Fr 19–20 ½	Mit Prof. Pohl und Dr. Santifaller
WS 1931/32	Benefizial- und Vermögensrecht	Vorl. So 8–9	
	Straf- und Prozessrecht	Vorl. Mo 9–10, So 9–10	
SS 1932	Kirchenrecht I	Vorl. Fr 9–11, So 8–10	
	Kirchliche Rechts- und Verfassungsgeschichte bis zum 12. Jahrhundert	Vorl. Mo 16–18	Auch für Historiker und Juristen
	Kirchenrechtliches Seminar	Seminar So 11–13	
WS 1932/33	Kirchenrecht II	Vorl. Fr 9–11, So 8–10	
	Kirchliche Rechts- und Verfassungsgeschichte vom Hochmittelalter bis zur Gegenwart	Vorl. Mo 15–16 ½	Auch für Historiker und Juristen
	Kirchenrechtliches Seminar	Seminar So 11–13	
SS 1933	Kirchenrecht III	Vorl. Fr 9–11, So 8–10	
	Grundfragen des Bürgerlichen Rechts in der Seelsorgepraxis	Vorl. Mo 15–16 ½	
	Verfassung des Bistums Breslau im Mittelalter	Seminar So 11–13	
WS 1933/34	Kirchenrecht IV	Vorl. Fr 9–11, So 8–10	
	Das Verhältnis von Staat und Kirche im neuen Deutschland aufgrund des Reichskon-kordates	Vorl. Fr 16–17 ½	
	Die Verfassung des Bistums Breslau im Mittelalter	Seminar So 10–11 ½	
SS 1934	Kirchenrecht I	Vorl. Fr 9–11, So 8–10	
	Kirchenrechtliches Seminar	Seminar So 11–12	
WS 1934/35	Kirchenrecht II	Vorl. Fr. 9–11, So 8–10	

Semester	Thematik		
	Besprechungsstunde zu KR II	Nach Vereinbarung	
	Kirchenrechtliches Seminar	Seminar So 12–13	
SS 1935	Kirchenrecht III	Vorl. Fr 9–11, So 8–10	
	Besprechungsstunde zu KR III	Fr 12–13	
	Kirchliche Rechtsgeschichte	Vorl. Mo 15–16 ½	Auch für Historiker und Juristen
	Kirchenrechtliches Seminar	Nach Vereinbarung	
WS 1935/36	Kirchenrecht IV	Vorl. Fr 9–11, So 8–10	
	Besprechungsstunde zu KR IV	Fr 12–13	
	Grundfragen des Bürgerlichen Rechts in der Seelsorgepraxis	Vorl. 15–16 ½	
	Verfassung der Diözese Breslau im Mittelalter	Seminar nach Vereinbarung	
SS 1936	Kirchenrecht I	Fr 9–11, So 8–10	
	Besprechungsstunde zu KR I	Fr 12–13	
	Kath. u. ev. Kirchenrecht in vergleichender Betrachtung	Fr 12–13	
	Verfassung der Diözese Breslau im Mittelalter	Seminar nach Vereinbarung	
WS 1936/37	Kirchenrecht II	Vorl. Fr 9–11 So 8–10	
	Besprechungsstunde zum KR II	Fr 12–13	
	Verfassung der Diözese Breslau im Mittelalter	Seminar So 12–13	
SS 1937	Kirchenrecht III	Vorl. Fr 9–11, So 8–10	
	Besprechungsstunde zum KR III	Fr 12–13	
	Quellen und Literatur des kanonischen Rechts	Übung Do 17–18	
WS 1937/38	Kirchenrecht IV	Vorl. So 8–10	
	Besprechungsstunde zu KR IV	Vorl. Fr 10–11	
	Kirchliche Rechtsgeschichte I	Vorl. Mo 15–16 ½	

Semester	Thematik		
	Kirchenrechtliches Seminar	So 10–11	
SS 1938	Besprechungsstunde zu KR I	Fr 12–13	
	Kirchliche Rechtsgeschichte II	Vorl. Mo 15–16 ½	
	Kirchenrechtliches Seminar	So 10–11	
WS 1938/39	Kirchenrecht II	Vorl. So 8–10	
	Besprechungsstunde zu KR II	Fr 12–13	
	Grundfragen des bürgerlichen Rechts in der Seelsorgepraxis	Vorl. Mo 15–16 ½	
	Kirchenrechtliches Seminar	So 10–11	
SS 1939	Kirchenrecht III	Vorl. So 8–10	
	Besprechungsstunde zu KR III	Fr 12–13	
	Die Verfassung der Urkirche	Vorl. Fr 11–12	Für Hörer aller Fakultäten
WS 1939/40	Kirchenrecht IV	Vorl. Fr So 8–10	
	Besprechungsstunde zu KR IV	Fr 11–12	
	Kirchenrechtliches Seminar	So 10–11	
I. Trim. 1940	Kirchenrecht IV	Vorl. Fr So 8–10	
	Kirchenrechtliches Seminar	Nach Vereinbarung	
II. Trim. 1940	Kirchenrecht I	Vorl. Fr, So 8–10	
	Kirchenrechtliches Seminar	Nach Vereinbarung	
III. Trim. 1940	Kirchenrecht II	Vorl. Fr, So 8–10	
	Kirchenrechtliches Seminar	Nach Vereinbarung	
I. Trim. 1941	Kirchenrecht II(I)	Vorl. Fr, So 8–10	
	Kirchenrechtliches Seminar	Nach Vereinbarung	
SS 1941	Kirchenrecht IV	Vorl. Fr, So 8–10	
	Kirchenrechtliches Seminar	Nach Vereinbarung	
WS 1941/42	Kirchenrecht I	Vorl. Fr, So 8–10	

Semester	Thematik		
	Kirchenrechtliches Seminar	Nach Vereinbarung	
SS 1942	Kirchenrecht I	Vorl. Fr, So 8–10	
	Kirchenrechtliches Seminar	Nach Vereinbarung	
WS 1942/43	Kirchenrecht II	Vorl. Fr, So 8–10	
	Kirchenrechtliches Seminar	Nach Vereinbarung	
SS 1943	Kirchenrecht III	Vorl. Fr, So 8–10	
	Kirchenrechtliches Seminar	Nach Vereinbarung	
WS 1943/44	Kirchenrecht IV	Vorl. Fr, So 8–10	
	Kirchenrechtliches Seminar	Nach Vereinbarung	
SS 1944	Kirchenrecht I	Vorl. Fr, So 8–10	
	Kirchenrechtliches Seminar	Nach Vereinbarung	
WS 1944/45	Kirchenrecht II	Vorl. Fr, So 8–10	
	Kirchenrechtliches Seminar	Nach Vereinbarung	

„…Der vom Rhein". Ein langer Weg von Köln nach Kaliningrad

Der sowjetdeutsche Schriftsteller Rudolf Jacquemien (1908–1992)

von Jürgen Brautmeier

Gemeinsam haben wir die Last getragen,
die unverdiente Schuld, das ‚Feinde' sein,
geächtet und beschimpft, doch ohne Klagen,
die Deutschen von der Wolga, der vom Rhein.

RUDOLF JACQUEMIEN,
Gemeinsamkeit der Völkerfreundschaft, 1988

Abb. 1: Portrait Rudolf Jacquemien (privat)

Stationen des Lebensweges von Rudolf Jacquemien

Köln
Hamburg – Archangelsk – Leningrad
Karpinsk (Ural) – Karaganda (Kasachstan) – Karpinsk (Ural)
Kaunas – Kaliningrad – Zelinograd (Kasachstan)
Kaliningrad

Einleitung

Die Geschichte der Deutschen in Russland hat viele Facetten. Die Einwanderer des 18. Jahrhunderts waren überwiegend Bauern und Handwerker, die ab 1764 dem Ruf Katharinas II. gefolgt waren und sich an der Wolga, am Dnjepr, im Kaukasus oder im Altaigebiet angesiedelt hatten und dort meistens in geschlossenen Ansiedlungen lebten – und den Kontakt zur alten Heimat verloren hatten. Am Ende des 19. Jahrhunderts betrug die Zahl dieser Russlanddeutschen

Jahrbuch des Kölnischen Geschichtsvereins 82 (2013/14), S. 265–295

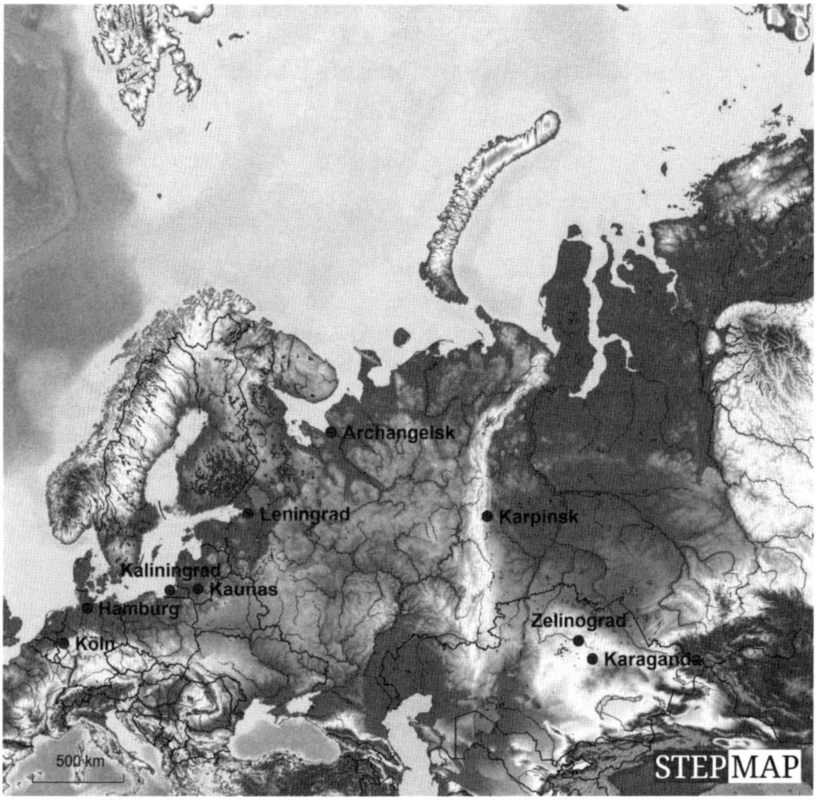

Abb. 2: Karte mit den Stationen des Lebensweges von Rudolf Jacquemien (erstellt von J. Brautmeier mit Stepmap).

knapp 1,2 Millionen. Nach der Jahrhundertwende, vor allem seit der Oktoberrevolution und besonders unter Stalin reduzierte sich diese Zahl durch Krieg, Hunger und Unterdrückung bis 1939 um mehrere Hunderttausend. Im Spätsommer des Jahres 1941 wurden sie das Opfer weiterer Willkürmaßnahmen, denn sie wurden aus den europäischen Teilen der Sowjetunion zwangsweise nach Osten deportiert, überwiegend nach Sibirien, nach Kasachstan und an den Ural. Die gegen sie verhängten Maßnahmen wurden erst im August 1964 eingestellt. Ein Dekret, das damals allerdings nicht veröffentlicht wurde, rehabilitierte die Russlanddeutschen, ohne das ihnen angetane Unrecht aber in irgendeiner Weise wiedergutzumachen. Diese Facette der Geschichte ist gut erforscht.[1]

1 Ein kurzer Überblick bei Detlef Brandes: Die Deutschen in Rußland und der Sowjetunion, in: Klaus J. Bade (Hg.): Deutsche im Ausland – Fremde in Deutschland. Migration

Eine andere Facette ist die der politischen deutschen Exilanten, die vor und nach Hitlers Machtergreifung im Jahr 1933 Deutschland verlassen hatten und nach Russland, vor allem Moskau, emigriert waren. Auch ihr Schicksal war ungewiss und dramatisch, denn zahlreiche deutsche Kommunisten fielen in der Folgezeit den stalinistischen Säuberungen zum Opfer.[2] Diejenigen, die überlebten, gingen nach dem Krieg zurück nach Deutschland, einige wenige nach Westdeutschland, wie z. B. Herbert Wehner, der aber bereits 1941 sein Exil von Moskau nach Schweden verlegt hatte. Die meisten gingen jedoch nach Ostdeutschland, wie die „Gruppe Ulbricht", die in den letzten Tagen des Krieges Anfang Mai 1945 nach Berlin zurückkehrte. Auch diese Facette ist gut erforscht und durch das Buch eines der Mitglieder der Gruppe Ulbricht, Wolfgang Leonhard, im politischen Bewusstsein Nachkriegsdeutschlands verankert.[3]

Diese beiden Facetten bilden den Hintergrund, auf dem sich das Schicksal von Rudolf Jacquemien abspielte. Jacquemien war gebürtig aus Köln, nach harter Kindheit und Jugend von Hamburg aus zur See gegangen, u. a. nach Afrika und Südamerika. Im Winter 1930 kam er auf einem Schiff nach Archangelsk in der damaligen Sowjetunion. Dort verliebte er sich in ein russisches Mädchen und heiratete es. Er lebte ab 1932 in Leningrad und erhielt 1936 die sowjetische Staatsbürgerschaft. Sein Lebens- und Leidensweg in der Sowjetunion vor, während und nach dem Zweiten Weltkrieg, der ihn vor allem 16 Jahre, nämlich von 1941 bis 1957, im „Archipel Gulag"[4] im Ural, in Kasachstan und erneut im Ural verbringen ließ, kreuzte sich in vielfältiger Weise mit den Wegen und Schicksalen der Deutschen in Russland, insbesondere der Russlanddeutschen im traditionellen Sinn, aber auch der Exilanten.

---

in Geschichte und Gegenwart, München 1992, S. 85–134. Ausführlich zuletzt György Dalos: Die Geschichte der Russlanddeutschen. Von Katharina der Großen bis zur Gegenwart, München 2014. Ein ausführliches Literaturverzeichnis zur Geschichte der Russlanddeutschen unter URL: http://www.russlanddeutschegeschichte.de/literatur.htm (Stand: 12.12.2018).

2 Zusammenfassend z. B. Hermann Weber: Hotel Lux – Die deutsche kommunistische Emigration in Moskau, in: Horst Möller/Alexandr ubar'jan (Hg.): Mitteilungen der Gemeinsamen Kommission für die Erforschung der jüngeren Geschichte der deutschrussischen Beziehungen Bd. 4, München 2010, S. 196–203.

3 3 Wolfgang Leonhard: Die Revolution entläßt ihre Kinder, Köln 1955.

4 Nach wie vor die eindringlichste Aufarbeitung des Systems der sowjetischen Zwangsarbeitslager, wenn auch vor allem mit literarischem denn wissenschaftlichem Ansatz, ist die von Alexander Solschenizyn: Der Archipel Gulag, 3 Bde., Bern 1974–76. Solschenizyn verbrachte acht Jahre, von 1945 bis 1953, in Lagern und Haftanstalten und wurde erst 1956 rehabilitiert – wie Rudolf Jacquemien auch, s. u.; vgl. Johannes Grützmacher: Meilenstein der Literatur und der Geschichtsschreibung. Solschenizyns „Archipel Gulag" aus heutiger Sicht, in: Zeithistorische Forschungen/Studies in Contemporary History, Online-Ausgabe, 3 (2006), Heft 3, URL: http://www.zeithistorische-forschungen.de/3–2006/id=4505 (Stand: 12.12.2018), Druckausgabe: S. 475–479.

Erst Jahre nach dem Krieg fand er in der Sowjetunion Anerkennung als deutschsprachiger Schriftsteller und wurde Mitglied des sowjetischen Schriftstellerverbandes. Wohnhaft war er zu dieser Zeit zuerst in Kaunas in Litauen, weil seine Frau und seine Tochter dort lebten und arbeiteten; von dort zogen sie 1960 nach Kaliningrad um. Er arbeitete dann noch knapp fünf Jahre in Zelinograd für die deutschsprachige Zeitung *Freundschaft,* ein Organ der Kommunistischen Partei in Kasachstan, bevor er als Rentner zurück nach Kaliningrad zog, dem alten Königsberg, wo er am 12. November 1992 starb.[5] Vorher hatte er zwischen 1966 und 1990 seine Geburtsstadt Köln und dort seine zahlreiche deutsche Verwandtschaft insgesamt viermal besucht. Dies geht aus Briefen seiner Tochter Margot (Rufname Rita) hervor, die diese über das Leben ihres Vaters an einen ostdeutschen Schriftsteller, einen Bekannten ihres Vaters in Dresden, Gottfried Jürgas, schickte. Jürgas, der sich vor allem als Reiseschriftsteller einen Namen gemacht hat, wollte seine eigene Lebensgeschichte veröffentlichen und darin auch über Jacquemien schreiben, den er „zu den besten Dichtern deutscher Sprache in der UdSSR" zählte.[6] Jürgas starb aber vor der vollständigen Fertigstellung seines Werkes.[7]

Abschriften der zwölf in russischer Sprache geschriebenen Briefe schickte die Tochter auch an die Verwandtschaft in Köln, die sie übersetzen ließ. Hauptsächlich aus diesen Briefen, aber auch aus anderen Quellen soll im Folgenden der Lebensweg von Rudolf Jacquemien nachgezeichnet werden, der zumindest phasenweise ein Leidensweg war. Drei Aspekte seines Weges sollen gesondert betrachtet werden: sein familiärer Hintergrund, sein beruflicher und allgemeiner Werdegang sowie seine journalistische und schriftstellerische Arbeit in der Sowjetunion. Daraus soll ein Porträt dieses ungewöhnlichen und in seiner Kölner Heimat so gut wie vergessenen Mannes entstehen, das Portät von Rudolf Jacquemien, der sich selbst im hohen Alter noch als „der vom Rhein" verstand.

5 Als Todesdatum wird in den meisten biographischen Quellen fälschlicherweise der 20. September 1992 genannt, so auch zuletzt in: LUTZ HAGESTEDT (Hg.): Deutsches Literatur-Lexikon. Das 20. Jahrhundert. Biographisch-Bibliographisches Handbuch Bd. 22, Berlin 2014, S. 314. Seine Tochter schreibt aber in ihren Briefen an Verwandte in Deutschland, dass er am 12. November 1992 in ihren Armen zu Hause gestorben sei und am 16. November 1992 begraben wurde (Briefe vom 13.12.1992 und 18.12.1992 an Christel Werner).

6 Gottfried Jürgas an Christel Werner, 2.7.2002.

7 Zwischen 1994 und 2004 verfasste Jürgas 18 Teile seiner Erinnerungen, die er in Heftform ab 1999 im Eigenverlag herausgab und innerhalb derer auch die Erinnerungen an Freunde integriert sein sollten. Vgl. GOTTFRIED JÜRGAS: Heimkehr nach Dresden. Kindheitserinnerungen zwischen Tag und Traum, 18 Hefte, Dresden 1999–2004.

Herkunft und Familie

Rudolf Jacquemien wurde am 16. Februar 1908 in Köln geboren. Sein Großvater Bartholomäus Rudolf und sein Vater Fritz waren Handwerker, der Vater war Klempner und Installateur. Die katholische Familie lebte in der Straße Im Sionstal im „Vringsveedel", dem Severinsviertel im Herzen Kölns in der Nähe des Rheins.[8] Der Vater hatte zwei Brüder, Adam und Wilhelm, beide Dachdecker, und zwei Schwestern, Maria und Erna. Adam führte in Bad Neuenahr z. B. die Dachdeckerarbeiten für das 1905 fertiggestellte Kurhaus aus.[9] Rudolf hatte einen deutlich älteren Bruder, Matthias, der ebenfalls Dachdecker war und durch einen Sturz vom Dach eine Wirbelsäulenverletzung erlitten hatte und dadurch körperlich behindert war, sowie zwei deutlich ältere Schwestern, Berta und Anna.

Der Vater Fritz starb, als Rudolf drei Jahre alt war. Als die Mutter sieben Jahre später ebenfalls starb, wurde er, der 15 Jahre jünger war als die jüngste Schwester, zunächst in ein Waisenhaus in Köln gegeben. Von dort kam er in ein kirchliches Waisenhaus, wohl das St. Vinzenz-Kinderheim in Stolberg,[10] wo die Nonnen ein strenges katholisches Regiment führten. Das Katholische scheint ihm dadurch verleidet worden zu sein. Während seiner späteren Wanderjahre wurde er nämlich einmal zusammen mit Freunden aus einem christlichen Nachtasyl geworfen, weil er der Aufforderung nicht nachkommen wollte, in den Gottesdienst zu gehen.[11] Und in einer biographischen Notiz ist, leider ohne Quellenangabe, die Rede davon, dass er 1926 wegen „gotteslästerlicher Reden" aus einem katholischen Jugendverband ausgeschlossen worden sei.[12]

Nach dem Waisenhaus machte er 1923/24 eine zweijährige Schlosserlehre und hielt sich danach, in der zweiten Hälfte der 1920er Jahre, mit Gelegenheitsarbeiten über Wasser. In dieser Zeit entwickelte sich seine kommunistische politische Orientierung, auch lernte er Ernst Thälmann kennen, den Vorsitzenden der Kommunistischen Partei Deutschlands.[13] Thälmann leitete auch den

8 Auskunft von Christel Werner, 31.10.2015.

9 Hubert Rieck: Aus der Geschichte des Heilbades Neuenahr: Kurhaus und Kurtheater im Wandel der Zeiten, URL: https://www.kreis-ahrweiler.de/kvar/VT/hjb1996/hjb1996.27.htm (Stand: 12.12.2018).

10 Dies geht aus einer handschriftlichen Ergänzung im Brief Margot Jacquemiens vom 17.1.2002 hervor.

11 Margot Jacquemien: Rudolf Jacquemien. Sein Leben in Briefen seiner Tochter Margot an Gottfried Jürgas, Dresden, aus dem Russischen von U. Tröger, Köln 2004 (unveröffentlicht, Kopie im Archiv des Verfassers; im Folgenden zitiert als: „Margot Jacquemien an Gottfried Jürgas"), Brief vom 17.1.2002.

12 Hagestedt, Literatur-Lexikon (Anm. 5), S. 314.

13 Friedrich Bolger: Vorwort, in: Rudolf Jacquemien: Lesebuch, Alma-Ata 1987, S. 10.

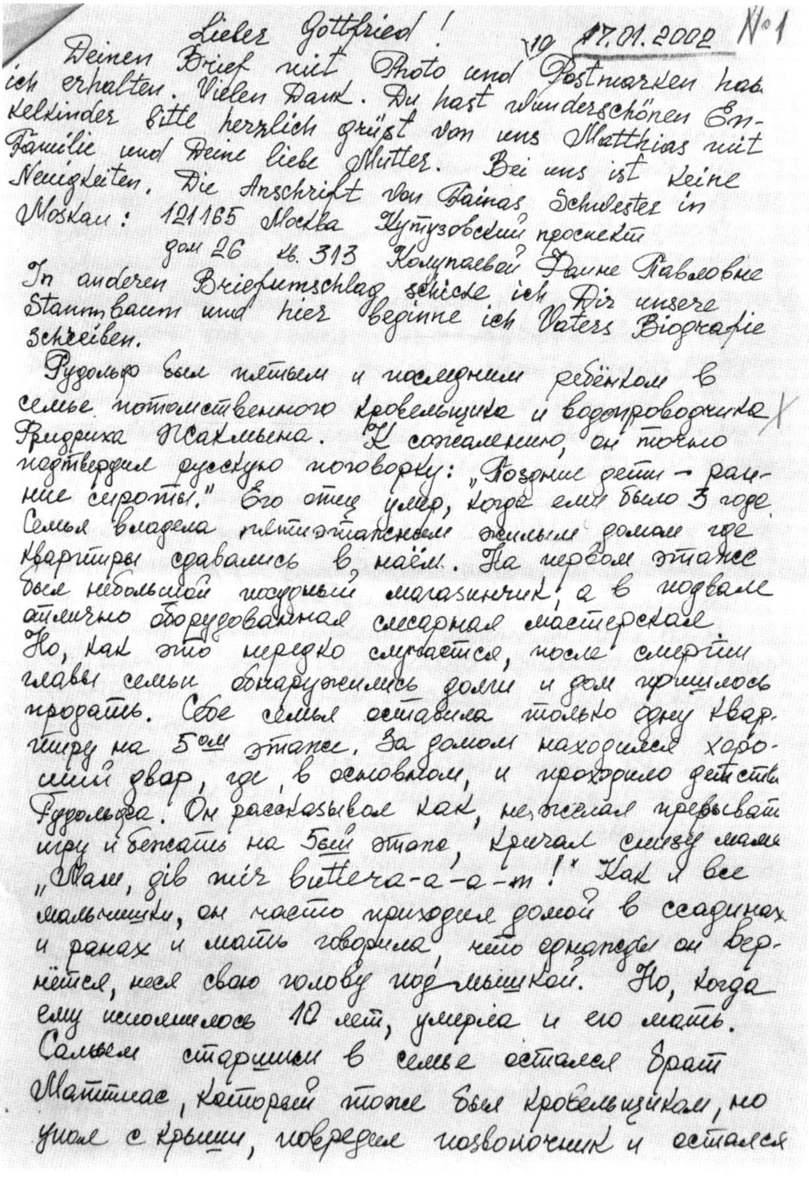

Lieber Gottfried! 19 17.01.2002 №1
Deinen Brief mit Photo und Postmarken hab
ich erhalten. Vielen Dank. Du hast wunderschönen En-
kelkinder bitte herzlich grüßt von uns Matthias mit
Familie und Deine liebe Mutter. Bei uns ist keine
Neuigkeiten. Die Anschrift von Rainas Schwester in
Moskau: 121165 Москва Кутузовский проспект
дом 26 кв. 313 Колупаевой Раисе Павловне
In anderen Briefumschlag schicke ich Dir unsere
Stammbaum und hier beginne ich Vaters Biografie
schreiben.
Рудольф был пятым и последним ребёнком в
семье потомственного кровельщика и водопроводчика
Фридриха Жакмьена. К сожалению, он точно
подтвердил русскую поговорку: „Поздние дети – ран-
ние сироты." Его отец умер, когда ему было 3 года.
Семья владела пятиэтажным жилым домом где
квартиры сдавались в наём. На первом этаже
был небольшой посудный магазинчик, а в подвале
отлично оборудованная слесарная мастерская.
Но, как это нередко случается, после смерти
главы семьи обнаружились долги и дом пришлось
продать. Себе семья оставила только одну квар-
тиру на 5ом этаже. За домом находился хоро-
ший двор, где, в основном, и проходило детство
Рудольфа. Он рассказывал как, не желая прерывать
игру и бежать на 5ый этаж, кричал снизу маме
„Mam, gib mir Butter-a-a-m!" Как и все
мальчишки, он часто приходил домой в ссадинах
и ранах и мать говорила, что однажды он вер-
нётся, неся свою голову под мышкой. Но, когда
ему исполнилось 10 лет, умерла и его мать.
Самым старшим в семье остался брат
Маттиас, который тоже был кровельщиком, но
упал с крыши, повредил позвоночник и остался

Abb. 3: Originalbrief Margot Jacquemiens vom 17.1.2002 (privat).

Roten Frontkämpferbund (RFB), den paramilitärischen Kampfverband der Partei, der 1929 verboten wurde, und Rudolf Jacquemien scheint beteiligt gewesen zu sein, „Arbeiterdemonstrationen gegen die Angriffe der Faschisten“ zu schützen.[14] Erstaunlich ist, dass Rudolf Jacquemien, obwohl er Kontakte zu ihr hielt, seine engere Verwandtschaft nicht um Hilfe bat, weder um bei ihr unterzukommen noch um Arbeit zu finden. Vielleicht hatte dies mit seiner politischen und antikatholischen Überzeugung zu tun, die in der eigenen Familie wohl nicht geteilt wurde.

Die Suche nach Arbeit führte ihn nach Hamburg, von wo er zur See fuhr und die Welt kennenlernte. Er arbeitete auf deutschen und ausländischen Schiffen als Heizer. Eine dieser Fahrten sollte sein weiteres Leben entscheidend beeinflussen bzw. in neue Bahnen lenken. In der nordrussischen Hafenstadt Archangelsk am Weißen Meer, nur 225 km vom nördlichen Polarkreis entfernt, musste Rudolf Jacquemien Ende 1930/Anfang 1931 überwintern, da die Nördliche Dwina, in der sein Schiff lag, zugefroren war. Im Seemannsklub von Archangelsk lernte er eine junge Frau kennen, in die er sich verliebte. Galina Fjodorowna Kusnezowskaja war eine Komsomolzin, also ein Mitglied der Jugendorganisation der KPdSU, „ein hübsches und fröhliches Mädchen“, und auch Rudolf war nach den Worten seiner Tochter „ein fröhlicher Mensch und auch noch hübsch“.[15] Beide heirateten, aber im Sommer 1931 musste er zurück nach Deutschland, weil er kein Visum für die Sowjetunion hatte.

Er trat in dieser Zeit, im Jahr 1931, also nach seinem Aufenthalt in Archangelsk, in die Kommunistische Partei Deutschlands (KPD) ein,[16] vielleicht – aber das ist Spekulation –, um so einfacher an ein Visum für die Sowjetunion zu kommen. Seine Tochter schildert es so, dass er KPD-Mitglied wurde, weil „die Arbeiterklasse in Hamburg immer sehr stark“ war und „einen großen Zusammenhalt hatte“.[17] In dieser Zeit wurde er auch Zeuge, „wie eines Tages Dockarbeiter im Hamburger Hafen Hitler mit verfaultem Gemüse und stinkenden Eiern bewarfen, als er dorthin gekommen war, um aufzutreten“.[18] Vielleicht hatte ihn auch „das Leben des freien Landes“,[19] das er in Archangelsk kennengelernt hatte, für den Kommunismus gewonnen.

Im Herbst 1931 erhielt er ein Visum und kehrte zu seiner Frau Galina nach Archangelsk zurück. Am 8. Februar 1933 kam Tochter Margot in Leningrad

14 Margot Jacquemien an Gottfried Jürgas, 17.1.2002.
15 Margot Jacquemien an Gottfried Jürgas, 16.2.2002 und 17.1.2002.
16 Annelore Engel-Braunschmidt/Clemens Heithus: Bibliographie der sowjetdeutschen Literatur 1960–1985. Ein Verzeichnis der in Buchform erschienenen sowjetdeutschen Publikationen, Köln 1987 (Studien zum Deutschtum im Osten 20), S. 71.
17 Margot Jacquemien an Gottfried Jürgas, 17.1.2002.
18 Margot Jacquemien an Gottfried Jürgas, 16.2.2002.
19 Ibid.

Abb. 4: Rudolf Jacquemien und seine Frau Galina (privat).

zur Welt, die später Rita gerufen wurde. In Leningrad hatte Rudolf Jacquemien Arbeit als Schlosser und daneben als Sprecher beim deutschsprachigen Rundfunk gefunden. In der Erinnerung der Tochter, ob gespeist aus den späteren Erzählungen des Vaters oder nicht, zeigte sich in dieser Leningrader Zeit der „zänkische Charakter" der Mutter, wobei sie vor allem mit den Mitbewohnern in der Gemeinschaftswohnung stritt und anschließend auch mit ihrem Mann. „Sie ist eine abscheuliche Egoistin, die niemals und niemandem jemals etwas umsonst tun würde, einfach so, aus Freundschaft", so die Tochter in der Rückschau.[20]

Rudolf Jacquemien erhielt im Jahr 1936 die sowjetische Staatsbürgerschaft.[21] Die „große Politik" holte Rudol'f (Fridrichovi) Žakm'en, so sein russischer Name, erstmals persönlich ein, als die Sowjetunion im Winter 1939 Finnland

20 Ibid.
21 Engel-Braunschmidt/Heithus, Bibliographie (Anm. 16), S. 71.

angriff. An diesem Feldzug nahm er als Freiwilliger teil. Seine Einheit lag in der Nähe Leningrads, so dass ihn seine Frau, die in einer Druckerei arbeitete, und seine Tochter dort besuchen konnten. Im Sommer 1940 war er wieder zu Hause. Sein Leben hatte er behalten, aber er hatte sehr unter den extremen Wetterverhältnissen und der mangelnden Ernährung gelitten.

Nach Hitlers Angriff auf die Sowjetunion wurde er im Sommer 1941 eingezogen und sah seine Frau und seine Tochter, die kurz vor der Blockade der Stadt evakuiert wurden, für lange Zeit zum letzten Mal, nämlich für 16 Jahre. Seine Frau Galina ging zunächst mit ihrer Tochter in die Heimat ihrer Familie an der Nördlichen Dwina, dort fand sie in einem Dorfladen Arbeit. Das Leben im Norden war hart, besonders im Winter, und die Verwandtschaft war nicht sehr hilfsbereit, weshalb Mutter und Tochter im Herbst 1942 nach Archangelsk umzogen. Dort lebten sie in einem Zimmer in der Wohnung von Verwandten, und Galina arbeitete als Hausmeisterin. Rudolf brachte es in dieser Zeit bis zum Leutnant in der Roten Armee.

Als im November 1943 Arbeiter für den Wiederaufbau der Stadt Noworossijsk am Schwarzen Meer gesucht wurden, gingen Mutter und Tochter dorthin. Weil die Arbeit aber sehr schlecht bezahlt wurde, gab Galina sie auf und arbeitete als Fotografin, da sie die Ausrüstung ihrer beiden Brüder, die beide Fotografen gewesen und im Krieg gefallen bzw. vermisst waren, geerbt hatte. Bis zum Ende des Krieges lebten Mutter und Tochter in der Region Krasnodar in der Nähe des Schwarzen Meeres.

Da die Tochter an Malaria erkrankte und die Ärzte ihre Mutter warnten, dass sie nicht überleben werde, wenn sie nicht in ein anderes Klima käme, kehrten beide im November 1945 nach Leningrad zurück. Sie bekamen ihre Möbel und andere Sachen – inklusive der Buntstifte der Tochter –, die sie vor der Evakuierung besessen hatten, zurück. Galina arbeitete jetzt als Putzfrau in der Druckerei, in der sie vor dem Krieg gearbeitet hatte, und sie suchte den Kontakt zu ihrem Mann, der im Oktober 1941 zur „Arbeitsarmee" nach Karpinsk im Ural versetzt worden war, einer militarisierten Form der Zwangsarbeit. Rudolf Jacquemien schrieb ihr aber Ende 1945, dass er eine neue Familie habe mit einer Frau und deren elfjährigem Sohn. Seine Tochter sollte zu ihm kommen, was die zwölfjährige Rita aus Liebe zur Mutter aber nicht wollte.

Im April 1946 verließ ihn die neue Frau, weil er aufgrund einer Denunziation zu acht Jahren Haft in einem Arbeitslager in die Nähe des Dorfes „Dolinok"[22] in Kasachstan verurteilt worden war, aber auch seine Frau Galina

22 Gemeint ist wohl das Dorf Dolinka, in dem sich die Verwaltung des Lagers Karaganda befand. In der Region um die Stadt Karaganda in Kasachstan war in den 1930er Jahren eine großräumige Erschließung der riesigen Kohlevorkommen begonnen worden, und zwar im Wesentlichen durch Häftlinge; vgl. die Angaben zum Lager Karaganda in URL:

ließ sich von ihm scheiden, weil sie nicht die Frau eines Strafgefangenen sein wollte, was für ihr Leben und ihre Arbeit nachteilige Auswirkungen haben konnte. Den brieflichen Kontakt mit ihm hielten Mutter und Tochter dennoch aufrecht, hin und wieder erhielt er auch Pakete mit Lebensmitteln. Im Sommer gingen Mutter und Tochter nach Vilnius, weil dort in Litauen Mitarbeiter für eine Zeitung für die russische Bevölkerung gesucht wurden und Galina als Korrektorin arbeiten konnte. Weil die Bezahlung aber auch hier nicht zum Leben reichte, verließ sie die Zeitung bald wieder und arbeitete als freie Fotografin, im Winter in den Dörfern um Vilnius, im Sommer als Strandfotografin an der Ostsee. In dieser Zeit begann die Zerrüttung des Verhältnisses von Mutter und Tochter, weil, so die Tochter, die Mutter eine strikte Unterordnung von ihr forderte, wozu diese nicht bereit war. Rita schrieb regelmäßig an ihren Vater.

Nach der Schule nahm Rita in Litauen ein elektrotechnisches Studium auf, und zwar in Kaunas. Sie bekam einen Platz im Studentenwohnheim und ein Stipendium, womit sie die lang ersehnte Unabhängigkeit von ihrer Mutter erreichte. Da diese aber nicht alleine in Vilnius leben wollte, zog sie ebenfalls nach Kaunas. Nach dem Ende seiner Haft in Kasachstan im Mai 1954 durfte Rudolf Jacquemien nicht nach Hause, sondern lediglich zurück nach Karpinsk, wo er verhaftet und verurteilt worden war; dort besuchte ihn Galina. Erst im März 1957 konnte er nach 16 Jahren wieder zurück zu seiner Familie, also jetzt nach Kaunas. Galina machte ihm aber – vor allem, so lange er keine Arbeit hatte – das Leben schwer, was erst besser wurde, als er wieder eine Arbeit als Schlosser fand, so die Tochter.

Nach der Beendigung ihres Studiums ging Rita 1958 als Konstrukteurin in eine Schiffbaufabrik nach Kaliningrad, wo sie ihre Eltern öfter besuchten. Weil ihnen Kaliningrad gefiel, bezogen alle drei dort im März 1960 gemeinsam eine kleine Wohnung, und Rudolf fand erneut eine Arbeit als Schlosser. Die Streitereien mit der Mutter, die nicht mehr arbeitete, begannen aber aufs Neue, und die Tochter blieb nur ihrem Vater zuliebe in der gemeinsamen Wohnung. Auch die erneute Heirat von Vater und Mutter brachten in den Augen der Tochter im zänkischen Verhalten der Mutter nicht die erhoffte Verbesserung. Für Rudolf und seine Tochter Rita war es familiär offenbar eine schwere Zeit.

Rita heiratete im Januar 1961, ihr Mann zog mit in die kleine gemeinsame Wohnung, sie wurde schwanger. Der ständige Streit mit der Mutter führte, so beschreibt sie es, zu einer Frühgeburt, der Junge starb wenige Tage später.

---

http://www.gulag.memorial.de/lager.php?lag=191 (Stand: 12.12.2018); Vgl. auch Reinhold Neumann-Hoditz: Solschenizyn in Selbstzeugnissen und Bilddokumenten, Reinbek bei Hamburg 1974, S. 45.

Galina machte ihrer Tochter heftige Vorwürfe und erfand verleumderische Versionen wie die, dass das Kind gestohlen und eine fremde Leiche untergeschoben worden sei. Nach Aussage ihrer Tochter hielt man sie für verrückt, ohne das aber förmlich feststellen zu lassen.[23] Im Januar 1963 bekam Rita eine Tochter, Natascha.

Das Interesse an seiner Verwandtschaft in Deutschland war nie erloschen. Rudolf Jacquemien hatte sich 1948, als er in Kasachstan in der Haft auf deutsche Kriegsgefangene traf, nach seiner Heimatstadt Köln erkundigt. Durch Zufall war einer der Befragten ein Schulfreund des Sohnes seines Bruders Matthias, der mit Vornamen ebenfalls Matthias hieß. 1960 schrieb Jacquemien aus Kaliningrad an die Stadt Köln, um sich nach seinen Verwandten zu erkundigen, erhielt aber anscheinend keine Antwort. Erst als ein Deutscher sich brieflich nach seinem Haus in Kaliningrad erkundigte und Rudolf diesen Brief zum Übersetzen bekam, weil er in Deutsch abgefasst war, entspann sich ein Briefwechsel, der dazu führte, dass er die Adresse seines Neffen Matthias erhielt, des älteren Sohnes seines Bruders, derselbe, dessen Schulfreund er in der Haft getroffen hatte. Dieser Neffe war nur zwölf Jahre jünger als Rudolf, und sie schrieben sich in der Folgezeit regelmäßig.

Im Januar 1966[24] zog Rudolf mit seiner Frau nach Zelinograd[25] in Kasachstan, wo viele Russlanddeutsche nach ihrer erzwungenen Umsiedlung im Jahr 1941 lebten. Er sollte als Redakteur für die deutschsprachige Zeitung *Freundschaft* arbeiten. Von Zelinograd aus besuchte er zusammen mit seiner Frau auf Einladung seines Neffen Matthias im Jahr 1966 erstmals wieder seine Heimatstadt Köln. Dort gab es sein Geburtshaus nicht mehr, er traf aber noch seine beiden Schwestern, die im Altenheim lebten. Ebenso gab es ein Wiedersehen mit zahlreichen Vettern und Cousinen. Mit seiner Frau blieb er vier Wochen dort. 1968 lud ihn der Neffe erneut ein, woraufhin er diesmal mit seiner Tochter Rita, wieder für vier Wochen, die Verwandten besuchte. Nach seiner Pensionierung im Jahr 1970 und der Rückkehr nach Kaliningrad besuchte er aber-

23 Margot Jacquemien an Gottfried Jürgas, 5.6.2002.

24 Im Brief vom 5.6.2002 nennt Margot Jacquemien den Januar 1965. Die Zeitung *Freundschaft* erschien aber erst im Januar 1966; vgl. Olesja Klimenko: Kasachstandeutscher Dialog 2.0, Deutsche Allgemeine Zeitung. Die Deutsch-Russische Wochenzeitung in Zentralasien, 22.8.2014, URL: http://daz.asia/blog/kasachstandeutscher-dialog-2-0/ (Stand: 12.12.2018); vgl. auch die biographischen Angaben bei Engel-Braunschmidt/Heithus, Bibliographie (Anm. 16), S. 71.

25 Diesen Namen hatte die Stadt nur von 1961 bis 1991. Von 1830 bis 1961 hieß sie Akmolinsk, von 1992 bis 1998 Aqmola. Die heutige Hauptstadt Kasachstan trug bis März 2019 den Namen Astana, ehe sie erneut umbenannt wurde: mittlerweile heißt sie Nursultan zu Ehren des langjährigen Präsidenten Kasachstans Nursultan Nasarbajew; vgl. Fischer Weltalmanach 40/1999, Frankfurt a. M. 1998, S. 415.

Abb. 5: Rudolf Jacquemien und seine Tochter Rita 1985 (privat).

mals mit seiner Frau die Verwandten in Köln.[26] Überhaupt ging es ihnen jetzt finanziell gut und sie reisten oft, einmal auch nach Moskau, um dort eine durchreisende Nichte aus Deutschland zu treffen. Seine Vortragsreisen führten Jacquemien gerade im Ruhestand vielerorts durch die Sowjetunion und sehr oft in die DDR, er war quasi „Ständig auf Walze [sic!]", wie es im Vorwort zu einem seiner Bücher heißt.[27]

Das Leben mit seiner Frau muss schwer gewesen sein. Seine Tochter Rita schildert es so, dass er sich von ihr nicht trennte, weil er zu gutmütig war. 1990 fuhr er mit Rita, ihrer Tochter Natascha und deren Mann Kolja ein letztes Mal zu Verwandten in die alte Heimat. Jacquemien war schon kränklich und ver-

26 Von diesen Besuchen in Köln wusste Ingmar Brantsch offenbar nichts, vgl. INGMAR BRANTSCH: Ein Kölner in Königsberg, in: Neues Rheinland 2/1989, S. 14, u. DERS.: Jacquemien, Rudolf, in: Kulturstiftung der deutschen Vertriebenen (Hg.): Ostdeutsche Gedenktage 1998. Persönlichkeiten und historische Ereignisse, Bonn 1997, S. 81–85. Brantsch scheint auch die Quelle für das falsche Todesdatum Jacquemiens zu sein.

27 BOLGER, Vorwort (Anm. 13), S. 4.

brachte die meiste Zeit in Bad Neuenahr im Hotel und auf dessen Terrasse. Für einen Tag besuchten sie dann noch einmal Köln.

Nach seinem Tod im Jahr 1992 – aus einem Brief der Tochter geht hervor, dass er Prostatakrebs und Durchblutungsstörungen im Gehirn hatte[28] – überlebte ihn seine Frau um viele Jahre, gepflegt von ihrer Tochter Rita, die sich von ihrem Mann getrennt hatte, als Natascha neun Jahre alt war. Die Tochter, die offensichtlich ihr gesamtes Erwachsenenleben unter ihrer Mutter gelitten hatte, kümmerte sich dennoch um sie, eine Leidensgeschichte der besonderen Art. Durch die Briefe zieht sich die Abneigung bzw. Ablehnung der Tochter wie ein roter Faden, aber genau wie ihr Vater konnte sie sich nicht von ihr trennen und sie ihrem Schicksal überlassen. Diese Familiengeschichte kann man wohl als Tragödie bezeichnen, zumindest empfand das die Tochter so. Was im Inneren ihres Vaters vorging, lässt sich aus den Briefen nicht wirklich erschließen.

Wie sich das Privatleben auf die schriftstellerische Arbeit Rudolf Jacquemiens ausgewirkt hat, kann nur erahnt werden. Die Briefe seiner Tochter sagen dazu wenig aus, allenfalls, dass er z. B. nach einem heftigen Streit mit seiner Frau über einen von der Tochter geschenkten Füller eine Zeitlang nicht mehr schrieb. Insgesamt muss es aber ein schwieriges Verhältnis gewesen sein, das trotz zwischenzeitlicher Trennung bis zu seinem Lebensende hielt. Aus der Sicht der Tochter war es ein Martyrium. Eines der Gedichte von Rudolf Jacquemien mag etwas von dem beinhalten, was in ihm vorging:

Du fragst mich oft, warum ich dich
von allen Mädchen auserwählt –
ganz einfach, weil von allen du
am meisten mich gequält.

Du fragst, warum zurück ich kam,
noch eh die Trennungsfrist verrann –
ganz einfach, weil ich fern von dir,
mein Lieb, nicht leben kann.[29]

28 Margot Jacquemien an Christel Werner, 7.6.1992.

29 Rudolf Jacquemien: Du fragst mich oft ..., in: Sepp Österreicher/Erich Richter (Hg.): Immer in der Furche. Sowjetdeutsche Erzählungen und Gedichte, Moskau 1967, S. 30. Autobiographisch ist vielleicht auch ein weiteres Liebesgedicht: *Sonette für Liebende,* in dem von einem Jüngling, der übers Meer gefahren kam, die Rede ist und von Streit, bösen Worten, Leid und Schuld, aber auch vom Verzeihen, von Geduld und wahrer Liebe, in: Robert Weber (Hg.): Lichter in den Fenstern. Sowjetdeutscher Almanach, Moskau 1979, S. 154 f.

Lebens- und Berufsweg

Schon in Rudolf Jacquemiens Elternhaus in Köln gab es im Keller eine Schlosserwerkstatt. Als man im Waisenhaus eine Lehrstelle für den 16-Jährigen suchte, kam er in eine Schlosserlehre in „irgendeinem kleinen Städtchen im Ruhrgebiet.", wo er von der Familie seines Lehrherrn gut aufgenommen wurde.[30] In der Erzählung *Als Lenin von uns ging …* ist die Rede von „Meister Wilhelm", dessen Handwerk die „Reparatur landwirtschaftlicher Maschinen" war und der seine Werkstatt in Holthausen hatte, etwas mehr als 20 km von Bochum entfernt, heute ein Stadtteil von Hattingen.[31] Nach der Lehre, mit 18 Jahren, war Jacquemien arbeitslos und hielt sich mit Gelegenheitsarbeiten über Wasser, z. B. in einem Beerdigungsinstitut oder mit Feldarbeiten. Auf der Suche nach Arbeit kam er im Laufe der zweiten Hälfte der 1920er Jahre dann nach Hamburg. Dort fand er bei einem älteren Ehepaar Aufnahme. Er arbeitete in der Folgezeit als Heizer auf deutschen und ausländischen Frachtschiffen, u. a. nach Mittel- und Südamerika oder Afrika.

Im Winter 1930/31 war er zum ersten Mal in der Sowjetunion und lernte nicht nur seine zukünftige Frau, sondern auch „das Leben des freien Landes kennen. Natürlich romantisierte er vieles, weil er die Sprache nicht konnte", so seine Tochter.[32] Als er im Herbst 1931 wieder in Archangelsk war, arbeitete er dort zunächst im Seemannsclub als „Instrukteur", bekam dann aber eine Position als Übersetzer und Sprecher im deutschsprachigen Rundfunk in Leningrad angeboten. Neben seiner Tätigkeit im Radio arbeitete er dort als Schlosser in einer Druckerei und hatte in dieser Zeit zahlreiche Kontakte zu deutschen Ingenieuren, die von der sowjetischen Regierung als Experten ins Land geholt worden waren. „Nachdem sie sich überzeugt hatten, dass das sozialistische Russland nicht das Paradies auf Erden war, gingen jedoch viele ausländische Spezialisten im Jahre 1937 wieder in ihre Heimat zurück."[33]

Dies war auch die Zeit der „Großen Säuberungen" und des Terrors, mit denen Stalin in der zweiten Hälfte der 1930er Jahre seine absolute Macht in der Sowjetunion etablierte und in der hunderttausende Menschen verbannt, eingesperrt oder umgebracht wurden, darunter 55.000 Russlanddeutsche, die ihr Leben verloren.[34] Gleichzeitig unterstützte die Sowjetunion im Spanischen Bürgerkrieg die linke Volksfrontregierung im Kampf gegen rechtsgerichtete Putschisten unter General Franco. Rudolf Jacquemien wollte sich als freiwil-

30 Margot Jacquemien an Gottfried Jürgas, 17.1.2002.
31 Rudolf Jacquemien: Als Lenin von uns ging … (Eine Erinnerung), in: Ders.: Lesebuch, Alma-Ata 1987, S. 43 f.
32 Margot Jacquemien an Gottfried Jürgas, 16.2.2002.
33 Margot Jacquemien an Gottfried Jürgas, 28.2.2002.
34 Dalos, Geschichte (Anm.1), S. 320.

liger Kämpfer melden, wurde aber nicht angenommen. Ein Freund in Leningrad, der vor Hitler aus Deutschland geflohen war, wurde als Pilot eingesetzt und kam bei den Kämpfen um. Er hinterließ eine Frau und einen kleinen Sohn. Dennoch erlahmte dadurch Rudolf Jacquemiens Überzeugung von der Richtigkeit des kommunistischen Kampfes offensichtlich nicht.

Als die Sowjetunion Ende November 1939 Finnland angriff, wurde er eingezogen und war zunächst in der Nähe Leningrads kaserniert. Er kam dann zu einer Artillerie-Beobachtungseinheit in Frontnähe, was er unbeschadet überstand, um dann nach Ende des Feldzugs im März 1940 wieder nach Hause zurückzukehren. Als das Deutsche Reich am 22. Juni 1941 die Sowjetunion angriff, meldete er sich erneut als Freiwilliger, wurde zunächst aber nicht genommen. Ende Juli wurde er dann eingezogen und kam zu einer mobilen Radiostation an der Leningrader Front, wo er nah an den gegnerischen Linien mit Lautsprechern gegen die deutschen Soldaten agitieren sollte. Seine Aufgabe war es, die deutschen Soldaten „vor dem sicheren Verderben zu warnen",[35] sprich sie zur Kapitulation oder zum Desertieren zu bewegen, was von deutscher Seite mit Zielfeuer auf seinen Wagen beantwortet wurde und auf sowjetischer Seite bei den Soldaten in den nahegelegenen Schützengräben verständlicherweise wenig Unterstützung fand.

Er wurde einige Male verschüttet, ohne aber schwerere Verletzungen davon zu tragen, und nach einiger Zeit nach Leningrad abkommandiert, von wo aus er dann, nach Beginn der deutschen Blockade der Stadt versuchte, sich zu Militäreinheiten außerhalb der Umzingelung durchzuschlagen. Nach zweiwöchiger Odyssee durch Wälder und Sümpfe kam er bei einer sowjetischen Einheit an, wo man einem Leutnant der Roten Armee mit starkem deutschem Akzent zunächst misstraute und ihn für kurze Zeit unter Arrest stellte. Er erkrankte an Typhus und wurde nach seiner Genesung im Oktober 1941 zur „Arbeitsarmee" versetzt. Zwischenzeitlich, am 28. August 1941, hatte ein Erlass des Präsidiums des Obersten Sowjets der UdSSR die Wolgadeutschen pauschal beschuldigt, mit dem Dritten Reich kollaboriert und „Feinde des Sowjetvolkes und der Sowjetmacht in ihrer Mitte" zu haben, weshalb sie und die Russlanddeutschen anderer Gebiete vor allem nach Sibirien und Kasachstan umgesiedelt wurden, insgesamt 360.000 Menschen.[36] Russlanddeutsche Angehörige der Roten Armee wurden aus den regulären Einheiten entfernt und zur Arbeit im

35 Bolger, Vorwort (Anm. 13), S. 10.

36 Dalos, Geschichte (Anm. 1), S. 178. Abdruck des Erlasses ibid., S. 177. Zur Wirkung dieses „gewaltigen Schlages" für die sowjetdeutsche Literatur vgl. Hugo Wormsbecher: Mit dem Volk durch alle Härten gegangen (Notizen über die sowjetdeutsche Literatur), 1989, URL: http://wolgadeutsche.net/wormsbecher/schritt_de.htm (Stand: 12.12.2018), Kapitel 2.

Hinterland eingesetzt. Rudolf Jacquemien kam in ein Lager nach Karpinsk im Ural, wo Braunkohle im Tagebau abgebaut wurde und er erneut als Schlosser arbeitete.

In dieses Arbeitslager kamen auch Deutsche aus dem russischen Exil in Moskau. Unter ihnen befand sich das Ehepaar Georg und Charlotte Schneider, mit denen sich Rudolf Jacquemien anfreundete. Georg Schneider war gebürtig aus Saarbrücken und in Gotha zur Schule gegangen, hatte in Jena Biologie für das Lehramt studiert und war 1930 der KPD beigetreten. Bereits 1931 war er mit seiner Frau Charlotte, einer Krankenschwester, in die Sowjetunion übergesiedelt, zunächst nach Marxstadt, einem Zentrum der Wolgadeutschen, und ab 1932 nach Moskau. Dort arbeitete er als Lehrer, bevor er wissenschaftlicher Mitarbeiter an der Akademie der Wissenschaften wurde. Seine Frau arbeitete in einem Krankenhaus.

Im Lager in Karpinsk bewahrte Rudolf Jacquemien das Ehepaar vor den Schikanen des Wachpersonals, wofür ihm beide Zeit ihres Lebens dankbar waren. Am Ende des Krieges war Schneider als Lehrer an Kriegsgefangenenschulen im Moskauer Raum tätig und hatte engen Kontakt zur „Gruppe Ulbricht". Während Ulbricht in Berlin aktiv wurde, ging Schneider nach Thüringen und wurde Sekretär der thüringischen Landesleitung der KPD, 1946 Lehrer an der neuen Parteihochschule der SED in der Nähe von Berlin. 1950 bis 1954 war er Mitglied der Volkskammer der DDR, 1960 bis 1962 Kulturattaché an der DDR-Botschaft in Moskau. Schneider war keine zentrale Figur in der Geschichte der DDR, aber seine Karriere war dennoch exemplarisch für den Weg vieler Genossen, die 1945 aus Moskau zurück nach Deutschland kamen.[37]

Nach dem Ende des Krieges mussten die Zwangsarbeiter im Ural weiter im Tagebau arbeiten, so dass Rudolf Jacquemien noch in Karpinsk war, als Georg Schneider für ihn eine Einladung zur Mitarbeit im kommunistischen Nachkriegsdeutschland bewirkt hatte. Bevor er dieser Einladung aber folgen konnte, wurde er im Lager von einem Parteifunktionär, einem Russlanddeutschen von der Wolga, denunziert, dass er in einem Roman über den Krieg, den er im Lager begonnen hatte zu schreiben, bezweifelt habe, dass die Sowjetunion das faschistische Deutschland besiegen werde. Außerdem habe er mit Freude auf der Landkarte das Vorrücken der deutschen Armeen markiert. In der Zeit im Lager war Rudolf Jacquemien nämlich einer derjenigen gewesen, die auf Landkarten des europäischen Teils der Sowjetunion den Frontverlauf und seine Veränderungen markieren sollten.[38]

---

37 Ekkehard Höxtermann: Schneider, Georg, in: Neue Deutsche Biographie 23 (2007), S. 293 f.

38 Nicht erwähnt wird in den Briefen, dass es in den Arbeitslagern der Verbannungsgebiete verboten war, deutsch zu sprechen, was bei seiner Verurteilung sicher auch eine Rolle

Er wurde wochenlang verhört und ihm wurde der Prozess gemacht. Am 7. April 1946 wurde er zu acht Jahren Haft verurteilt, und zwar nach § 58 Absatz 10 des russischen Strafgesetzbuches.[39] Dieser Artikel stellte ganz allgemein konterrevolutionäre Verbrechen unter Strafe, sein Absatz 10 befasste sich speziell mit Propaganda und Agitation zum Sturz oder zur Schwächung des sowjetischen Staates, z. B. durch den Besitz oder die Verbreitung entsprechender Schriften.[40] Acht Jahre Haft waren nach Alexander Solschenizyn ein Urteil, das „damals als mild angesehen wurde“.[41] Rudolf Jacquemien wurde in ein Lager in Kasachstan gebracht, wo er als Schlosser in einem Bergwerk, allerdings über Tage, arbeitete. Obwohl seine Haft im Mai 1954 endete, durfte er dann noch nicht nach Hause, sondern musste nach Karpinsk in den Ural zurück, wo er verhaftet und verurteilt worden war. Nach der Machtübernahme durch Chruschtschow und dem Beginn der Entstalinisierung wurde er im Juni 1956 auf Antrag seiner Frau und seiner Tochter sowie auf eigenen Antrag rehabilitiert. Weil Arbeiter wie er in Karpinsk dringend gebraucht wurden, durfte er aber erst im März 1957 zu seiner Frau und Tochter, die jetzt in Kaunas lebten, und fand dort nach einiger Zeit wieder eine Arbeit als Schlosser.

Über das Leben im „Archipel Gulag“ erfährt man aus den Briefen leider nur wenig. Zu seiner Zeit im Arbeitslager in Karpinsk heißt es lediglich, „er war ein sehr guter Schlosser, und man vertraute ihm komplizierte Arbeiten an“. Und weiter: „Die Baracken waren umgeben von einem Stacheldrahtzaun. Das Territorium wurde von Soldaten bewacht. Man versorgte sie schlecht.“ Als er in einem „Siedlungsladen“ Säcke mit grünen Kaffeebohnen entdeckte, sie kaufte und die Bohnen begann zu rösten, „erschienen bei Papa mit seiner Geselligkeit viele Freunde.“ Er „stand gut“ mit dem Lagerleiter, „man schätzte ihn sehr wegen seiner guten Arbeit“. Und: „Die Zeit verging, man gab Papa immer verantwortungsvollere Arbeit.“[42] Von den extremen Wetterverhältnissen mit bis zu 45 Grad unter Null im Winter und der trockenen Hitze im Sommer, wovon Solschenizyn berichtet, erfährt man ebenfalls nichts.[43]

---

gespielt haben dürfte. Vgl. Annelore Engel-Braunschmidt: Rußlanddeutsche Literatur im Lexikon, in: Annette Moritz: Lexikon der rußlanddeutschen Literatur, Essen 2004 (Forschungen zur Geschichte und Kultur der Rußlanddeutschen 12, Sonderheft), Essen 2004, S. 8.

39 Margot Jacquemien an Gottfried Jürgas, 31.3.2002.

40 Artikel 58–10 war der identische Artikel bzw. Abschnitt, nach dem auch Alexander Solschenizyn im Jahr 1945 zu acht Jahren Haft verurteilt wurde; vgl. Neumann-Hoditz, Solschenizyn (Anm. 22), S. 39.

41 Zit. nach Neumann-Hoditz, Solschenizyn (Anm. 22), S. 37.

42 Margot Jacquemien an Gottfried Jürgas, 6.3.2002.

43 Vgl. Neumann-Hoditz, Solschenizyn (Anm. 22), S. 45.

Als der Krieg zu Ende war, demobilisierte man die Arbeitsarmee nicht, denn „die Industrie musste wiederaufgebaut werden, ebenso die zerstörten Städte und Dörfer". Nach seiner Verhaftung wurde Rudolf Jaquemien wiederholt verhört, aber er „wurde nicht geschlagen". Im Lager in Kasachstan war die Bewachung „streng, und unter Missachtung aller internationalen Verträge steckte man Papa in eine Baracke mit Schwerkriminellen." Der Barackenälteste, „eine kriminelle Autorität", verbot aber allen anderen, „ihm etwas zu tun und erlaubte sogar, dass er seine Ecke mit einem Bettlaken abteilte, obwohl das eigentlich verboten war". Weil er „ein sehr guter Schlosser war, musste er nicht unter Tage arbeiten". Und er hatte Zeit zum Lesen: „Seine ganze Freizeit verbrachte er in der Bibliothek, las Bücher, Zeitungen und Zeitschriften."[44]

Es ist zu vermuten, dass diese eher beschönigenden Erinnerungen an die Lager- und Haftzeit von Rudolf Jacquemien selbst so an seine Tochter weitergegeben wurden, außerdem mag sie die Erzählungen ihres Vaters nur gefiltert durch ihre eigenen Vorstellungen und Ansichten der Nachwelt mitzuteilen gewollt haben, denn sie waren ja zur Veröffentlichung bestimmt. In einer autobiographischen Skizze, die 1988 anlässlich seines 80. Geburtstags in der Zeitung *Neues Leben* in Moskau veröffentlicht wurde, hat Rudolf Jacquemien selbst zu seiner Haft und zur Zwangsarbeit nur kommentiert, dass er sie „trotz zahlreicher Proteste und Eingaben ‚schön brav' absitzen musste".[45] Dies hatte sicher auch damit zu tun, dass sich die in den Jahren des Tauwetters unter Chruschtschow Rehabilitierten dazu verpflichten mussten, über das in der Haft Erlebte zu schweigen.[46] Außerdem muss man sein Schweigen in die Zeit und seine mittlerweile erreichte Position im Gefüge der kommunistischen Ordnung in der Sowjetunion einordnen. Seine Treue zur Sowjetunion wurde auf jeden Fall 1988 mit dem Orden der Völkerfreundschaft belohnt.[47] Aus diesem Jahr stammt im Übrigen auch sein eingangs zitiertes Loblied auf die „Gemeinsamkeit der Völkerfreundschaft", in dem er von der „unverdiente[n] Schuld, das ‚Feinde' sein" spricht, davon, „geächtet und beschimpft" gewesen zu sein, doch „ohne Klagen" das Schicksal ertragen zu haben.

Aus einem Gedicht aus dem Jahr 1960 mit dem Titel *An meine Sowjetheimat* geht sehr gut hervor, wie Rudolf Jacquemien, „fern von dir, am Rhein geboren, als felsenfest noch stand des Kaisers Thron", seinen Frieden mit seiner zweiten Heimat gemacht hatte, die ihm „Heimstatt, Arbeit, Brot und Frieden" gab und

44 Margot Jacquemien an Gottfried Jürgas, 31.3.2002.
45 Zit. nach Brantsch, Jacquemien (Anm. 26), S. 82.
46 Vgl. Michel Tatu: Wohin mit der Asche Stalins? Die Sowjetunion nach Stalins Sturz, Der Spiegel Nr. 18, 28.8.1965, S. 96 ff.
47 Herold Belger: Russlanddeutsche Schriftsteller. Von den Anfängen bis zur Gegenwart. Biografien und Werkübersichten, Berlin 2010, S. 99.

ihn zum ersten Mal fühlen ließ, „was für den Menschen wahre Heimat heißt". Über den Krieg und sein persönliches Leid liest man in diesem Gedicht lediglich, dass er für sein Land „in heißen Feuergefechten" stand und des „Hinterlandes schwere Not" gesehen hat. Und:

Nun tanz ich mit auf deinen Jubelfesten,/
bin stolz auf deiner Siege Ruhmesglanz./
Ich baue mit an deinen Friedensfesten,/
mein Sohnesherz gehört dir voll und ganz.[48]

Im Gegensatz zu den Gedichten geht aus den Briefen der Tochter Rita relativ wenig über Rudolf Jacquemiens politische Überzeugungen und so gut wie gar nichts über seinen Blick auf die Zustände und Entwicklungen in der Sowjetunion hervor. Seine Begeisterung für den Kommunismus und die Sowjetunion und seine Linientreue kann man aber schon seiner Bereitschaft zum Kampf im Spanischen Bürgerkrieg und seiner freiwilligen Meldung zur Armee nach Kriegsbeginn entnehmen. Auch die wechselnden politischen Verhältnisse unter Stalin und Chruschtschow finden in den Briefen keinerlei Erwähnung. Sein Leidensweg durch Krieg, Arbeitsarmee, Lager, Haft und Verbannung wird nicht reflektiert.

Einen Brief an Walter Ulbricht, in welchem Rudolf Jacquemien diesem mitteilte, dass er rehabilitiert und wieder frei sei, beantwortete Ulbricht nicht mit der wohl erwarteten Einladung zur Mitarbeit am Aufbau Ostdeutschland, sondern mit besten Wünschen für seine Arbeit und das Studium seiner Tochter. Ein Brief an die Familie Schneider führte ebenfalls nur zu einer Wiederaufnahme der freundschaftlichen Beziehungen, denn anscheinend war Schneider, der jetzt Professor für Biologie in Jena war, politisch nicht mehr so einflussreich, wie vielleicht erhofft. Das hinderte Rudolf Jacquemien aber nicht daran, mit seinen Freunden und Bekannten in der DDR freundschaftliche Kontakte zu pflegen und sie später des Öfteren zu besuchen. Auch seine Tochter Rita war von diesen Kontakten begeistert. Die Spekulation ist müßig, aber wäre er nicht denunziert worden, hätte ihn sein Weg wohl nach Ostdeutschland geführt.

Nach dem Umzug nach Kaliningrad im März 1960 arbeitete Rudolf Jacquemien auch dort als Schlosser und machte seine Arbeit anscheinend so gut, dass er als „Aktivist der kommunistischen Arbeit" ausgezeichnet wurde. Gleichzeitig schrieb er Gedichte, und das war der Anlass für Veranstaltungen in der

48 Rudolf Jacquemien: An meine Sowjetheimat, in: Ders.: Dich sing ich, Leben!, Alma-Ata 1968, S. 9.

Bezirksbibliothek, in der er seine Gedichte für Poesieliebhaber und für Deutschlehrer vortrug. In Moskau besuchte er zusammen mit seiner Frau und seiner Tochter die Familie Schneider. In die Kommunistische Partei der Sowjetunion war er übrigens nie eingetreten. In einem seiner Gedichte, einem Loblied auf die KPdSU und deren XXII. Parteitag im Oktober 1961, auf dem Chruschtschow mit der Herrschaft Stalins abrechnete und eine zweite Entstalinisierungswelle auslöste, findet sich dazu ein Passus, der belegt, dass er ein überzeugter, wenn nicht glühender Kommunist geblieben war:

Man nennt ‚parteilos' uns, weil unsre Namen/
nicht eingetragen in dein Mitgliedsbuch/ –
doch auch in uns trägt reiche Frucht dein Samen,/
auch unser Schwur gilt deinem Bannertuch![49]

Seine schriftstellerische Tätigkeit führte dazu, dass er im Juni 1963 in den sowjetischen Schriftstellerverband aufgenommen wurde. Zwei Monate später, im August 1963, reiste er erstmals in die DDR, mit einer Gruppe von Lehrern, für die er in der Bezirksbibliothek Lesungen organisiert hatte. Nachdem die sowjetische Regierung erlaubt hatte, für die Russlanddeutschen eigene Zeitungen herauszugeben, wurde er zwei Jahre später, Ende 1965, eingeladen, in der Redaktion der *Freundschaft* zu arbeiten, die in Zelinograd in Kasachstan erscheinen sollte, woraufhin er im Januar 1966 mit seiner Frau dorthin umzog. Kurz zuvor war in Kaliningrad sein erster Gedichtband veröffentlicht worden. Er blieb statt der ursprünglich vorgesehenen zwei insgesamt knapp fünf Jahre in Zelinograd.

Mit 62 Jahren ging Rudolf Jacquemien im Jahr 1970 in den Ruhestand. Er kehrte nach Kaliningrad zurück und trat oft bei Lesungen in Schulen, Fabriken und öffentlichen Institutionen auf. Er wohnte mit seiner Frau ab 1972 in einer Zwei-Zimmer-Wohnung mit einer „stattlichen Bibliothek".[50] Unter anderem hatte er in dieser Zeit auch Kontakt zu der deutschen Journalistin Marion Gräfin Dönhoff, die er auf einer Reise im Jahr 1973 in Hamburg traf und die ihn mehrmals in Kaliningrad besuchte.[51] Dönhoff war gebürtig aus der Region Königsberg, wo sie an der dortigen Universität 1931 ein Studium der Volkswirtschaftslehre begonnen hatte. Seit 1946 arbeitete sie für die Wochenzeitung

49 Rudolf Jacquemien: Auf Grosser Fahrt! Aus der Rede eines Parteilosen an den XXII. Parteitag, in: Dominik Hollmann u. a. (Hg.): Er lebt in jedem Volk. Sowjetdeutsche Poesie und Prosa, dem großen Lenin gewidmet, Moskau 1970, S. 33.

50 Margot Jacquemien an Gottfried Jürgas, 22.6.2002.

51 Margot Jacquemien an Gottfried Jürgas, 8.7.2002. Vgl. Rudolf Malter/Ernst Staffa: Kant in Königsberg seit 1945. Eine Dokumentation, Wiesbaden 1983, S. 41.

Die Zeit, deren Chefredakteurin sie von 1968 bis 1972 war, bevor sie 1973 deren Herausgeberin wurde.

Rudolf Jacquemien spielte eine wichtige Rolle bei der Einrichtung eines Museums für den in Königsberg geborenen und gestorbenen Philosophen Immanuel Kant, als er zu dessen 250. Geburtstag im Jahr 1974 im Auftrag des lokalen Organisationskomitees an die Kant-Gesellschaft in Bonn mit der Bitte um Mithilfe schrieb. Jacquemien besorgte nach eigenen Worten „die gesamte Auslandskorrespondenz“ des Komitees.[52] Damit konnte die Bonner Kant-Gesellschaft erstmals direkte Beziehungen zu den Unterstützern der Kaliningrader Museumsidee und zur Universität Königsberg aufnehmen.[53] Kant galt in der Ideologie der Sowjetunion als bürgerlicher Vorläufer des Marxismus-Leninismus.[54] Marion Dönhoff wiederum spielte eine entscheidende Rolle bei der Wiedererrichtung des Kant-Denkmals vor der Universität in Kaliningrad, dessen Original im Krieg in den Park des Dönhoff'schen Familiengutes gebracht worden war. Mit Rudolf Jacquemien hat sie Ende der 1970er/Anfang der 1980er Jahre über die vergebliche Suche nach dem vermissten Denkmal korrespondiert.[55] Sie hat Jacquemien in einem der Briefe sogar eine Skizze geschickt, aus der hervorging, wo ungefähr die Statue im Park zu suchen sei. Sie wurde aber nicht gefunden. Eine Kopie des Denkmals wurde 1992 feierlich eingeweiht.[56]

Schriftsteller und Journalist

Schon als Kind bzw. Jugendlicher entwickelte Rudolf Jacquemien eine Leidenschaft für das Bücherlesen. Im Waisenhaus las er mit der Taschenlampe unter der Bettdecke. Als junger Erwachsener war er ein wissbegieriger Mensch, der, als er zur See fuhr, die Museen und Sehenswürdigkeiten der besuchten Häfen erkundete. Seine Tochter erzählt, dass er auf seinen Fahrten Eindrücke aufnahm „wie ein Schwamm, alles fand ein Echo in seiner Seele und, wie früher, war das Lesen von Büchern seine liebste Beschäftigung“.[57]

---

52 Zit. nach Bolger, Vorwort (Anm. 13), S. 4.
53 Abdruck des Briefes in: Malter/Staffa, Kant (Anm. 51), S. 4 f. Vgl. auch zur Würdigung der Rolle Jacquemiens ibid., S. 60.
54 Ibid., S. 61 f.
55 Ibid., S. 41.
56 Heinrich Lange: Entwurzelte Statuen, in: Kulturportal West-Ost, Ausgabe 1280, 10. September 2009, URL: http://kulturportal-west-ost.eu/korrespondenzen/entwurzelte-statuen (Stand: 13.12.2018). Vgl. auch die Darstellung von Marion Gräfin Dönhoff selbst, in: Irene Brauer/Friedrich Dönhoff (Hg.): Marion Gräfin Dönhoff. Ein Leben in Briefen, Hamburg 2009, S. 238–242.
57 Margot Jacquemien an Gottfried Jürgas, 17.1.2002.

Seine Arbeit im Kesselraum war schwer und gefährlich, die Unterbringung eng und stickig, das Essen oft schlecht. Als in einer Zeitung in Hamburg ein Artikel über die Romantik der Seefahrt zu lesen war, forderten ihn die Matrosen seines Schiffes auf, etwas über die wahren Bedingungen und die schlechte Bezahlung zu schreiben. Er tat dies, und der Text wurde in der Zeitung abgedruckt. Daraufhin kaufte er sich eine alte Schreibmaschine und begann, in seinen arbeitsfreien Zeiten auf See Geschichten zu schreiben – bis er eines Tages in Afrika die Schreibmaschine gegen ein Bündel Bananen eintauschte.

In Archangelsk und dann in Leningrad begann er die russische Sprache zu lernen, was mit der Zeit gut gelang, aber noch lange von einem deutschen Akzent begleitet war. Von den Geschichten, die er in der Zeit vor dem Zweiten Weltkrieg in deutscher Sprache schrieb, wurden ca. 20 veröffentlicht.[58] Im Arbeitslager in Karpinsk begann er, in Deutsch einen Roman über den Krieg zu schreiben, aus dessen ersten Kapiteln, die in Deutschland spielten, er einem deutschsprachigen Parteisekretär vorlas, der ihn später denunzierte. Dieser Roman sollte den Titel *Marsch nach Osten* haben. Vor oder während seines Prozesses ist aber das unvollendete Manuskript wohl vernichtet worden.

Auch in der Haft in Kasachstan verbrachte Rudolf Jacquemien so viel Zeit wie möglich in der Bibliothek des Lagers und las Bücher und Zeitungen, weil er, so seine Tochter, „nie das Interesse am Leben und an den internationalen Beziehungen verlor".[59] Auch dort schrieb er wieder, aber bei seiner Entlassung nahm man ihm alle seine Aufzeichnungen ab. Als er nach der Zeit in Haft und Verbannung endlich wieder bei seiner Familie war, in Kaunas, „ging er im Alter von fünfzig Jahren von der Prosa zur Poesie über".[60] Er schickte Gedichte an die in Moskau erscheinende deutschsprachige Zeitung *Neues Leben*, die dort abgedruckt wurden. Das Verfassen von Gedichten statt Erzählungen oder gar Romanen hatte damit zu tun, dass umfangreichere Prosaarbeiten – auch anderer Autoren – es schwer hatten, veröffentlicht zu werden, weil sie allein vom Umfang her in dieser wie in den anderen sowjetdeutschen Zeitungen keinen Platz finden konnten.[61]

Nach dem Umzug nach Kaliningrad im Jahr 1960 schrieb er weiter nach Feierabend und in seiner Freizeit Gedichte und begann mit Lesungen in der Bezirksbibliothek. Im Juni 1963 wurde er in den Sowjetischen Schriftstellerverband aufgenommen, was er als große Ehre und Anerkennung empfand. In

58 Peter Wörster: Das nördliche Ostpreußen nach 1945 – Politisches und kulturelles Leben, in: Dokumentation Osteuropa. Wissenschaftlicher Dienst für Ostmitteleuropa, Neue Folge, 5.(29.) Jg., Heft 1/2, Marburg 1979, S. 72.

59 Margot Jacquemien an Gottfried Jürgas, 31.3.2002.

60 Margot Jacquemien an Gottfried Jürgas, 26.5.2002.

61 Wormsbecher, Mit dem Volk (Anm. 36), Kapitel 5.

einem Kaliningrader Verlag erschien 1965 ein erstes Buch seiner Gedichte auf Russisch *(Prisnanije, Bekenntnis).* Als er im Januar 1966 nach Kasachstan in die Redaktion der *Freundschaft* ging, veröffentlichte er dort bald regelmäßig in einer eigenen Kolumne Gedichte über das Geschehen in seinem Land, in der Welt oder ganz einfach über die Jahreszeiten, und zwar unter dem Pseudonym „Rudi Riff", das er schon vor dem Krieg benutzt hatte.[62]

Die Veröffentlichung seiner Gedichte und Erzählungen auf den Literaturseiten der sowjetdeutschen Zeitungen, vor allem im *Neuen Leben* und in der *Freundschaft,* war die Voraussetzung für die späteren Buchpublikationen.[63] 1968 erschien nicht nur im Progreß-Verlag in Moskau in einem Sammelband sowjetdeutscher Prosa verschiedener Autoren eine seiner Erzählungen, *Das dritte Boot,* die Liebesgeschichte eines Fischers auf einer kleinen Insel im Nordatlantik, sondern auch in Alma-Ata sein Gedichtband *Dich sing ich, Leben;* in Moskau 1971 dann ein Sammelband mit eigenen Gedichten und Erzählungen unter dem Titel: *Immer scheine die Sonne.* 1978 erschien in Alma-Ata ein weiterer eigener Gedichtband mit dem Titel *Noch glänzt mein Stern,* 1985 in Moskau dann der Gedichtband *Solang das Herz noch schlägt.*

Die Bücher des Kasachstan-Verlags waren kleinformatige und preisgünstige Taschenbücher, die weniger als einen Rubel kosteten: *Ronak, der letzte der Marsianer* kostete z. B. nur 25 Kopeken, also einen Viertel Rubel, *Dich sing ich, Leben* 45 Kopeken, das *Lesebuch* 95 Kopeken. Die Sammelbände aus dem Progreß-Verlag in Moskau waren dagegen feste Leinenbände und entsprechend teurer.

Eines seiner poetischen Werke verdient wegen seines Umfangs und seiner Entstehungsdauer eine besondere Erwähnung: Es hatte sage und schreibe 373 jeweils sechszeilige Strophen und war zwischen 1952 und 1982 erarbeitet worden. Es hatte den Titel *Die Reifeprüfung* und war eine „Kleine Chronik des Großen Vaterländischen Krieges 1941–1945". Es behandelt die historischen Geschehnisse vom „Vorabend" der deutschen Invasion und den „Feind im Land" über den „Sommer zweiundvierzig" und „Stalingrad" bis zum „Sturm auf Berlin" und reicht über ein „Nachwort" bis an das Jahr 1985 heran.[64] 1985 feierte die Sowjetunion bekanntlich „40 Jahre des Sieges im Großen Vaterländischen Krieg".

62 Gottfried Jürgas an Christel Werner, 23.9.2002. Jürgas nennt die Zahl von über 300 dieser „Wochenendverse".

63 Laut Wormsbecher veröffentlichten der Progreß-Verlag in Moskau und der Kasachstan-Verlag in Alma Ata nur das, was bereits in diesen beiden Zeitungen erschienen war und eine entsprechende Vorprüfung passiert hatte; vgl. WORMSBECHER, Mit dem Volk (Anm. 36), Kapitel 4.

64 JACQUEMIEN, Lesebuch (Anm. 13), S. 108–170.

Abb. 6–7: Titelbilder der deutschsprachigen Ausgaben von Rudolf Jacquemiens Gedichtband *Dich sing ich, Leben* (1968) und der Erzählung *Ronak, der letzte Marsianer* (1976), erschienen im Kasachstan-Verlag.

Fünf der Einzelpublikationen, die zwischen 1965 und 1988 erschienen, waren Übersetzungen ins Russische und hatten ähnlich hohe Auflagen wie die meisten deutschen Ausgaben, nämlich zwischen 3500 und 5000 Exemplaren.[65] Daneben schrieb Jacquemien Erzählungen und Romane, deren Thematik von der „Romantik der Fabrikarbeit und die Treue gegenüber den kommunistischen Idealen bis hin zu phantastisch-utopischen Erzählungen" reicht.[66] Er hatte nämlich in seiner Spätphase begonnen, als sich auch die Veröffentlichungsmöglichkeiten für Prosawerke verbessert hatten, phantastische Geschichten zu schreiben: *Ronak, der letzte der Marsianer* und *Troni, der Roboter*, 1976 bzw. 1981 in Alma-Ata erschienen, oder *Siga, die Tochter des Planeten Taurus*.[67] Sein letztes Werk über einen Außerirdischen, *Zeit*, vollen-

65 Engel-Braunschmidt/Heithus, Bibliographie (Anm. 16), S. 15 f.; Moritz, Lexikon (Anm. 38), S. 84. Das *Lesebuch* hatte im Jahr 1987 allerdings nur noch eine Auflage von 1000 Exemplaren, Vgl. Jacquemien, Lesebuch (Anm. 13), S. 184.

66 Moritz, Lexikon (Anm. 38), S. 84.

67 Edmund Mater: Das Autorenlexikon der Russlanddeutschen Bd. 2 (G-K), Lage 2009, S. 336. Eine präzise Übersicht über sein literarisches Schaffen liefern Engel-Braunschmidt/Heithus, Bibliographie (Anm. 16), S. 15 f.; s. auch: Belger, Schriftsteller (Anm. 47), S. 98, sowie Moritz, Lexikon (Anm. 38), S. 87.

Abb. 8: Titelbild des Sammelbandes *Er lebt in jedem Volk,* u. a. mit Gedichten Jacquemiens zu Ehren Lenins.

dete er wegen Krankheit und Alter nur mit Mühe. Dieser Roman blieb, so die Tochter, unveröffentlicht.

Die 1970er Jahre waren in der Sowjetunion „eine relativ ruhige Zeitspanne", in der den Menschen „mehr Freiräume und Konsummöglichkeiten als früher eingeräumt" wurden und es manchen Sowjetdeutschen mit Arbeit und Fleiß gelang, wieder zu bescheidenem Wohlstand zu gelangen.[68] Rudolf Jacquemien war jetzt auf dem Höhepunkt seiner literarischen Karriere und ein anerkannter sowjetdeutscher Schriftsteller – anscheinend der einzige deutschsprachige in Kaliningrad –,[69] dessen Gedichte und Erzählungen in eigenen Büchern, aber auch zusammen mit anderen sowjetdeutschen Autoren in Zeitungen, Zeitschriften und Büchern in Russland und auch in der DDR veröffentlicht wurden.[70] In dem 1970 erschienenen Sammelband *Er lebt in jedem Volk,* das sowjetdeutsche Poesie und Prosa von 40 Autoren beinhaltete und „dem großen

68 Dalos, Geschichte (Anm. 1), S. 248–250.
69 So behauptet es zumindest Wörster, Ostpreußen (Anm. 58), S. 71.
70 Bspw. Österreicher/Richter, Furche (Anm. 29), S. 7–32; Hollmann u. a., Volk (Anm. 49), S. 32–42; Lothar Grünewald/Marijke Lanius (Hg.): Zehn sowjetdeutsche Erzähler, Berlin 1982, S. 384–417.

Lenin gewidmet“ war, stammten acht Gedichte aus seiner Feder, so viele wie von keinem der anderen Dichter.[71]

Seit den 1970er Jahren reiste Jacquemien regelmäßig in die DDR.[72] 1974 wurden drei seiner Gedichte auch in eine westdeutsche Zusammenstellung sowjetdeutscher Dichtung aufgenommen.[73] Im Jahr 1981 fungierte er selbst als Mitherausgeber des zweiten Bandes der ersten, dreibändigen Anthologie deutscher Literatur der Sowjetunion. Auch als Übersetzer russischer Dichter, u. a. von Alexander Puschkin, ins Deutsche machte er sich einen Namen.[74]

Neben dem bereits erwähnten, 1988 verliehenen Orden der Völkerfreundschaft wurde seine politische und literarische Arbeit mit weiteren Ehrungen und Auszeichnungen gewürdigt, so mit der Ehrennadel in Gold der Gesellschaft für deutsch-sowjetische Freundschaft der DDR, der Johann-Gottfried-Herder-Medaille, der Jubiläumsmedaille „40 Jahre des Sieges im Großen Vaterländischen Krieg 1941–1945“ und mit dem „Orden des Vaterländischen Krieges II. Klasse“.[75]

Seine Gedichte und Erzählungen sind eine Quelle, aus der man etwas über Rudolf Jacquemiens Fühlen und Denken entnehmen kann, vor allem nach dem Ende der Verbannung und im Verlauf seiner sich daran anschließenden schriftstellerischen Karriere. Aber auch zu seinem früheren Leben und seinem Verhältnis zu Deutschland finden sich Anknüpfungspunkte. So schrieb er Erzählungen über seine Schlosserlehre im Ruhrgebiet *(Als Lenin von uns ging …)* oder über eine Putzfrau im faschistischen Deutschland *(Die Reinemachefrau)*, die er als „arm, aber ehrlich und den kommunistischen Idealen treu ergeben“ charakterisiert, woran die ablehnende Haltung des Autors zu Kapitalismus und Faschismus deutlich wird.[76] Nicht nur die Gedichte, mittels derer er in seiner Zeit in Zelinograd in der deutschsprachigen Zeitung der Kommunistischen Partei das politische Geschehen kommentierte, lassen seine eindeutige, regimetreue Haltung erkennen.[77] Vielleicht traf auch auf ihn zu, was Hugo Wormsbecher in seinen Notizen zur sowjetdeutschen Literatur so ausgedrückt hat: „Die ganze Bitternis der Lage der sowjetdeutschen Literatur und des ganzen Volkes wurde möglicherweise etwas leichter getragen, weil die Sowjetdeut-

71 Hollmann u. a., Volk (Anm. 49).
72 Margot Jacquemien an Gottfried Jürgas, 8.7.2002.
73 Alexander Ritter (Hg.): Nachrichten aus Kasachstan. Deutsche Dichtung in der Sowjetunion, Hildesheim 1974, S. 39–43.
74 Belger, Schriftsteller (Anm. 47), S. 98. Einige übersetzte Gedichte finden sich in dem Gedichtband *Dich sing ich, Leben!* (Anm. 48), S. 111–135.
75 Bolger, Vorwort (Anm. 13), S. 5.
76 Moritz, Lexikon (Anm. 38), S. 84.
77 Mater, Autorenlexikon (Anm. 67), S. 335 f., und Belger, Schriftsteller (Anm. 47), S. 98, beziffern seine Gedichte aus dieser Zeit auf über 1000.

Abb. 9: Sowjetdeutsche Schriftsteller in Moskau, Januar 1980. Sitzend, Erster von rechts: Rudolf Jacquemien (Foto: David Neuwirt, in: BELGER, Russlanddeutsche Schriftsteller).

schen trotz schwerster Prüfungen zutiefst an die Ideale des Sozialismus glaubten."[78]

Eine kritische Auseinandersetzung mit seiner kommunistischen Wahlheimat findet sich in Jacquemiens Werk nicht.[79] Besonders offensichtlich sind seine Ablehnung von Faschismus in Deutschland und Kapitalismus in den USA sowie seine Verehrung des Revolutionärs und Politikers Wladimir Iljitsch Lenin.[80] Sie stehen neben Gedichten z. B. über das Konzentrationslager Buchenwald, den Vietnamkrieg oder ein Bombenattentat in der amerikanischen Kleinstadt Birmingham im September 1963, aber auch neben solchen über die Seefahrt und das Meer, die Jahreszeiten und die Natur, die Sprache und die Liebe.[81] Seine phantastischen Geschichten stellen dagegen eine ganz und gar andere Ausprägung seines literarischen Schaffens dar.

78 WORMSBECHER, Mit dem Volk (Anm. 36), Kapitel 3.
79 So bewertet es auch MORITZ, Lexikon (Anm. 38), S. 86.
80 Exemplarisch im Sammelband von HOLLMANN u. a., Volk (Anm. 49), S. 32–42.
81 Ein Querschnitt im Sammelband von ÖSTERREICHER/RICHTER, Furche (Anm. 29). MATER, Autorenlexikon (Anm. 67), S. 335 f., bescheinigt ihm „eine leichte und flotte Feder" und „echte Poesieperlen". Ein unveröffentlichtes Gedicht aus seiner Jugend im Besitz von Christel Werner mit dem Titel *An eine Venus* ist eindeutig erotisch, etwa in den Sätzen: „Die weißen Schenkel bringen mich von Sinnen, / denn sie verbergen das vertraute Nest, / darin ich immer wieder darf gewinnen / das höchste Glück bei unserm Liebesfest" (Kopie im Archiv des Autors).

Besondere Erwähnung verdient seine Arbeit für die Zeitung *Freundschaft* auch noch aus einem anderen Grund: Im Gegensatz zu seinen Redaktionskollegen beherrschte Rudolf Jacquemien die deutsche Sprache, und zwar Hochdeutsch. Die meisten Mitglieder der Redaktion sprachen aber nieder- oder oberdeutsche Dialekte ihrer alten Heimaten in Hessen, Württemberg oder der Pfalz. Diese Russlanddeutschen hatten durch die lange Zeit der abgeschotteten Ansiedlung fern ihrer ursprünglichen Heimat und durch die Umsiedlung und Verbannung bei Weitem nicht mehr ein solches Sprachniveau, wie es ein „Reichsdeutscher" wie Jacquemien hatte. Zwar unterliefen auch ihm, dem „Mächtigsten", Fehler, wie eine ehemalige Mitarbeiterin sich erinnert,[82] aber er spielte als Stilredakteur eine sehr zentrale Rolle. Er bearbeitete nicht nur viele Texte seiner Kollegen, sondern übersetzte die Materialien der Parteitage der KPdSU und war auch der Literaturberater der Zeitung.[83] Er hatte damit maßgeblichen Anteil an der Existenz der *Freundschaft,* aus der später die *Deutsche Allgemeine Zeitung* hervorging. Ingmar Brantsch spricht davon, dass er „der jungen sowjetdeutschen Journalistik unschätzbare Dienste" leistete.[84]

Schlussbetrachtung

Die zwölf Briefe, die Rudolf Jacquemiens Tochter Rita zwischen Januar und Juli 2002 an den ostdeutschen Schriftsteller Gottfried Jürgas schrieb, zeichnen den ungewöhnlichen Lebensweg eines von seiner Tochter offensichtlich geliebten und bewunderten Mannes nach. Obwohl sie aus der Erinnerung der Tochter an die Erzählungen ihres Vaters geschrieben sind, verdeutlichen und vertiefen sie das Verständnis eines Mannes, dessen schwere Kindheit und Jugend sowie die beruflich unklaren Perspektiven ihn als 23-Jährigen zur Emigration in die Sowjetunion trieben. Die bisher über ihn erschienenen knappen Lebensbeschreibungen können dahingehend ergänzt werden, und dies findet in keiner der biographischen Angaben zu seiner Person Erwähnung, dass es, wie immer bei der Auswanderung, neben den Trieb- auch Zugfaktoren gab. Die Liebe zu einer jungen Kommunistin in Archangelsk war der Dreh- und Angelpunkt seines Lebens, so sehr sein Lebensweg in der Sowjetunion phasenweise dann auch zu einem familiären wie politischen Leidensweg wurde.

Die Briefe ergänzen und vervollständigen die biographischen Angaben und Notizen, die in knapper Form sowohl in seinen Büchern wie auch in Handbüchern bzw. Anthologien zur sowjetdeutschen Literatur zu finden sind und die

82 Hedwig Kuhn: 40 Jahre „Freundschaft", Deutsche Allgemeine Zeitung, 5.1.2007.
83 Margot Jacquemien an Gottfried Jürgas, 22.6.2002.
84 Brantsch, Jacquemien (Anm. 26), S. 82.

sich alle sehr ähneln. Einzig in der Erwähnung der Zeit der Haft und Verbannung lassen sich Unterschiede in der Darstellung ausmachen, vor allem die russischen und die ostdeutschen Beschreibungen übergehen die Jahre zwischen 1940 und 1956 mit wenigen oder gar keinen Worten wie: „Arbeit im Hinterland, im Kohletagebau im Ural. Nach 1945 Schlosser in einem Kaliningrader Betrieb. Heute Rentner in Kaliningrad."[85] Diese knappe Darstellung wurde teilweise im Westen übernommen, wohl, weil Genaueres nicht bekannt war: „Er nahm auf sowjetischer Seite am Zweiten Weltkrieg teil. Nach dem Kriege ließ er sich in Königsberg nieder; er besuchte in den 70er Jahren mehrmals seine Heimatstadt Köln."[86] Deutlich präziser ist da Ingmar Brantsch, der über die Schicksalsschläge im Leben Rudolf Jacquemiens, des „Kölners in Königsberg" berichtet, also Arbeitslager, Haft und Verbannung erwähnt, die jedoch „seine rheinische Frohnatur nicht brechen" konnten.[87] Auch im „Lexikon der rußlanddeutschen Literatur" von Annette Moritz aus dem Jahr 2004 werden Arbeitslager und Freiheitsentzug, wenn auch verkürzt, nämlich zwischen 1942 und 1956, erwähnt.[88]

In den biographischen Angaben ähnlich kurz, aber in der Beschreibung seiner schriftstellerischen Leistungen am ausführlichsten ist das Vorwort des Mitglieds des sowjetischen Schriftstellerverbandes Friedrich Bolger zu Rudolf Jacquemiens *Lesebuch* aus dem Jahr 1987, in dem er die Prosa wie die Poesie seines Kollegen sehr anerkennend bewertet und ihn nicht nur als „guten Dichter", sondern auch als Mensch in höchsten Tönen lobt: „Immer gesellig und wohlwollend, bescheiden und aufrichtig, stets hilfsbereit und zuvorkommend, hat er für jedermann allzeit ein gutes Wort parat, sieht er das Leben vor allem von der guten Seite, sucht und findet er in jedem Menschen vor allem das Gute, Schöne."[89]

Ein Nachlass von Rudolf Jacquemien existiert nicht mehr, er fiel der „Zerstörungswut" seiner Witwe zum Opfer. Wie Gottfried Jürgas nach einem Besuch in Kaliningrad in einem Brief berichtet, gab Galina seine Manuskripte und die „Korrespondenz mit vielen interessanten Leuten" nicht, wie von ihrem Mann zu Lebzeiten gewünscht, dem Stadtarchiv von Kaliningrad, sondern sie

---

85 Marijke Lanius: Bio-bibliographische Notizen: Rudolf Jacquemien, in: Grünewald/Lanius, Erzähler (Anm. 70), S. 464. Ähnlich knapp Belger, Schriftsteller (Anm. 47), S. 98.

86 Wörster, Ostpreußen (Anm. 58), S. 72. Ähnlich knapp Ritter, Nachrichten (Anm. 73), S. 238. Mater erwähnt immerhin „1942/46 Zwangsarbeit im Nordural [...]", aber direkt anschließend: „... dann bis 1965 Schlosser in Kasachstan, Litauen und Kaliningrad", Mater, Autorenlexikon (Anm. 67), S. 335.

87 Brantsch, Kölner in Königsberg (Anm. 26), S. 14; Ders., Jacquemien (Anm. 26), S. 82.

88 Moritz, Lexikon (Anm. 38), S. 83.

89 Bolger, Vorwort (Anm. 13), S. 6.

zerschnitt sie und „benutzte sie als Toilettenpapier".[90] Dies ist historisch auch deshalb ein großer Verlust, weil Rudolf Jacquemien Korrespondenzen mit vielen bedeutenden Persönlichkeiten der Zeitgeschichte unterhalten hatte, nicht nur mit Marion Gräfin Dönhoff und mit Vertretern der Kant-Gesellschaft, sondern z. B. auch mit ehemaligen Häftlingen aus dem KZ Buchenwald, mit Max Christiansen-Clausen oder mit Ishii Hanaki aus Japan. Christiansen-Clausen und Hanaki waren im Zweiten Weltkrieg zusammen mit dem Deutsch-Russen Richard Sorge in Japan als Spione für die Sowjetunion tätig gewesen, u. a. hatten sie den sowjetischen Nachrichtendienst vor dem deutschen Angriff auf die Sowjetunion gewarnt – was Stalin nicht geglaubt hatte –, ebenso hatten sie vor dem Angriff der Japaner auf Pearl Harbor gewarnt. Ihre Information vor der Schlacht von Moskau, dass Japan die Sowjetunion nicht, wie befürchtet, von Osten angreifen werde, hatte zu einer sowjetischen Truppenverlagerung aus Sibirien geführt, mit deren Hilfe der deutsche Vormarsch vor Moskau hatte gestoppt werden können. Sorge war im Oktober 1941 in Japan verhaftet und im November 1944 hingerichtet worden,[91] während seine Mitspione überlebt hatten, mit denen Rudolf Jacquemien wie erwähnt in seinem späteren Leben gute Kontakte pflegte.[92]

In seiner Heimatstadt Köln ist Rudolf Jacquemien heute auch deshalb so gut wie vergessen, weil er zur Zeit seiner privaten Verwandtenbesuche in den Jahren 1966 und 1968 erst noch – neben seiner Arbeit als Schlosser bzw. als Zeitungsredakteur – an seiner zweiten Karriere arbeitete und noch keinen, vor allem in Westdeutschland anerkannten Ruf als sowjetdeutscher Schriftsteller hatte. Dies galt auch noch im Jahr 1973. Und im Jahr 1990, als er zum letzten Mal nach Köln kam, war der Aufenthalt in Köln ebenfalls privat, und es war auch nur ein äußerst kurzer Besuch, weil Rudolf Jacquemien schon kränklich war. Außerdem dürfte nach dem Fall des Eisernen Vorhangs im Jahr 1989 und dem sich abzeichnenden Zerfall der Sowjetunion ein 82-jähriger sowjetdeutscher Dichter und Erzähler wenig öffentliche Aufmerksamkeit auf sich gezogen haben. Die kurze Würdigung in der Zeitschrift *Neues Rheinland* aus dem Jahr 1989 von Ingmar Brantsch, der offensichtlich nichts über die früheren Besuche in Köln wusste, war eher auf das private Interesse dieses rumäniendeutschen Schriftstellers zurückzuführen.[93]

90 Gottfried Jürgas an Christel Werner, 23.9.2002.
91 Zu Sorge vgl. Wolf Oschlies: Richard Sorge (1895–1944). Stalins „verschwendeter" Meister-Spion, in: Zukunft braucht Erinnerung. Das Online-Portal zu den historischen Themen unserer Zeit, 12.11.2005, URL: http://www.zukunft-braucht-erinnerung.de/richard-sorge/ (Stand: 14.12.2018).
92 Bolger, Vorwort (Anm. 13), S. 5.
93 Zu Ingmar Brantsch, der seit 1970 in Deutschland lebte und seit 1978 in Köln hauptberuflich als Lehrer arbeitete, vgl. den Eintrag zu seiner Person in Wikipedia.

Hinweise auf das Leben und das schriftstellerische Werk Rudolf Jacquemiens finden sich in vereinzelten biographischen Skizzen und in Autoren- und Literaturlexika der Russlanddeutschen, zuletzt auch im von Lutz Hagestedt herausgegebenen 22. Band des Deutschen Literaturlexikons aus dem Jahr 2014.[94] Die Gedichte und Erzählungen sind heute größtenteils nur noch aus literaturhistorischem Interesse heraus interessant. Über sein Leben ist die Geschichte hinweggegangen. Aber die Beschäftigung mit seiner familiären und beruflichen Lebens-, Leidens- und letztendlich schriftstellerischen Erfolgsgeschichte lässt noch viele Fragen offen, die eine tiefergehende Aufarbeitung verdienten, nicht nur historisch und literarisch, sondern auch politisch. Sein Lebensweg von Köln, wo er geboren war, bis nach Kaliningrad, wo er starb, auf dem er immerhin 16 Jahre im Gulag verbrachte, in Lagern und mit Zwangsarbeit, war ungewöhnlich und besonders. Er gibt in vielen Facetten Aufschlüsse über das Schicksal eines überzeugten deutschstämmigen Kommunisten, der aus Zufall und Liebe in die Sowjetunion geraten war, dort die Säuberungen und Zwangsmaßnahmen Stalins überlebte und trotz allem seinen Frieden mit dem System gemacht zu haben scheint. Rudolf Jacquemien war weder Russlanddeutscher noch einer der vor Hitler in die Sowjetunion geflohenen Exilanten, obwohl sich seine Wege mit Vertretern beider Gruppen vielfach kreuzten. Sein Weg war ein eigener, einmaliger. Trotz aller Schwierigkeiten und aller Unbill in der Sowjetunion, seiner zweiten Heimat, konnte er dabei die alte Heimat, also Köln, nicht vergessen, er war und blieb sein ganzes Leben lang „der vom Rhein".

94 Vgl. Anm. 5. Über die bisher zitierten hinaus weitere Hinweise bei Moritz, Lexikon (Anm. 38), S. 84. Wenig hilfreich und schlecht übersetzt ist die Skizze über Leben und Werk Rudolf Jacquemiens in Elena Seifert (Hg.): Der misstrauischen Sonne entgegen. Anthologie der Literatur der Russlanddeutschen der zweiten Hälfte des 20. Jahrhunderts – Anfang des 21. Jahrhunderts, Moskau 2012, S. 272–287.

Das Kölner Handwerk in der ersten Wiederaufbauphase nach dem Zweiten Weltkrieg

von Ulrich S. Soénius

Ausgangslage und Ursache[1]

Der Zweite Weltkrieg hatte einen tiefen Einschnitt in der Stadt Köln hinterlassen. 1939 lebten in der Stadt über 772.000 Menschen.[2] Als die US-amerikanischen Truppen Anfang März 1945 die Stadt eroberten, gingen die ersten Schätzungen von ca. 40.000 Menschen aus, die in den Ruinen ausharrten. 80 Prozent der Stadt waren durch Kriegseinwirkung zerstört. Von den ehemals 68.500 Gebäuden standen etwas weniger als 15.000, die teilweise auch beschädigt waren.[3] Gab es 1942 noch 254.600 Wohngebäude, so waren es im März 1945 noch 66.000, die bis zu fünf bzw. bis zu 15 Prozent und weitere 63.000, die bis zu 20 Prozent zerstört waren.[4] Geschätzte 30 Millionen Kubikmeter Trümmermengen zeugten in der gesamten Stadt von den Hinterlassenschaften eines kriegstreiberischen und verbrecherischen NS-Regimes. Über 40.000 Einwohner Kölns starben an den Folgen des Krieges, darunter 20.000 durch Fliegerangriffe. 10.000 Kölner Juden wurden ermordet.

Mit diesen erschreckenden Zahlen konfrontiert, die furchtbaren Erlebnisse noch im Gedächtnis und mit der Aussicht auf wenig Rücksichtnahme durch die alliierten Truppen begaben sich die Kölner an den Wiederaufbau ihrer Stadt. Neben der Stadtverwaltung wollten die amerikanischen Besatzungstruppen eine Organisation der Wirtschaft wieder errichten, da nicht nur für die anwesende Bevölkerung, sondern auch für die bereits in den ersten Tagen der

---

1 Erweiterte Fassung eines Vortrages vom 9.10.2017 vor der Jahreshauptversammlung der Kreishandwerkerschaft Köln. Das Kölner Handwerk in der Nachkriegszeit war bisher nicht Gegenstand von wissenschaftlichen Veröffentlichungen – im Gegensatz zu Industrie und Handel. An die Leistungen des Kölner Handwerks erinnerte dieses nur selbst. S. Albert Kreiner: Vom Kölner Handwerk, in: Greven's Kölner Adressbuch 1956, 125. Jg., Bd. 1, o. S.; Herbert Sinz: Köln und sein Handwerk. Einst und heute. Ein Beitrag aus Anlaß des 75jährigen Bestehens der Kreishandwerkerschaft Köln, Köln 1959; Ders.: 2000 Jahre Kölner Handwerk. Chronik einer großen Leistung. Von der Römerzeit bis heute, Köln 1975; Max-Leo Schwering: Handwerk in Köln, hg. von der Kreishandwerkerschaft Köln, Köln 1984.

2 Kölner Statistisches Handbuch. Sonderausgabe der Statistischen Mitteilungen der Stadt Köln aus Anlaß des 75jährigen Bestehens des Statistischen Amtes, Köln 1958 (Statistische Mitteilungen der Stadt Köln, 13 (1958), H. 1), S. 61.

3 Kölner Statistisches Handbuch (Anm. 2), S. 251.

4 Kölner Statistisches Handbuch (Anm. 2), S. 252.

Jahrbuch des Kölnischen Geschichtsvereins 82 (2013/14), S. 297–310

Besatzung zurückkommenden Kölnerinnen und Kölner die alltägliche Versorgung mit Lebensmitteln sichergestellt, Wohnungen erbaut und Arbeitsplätze geschaffen werden mussten. Ende 1945 waren wieder über 246.000 Menschen in der Stadt, 1948 waren es 530.000.[5] Dies war auch ein Verdienst der Kölner Wirtschaft.

Die Organisation der gewerblichen Wirtschaft war im NS-Staat nach 1933 gleichgeschaltet und dem „Führerprinzip" unterworfen worden. Wahlen waren seit 1934 nicht mehr möglich, bereits im Jahr zuvor hatten NS-Funktionäre weitestgehend im Frühjahr die Organisationen unter ihre Führung gebracht. 1942 wurde mit den Gauwirtschaftskammern und den nachgeordneten Behörden die Wirtschaftsorganisation völlig verstaatlicht und der NS-Organisation einverleibt.[6] Da diese Strukturen nach März 1945 nicht mehr vorhanden waren, mussten die Kammern und die weiteren Organisationen wieder ins Leben gerufen werden. Am 6. Juni 1945 gründete die Militärregierung die Handwerkskammer zu Köln neu und beauftragte mit ihrer Reorganisation kommissarisch den Elektromeister Bernhard Günther. Die Besatzungstruppen bestätigten mit ihm den Tischlermeister Heinz Breiken.[7]

Während Bernhard Günther durch seine langjährige Kammerpräsidentschaft, sein Bundestagsmandat und die Überlieferung seines Nachlasses in der Stiftung Rheinisch-Westfälisches Wirtschaftsarchiv zu Köln, das 2006 eine große Ausstellung zu ihm in den Räumen der Handwerkskammer Köln durchführte, noch heute bekannt ist, ist über Breiken sehr viel weniger überliefert.[8] Dieser hatte bereits am 11. März 1945, wenige Tage nach dem Einmarsch der amerikanischen Truppen, eine Tätigkeit im provisorisch eingerichteten Arbeitsamt an der Badstraße aufgenommen.[9] Günther hatte das Kriegsende in Oberkassel erlebt und richtete am 22. April 1945 ein Gesuch an die Militärregierung auf schnellstmögliche Rückkehr nach Köln. Oberbürgermeister Adenauer habe ihn angefordert, und er sei von der Stadtverwaltung beauftragt, „Störungen in der Stromversorgung zu beseitigen".[10]

5 Kölner Statistisches Handbuch (Anm. 2), S. 62.
6 Ulrich S. Soénius/Jürgen Weise: Selbstverwaltungsorganisationen der Wirtschaft seit dem 19. Jahrhundert, Bonn 2008 (Geschichtlicher Atlas der Rheinlande, Beiheft VII/19–21), S. 24–25.
7 Werner Kind: 100 Jahre Handwerkskammer zu Köln, Köln 2000, S. 83.
8 Andrea Krüger: Europäische Kooperation in Handwerk und Politik. Das Beispiel Bernhard Günther, 1945–1975, JKGV 79 (2008), S. 193–250. Zu Breiken siehe Sinz, 2000 Jahre (Anm. 1), S. 226–227.
9 Everhard Kleinertz: März '45. Kriegsende in Köln. Ausstellung zum 50. Jahrestag der Besetzung Kölns durch amerikanische Truppen, Historisches Archiv der Stadt Köln, 8. März bis 28. April 1995, Köln 1995, S. 8, hier als „Heinz Breikum (?), Obermeister der Schreinerinnung" bezeichnet.
10 Günther an Militärgouverneur Oberkassel, 22.4.1945, RWWA 368–11–4.

Abb. 1: Bernhard Günther bei einer Rede, 1960 (Stiftung Rheinisch-Westfälisches Wirtschaftsarchiv zu Köln, RWWA 368-F41).

Abb. 2: Heinz Breiken, Zeichnung von Walter Haehn (in: Herbert Sinz: Das Kölner Tischlerhandwerk. Seine Geschichte und Bedeutung. Eine Chronik aus Anlaß des 120-jährigen Bestehens der Tischlerinnung Köln, Köln o. J.).

Mit Verfügung des Regierungspräsidenten vom 16. Juli 1945 wurden Günther als Präsident der Handwerkskammer zu Köln und Breiken als Kreishandwerksmeister bestätigt. Beide Organisationen zogen in das Schulgebäude an der Gilbachstraße 6.[11]

Erste organisatorische Bestrebungen

Die wichtigste Aufgabe für beide war die Wiedererrichtung der Handwerksorganisation. Zwar waren die Innungen als Zwangsinnungen im NS-Staat bestehen geblieben, aber aufgrund der Kriegseinwirkung mussten diese ebenfalls wieder reorganisiert werden. Dazu benötigten Günther und Breiken in erster Linie Personen, die nicht durch die Unterstützung des NS-Regimes belastet waren.

In den nächsten Monaten sammelten die beiden Handwerker ihnen bekannte Kollegen, die teilweise aus dem Kolpingwerk stammten, und bereiteten mit diesen die ersten Gründungen von Innungen vor. 1939 waren in Köln

11 Kind, 100 Jahre Handwerkskammer (Anm. 7), S. 83.

12.673 Handwerksbetriebe mit 48.229 Beschäftigten gemeldet gewesen.[12] Nur ein Bruchteil der Meister war bei Kriegsende in der Stadt oder konnte in den Wochen danach intakte Werkstätten übernehmen und auf vorhandenes Fachpersonal zurückgreifen. Dennoch machten sich einige Handwerksmeister, die in den Wochen nach der Kapitulation zurückkamen, an den Wiederaufbau ihrer Unternehmen und der Organisation.

Im Herbst 1945 organisierten Günther und Breiken Gründungsversammlungen der Innungen, die Günther zumeist in seiner Eigenschaft als Kammerpräsident leitete. Schon zuvor hatte dieser kommissarische Obermeister berufen, so bei den Tapezierern Obermeister Alfred Keller, der 1933 sein Amt auf Druck der NSDAP niederlegen musste. Keller war wie Günther Kolpingbruder.[13] Gleiches geschah bei der Innung des Kraftfahrzeug-Handwerks. 1934 als Zwangsinnung gegründet, wurde Eberhard Mauss zum Obermeister ernannt, musste aber nach einigen Jahren seinen Posten aus politischen Gründen räumen. Er wurde von Günther wiedereingesetzt.[14] Bei den Buchbindern war es Adolf Paolucci, der bisher kein Amt innenhatte[15], bei den Malern Anton Klauke.[16] Die von Günther ernannten Personen wurden zumeist bei den Gründungsversammlungen als erste Obermeister gewählt.

Die Maler hielten am 6. Oktober 1945 mit 346 Mitgliedern im Kolpinghaus an der Breite Straße ihre Gründungsversammlung ab.[17] In den folgenden Wochen erfolgten weitere Gründungen: Beim Elektro-Handwerk erschienen am 9. Oktober zur Gründungsversammlung 222 von 320 eingeladenen Unternehmen, bei den Stuckateuren waren es vier Tage später 62 von 90 eingeladenen Betrieben. Die Zimmerer gründeten am 12. Oktober[18], das Kraftfahrzeug-Handwerk am 18. Oktober 1945.[19] Etwas später, am 7. November, kamen die Schuhmacher zusammen.[20]

Eine besondere Rolle kam den Handwerksbetrieben zu, die zur Lebensmittelversorgung der Bevölkerung beitragen sollten. Denn diese war für die alliierten Verwaltungen entscheidend zur Sicherstellung der öffentlichen Ord-

12 Kölner Statistisches Handbuch (Anm. 2), S. 156.
13 Herbert Sinz: Die Kölner Raumausstatter-Innung im Wandel der Zeit, in: Festschrift der Raumausstatter-Innung Köln 1851–1976. Haus des Kölner Handwerks, Köln 1976, S. 1–2 (Teil II), hier S. 8–9.
14 50 Jahre Innung des Kraftfahrzeug-Handwerks Köln 1934–1984, Köln o. J., o. S.
15 Harald Hasberg: Buchbinder-Innung Köln. Eine Chronik, in: Hundert Jahre Buchbinder-Innung Köln, Köln 1991, S. 18–80, hier S. 53.
16 Jürgen Weise: 125 Jahre Innung Farbe Köln: 1885–2010, Köln 2010, S. 28.
17 Weise, Innung Farbe (Anm. 16), S. 28.
18 100 Jahre Zimmerer-Innung Köln, Köln 1981, S. 23.
19 Innung Kraftfahrzeug 1934–1984 (Anm. 14).
20 100 Jahre Schuhmacher-Innung Köln 1850–1950, o. O. 1950, S. 23.

nung.[21] Daher waren die Bäckereien und Metzgereien früher im Blick der Militärverwaltung. Diese agierten aber auch von sich aus. Drei Tage nach dem Einmarsch der US-amerikanischen Truppen begaben sich Fleischermeister Friedrich Beuth und der Geschäftsführer der Fleischerinnung Dr. Albert Lotz zum „Food Officer" und erreichten nach zähen Verhandlungen die Schlachterlaubnis für 127 Tiere, die auf dem Schlachthof-Gelände überlebt hatten, aber für die kein Futter zu beschaffen war. Der Food Officer beauftragte Beuth mit der Suche nach einem Sprecher der Fleischer, der nichts mit den Nationalsozialisten zu tun gehabt haben durfte. Beuth und Lotz schafften es, einige Fleischermeister zu finden und bereits am 18. März 1945 eine Besprechung zu organisieren, bei der die Anwesenden Werner Stieldorf zum Obermeister und einen Vorstand wählten.[22] Ebenfalls für die Versorgung der Bevölkerung unerlässlich war die Wiederinbetriebnahme der Bäckereien. Von den ehemals 850 Bäckerbetrieben vor dem Krieg waren bei Kriegsende 1945 42 betriebsfähig. Bäckermeister Matthias Rasch wurde von den Besatzungstruppen beauftragt, die Mehlversorgung zu organisieren. Dazu erhielt er zwei Autos und ein Telefon.[23] Am 19. März arbeiteten bereits wieder 143 Bäckereien im linksrheinischen Köln.[24] Zehn Kölner Bäckereien belieferten im März und April das Lager Brauweiler, wohin die US-amerikanischen Truppen die befreiten Zwangsarbeiter verbracht hatten, mit Brot. Dann übernahm eine Brotfabrik die Versorgung.[25] Neben der Versorgung mit Lebensmitteln kam auch der Instandhaltung von Kleidung und Schuhen in den Zeiten der Not eine hohe Bedeutung zu. So sorgten Schneider und Schuhmacher für die Sicherung von Kleidung und Schuhen.[26] Ohne die Unternehmen des Bauhandwerks wäre der Wiederaufbau von Gebäuden nicht möglich gewesen. 1945 wurden in zehn Wochen fast 18.000 Wohnungen instandgesetzt, Ende November 1946 zählten die Statistiker 120.000 Wohnungen in der Stadt, ohne dass die Not beendet war.[27]

21 Zur Lebensmittelversorgung s. besonders Martin H. Geyer: Die Hungergesellschaft, in: Jost Dülffer (Hg.): „Wir haben schwere Zeiten hinter uns". Die Kölner Region zwischen Krieg und Nachkriegszeit, Köln 1996 (Veröffentlichungen des Kölnischen Geschichtsvereins e. V. 40), S. 167–184, hier: 173–177.

22 75 Jahre Fleischer-Innung Köln, Köln o. J., S. 122–123.

23 Elmar Driessen: Die Bäcker-Innung zu Köln von 1924–1949, in: Festschrift zur Feier des 100jährigen Jubiläums und Fahnenweihe der Bäcker-Innung Köln 1849–1949, Bochum 1949, S. 67–78, hier S. 70.

24 Kleinertz, März ‚45 (Anm. 9), S. 11.

25 Kleinertz, März ‚45 (Anm. 9), S. 97.

26 Kreiner, Kölner Handwerk (Anm. 1).

27 Gerhard Brunn: Köln in den Jahren 1945 und 1946. Die Rahmenbedingungen des gesellschaftlichen Lebens, in: Otto Dann (Hg.): Köln nach dem Nationalsozialismus, Wuppertal 1981, S. 35–72, hier S. 56.

Die Probleme für alle Unternehmen waren in der unmittelbaren Nachkriegszeit immens. Manche hatten in den letzten Monaten vor Ende des Krieges aufgrund der Ausbombung ihre Tätigkeit einstellen müssen.[28] Nunmehr galt es, die Gebäude wiederaufzubauen, Fachkräfte zu akquirieren und Materialien zu besorgen. Die Kreishandwerkerschaft und die Innungen hatten die Aufgabe, die Unternehmen zu unterstützen, aber sie waren auch Genehmigungsinstitution und Verteilstelle. Vor allem bei kleineren Unternehmen gab es aufgrund von Kriegsdienst und Gefangenschaft des Meisters keine betriebliche Tätigkeit. Karl Kreitz, Malermeister an der Arnoldshöhe, war ab dem 15. November 1939 Soldat und bis zum 30. Dezember 1947 in Gefangenschaft – in der Zeit ruhte der Betrieb.[29] Walter Meier aus Nippes war bis 1949 in Gefangenschaft und wollte danach wieder seinen Malerbetrieb fortführen. Die Innung setzte sich für einen Investitionskredit in Höhe von 4000 DM bei der Stadtsparkasse ein.[30] Auch Bescheinigungen zur Genehmigung des Wohnortwechsels nahe zum Betrieb erbaten einige Mitglieder.[31] Manche Schicksale spiegeln sich in den Akten der Kölner Malerinnung wider. So beantragte Karl Lingohr am 24. September 1945 die Weiterführung des Malergeschäfts. Hintergrund: Als selbständiger Maler hatte er 1909 bis 1939 das Unternehmen geführt und dieses nach Ablegung der Meisterprüfung seines Sohnes diesem übertragen. Er selbst arbeitete als Geschäftsführer weiter mit. „Da mein Sohn gefallen ist, bitte ich Sie nun wieder die Weiterführung meines Geschäftes zu genehmigen."[32]

Nachdem die Innungen wiedereingerichtet waren, traten am 17. Dezember 1945 ihre Vertreter zusammen und wählten Heinz Breiken zum Kreishandwerksmeister. Bei der Versammlung wurden die wichtigsten Fragen besprochen, die das gesamte Handwerk betrafen: Materialversorgung, Fachkräfte und Entnazifizierung.[33] Später kam noch die Preisgestaltung hinzu.[34] Die Kreishandwerkerschaft und die Innungen hatten neben der Organisation der Wirtschaft auch ihre eigenen Sorgen. In ihrem Büro in der Schule Gilbachstraße fehlten anfangs die Fenster. Es dauert bis Dezember 1946, bis das Glas geliefert und installiert werden konnte.[35] Generell war es für die Wirtschaftsorganisationen ebenso schwer, ihre Geschäftstätigkeit aufzunehmen und durchzuhalten, wie für die Unternehmen. Die Malerinnung bat noch im März 1947 einen

28 Fragebogen Gustav Wintrich, 5.7.1945, RWWA 99–2–22.
29 Fragebogen Karl Kreitz, 5.1.1948, RWWA 99–3–19.
30 Korrespondenz 1949–1951, RWWA 99–4–20.
31 Nikolaus Massong an Malerinnung, 2.10.1948, RWWA 99–6–32.
32 Karl Lingohr an Malerinnung, 24.9.1945. RWWA 99–10–2.
33 Zusammenkunft Kölner Handwerk, Kölnischer Kurier, 19.12.1945.
34 2. Arbeitstagung Kreishandwerkerschaft, Kölnischer Kurier, 15.1.1946.
35 Korrespondenz, RWWA 99–13–7.

Malermeister, er möge der Innung aus „dringendster Verlegenheit" mit einer Schreibmaschine helfen.[36] Ungeachtet der widrigen Umstände wuchs die Zahl der Handwerksunternehmen. Immerhin erreichte Ende 1946 die Anzahl der Handwerksbetriebe 80 Prozent des Vorkriegsbestandes.[37] Dieser wurde im Folgejahr erreicht: Am 1. Oktober 1947 waren 12.324 Unternehmen mit 51.850 Beschäftigten in die Handwerksrolle eingetragen.[38]

Zu den Hauptthemen des Kölner Handwerks vor der Währungsreform

Materialversorgung

Das dringendste Problem der Kölner Handwerksbetriebe war in den ersten Jahren des Wiederaufbaus die Versorgung mit Materialien, insbesondere Werkzeugen und Maschinen, Rohstoffen, Hilfsmitteln und Brennmaterialien. Zwar war dem Befehl Hitlers, alle Maschinen und Werkzeuge vor dem heranrückenden Feind zu vernichten, nicht Folge geleistet worden, aber durch den von den Nationalsozialisten verursachten Krieg waren enorme Schäden entstanden. Manch einer wird den Befehl zur „verbrannten Erde" inmitten der Kriegslandschaft nur mit Kopfschütteln registriert haben. Die Schwierigkeiten bei der Materialbeschaffung nach dem Krieg waren bei den Handwerksorganisationen stetig präsent. Am 22. Januar 1947 führte die Kreishandwerkerschaft eine öffentliche Protestversammlung durch, die die Schwierigkeiten bei der Energieversorgung zum Inhalt hatte.[39] Elf Monate später, am 18. Dezember 1947, fand die Delegiertenversammlung der Kreishandwerkerschaft auf dem Dampfer „Bismarck" statt. Geschäftsführer Dr. Wilhelm Weber berichtete über die Bewirtschaftung und die Einbindung der Handwerksorganisation. Es galt 20 Kontingente zu verwalten, u. a. 20.000 Paar Schuhe, 9000 Kleidungsstücke und 2791 Tonnen feste Brennstoffe. Weber verglich die Tätigkeit der Kreishandwerkerschaft mit der eines Wirtschaftsamtes einer Großstadt mit 100.000 Einwohnern.[40]

In vielen Unternehmen waren durch Bombenschäden nicht nur Werkstätten und Lagerräume, sondern neben den Unterlagen auch die Materialien zerstört worden. Nach dem Krieg kam es zu Beschlagnahmungen durch die Besat-

36 Malerinnung an Bruno Reinhard, 1.3.1947, RWWA 99–2–15.
37 Brunn, Köln (Anm. 27), S. 69.
38 Sinz, 2000 Jahre (Anm. 1), S. 224.
39 Schwering, Handwerk (Anm. 1), S. 243.
40 Schwering, Handwerk (Anm. 1), S. 244.

zungstruppen.[41] Erhaltene Materialien, vor allem Baumaterialien, mussten dem Verteilungsamt der Stadt gemeldet werden. Wenn jemand dem nicht nachkam, drohte ihm der Entzug der Gewerbeerlaubnis.[42] Dankenswerterweise haben sich viele Mitgliedsakten der Innung Farbe aus dieser Zeit im RWWA erhalten. Daher kann exemplarisch anhand dieses Gewerbezweiges auf die Themen eingegangen werden, die die Kreishandwerkerschaft für alle Handwerkszweige deklariert hatte. Neben Korrespondenz erhalten die Akten auch Fragebögen zur Betriebswiederaufnahme. Am 21. Juni 1945 schrieb Malermeister Hermann Subrock aus Kalk an die Malerinnung, er benötige „Deckenbürsten, Pinsel und alle sonstigen zum Betrieb gehörige Werkzeuge und Geräte wie Leitern usw.".[43] Ähnliche Aussagen wurden auch von anderen Unternehmern getätigt. Noch im Juli 1946 klagte Malermeister Ludwig Stugg, dass weder Werkzeug noch Material zu bekommen sei.[44]

Die Materialnot, insbesondere in den ersten Monaten nach Kriegsende und abgeschwächt bis zur Währungsreform, führte auch zu Auseinandersetzungen, ob Unternehmen sich an den Materialen von anderen schadlos hielten. Die Innungen mussten dabei vermittelnd eingreifen, wobei häufig Aussagen gegen Aussagen standen.[45]

Die Jahre nach dem Krieg waren geprägt von der Beschaffung, die wiederum mit einem hohen Bürokratieaufwand erledigt werden musste. Die Bewirtschaftung ging einher mit zahlreichen Formularen, die immer wieder ausgefüllt werden mussten. Ohne Antrag funktionierte nichts – noch im August 1946 musste der Elektromeister Josef Schramml beim Wirtschaftsamt Bezugsscheine für Arbeitsanzüge für seine Mitarbeiter erbitten. Er begründete dies mit Arbeiten in Krankenhäusern und für die Beleuchtung der Patton-Brücke.[46] Den Innungen kamen in der Bewirtschaftung Verteilfunktionen zu. So verteilte die Malerinnung Bezugsscheine für Arbeitsschuhe und Arbeitsanzüge[47], aber auch für Eisen, mit denen Werkzeuge beschafft werden konnten. In einem Fall lagen zwischen Antragstellung und Ausgabe fast acht Monate, weil die Innung die Ware nicht früher beschaffen konnte.[48] 1947 erhielt die Innung 80 kg Papier

41 Fragebogen Johann Depel, Köln-Ehrenfeld, 19.7.1945, RWWA 99–2–7.
42 Aufforderung zur Meldung von Materialen, Stadt Köln, 12.5.1945. Abgedruckt in: Köln 1945 – Zerstörung und Wiederaufbau. Beiheft zur Ausstellung des Historischen Archivs der Stadt Köln in der Stadtsparkasse Köln, Köln o. J., S. 99. Auf das Handwerk wird in dem Kapitel „Wirtschaft", S. 95–97, nicht eingegangen.
43 RWWA 99–2–4.
44 Ludwig Stugg an Malerinnung, 25.8.1946, RWWA 99–10–23.
45 Korrespondenz 1945, RWWA 99–7–8; Korrespondenz 1950, RWWA 99–7–1.
46 Werner Schäfke: Köln nach 1945. Die Geschichte unserer Gegenwart, Rheinbach 2017, S. 518.
47 Malerinnung an Johann Miesen, 2.9.1946, RWWA 99–5–15.
48 Korrespondenz Malerinnung mit Julius Flohr, 25.2.1948, 1.10.1948, RWWA 99–12–8.

zur Verteilung und kündigte die Verteilung von Seife zum Werkzeugreinigen sowie die Beantragung von einem Zentner Briketts für jedes Mitglied an.[49] Vieles dauerte lange. Die Stuckateurinnung erhielt im März 1947 vom Baulenkungsamt eine Tonne Stifte bzw. Nägel zugeteilt. Aber drei Monate später war sie noch nicht geliefert. Zwischen September 1946 und Juni 1947 verteilte diese Innung 169 Paar Arbeitsschuhe und 31 Arbeitsanzüge, ein Fahrrad, diverse Kleinteile, darunter eine Fahrradlampe ohne Dynamo, 3000 Blatt Schreibmaschinen-Papier, die gleiche Menge an Durchschlagpapier sowie 1000 Postkarten und 2000 Briefumschläge.[50] Bei den Zimmerern wurden Klagen über zu geringe Leimzuteilung laut – wie sollte gebaut werden, ohne Material? „Die Ankündigung, dass demnächst in größerer Zahl Hammer-, Beil- und Axtstiele geliefert werden könnten, löste fast schon Begeisterung aus", heißt es im Rückblick in der Festschrift zum 100-jährigen Jubiläum der Kölner Zimmererinnung.[51]

Neben der Besorgung von Material standen Transportprobleme auf dem Plan. Einige, vor allem größere Handwerksunternehmen hatten in den letzten Kriegsmonaten Ausweichlager außerhalb der von den Kriegseinwirkungen besonders betroffenen Großstadt anlegen können.[52] Aber der Transport der Materialien zurück nach Köln war neben der Beschaffung von Transportmöglichkeiten auch eine Genehmigungsfrage. Alle Verkehre wurden von den Besatzungstruppen kontrolliert.[53] Noch 1947 musste die Malerinnung für einen Meister die Genehmigung zur Benutzung des D-Zuges von Köln nach Frankfurt erbitten, damit dieser seine Materialien und sein Werkzeug, was er während der Evakuierung in Bad Homburg untergebracht hatte, zurückholen konnte.[54]

Brennmaterialien wie z. B. Kohlen wurden nur an Handwerksunternehmen ausgeteilt, die „vorwiegend Werkstattarbeiten" ausführten – Unternehmen, die dagegen hauptsächlich außen arbeiteten, gingen leer aus.[55] Jede Glühbirne musste beantragt werden.[56] Das Juwelier- und Uhrengeschäft R. C. Müller beantragte für die Werkstatt, in der vier Beschäftigte Uhren reparierten, beim

49 RWWA 99–30–1.
50 Kreishandwerkerschaft Köln (Hg.): 100 Jahre organisiertes Stukkateur-Handwerk in Köln. Handwerksmarkt in Köln anläßlich des 100jährigen Jubiläums der Kreishandwerkerschaft in Köln, Köln 1984, o. S.
51 100 Jahre Zimmerer-Innung (Anm. 18), S. 25.
52 Fragebogen Fried. Wilh. Wörsdörfer, 6.1945, RWWA 99–2–14.
53 Anordnung über die Benutzung von Kraftfahrzeugen. Militärregierung Deutschland. Britisches Kontrollgebiet, 1.11.1945. Abgedruckt in: Köln 1945 – Zerstörung und Wiederaufbau (Anm. 42), S. 98.
54 RWWA 99–13–21.
55 Malerinnung an Hermann Subrock, 24.10.1947, RWWA 99–2–4.
56 Antrag Ritter & Drieling an Wirtschaftsamt, 24.2.1947, RWWA 99–6–26.

Energiebevollmächtigten für das Versorgungsgebiet der Stadt Köln entsprechenden Stromverbrauch, da täglich acht Stunden gearbeitet wurde und die Uhren nicht im Dunkeln repariert werden konnten.[57]

Verschiedentlich versuchten die Innungen, an die Solidarität der Mitglieder untereinander zu appellieren. Obermeister Rasch von der Bäckerinnung richtete im Januar 1946 einen Appell an die Mitglieder, deren Betriebe wegen laufender Entnazifizierungsverfahren ruhten, sie mögen diejenigen unterstützen, die ohne Arbeit dastünden, da keine Werkstatt und keine Materialien mehr vorhanden waren. Rasch nannte 130 Kollegen, weitere 400 sollten zurückkommen.[58] Der Vorsitzende des Landesverbandes Nordrhein des Malergewerbes, Adolf Seuffert, bat anlässlich der Gründungsversammlung der Kölner Innung Kollegen zu unterstützen, auch mit „Leihgaben aus dem eigenen Fundus".[59]

Fachkräfte

Im Gegensatz zu den Industrieunternehmen benötigten Handwerksbetriebe keinen sogenannten „Permit", der auch die Zuteilung von Fachkräften regelte. Sie konnten beliebig viele Fachkräfte beschäftigen.[60] Aber das war nur Theorie – in der Praxis fehlten in den ersten Nachkriegsjahren Mitarbeiter.

Das Malergeschäft Friedrich Wilhelm Wörsdörfer hatte 1939 18 Gesellen, drei Lehrlinge, zwei Hilfskräfte und einen kaufmännischen Angestellten. Am 1. Juni 1945 waren davon nur noch zwei Gesellen und der kaufmännische Angestellte greifbar.[61] Viele der ehemaligen Angestellten waren in Gefangenschaft oder evakuiert, einige gestorben. Da war es schwer, Fachkräfte zu erhalten, die den dringenden Arbeitsanfall, z. B. bei der Lebensmittelversorgung und beim Bau von Wohnungen sowie Gewerbebauten, erledigen sollten. Die Militärregierung hatte schon früh, am 10. September 1945, alle beschäftigungslosen „Bauhandwerker, Bauhilfsarbeiter und Bauarbeiter" aufgerufen, sich bei der Einsatzstelle der Bauwirtschaft zu melden. Die Kreishandwerkerschaft war für die Annahme von Meldungen aus dem Baunebengewerbe zuständig. Dies galt auch für Meldungen der Unternehmen, die verpflichtet wurden, innerhalb weniger Tage alle aktuellen und ehemaligen Beschäftigten zu melden. Die Unternehmen mussten sich ebenfalls registrieren lassen. Damit sollte der vordringlichsten Aufgabe, der Instandsetzung von Wohnraum vor dem einsetzen-

57 Antrag, 15.2.1946, RWWA 567–1–2.
58 Bäcker-Innung Köln, Rundschreiben Nr. 1/46, 4.1.1946, RWWA 126–59–3.
59 RWWA 99–30–2.
60 Vogeler an Malerinnung, 12.8.1947, RWWA 99–13–19.
61 Fragebogen Friedr. Wilh. Wörsdörfer, 6.1945, RWWA 99–2–14.

den Winter, genüge getan werden. Nichtmeldung führte zur Freiheitsstrafe, „jedoch nicht zur Todesstrafe", wie beruhigend der *Kölnische Kurier* feststellte.[62] Insbesondere im Bauhandwerk war die Auslastung sehr gut – allein es fehlte an Fachkräften.[63] Vor den Innungen kamen daher auch Streitigkeiten der Unternehmen untereinander um angebliche Abwerbungen zur Sprache.[64]

Entnazifizierung

Ein weiteres großes Thema für alle Innungen war die laufende Entnazifizierung. Einerseits waren die Besatzungsbehörden hier die treibende Kraft, ehemalige Parteigenossenschaften aus den führenden Stellungen zu vertreiben, andererseits gab es große Widerstände in den eigenen Reihen gegen Mitglieder der NSDAP. Die Entnazifizierung war ein breit angelegter Prozess. Im Juli 1946 gab es in Köln 69.000 laufende Verfahren, 1947/48 laut Verwaltungsbericht der Stadt waren es noch ca. 45.000.[65]

Unter den Handwerkern waren einige bekannte Nationalsozialisten. Handwerkskammer-Präsident Günther, als Regimegegner unverdächtig, äußerte in einer Rede vor Ende 1945, dass das Handwerk nur gering in der NSDAP vertreten gewesen sei. Bei einigen Branchen sah er höhere Akzeptanz, wie bei Metzgern, Schornsteinfegern, Bandagisten und Optikern, bei anderen, wie Bäckern, Schuhmachern, Friseuren und Schneidern aber weniger. Unter ein Fünftel der Handwerker sei Mitglied gewesen.[66] Gemessen an dem Anteil von NSDAP-Mitgliedern an der Gesamtbevölkerung von 5,5 Prozent war das aber immer noch viel. Welche Quellen Günther zu dieser Aussage herangezogen hat, ist unbekannt.

Einige der NSDAP-Mitglieder unter den Meistern waren schon vor 1933 eingetreten, andere erst 1937. Ein Zwang zum Parteibeitritt bestand nicht. Nach der Machtübertragung an die Nationalsozialisten im Januar 1933 wollten viele Mitglied werden, so dass die Parteiführung einen Aufnahmestopp verkündete. Nach dessen Aufhebung 1937 traten mehrere Handwerker in die

62 „An die Kölner Bevölkerung", Kölnischer Kurier, 21.9.1949.

63 Karl Ley an Malerinnung, 12.11.1945, RWWA 99–8–13.

64 Korrespondenz 1948, RWWA 99–3–3.

65 Heribert Threiss: Britische Besatzungspolitik in Köln, in: Otto Dann (Hg.): Köln nach dem Nationalsozialismus, Wuppertal 1981, S. 73–92, hier S. 90. Das Thema Entnazifizierung wird in den vom Handwerk herausgegebenen Werken von Sinz (Anm. 1) nicht erwähnt, ebenso wie die vielen jüdischen Handwerker. Letzteres trifft auch auf Schwering, Handwerk (Anm.1), zu, der das Thema Entnazifizierung zumindest nennt (S. 240, 243).

66 Redemanuskript Bernhard Günther, S. 11, o. D., RWWA 368–8–7.

NSDAP ein. Manche begründeten diesen Schritt nach dem Krieg mit Schikanen, die eingetreten wären, wenn eine solche Mitgliedschaft nicht beantragt wurde, aber dabei handelte sich wesentlich um Schutzbehauptungen. Andere sagten, dass sie eingetreten seien, um Aufträge von öffentlichen Stellen zu erhalten, weil diese Nicht-Parteimitglieder ausgeschlossen hätten.

Im Fokus standen nach dem Krieg zunächst solche Handwerker, die in der Handwerksorganisation nach der „Gleichschaltung", die vielmals auch von vorauseilendem Gehorsam geprägt war, Ämter übernommen hatten. Die Obermeister wurden nach dem Krieg nicht bzw. zunächst nicht wiederberufen. Es sind mehrere Fälle bekannt, bei denen Handwerker vor 1933 in die NSDAP eintraten und Parteiämter, wie „Blockleiter", besser bekannt unter der umgangssprachlichen Beschreibung „Blockwart", ausübten. In diesen Fällen reichten die Innungen die Anträge zur Wiederaufnahme an die Handwerkskammer weiter, die wiederum die Militärregierung informierte. Diese untersagte in der Regel die Genehmigung. Die Handwerksorganisation wies auf Einspruchsmöglichkeiten hin, sicher auch aus Abwehr von Diskussionen in den eigenen Reihen. So war die Entscheidung nicht in den eigenen Reihen gefallen. Gerade direkt nach dem Krieg gab es bei vielen Handwerkern, die nicht in der Partei gewesen waren, großen Unmut, wenn der Verdacht bestand, dass ehemalige Parteigenossen („Pg") wieder Aufträge, Material oder Fachkräfte zugeteilt bekamen, während Handwerker, die nicht Mitglied in der NSDAP gewesen waren, leer ausgingen. Es gab durchaus Versuche aus den eigenen Reihen heraus, den Einzug von ehemaligen Parteimitgliedern in Ämter der Handwerksorganisationen zu verhindern. Bei der Malerinnung stellte Malermeister Friedrich Heidecke in der Gründungsversammlung den Antrag, dass Mitglieder, die in den zwölf Jahren der NS-Herrschaft Parteimitglied waren, nicht zur Wahl zugelassen werden sollten. Dies wollte eine Mehrheit aber nicht mittragen.[67] In diesem Sinne wollte auch Erwin Leithaus, Inhaber eines Maler-, Anstreicher- und Tapezierergeschäfts, verhindern, dass ehemalige Parteimitglieder passives oder aktives Wahlrecht haben sollten. Er wandte sich schriftlich an die Innung, aber vergeblich.[68]

Dabei waren die Handwerksinnungen direkt nach dem Krieg äußerst kritisch eingestellt zu den NSDAP-Mitgliedern, auch wenn diese behaupteten, sie seien aufgrund der Umstände Mitglied geworden, ohne sich politisch zu betätigen. Die Innungen wollten zwar nicht vollständig den Stab über die nationalsozialistischen Mitglieder brechen, aber, wie Bernhard Günther es Ende 1945 ausdrückte, sollten diese „kürzer treten". Betriebsmittel und Materialien soll-

67 Weise, Innung Farbe (Anm. 16), S. 28; RWWA 99–30–2.
68 Leithaus an Malerinnung, 9.9.1945, RWWA 99–2–9.

ten die Ex-Parteigenossen den „einwandfreien Mitgliedern" überlassen.[69] Obermeister Rasch von der Bäckerinnung forderte im Januar 1946 von den ehemaligen NSDAP-Mitgliedern, dass sie andere Bäcker unterstützten, sei es durch Zusammenlegungen oder „vorübergehende Freigabe von Betrieben". Er bemängelte, dass „sämtliche Aufrufe, Ermahnungen und Vorschläge" bei allen „freiwilligen und unfreiwilligen Parteigenossen" auf „unverständlichen Boden gefallen sind".[70] Die Malerinnung musste aufpassen, dass nicht die größeren Unternehmen Aufträge erhielten, deren Inhaber vielfach in der NSDAP waren. „Unsere Meister, die mehr Rückgrat hatten, haben kein Verständnis dafür, dass die Nachteile, die ihnen von den Nazis zugefügt wurden, nicht auf Kosten der ehemaligen Pgs beseitigt werden sollten."[71] Doch die kritische Haltung änderte sich mit der Zeit, umso mehr „Normalität" in die deutsche Gesellschaft einzog. 1949 bescheinigte die Malerinnung einem Mitglied, er sei „nur dem Drucke der damaligen Verhältnisse folgend Mitglied der N.S.D.A.P" geworden.[72] Welcher Druck im Juni 1933, der Zeitpunkt des betreffenden Parteieintritts, geherrscht haben soll, bleibt unklar und das Geheimnis desjenigen, der eine solche Aussage getätigt hat. Ähnlich wie in der Industrie, vor allem in der Justiz, an den Universitäten sowie in den Ministerien und nachgeordneten Behörden, kamen nach 1949 wieder ehemalige Funktionsträger aus der Zeit von 1933 bis 1945 zu Amt und Würden. Dies bedarf jedoch weiterer Untersuchungen.

Ebenfalls völlig im Dunkeln liegt das Schicksal von ehemaligen jüdischen Handwerkern. Es ist allgemein eine Mär, dass Juden nur der sogenannten Oberschicht angehört hätten. Es gab jüdische Ochsenmetzger, Bäcker, Schneider, Optiker etc. Es wäre ein lohnenswertes Projekt, dieses einmal näher zu untersuchen und vor allem an diejenigen zu erinnern, die ermordet oder vertrieben wurden.

Fazit

Unter ungeheuer schweren Bedingungen haben die Handwerker in der Wiederaufbauzeit dafür sorgen müssen, dass Unternehmen neu beginnen konnten, aber vielfach ohne oder nur mit geringem Material, Rohstoffen, Fachkräften, Werkstätten und Transportmitteln. Der Aufbau, der bis zur Währungsreform andauerte, wurde durch die Genehmigungsverfahren der Besatzungsmächte erschwert. Der Bürokratismus, das Bezugsscheinwesen und vor allem die lange Dauer von Entscheidungen belasteten die Handwerksunternehmen schwer.

69 Redemanuskript Bernhard Günther, o. D., RWWA 368–8–7.
70 Bäcker-Innung Köln, Rundschreiben Nr. 1/46, 4.1.1946, RWWA 126–59–3.
71 Malerinnung an Architekt Nöcker, 19.6.1946, RWWA 99–6–26.
72 RWWA 99–6–24.

Dabei wurden sie für den Wiederaufbau der Stadt benötigt, sollten die wieder in die Stadt strömende Bevölkerung mit Lebensmitteln versorgen, Wohnungen und Wirtschaftsgebäude instand setzen oder neu bauen und zudem auch noch in der Mangelwirtschaft hohe Qualität leisten. Der Grad der Organisation war unter den Handwerkern anfangs hoch. In den Jahren 1945 bis 1948 waren die Innungsversammlungen gut bis sehr gut besucht, das lag u. a. an der Zuständigkeit der Innungen für die Verteilung der Rohstoffkontingente, aber auch an der Entnazifizierung, wo sie „ein wichtiges Wort mitzusprechen" hatten.[73] Danach ebbte das Interesse spürbar ab. Eine Innung überlegte sogar, ein Zwangsgeld bei Nichtteilnahme einzuführen, aber dies schlug fehl.[74]

Die Bedeutung des Handwerks für die Stadt- und Wirtschaftsgeschichte ist nicht zu gering einzuschätzen. Auch, wenn im Vergleich zu Industrie und Handel verhältnismäßig wenig Unternehmen existierten und Mitarbeiter beschäftigt waren, so konnte ohne die Handwerker die Wiederankurbelung der Wirtschaft nicht in Gang gesetzt und der Weg in die Soziale Marktwirtschaft nicht eingeschlagen werden.

73 75 Jahre Konditoren-Innung Köln 1906–1981, Köln o. J., S. 27.
74 100 Jahre Zimmerer-Innung (Anm. 18), S. 25.